Sept 25,

To Al and his famil

DJEN DOBRE!

Best wishes,

Don Gorrone

Metody i modele eksploracji danych

Metody i modele eksploracji danych

Daniel T. Larose

Z języka angielskiego przełożyła
Anna Wilbik

WYDAWNICTWO NAUKOWE PWN
WARSZAWA 2008

Dane oryginału
Daniel T. Larose
Data Mining Methods and Models

Projekt okładki i stron tytułowych **Joanna Sobieraj**

Redaktor inicjujący **Agnieszka Grabarczyk**

Redaktor **Danuta Kamińska-Hass**

ISBN 978-83-01-15466-0

Wydawnictwo Naukowe PWN SA
00-251 Warszawa, ul. Miodowa 10
tel. 022 69 54 321
faks 022 69 54 031
e-mail: pwn@pwn.com.pl
www.pwn.pl

Dla tych, którzy odeszli,
dla moich rodziców – Ernesta Larose'a (1920–1981)
i Irene Larose (1924–2005),
i dla mojej córeczki – Ellyriane Soleil Larose (2005–2005).

Dla tych, którzy przyszli,
dla moich córek – Chantal Danielle Larose (1988)
i Ravel Renaissance Larose (1999)
oraz dla mojego syna – Tristana Springa Larose'a (1999).

© Chantal Larose

Spis treści

Przedmowa

0.1. Co to jest eksploracja danych?

Eksploracja danych jest analizą (często ogromnych) zbiorów danych obserwacyjnych, w celu znalezienia nieoczekiwanych związków i podsumowania danych w oryginalny sposób, tak aby były zarówno zrozumiałe, jak i przydatne dla ich właściciela.

– David Hand, Heikki Mannila i Padhraic Smyth, *Principles of Data Mining*, MIT Press, Cambridge, MA 2001, tłum. pol. *Eksploracja danych*, WNT, Warszawa, 2005.

Według przewidywań internetowego magazynu *ZDNET News* z 8 lutego 2001 roku eksploracja danych (ang. *data mining*)[1] będzie „jednym z najbardziej rewolucyjnych osiągnięć następnej dekady”. Rzeczywiście *MIT Technology Review* wybrało eksplorację danych jako jedną z dziesięciu nowych technologii, które zmienią świat.

Eksploracja danych jest tak ważną dziedziną, że wydawnictwo Wiley-Interscience i dr Daniel T. Larose połączyli siły, aby wydać nowy cykl publikacji na ten temat, składający się wstępnie z trzech tomów. Pierwszy tom z serii, *Discovering Knowledge in Data: An Introduction to Data Mining*[2] został wydany w 2005 roku i wprowadza czytelnika w tę szybko rozwijającą się dziedzinę. W drugim tomie serii — *Metody i modele eksploracji danych*, przedstawiono eksplorację danych z punktu widzenia *budowy modelu*: rozwoju złożonych i potężnych modeli do przewidywania, które mogą dostarczyć wyników umożliwiających działanie dla szerokiego zakresu problemów biznesowych i badawczych.

0.2. Dlaczego ta książka jest potrzebna?

Treści zawarte w niniejszym podręczniku stanowią kontynuację celu postawionego przed książką *Odkrywanie wiedzy z danych*, umożliwiając czytelnikowi:

[1] W terminologii polskiej spotyka się również określenia drążenie danych, pozyskiwanie wiedzy, wydobywanie danych, ekstrakcja danych (*przyp. tłum.*).

[2] Tłumaczenie polskie *Odkrywanie wiedzy z danych. Wprowadzenie do eksploracji danych* zostało wydane przez WN PWN w 2006 roku (*przyp. tłum.*).

- zapoznanie się z modelami i technikami odkrywania cennych informacji,
- dogłębne zrozumienie, w jaki sposób działają algorytmy eksploracji danych,
- wykonywanie rzeczywistej eksploracji danych na dużych zbiorach danych.

0.3. Podejście typu „biała skrzynka" — zrozumienie podstawowych struktur algorytmów i modeli

Najlepszym sposobem na uniknięcie kosztownych błędów, które wywodzą się z zastosowania do eksploracji danych podejścia typu „czarna skrzynka", jest wykorzystanie metodologii typu „biała skrzynka", w której kładzie się nacisk na zrozumienie algorytmicznych i statystycznych struktur leżących u podłoża oprogramowania.

W niniejszej książce zastosowano podejście typu „biała skrzynka" poprzez:

- przykładowe omówienie działania różnych algorytmów,
- dostarczenie przykładów działania algorytmów na dużych zbiorach danych rzeczywistych,
- sprawdzenie stopnia zrozumienia pojęć i algorytmów przez czytelnika,
- stworzenie czytelnikowi możliwości wykonania rzeczywistej eksploracji danych na dużych zbiorach danych.

0.3.1. Omówienie działania algorytmów

W książce *Metody i modele eksploracji danych* są opisane kolejne operacje na różnych algorytmach i niuanse z nimi związane z użyciem małej próbki danych, tak by czytelnik właściwie zrozumiał to, co się dzieje w algorytmie. Na przykład w rozdziale 2 widzimy, w jaki sposób pojedyncza nowa wartość w danych może poważnie zmienić wyniki modelu. W rozdziale 6 przechodzimy krok po kroku przez algorytm i znajdujemy optymalne rozwiązanie za pomocą operatorów selekcji, krzyżowania i mutacji.

0.3.2. Zastosowanie algorytmów do dużego zbioru danych

Książka *Metody i modele eksploracji danych* dostarcza wiele przykładów zastosowań różnych algorytmów i modeli do dużych zbiorów rzeczywistych danych. Przykładowo w rozdziale 3, stosując metody analityczne, odkrywamy w zbiorze rzeczywistych danych zależność pomiędzy wartością odżywczą a składem płatków śniadaniowych. W rozdziale 1 stosujemy zaś analizę składowych głównych do rzeczywistych danych — spisu ludności w Kalifornii. Wszystkie zbiory danych są dostępne na stronie internetowej `www.dataminingconsultant.com`.

0.3.3. Ćwiczenia do rozdziałów — upewnij się, że rozumiesz

W książce *Metody i modele eksploracji danych* znajduje się ponad 110 ćwiczeń, które pozwolą czytelnikowi ocenić stopień zrozumienia materiału, jak również dostarczą nieco zabawy z liczbami i danymi. Ćwiczenia pojęciowe pomogą wyjaśnić niektóre z ambitniejszych pojęć w eksploracji danych, a ćwiczenia praktyczne zmobilizują czytelnika do zastosowania konkretnego algorytmu do małego zbioru danych krok po kroku, by dotrzeć do rozwiązania liczbowego. Na przykład w rozdziale 5 należy znaleźć maksymalną klasyfikację *a posteriori* dla zbioru danych i sieci przedstawionych w rozdziale.

0.3.4. Ćwiczenia praktyczne — nauka eksploracji danych poprzez wykonywanie eksploracji danych

Rozdziały od 1 do 6 zawierają ćwiczenia praktyczne umożliwiające czytelnikowi zastosowanie nowo poznanej wiedzy o eksploracji danych do rozwiązania rzeczywistych problemów dla dużych zbiorów danych. Nauka przez praktykę jest skuteczna. Książka *Metody i modele eksploracji danych* dostarcza konstrukcji (schematu), za pomocą której czytelnik może nauczyć się eksploracji danych, eksplorując dane. Na przykład w rozdziale 4 czytelnik ma za zadanie przeanalizować zbiór rzeczywistych danych dotyczący zatwierdzania kredytów i zbudować najlepszy możliwy model regresji logistycznej, wykorzystując poznane w tym rozdziale metody, w tym objaśnienia zmiennych wprowadzanych oraz już dostępnych zmiennych opisujących dane.

0.3.5. Studium przypadku — podejście całościowe

Książka niniejsza osiąga punkt kulminacyjny w szczegółowym studium przypadku — modelowaniu odpowiedzi na kampanię marketingową. Tutaj czytelnik ma możliwość zobaczenia jak wszystko, czego się nauczył, jest zebrane w całość do stworzenia rozwiązań umożliwiających działanie i przynoszących zysk. To studium przypadku zawiera ponad 50 stron graficznej, eksploracyjnej analizy danych, modelowania przewidywań, tworzenia profili klientów i oferowania innych rozwiązań, w zależności od wymagań klienta. Model ten jest oceniany za pomocą tworzonej w takich przypadkach tablicy koszt/zysk, która lepiej pokazuje prawdziwe koszty błędnych klasyfikacji niż zwykłe metody, takie jak całkowity współczynnik błędu. Zatem analityk może porównać modele, używając pojęcia oszacowanego zysku w przeliczeniu na klienta, z którym został nawiązany kontakt i może oszacować, jak dużo pieniędzy „model zarobi" dla danej liczby klientów, z którymi nawiązano kontakt.

0.4. Eksploracja danych jako proces

Książka *Metody i modele eksploracji danych* ukazuje, podobnie jak poprzedni tom, eksplorację danych jako proces. Jedną z używanych metodologii jest CRISP–DM (*Cross-Industry Standard Process for Data Mining*). CRISP–DM wymaga, aby eksploracja wiedzy była postrzegana jako całkowity proces — od zrozumienia uwarunkowań biznesowych, przez zebranie i zarządzanie danymi, przygotowanie danych, modelowanie oraz ewaluację modelu do wdrożenia modelu. Dlatego książka ta jest przeznaczona nie tylko dla analityków i menedżerów, ale również dla osób zarządzających danymi, projektantów baz danych oraz decydentów.

0.5. Oprogramowanie

W książce niniejszej wykorzystuje się następujące oprogramowanie:

- system Clementine do eksploracji danych,
- statystyczne oprogramowanie SPSS,
- statystyczne oprogramowanie Minitab,
- oprogramowanie *open source*[3] WEKA do eksploracji danych.

Clementine (`www.spss.com/clementine/`), jeden z najczęściej używanych systemów do eksploracji danych, został stworzony przez firmę SPSS, której bazowe oprogramowanie jest również używane w tej książce. SPSS umożliwia ściągnięcie oprogramowania na okres próbny ze swojej strony `www.spss.com`. Oprogramowanie Minitab jest łatwym do zastosowania pakietem statystycznym — można go ściągnąć na okres próbny ze strony internetowej `www.minitab.com`.

0.5.1. WEKA — alternatywa typu *open source*

Środowisko WEKA (*Waikato Environment for Knowledge Analysis*) do uczenia maszynowego jest oprogramowaniem typu *open source* rozpowszechnionym na zasadach Powszechnej Licencji Publicznej GNU. Zawiera ono zbiór narzędzi służących do eksploracji danych. W niniejszej książce zaprezentowano krok po kroku kilka praktycznych przykładów z wykorzystaniem WEKA 3.4 (pliki wejściowe dla tych przykładów są dostępne na stronie internetowej `www.dataminingconsultant.com`). W przykładach tych pokazano w jaki sposób za pomocą środowiska WEKA należy przeprowadzić: regresję logistyczną (rozdział 4), klasyfikację bayesowską (rozdział 5), klasyfikację za pomocą sieci bayesowskich (rozdział 5) i algorytmy genetyczne (rozdział 6). Więcej informacji dotyczących środowiska WEKA można znaleźć na stronie `www.cs.waikato.ac.na/~ml/`. Autor jest bardzo wdzięczny Jamesowi Steckowi za przygotowanie tych przykładów i ćwiczeń z użyciem środowiska WEKA. James Steck (`james_steck@comcast.net`) jako asystent pomagał autorowi w pracy nad książką w roku akademickim 2004–2005. Był on jednym z pierwszych studentów, którzy zdobyli tytuł magistra z zakresu w eksploracji danych w Central Connecticut State University w 2005 (GPA 4.0) i otrzymał pierwszą nagrodę Graduate Academic Award z eksploracji danych. James mieszka z żoną i synem w Issaquah, w stanie Washington.

[3] W języku polskim funkcjonuje nazwa otwarte oprogramowanie (*przyp. tłum.*).

0.6. Strona internetowa: `www.dataminingconsultant.com`

Na stronie internetowej `www.dataminingconsultant.com` czytelnik znajdzie materiały pomocnicze do tej książki i innych książek dr. Larose'a o eksploracji danych, napisanych dla wydawnictwa Wiley-Interscience. Można z niej ściągnąć wiele zbiorów danych, tak by czytelnik mógł rozwinąć w sobie praktyczne wyczucie analitycznych metod i modeli opisanych w książce. Na stronie tej zamieszczono także erratę oraz obszerny zbiór materiałów dotyczących eksploracji danych, w tym linki do zbiorów danych, grup osób zajmujących się eksploracją danych i pracą badawczą.

Najistotniejszymi materiałami pomocniczymi dla tych, którzy wybrali niniejszą książkę jako podręcznik, są dostępne na podanej stronie:

- rozwiązania wszystkich ćwiczeń, w tym praktyczne analizy,
- prezentacje w programie PowerPoint do każdego rozdziału, gotowe do pokazania na zajęciach,
- przykładowe projekty z eksploracji danych, stworzone przez autora na potrzeby własnych zajęć i gotowe do przystosowania do własnych zajęć,
- rzeczywiste zbiory danych do użycia w projektach z przedmiotu,
- pytania wielokrotnego wyboru do rozdziałów,
- zasoby internetowe do każdego rozdziału.

0.7. *Metody i modele eksploracji danych* jako podręcznik

Książka *Metody i modele eksploracji danych* spełnia oczywiście funkcję podręcznika do wykładu z eksploracji danych na poziomie podstawowym. Dla wykładowców przydatne mogą się okazać:

- przedstawienie eksploracji danych jako procesu,
- podejście typu „biała skrzynka", kładące nacisk na zrozumienie podstawowych struktur algorytmu:
  - opisy algorytmów,
  - zastosowanie algorytmów do dużych zbiorów danych,
  - ćwiczenia na końcu każdego rozdziału,
  - ćwiczenia praktyczne,
- prezentacje logiczne, przechodzące płynnie od metodologii CRISP–DM do zbioru zadań dotyczących eksploracji danych,
- szczegółowo opisane studium przypadku, które zbiera w całość wiele poznanych metod i technik zarówno z książki *Metody i modele eksploracji danych*, jak i książki *Odkrywanie wiedzy z danych*,
- strona internetowa, zawierająca wiele (opisanych powyżej) materiałów dla prowadzących zajęcia, którzy wybrali niniejszą książkę jako podręcznik.

Książka *Metody i modele eksploracji danych* może być wykorzystana przez studentów starszych lat studiów licencjackich lub młodszych lat studiów magisterskich.

W kilku rozdziałach używa się rachunku różniczkowego, ale większość materiału można zrozumieć bez jego znajomości. Wykład ze statystyki na poziomie podstawowym może pomóc w opanowaniu materiału, ale nie jest wymagany. Nie jest też wymagana umiejętność programowania oraz znajomość baz danych.

0.8. Podziękowania

Chciałbym podziękować wszystkim ludziom pracującym w wydawnictwie Wiley-Intersience, w szczególności mojemu redaktorowi Valowi Moliere'owi za wskazówki i wsparcie. Szczere podziękowania kieruję do Jamesa Stecka za pomoc w przygotowaniu materiału o programie WEKA.

Chciałbym również podziękować doktorowi Chun Jin, doktorowi Danielowi S. Millerowi, doktorowi Rogerowi Bilisoly'emu i doktorowi Dariusowi Dziuda'owi, moim kolegom z programu Master of Science in Data Mining w Central Connecticut State University; doktorowi Timothy'emu Craine'owi, dziekanowi wydziału matematyki, doktorowi Dipakowi K. Deyowi, dziekanowi wydziału statystyki na University of Connecticut i doktorowi Johnowi Judge'owi, dziekanowi wydziału matematyki w Westfield State College. Bez Was ta książka nadal pozostałaby marzeniem.

Dziękuję mojej mamie, Irene R. Larose, która odeszła w tym roku, i mojemu ojcu, Ernestowi L. Larose'owi, dzięki któremu napisanie książki stało się możliwe. Dziękuję mojej córce, Chantal, za jej wspaniały materiał ilustracyjny i nieograniczoną radość. Dziękuję moim dzieciom bliźniętom, Tristanowi i Ravelowi, za dzielenie ze mną komputera i za dzielenie swojego punktu widzenia. W końcu chciałbym wyrazić moją wieczną wdzięczność mojej drogiej żonie, Debrze J. Larose, za jej cierpliwość i miłość i „wieczne więzi przyjaźni".

Live hand in hand,
and together we'll stand,
on the threshold of a dream...
– The Moody Blues

Daniel T. Larose, Ph.D.
Director, Data Mining @ CCSU
www.math.ccsu.edu/larose

1

Metody redukcji wymiaru

1.1. Konieczność redukcji wymiaru w eksploracji danych

Bazy danych, spotykane w zadaniach dotyczących eksploracji danych, mają zwykle miliony rekordów i tysiące zmiennych. Jest mało prawdopodobne, aby te wszystkie zmienne były niezależne, bez żadnej struktury powiązań między nimi. Jak wspomniano w książce *Odkrywanie wiedzy z danych* [1], analityk danych powinien unikać **współliniowości**, czyli sytuacji, w której kilka zmiennych objaśniających jest skorelowanych ze sobą. Współliniowość powadzi do niestabilności w przestrzeni rozwiązań, co może skutkować uzyskaniem niespójnych wyników. Na przykład w przypadku **regresji wielokrotnej** współliniowy zbiór zmiennych objaśniających może doprowadzić do otrzymania równania regresji, które będzie dobrze szacować wartość zmiennej celu nawet wówczas, gdy żadna z pojedynczych zmiennych nie jest znacząca i istotna dla zmiennej celu. Jeżeli mimo wszystko analitykowi udało się uzyskać stabilne rozwiązanie, to włączenie silnie skorelowanych zmiennych może prowadzić do przypisania zbyt dużej wagi pewnemu komponentowi modelu, ponieważ człon ten będzie w rzeczywistości liczony dwukrotnie.

Bellman [2] zauważył, że rozmiar próbki potrzebny do dopasowania funkcji zależnej od wielu zmiennych rośnie wykładniczo wraz z liczbą zmiennych. Innymi słowy, przestrzenie wielowymiarowe zwykle rzadko występują. Z doświadczenia wiadomo, że w przestrzeni jednowymiarowej ok. 68% zmiennych losowych o rozkładzie normalnym leży pomiędzy wartościami -1 a 1, podczas gdy dla rozkładu normalnego funkcji w przestrzeni dziesięciowymiarowej tylko 0,02% danych leżałoby wewnątrz analogicznej hiperkuli.

Użycie zbyt wielu zmiennych objaśniających do modelowania zależności ze zmienną odpowiedzi może niepotrzebnie skomplikować interpretację analizy i naruszać zasadę zwięzłości mówiącą, że należy dążyć do takiej liczby zmiennych objaśniających, którą można łatwo zinterpretować. Również zatrzymanie zbyt wielu zmiennych może prowadzić do nadmiernego dopasowania (ang. *overfitting*), które uniemożliwia dokonanie uogólnień, ponieważ nowe dane nie zachowują się zawsze tak samo jak dane uczące (ang. *training data*) dla wszystkich zmiennych.

Prowadzenie analizy jedynie na poziomie zmiennych może spowodować pominięcie ukrytych podstawowych zależności pomiędzy zmiennymi objaśniającymi. Na przykład kilka zmiennych objaśniających może w naturalny sposób utworzyć jeden komponent (czynnik lub składnik), który będzie opisywał ten sam aspekt danych. Oto konkretna sytuacja tego typu: zmienne *stan konta oszczędnościowego*, *stan konta czekowego*, *wartość domu*, *wartość portfela akcji* i *stan konta emerytalnego* mogą opisywać jeden czynnik — *majątek*.

W niektórych zastosowaniach, takich jak analiza obrazów (ang. *image analysis*), utrzymanie pełnej wymiarowości spowodowałoby, że większość problemów byłaby trudna do rozwiązania. Na przykład system, który klasyfikowałby twarze na obrazach o wymiarach 256 × 256 pikseli potencjalnie mógłby wymagać wektorów o wymiarze 65 536. Ludzie z natury mają zdolność do wizualnego rozpoznawania wzorców pozwalającą w mgnieniu oka intuicyjnie rozpoznawać wzorce w graficznych obrazach, które trudno byłoby zauważyć, gdyby zostały przedstawione w sposób algebraiczny lub tekstowy. Jednak nawet najbardziej zaawansowane techniki wizualizacji nie wychodzą poza pięć wymiarów. Czy możemy zatem mieć nadzieję, że przedstawimy relacje pomiędzy setkami zmiennych w naszym ogromnym zbiorze danych?

Celem metod redukcji wymiaru jest spełnienie poniższych wymagań przy wykorzystaniu korelacji pomiędzy zmiennymi objaśniającymi:

- zmniejszenie liczby elementów opisujących,
- pomoc w uzyskaniu niezależności elementów,
- stworzenie szkieletu do interpretacji tych wyników.

W tym rozdziale zbadamy następujące metody redukcji wymiaru:

- analiza składowych głównych,
- analiza czynnikowa,
- komponenty zdefiniowane przez użytkownika.

Rozdział niniejszy wymaga znajomości algebry macierzowej. Dla tych, którzy zapomnieli podstaw algebry macierzowej, polecamy stronę internetową pod adresem `www.dataminingconsultant.com` i przejrzenie znajdujących się tam pomocy naukowych.

1.2. Analiza składowych głównych

Analiza składowych głównych (ang. *principal components analysis*, PCA) polega na poszukiwaniu wyjaśnienia korelacyjnej struktury zbioru zmiennych przy użyciu mniejszego zbioru kombinacji liniowych tych zmiennych. Te liniowe kombinacje są nazywane **składowymi głównymi**. Całkowitą zmienność zbioru danych składającego się z m zmiennych można często zachować dla mniejszego od początkowego zbioru k nowych zmiennych, będących liniowymi kombinacjami zmiennych pierwotnych. Oznacza to, że k składowych głównych niesie prawie tyle samo informacji, co oryginalne m zmiennych. W takiej sytuacji analityk może zamienić oryginalne m zmiennych na $k < m$ składowych, zatem roboczy zbiór danych będzie zawierał n rekordów składających się z k składowych, a nie n rekordów z m zmiennymi.

Załóżmy, że oryginalne zmienne $X_1, X_2, \ldots, X_m$ tworzą układ współrzędnych w m-wymiarowej przestrzeni. Składowe główne reprezentują nowy układ współrzędnych, znaleziony poprzez rzutowanie oryginalnego układu wzdłuż kierunków maksymalnej zmienności. Zanim analityk dokona redukcji wymiaru, powinien najpierw przeprowadzić standaryzację danych, tak aby średnia dla każdej zmiennej była równa 0, a odchylenie standardowe wynosiło 1. Niech każda zmienna X_i reprezentuje wektor o wymiarach $n \times 1$, gdzie n jest liczbą rekordów. Wówczas zmienną standaryzowaną przedstawiamy jako wektor Z_i o wymiarach $n \times 1$, gdzie $Z_i = (X_i - \mu_i)/\sigma_{ii}$, μ_i jest średnią zmiennej X_i, σ_{ii} jest odchyleniem standardowym zmiennej X_i. W notacji macierzowej standaryzację taką możemy zapisać jako $\mathbf{Z} = (\mathbf{V}^{1/2})^{-1}(\mathbf{X} - \boldsymbol{\mu})$, gdzie wartość potęgi -1 oznacza odwrotność macierzy, a $\mathbf{V}^{1/2}$ jest **macierzą odchylenia standardowego o wymiarach** $m \times m$ (zauważmy, że jest to macierz diagonalna, tzn. niezerowe wartości występują tylko na głównej przekątnej):

$$\mathbf{V}^{1/2} = \begin{bmatrix} \sigma_{11} & 0 & \dots & 0 \\ 0 & \sigma_{22} & \dots & 0 \\ \vdots & \vdots & \ddots & \vdots \\ 0 & 0 & \dots & \sigma_{mm} \end{bmatrix}.$$

Niech Σ oznacza symetryczną **macierz kowariancji**:

$$\Sigma = \begin{bmatrix} \sigma_{11}^2 & \sigma_{12}^2 & \dots & \sigma_{1m}^2 \\ \sigma_{12}^2 & \sigma_{22}^2 & \dots & \sigma_{2m}^2 \\ \vdots & \vdots & \ddots & \vdots \\ \sigma_{1m}^2 & \sigma_{2m}^2 & \dots & \sigma_{mm}^2 \end{bmatrix},$$

gdzie σ_{ij}^2 $(i \neq j)$ oznacza **kowariancję** pomiędzy zmiennymi X_i i X_j:

$$\sigma_{ij}^2 = \frac{\sum_{k=1}^{n}(x_{ki} - \mu_i)(x_{kj} - \mu_j)}{n}.$$

Kowariancja jest miarą tego, jak dwie zmienne różnią się od siebie. Dodatnia wartość kowariancji oznacza, że jeśli jedna zmienna rośnie, to druga ma również tendencję do wzrostu. Wartość ujemna kowariancji oznacza, że jeśli jedna zmienna rośnie, to druga ma tendencję do spadku. Wartość σ_{ii}^2 jest używana do oznaczenia wariancji zmiennej X_i. Jeżeli zmienne X_i i X_j są niezależne, to $\sigma_{ij}^2 = 0$, ale $\sigma_{ij}^2 = 0$ nie oznacza, że zmienne X_i i X_j są niezależne. Zauważmy, że wartość kowariancji zależy od rzędu wielkości, w jakich są wyrażone obydwie zmienne, zatem zmiana jednostek miary zmieni wartość kowariancji.

Współczynnik korelacji r_{ij} nie ma powyższej wady, gdyż jest wartością unormowaną:

$$r_{ij} = \frac{\sigma_{ij}^2}{\sigma_{ii}\sigma_{jj}}.$$

Macierz korelacji oznaczamy jako $\boldsymbol{\rho}$ (*rho*, grecka litera odpowiadająca literze r):

$$\boldsymbol{\rho} = \begin{bmatrix} \frac{\sigma_{11}^2}{\sigma_{11}\sigma_{11}} & \frac{\sigma_{12}^2}{\sigma_{11}\sigma_{12}} & \cdots & \frac{\sigma_{1m}^2}{\sigma_{11}\sigma_{mm}} \\ \frac{\sigma_{12}^2}{\sigma_{11}\sigma_{22}} & \frac{\sigma_{22}^2}{\sigma_{22}\sigma_{22}} & \cdots & \frac{\sigma_{2m}^2}{\sigma_{22}\sigma_{mm}} \\ \vdots & \vdots & \ddots & \vdots \\ \frac{\sigma_{1m}^2}{\sigma_{11}\sigma_{mm}} & \frac{\sigma_{2m}^2}{\sigma_{22}\sigma_{mm}} & \cdots & \frac{\sigma_{mm}^2}{\sigma_{mm}\sigma_{mm}} \end{bmatrix}.$$

Rozważmy macierz standaryzowanych danych $\mathbf{Z} = (\mathbf{V}^{1/2})^{-1}(\mathbf{X} - \boldsymbol{\mu})$. Ponieważ dla każdej zmiennej przeprowadzono standaryzację, więc mamy $E(\mathbf{Z}) = \mathbf{0}$, gdzie $\mathbf{0}$ oznacza wektor wymiaru $n \times 1$ o wartościach zerowych. Wówczas macierz kowariancji $Cov(\mathbf{Z}) = (\mathbf{V}^{1/2})^{-1}\Sigma(\mathbf{V}^{1/2})^{-1} = \boldsymbol{\rho}$. Zatem dla standaryzowanego zbioru danych macierz kowariancji i macierz korelacji są takie same.

W macierzy standaryzowanych danych $\mathbf{Z} = [Z_1, Z_2, \ldots, Z_m]$ **i-ta składowa główna** jest dana jako $Y_i = \mathbf{e}_i'\mathbf{Z}$, gdzie $\mathbf{e}_i$ oznacza **i-ty wektor własny** (omówiony poniżej), a $\mathbf{e}_i'$ — wektor powstały w wyniku transponowania wektora $\mathbf{e}_i$. Składowe główne $Y_1, Y_2, \ldots, Y_k$ stanowią liniową kombinację standaryzowanych zmiennych z macierzy $\mathbf{Z}$, taką że (1) wariancja Y_i jest największa z możliwych i (2) zmienne Y_i są nieskorelowane.

Pierwsza składowa główna jest liniową kombinacją

$$Y_1 = \mathbf{e}_1'Z = e_{11}Z_1 + e_{12}Z_2 + \ldots + e_{1m}Z_m,$$

która ma większą zmienność niż wszystkie pozostałe możliwe liniowe kombinacje zmiennych Z. Zatem:

- Pierwsza składowa główna jest liniową kombinacją $Y_1 = \mathbf{e}_1'\mathbf{Z}$, która maksymalizuje $Var(Y_1) = \mathbf{e}_1'\boldsymbol{\rho}\mathbf{e}_1$.
- Druga składowa główna jest liniową kombinacją $Y_2 = \mathbf{e}_2'\mathbf{Z}$, która **jest niezależna od** Y_1 i maksymalizuje $Var(Y_2) = \mathbf{e}_2'\boldsymbol{\rho}\mathbf{e}_2$.
- i-ta składowa główna jest liniową kombinacją $Y_i = \mathbf{e}_i'\mathbf{Z}$, która **jest niezależna od wszystkich pozostałych składowych głównych** Y_j, $j < i$, i maksymalizuje wartość $Var(Y_i) = \mathbf{e}_i'\boldsymbol{\rho}\mathbf{e}_i$.

Mamy następujące definicje:

- Niech $\mathbf{B}$ będzie macierzą wymiaru $m \times m$ i niech $\mathbf{I}$ będzie macierzą jednostkową wymiaru $m \times m$ (macierz jednostkowa to macierz, w której elementy na głównej przekątnej są równe 1, a pozostałe elementy są równe 0). Wówczas skalary (liczby o wymiarze 1×1) $\lambda_1, \lambda_2, \ldots, \lambda_m$ nazywamy **wartościami własnymi** macierzy $\mathbf{B}$, jeśli spełniają $|\mathbf{B} - \lambda\mathbf{I}| = 0$.
- Niech $\mathbf{B}$ będzie macierzą wymiaru $m \times m$ i niech λ będzie wartością własną macierzy $\mathbf{B}$. Wówczas niezerowy wektor $\mathbf{e}$ wymiaru $m \times 1$ nazywamy **wektorem własnym** macierzy $\mathbf{B}$, jeżeli $\mathbf{Be} = \lambda\mathbf{e}$.

Poniższe wnioski są bardzo ważne dla naszej analizy składowych głównych.

Wniosek 1. Całkowita zmienność w standaryzowanym zbiorze danych jest równa sumie wariancji dla każdego wektora zmiennych Z. Jest ona również równa: sumie wariancji dla każdej składowej, sumie wartości własnych oraz jest równa liczbie zmiennych.

Równości te zapisujemy jako

$$\sum_{i=1}^{m} Var(Y_i) = \sum_{i=1}^{m} Var(Z_i) = \sum_{i=1}^{m} \lambda_i = m$$

Wniosek 2. Korelacja cząstkowa pomiędzy składową a zmienną jest funkcją wektora własnego oraz wartości własnej. W szczególności $Corr(Y_i, Z_j) = e_{ij}\sqrt{\lambda_i}$ dla $i, j = 1, 2, \ldots, m$, gdzie $(\lambda_1, \mathbf{e}_1), (\lambda_2, \mathbf{e}_2), \ldots, (\lambda_m, \mathbf{e}_m)$ są parami: wartość własna, wektor własny dla macierzy korelacji $\boldsymbol{\rho}$ oraz $\lambda_1 \geq \lambda_2 \geq \ldots \geq \lambda_m$. **Współczynnik korelacji cząstkowej** to współczynnik, który uwzględnia wpływ wszystkich pozostałych zmiennych.

Wniosek 3. Część zmienności zmiennej **Z**, która jest wyjaśniona przez i-tą składową główną jest ilorazem i-tej wartości własnej i liczby wszystkich zmiennych, czyli ilorazem λ_i/m.

Aby pokazać, w jaki sposób należy zastosować analizę składowych głównych do rzeczywistych danych, przejdźmy do przykładu.

1.2.1. Zastosowanie analizy składowych głównych do zbioru danych *houses* (domy)

Przejdźmy do zbioru danych *houses* [3], który zawiera informację o populacji ze wszystkich kwartałów[1] ze spisu ludności w Kalifornii z 1990 roku. Dla tego zbioru danych, średnia osób mieszkających w jednym kwartale to 1425,5. Kwartały, które zawierały zerową wartość dla choćby jednej zmiennej były wyłączane z bazy. *Średnia wartość domu* (*median house value*) jest zmienną celu. Zmienne objaśniające to:

- *średni dochód* (*median income*),
- *średni wiek mieszkania* (*housing median age*),
- *całkowita liczba pokoi* (*total rooms*),
- *całkowita liczba sypialni* (*total bedrooms*),
- *liczba mieszkańców* (*population*),
- *liczba gospodarstw domowych* (*households*),
- *szerokość geograficzna* (*latitude*),
- *długość geograficzna* (*longitude*).

Oryginalny zbiór danych miał 20 640 rekordów, z których 18 540 zostało losowo wybranych do zbioru uczącego, a 2100 rekordów utworzyło zbiór testujący. Podstawowe statystyki zmiennych pokazano na rys. 1.1. („Range" (zakres) jest etykietą programu Clementine dla zmiennych ciągłych.) Zmienna *średnia wartość domu* jest wyrażona w dolarach, ale zmienna *średni dochód* została przeskalowana i jest ciągłą zmienną z zakresu od 0 do 15. Zauważmy, że zmienna *długość geograficzna* przyjmuje wartości ujemne, co oznacza rejony położone na zachód od południka Greenwich. Im większa bezwzględna wartość długości geograficznej, tym bardziej na zachód położony jest dany obszar.

[1] Kwartał — część miasta leżąca między czterema przecinającymi się ulicami (*przyp. tłum.*).

Field	Sample Graph	Type	Min	Max	Mean	Std. Dev
median_house_value		Range	14999	500001	206918.067	115485.040
median_income	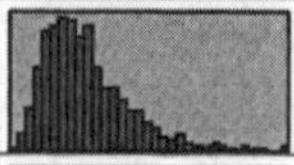	Range	0.500	15.000	3.873	1.906
housing_median_age		Range	1	52	28.656	12.582
total_rooms		Range	2	37937	2621.653	2131.644
total_bedrooms		Range	1	6445	535.096	413.541
population		Range	3	35682	1418.971	1122.534
households		Range	1	6082	497.332	377.378
latitude		Range	32.540	41.950	35.630	2.137
longitude		Range	-124.350	-114.310	-119.567	2.003

Rys. 1.1. Zbiór danych *houses* (okno programu Clementine)

	median_house_value	median_income	housing_median_age	total_rooms	total_bedrooms	population	households	latitude	longitude
1	452600	8.325	41	880	129	322	126	37.880	-122.230
2	358500	8.301	21	7099	1106	2401	1138	37.860	-122.220
3	352100	7.257	52	1467	190	496	177	37.850	-122.240
4	342200	3.846	52	1627	280	565	259	37.850	-122.250
5	299200	3.659	52	2535	489	1094	514	37.840	-122.250
6	241400	3.120	52	3104	687	1157	647	37.840	-122.250
7	226700	2.080	42	2555	665	1206	595	37.840	-122.260
8	261100	3.691	52	3549	707	1551	714	37.840	-122.250
9	241800	3.270	52	3503	752	1504	734	37.850	-122.260
10	191300	2.674	52	696	191	345	174	37.840	-122.260
11	159200	1.917	52	2643	626	1212	620	37.850	-122.260
12	140000	2.125	50	1120	283	697	264	37.850	-122.260
13	152500	2.775	52	1966	347	793	331	37.850	-122.270
14	155500	2.120	52	1228	293	648	303	37.850	-122.270
15	158700	1.991	50	2239	455	990	419	37.840	-122.260
16	147500	1.358	40	751	184	409	166	37.850	-122.270
17	159800	1.714	42	1639	367	929	366	37.850	-122.270
18	99700	2.181	52	1688	337	853	325	37.840	-122.270
19	132600	2.600	52	2224	437	1006	422	37.840	-122.270
20	107500	2.404	41	535	123	317	119	37.850	-122.280

Rys. 1.2. Pierwsze 20 rekordów zbioru danych *houses*

Nawiązując do wcześniejszej notacji, mamy X_1 = *średni dochód*, X_2 = *średni wiek mieszkania*, ..., X_8 = *długość geograficzna*, zatem $m = 8$ i $n = 18\,540$. Pierwszych 20 rekordów ze zbioru danych pokazano na rys. 1.2. Weźmy dla przykładu pierwszy kwartał — mamy tutaj następujące wartości: *średnia wartość domu* to 452 600 \$, *średni dochód* to 8,325 (w skali ze spisu), *średni wiek mieszkania* to 41, *całkowita liczba pokoi* to 880, *całkowita liczba sypialni* to 129, *liczba mieszkańców* to 322, *liczba gospo-*

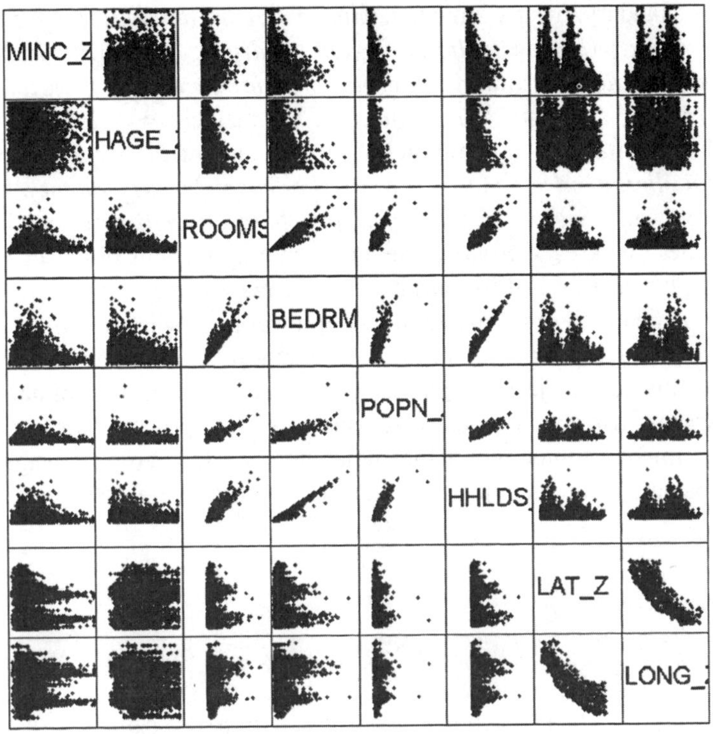

Rys. 1.3. Macierz wykresów rozrzutu zmiennych opisujących

darstw domowych to 126, *szerokość geograficzna* to 37,88° N, *długość geograficzna* to 122,23° W. Oczywiście jest to mały kwartał z bardzo wysoką średnią wartością domu. Po sprawdzeniu na mapie okazało się, że kwartał ten znajduje się pomiędzy Uniwersytetem Kalifornijskim w Berkley a Parkiem Tilden Regional.

Na rysunku 1.1 można zauważyć duże różnice w zmienności pomiędzy zmiennymi. Zmienna *średni dochód* ma wartość odchylenia standardowego mniejszą od 2, podczas gdy *całkowita liczba pokoi* ma wartość odchylenia standardowego ponad 2100. Jeżeli przeprowadzimy analizę składowych głównych bez standaryzacji zmiennych, to *całkowita liczba pokoi* zdominuje wpływ zmiennej *średni dochód* i podobnie inne zmienne z mniejszym zakresem zmienności. Dlatego należy dokonać standaryzacji. Zmienne ustandaryzowano i zostały znalezione wektory Z, $Z_i = (X_i - \mu_i)/\sigma_{ii}$, przy użyciu wartości średnich i wartości odchylenia standardowego z rys. 1.1.

Zauważmy, że warunek normalności danych nie jest konieczny do przeprowadzenia takiej analizy składowych głównych, której wyniki nie będą służyły wnioskowaniu [4], jednak pominięcie tego warunku może zmniejszyć siłę obserwowanych korelacji [5]. Ponieważ nie zamierzamy przeprowadzać wnioskowania na podstawie wyników analizy składowych głównych, więc nie będziemy przejmować się założeniem normalności. W rozdziałach 2 i 3 omówimy metody przekształcania danych do postaci normalnej.

Przeanalizujmy macierz wykresów rozrzutu zmiennych objaśniających (rys. 1.3), aby sprawdzić, czy istnieją korelacje. Na przekątnej, poczynając od strony lewej do prawej, mamy standaryzowane zmienne: *minc-z* (*średni dochód*), *hage-z* (*średni wiek mieszkania*), *rooms-z* (*całkowita liczba pokoi*), *bedrms-z* (*całkowita liczba sypialni*), *popn-z* (*liczba mieszkańców*), *hhld-s* (*liczba gospodarstw domowych*), *lat-z* (*szerokość geograficzna*) i *long-z* (*długość geograficzna*). Co macierz wykresów rozrzutu mówi nam o korelacji pomiędzy zmiennymi? Zmienne *całkowita liczba pokoi*, *całkowita liczba sypialni*, *liczba mieszkańców* oraz *liczba gospodarstw domowych* wydają się dodatnio skorelowane. *Szerokość geograficzna* i *długość geograficzna* wydają się ujemnie skorelowane. (Wykres szerokości geograficznej względem długości geograficznej kształtem przypomina stan Kalifornia.) Która zmienna wydaje się najmniej skorelowana z pozostałymi zmiennymi objaśniającymi? Najprawdopodobniej *średni wiek mieszkania* (*hage-z*). W tabeli 1.1 pokazano macierz korelacji $\boldsymbol{\rho}$ dla zmiennych objaśniających. Zauważmy, że macierz ta jest symetryczna oraz elementy na przekątnej są równe 1. Macierz wykresów rozrzutu i macierz korelacji to dwa sposoby patrzenia na strukturę korelacji pomiędzy zmiennymi objaśniającymi. Warto zwrócić uwagę na fakt, że komórki w macierzy korelacji $\boldsymbol{\rho}$ „zgadzają się” z komórkami z macierzy wykresów rozrzutu.

Tabela 1.1. Macierz korelacji $\boldsymbol{\rho}$

	minc-z	*hage-z*	*rooms-z*	*bedrms-z*	*popn-z*	*hhlds-z*	*lat-z*	*long-z*
minc-z	1,000	−0,117	0,199	−0,012	0,002	0,010	−0,083	−0,012
hage-z	−0,117	1,000	−0,360	−0,318	−0,292	−0,300	0,011	−0,107
rooms-z	0,199	−0,360	1,000	0,928	0,856	0,919	−0,035	0,041
bedrms-z	−0,012	−0,318	0,928	1,000	0,878	0,981	−0,064	0,064
popn-z	0,002	−0,292	0,856	0,878	1,000	0,907	−0,107	0,097
hhlds-z	0,010	−0,300	0,919	0,981	0,907	1,000	−0,069	0,051
lat-z	−0,083	0,011	−0,035	−0,064	−0,107	−0,069	1,000	−0,925
long-z	−0,012	−0,107	0,041	0,064	0,097	0,051	−0,925	1,000

Co by się stało gdybyśmy przeprowadzili na przykład regresję wielokrotną zmiennej *średnia wartość domu* względem zmiennych objaśniających, mimo mocnych dowodów na istnienie współliniowości w zbiorze danych? Wyniki takiej regresji mogłyby być niestabilne z (między innymi) małymi odchyleniami zmiennych objaśniających prowadzącymi do dużych zmian wartości współczynników regresji. Krótko mówiąc, nie moglibyśmy użyć wyników regresji do tworzenia spójnych charakterystyk. W takiej sytuacji przydaje się analiza składowych głównych. Za jej pomocą można przeszukać strukturę korelacyjną oraz zidentyfikować składowe, z których są zbudowane skorelowane zmienne. Następnie można użyć składowych głównych do dalszej analizy, takiej jak regresja, klasyfikacja i inne.

Przeprowadziliśmy analizę składowych głównych dla ośmiu zmiennych objaśniających ze zbioru danych *houses*. **Macierz składowych głównych** pokazano w tabeli 1.2. Każda kolumna tabeli 1.2 reprezentuje jedną składową $Y_i = \mathbf{e}_i'\mathbf{Z}$. Wartości w poszcze-

Tabela 1.2. Macierz składowych głównych

	Składowa							
	1	2	3	4	5	6	7	8
minc-z	0,086	−0,058	0,922	0,370	−0,020	−0,018	0,037	−0,004
hage-z	−0,429	0,025	−0,407	0,806	0,014	0,026	0,009	−0,001
rooms-z	0,956	0,100	0,102	0,104	0,120	0,162	−0,119	0,015
bedrms-z	0,970	0,083	−0,121	0,056	0,144	−0,068	0,051	−0,083
popn-z	0,933	0,034	−0,121	0,076	−0,327	0,034	0,006	−0,015
hhlds-z	0,972	0,086	−0,113	0,087	0,058	−0,112	0,061	0,083
lat-z	−0,140	0,970	0,017	−0,088	0,017	0,132	0,113	0,005
long-z	0,144	−0,969	−0,062	−0,063	0,037	0,136	0,109	0,007

Zastosowana metoda: analiza składowych głównych (utworzono osiem składowych).

gólnych komórkach, nazywane **wagami składowych**, reprezentują korelację cząstkową pomiędzy zmienną a składową główną. Z wniosku 2 (s. 5) wiemy, że wagi składowych są równe $Corr(Y_i, Z_j) = e_{ij}\sqrt{\lambda_i}$, gdzie e_{ij} jest j-tą współrzędną i-tego wektora własnego, a λ_i wartością własną. Ponieważ wagi składowych są korelacjami, więc są one z przedziału od -1 do 1.

Ogólnie rzecz biorąc, na pierwszą składową główną można patrzeć jak na pojedyncze najlepsze podsumowanie korelacji pomiędzy zmiennymi objaśniającymi. Wchodząc w szczegóły okazuje się, że ta konkretna liniowa kombinacja zmiennych wyjaśnia większą część zmienności w danych niż wszystkie inne możliwe liniowe kombinacje. Maksymalizuje ona wariancję $Var(Y_1) = \mathbf{e}_1'\boldsymbol{\rho}\mathbf{e}_1$. Zmienne *całkowita liczba pokoi* (*rooms-z*), *całkowita liczba sypialni* (*bedrms-z*), *liczba mieszkańców* (*popn-z*) i *liczba gospodarstw domowych* (*hhlds-z*) są dodatnio skorelowane, jak przypuszczaliśmy na podstawie macierzy wykresów rozrzutu i macierzy korelacji. Wszystkie wymienione zmienne mają bardzo wysokie (i bardzo podobne) wartości wag składowych, co wskazuje na silną korelację tych zmiennych z pierwszą składową główną.

Przeanalizujmy tabelę 1.3, która pokazuje wartości własne dla każdej składowej razem z procentową całkowitą zmiennością danych wyjaśnioną przez wybraną składową. Przypomnijmy, że wniosek 3 mówi, iż część zmienności zmiennej **Z**, która jest wyjaśniona przez i-tą składową główną jest równa λ_i/m (czyli ilorazowi i-tej wartości własnej i liczby wszystkich zmiennych). Z tabeli 1.3 odczytujemy pierwszą wartość własną, która jest równa 3,901, a ponieważ jest osiem zmiennych objaśniających, więc pierwsza składowa wyjaśnia $3{,}901/8 = 48{,}767\%$ wariancji, jak pokazano w tabeli 1.3 (dopuszczając zaokrąglenia). Zatem pojedyncza składowa wyjaśnia prawie połowę zmienności w zbiorze ośmiu zmiennych objaśniających, co oznacza, że ta składowa sama niesie prawie połowę informacji z naszych ośmiu zmiennych objaśniających. Zauważmy również, że wartości własne maleją $\lambda_1 \geq \lambda_2 \geq \ldots \geq \lambda_m$, $\lambda_1 \geq \lambda_2 \geq \ldots \geq \lambda_8$, jak wspomnieliśmy we wniosku 2.

Tabela 1.3. Wartości własne i proporcje wariancji wyjaśnione przez daną składową

Składowa	Początkowe wartości własne		
	Wartość	% zmienności	Skumulowany % zmienności
1	3,901	48,767	48,767
2	1,910	23,881	72,648
3	1,073	13,409	86,057
4	0,825	10,311	96,368
5	0,148	1,847	98,215
6	0,082	1,020	99,235
7	0,047	0,586	99,821
8	0,014	0,179	100,000

Druga składowa główna, Y_2, jest drugą najlepszą liniową kombinacją zmiennych, pod warunkiem, że jest ortogonalna względem pierwszej składowej głównej. Dwa wektory są **ortogonalne**, jeżeli są niezależne, tzn. nie są skorelowane i są prostopadłe. Druga składowa główna wyjaśnia największą część zmienności, pozostałą po utworzeniu pierwszej składowej. Trzecia składowa główna jest trzecią najlepszą liniową kombinacją zmiennych, pod warunkiem, że jest ortogonalna względem dwóch pierwszych składowych. Trzecia składowa wyjaśnia największą część zmienności, pozostałą po utworzeniu dwóch pierwszych składowych. Pozostałe składowe definiuje się analogicznie.

1.2.2. Ile składowych należy wyodrębnić?

Jednym z powodów zastosowania analizy składowych głównych jest redukcja liczby rozróżnialnych elementów opisujących. Rodzi się pytanie: Jak mamy określić, ile składowych należy wyodrębnić? Czy powinniśmy na przykład pozostawić tylko pierwszą składową główną, ponieważ wyjaśnia ona prawie połowę zmienności? Czy też powinniśmy pozostawić wszystkie osiem składowych, ponieważ wyjaśniają w sumie 100% zmienności? Oczywiście zatrzymanie wszystkich ośmiu składowych nie pomoże nam ograniczyć liczby rozróżnialnych elementów opisujących. Jak zwykle odpowiedź leży gdzieś pomiędzy tymi dwoma skrajnościami. Z tablicy 1.3 odczytujemy, że wartości własne kilku składowych są stosunkowo małe, wyjaśniając mniej niż 2% zmienności zmiennych Z. Być może nie powinniśmy rozważać uwzględnienia tych składowych w naszej analizie? Kryteriami używanymi do określenia liczby składowych są: (1) **kryterium wartości własnej** (ang. *eigenvalue criterion*), (2) **kryterium części wariancji wyjaśnionej przez składowe główne** (ang. *proportion of variance explained criterion*), (3) **kryterium minimalnego zasobu zmienności wspólnej** (ang. *minimum communality criterion*), (4) **kryterium wykresu osypiskowego**, tzw. **test osypiska** (ang. *scree plot criterion*).

Kryterium wartości własnej

Z wniosku 1 wiemy, że suma wartości własnych jest równa liczbie zmiennych zawartych w analizie składowych głównych. Wartość własna równa 1 będzie oznaczać, że składowa wyjaśniałaby zmienność „równoważną" jednej oryginalnej zmiennej. Racjonalną przesłanką do zastosowania kryterium wartości własnej jest to, że każda składowa powinna wyjaśniać przynajmniej taką zmienność, jak zmienna pierwotna i dlatego kryterium wartości własnej stwierdza, że tylko składowe o wartościach własnych większych od 1 należy pozostawić do dalszej analizy. Zauważmy, że jeżeli jest mniej niż 20 zmiennych, to stosując kryterium wartości własnej można wybrać zbyt małą liczbę składowych, jednak gdy jest więcej niż 50 zmiennych, to stosując to kryterium można wybrać za dużo składowych. Z tabeli 1.3 odczytujemy, że trzy składowe mają wartości własne większe od 1 i te składowe pozostawiamy. Składowa 4 ma wartość własną równą 0,825 — jest to liczba bliska 1, zatem jeżeli inne kryteria potwierdzą taką decyzję, możemy również rozważyć pozostawienie tej składowej, szczególnie biorąc pod uwagę wspomnianą powyżej tendencję do wybrania zbyt małej liczby składowych w przypadku stosowania tego kryterium.

Kryterium części wariancji wyjaśnionej przez składowe główne

W tym kryterium analityk najpierw określa, jaka część zmienności ma zostać wyjaśniona przez składowe główne. Następnie wybiera po kolei składowe, aż do momentu, gdy zostanie osiągnięta oczekiwana wartość wyjaśnionej zmienności. Załóżmy, że chcielibyśmy, aby nasze składowe wyjaśniały 85% zmienności wśród zmiennych. Zatem z tablicy 1.3 wybralibyśmy składowe od 1 do 3 — w sumie wyjaśniają one 86,057% zmienności. Jeżeli chcielibyśmy, aby nasze składowe wyjaśniały 90% lub 95% zmienności, to będziemy musieli dodać do poprzednich składowych składową 4 — składowe 1–4 wyjaśniają bowiem 96,368% zmienności. Podobnie jak w przypadku kryterium wartości własnej, powstaje pytanie jaka wartość jest wystarczająca?

Powyższe pytanie jest zbliżone do pytania: Jaka wartość współczynnika determinacji r^2 jest odpowiednia przy regresji liniowej? Odpowiedź częściowo zależy od dziedziny, w której są prowadzone badania. Socjologowie mogą być zadowoleni, jeżeli ich składowe wyjaśniają tylko około 60% zmienności, ponieważ czynnik ludzki obecny w danych jest bardzo nieprzewidywalny. Natomiast w naukach przyrodniczych naukowcy mogą oczekiwać, że ich składowe wyjaśnią od 90 do 95% zmienności, ponieważ ich miary są w swej istocie mniej zmienne. Na dobór wartości r^2 wpływają również inne czynniki. Jeżeli przykładowo składowe główne są używane tylko do celów opisowych, takich jak tworzenie profili klientów, wyjaśniona część zmienności może być nieco mniejsza niż w innych przypadkach. Z drugiej strony, jeżeli składowe główne są używane jako zmienne zastępujące dla oryginalnego (standaryzowanego) zbioru danych i zostaną wykorzystane do dalszego wnioskowania w kolejnych modelach, to część wyjaśnionej zmienności powinna być maksymalnie duża przy danych ograniczeniach dla innych kryteriów.

Kryterium minimalnego zasobu zmienności wspólnej

Kryterium to omówimy po wprowadzeniu pojęcia zasobu zmienności wspólnej.

Kryterium wykresu osypiskowego

Wykres osypiskowy stanowi graficzną prezentację wartości własnych względem numeru składowej. Wykresy osypiskowe są przydatne do znajdowania górnego kresu (maksimum) dla liczby składowych, które powinny zostać zachowane. Na rysunku 1.4 pokazano wykres osypiskowy dla naszego przykładu. Większość wykresów osypiskowych ma podobny kształt do tego na rys. 1.4 — (por. s. 11 wiersz 17 od dołu) wykres zaczyna się wysoko po lewej stronie, następnie opada stosunkowo szybko, a od pewnego punktu staje się płaski. Dzieje się tak, ponieważ pierwsza składowa główna zwykle wyjaśnia dużą część zmienności, następnych kilka składowych wyjaśnia umiarkowaną ilość, a dalsze składowe wyjaśniają zmienność w niewielkim stopniu. Kryterium wykresu osypiskowego brzmi: Maksymalna liczba składowych, które powinny zostać uwzględnione, to wartość znajdująca się na osi x *dokładnie przed tym* miejscem, gdzie wykres po raz pierwszy jest zbliżony do linii poziomej. Przykładowo na rys. 1.4 wykres staje się płaski, poczynając od składowej nr 5. Odcinek ten jest prawie poziomy, gdyż składowe wyjaśniają w przybliżeniu tę samą, niewielką ilość zmienności. Zatem w tym przypadku kryterium wykresu osypiskowego wskazuje, że maksymalna liczba składowych, jakie należy wybrać to cztery.

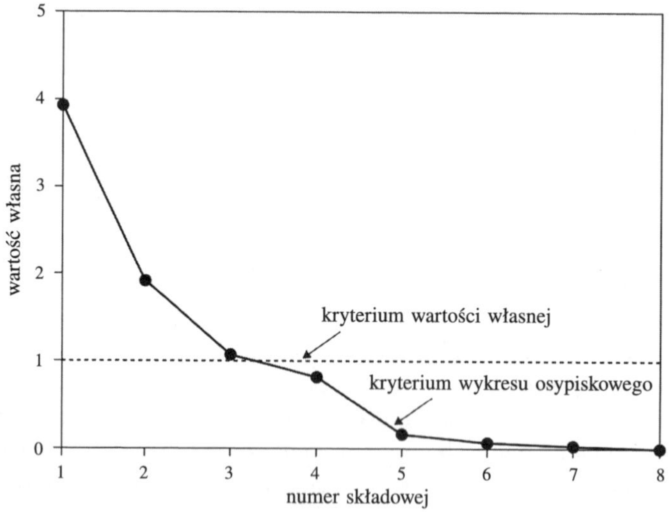

Rys. 1.4. Wykres osypiskowy (zakończ wybieranie składowych zanim linia łącząca sąsiednie punkty będzie pozioma)

Podsumowując powyższe rozważania, zalecenia omówionych kryteriów dla naszego przykładu są następujące:

- Kryterium wartości własnej. Zatrzymajmy składowe od 1 do 3, ale nie odrzucajmy jeszcze składowej 4.

• Kryterium części wariancji wyjaśnionej przez składowe. Składowe od 1 do 3 wyjaśniają 86% zmienności, a zachowanie składowej nr 4 daje nam bardzo dobry wynik 96% wyjaśnionej zmienności.

• Kryterium wykresu osypiskowego. Nie wybierajmy więcej niż czterech składowych.

Zatem uwzględnimy co najmniej trzy, ale nie więcej niż cztery składowe. Czyli ile ma ich być: trzy czy cztery? Na pytanie, ile składowych należy wyodrębnić nie ma jednoznacznej odpowiedzi i to czyni eksplorację danych zarówno sztuką, jak i nauką. Z tego też powodu eksploracja danych wymaga ciągłego nadzoru ludzkiego. Analityk danych lub osoba zajmująca się eksploracją danych musi uwzględnić wszystkie czynniki w decyzji i zastosować swoją ocenę wzbogaconą doświadczeniem.

Tabela 1.4. Macierze składowych w przypadku wybrania trzech i czterech składowych

	Składowa			Składowa			
	1	2	3	1	2	3	4
minc-z			0,922			0,922	0,370
hage-z	−0,429		−0,407	−0,429		−0,407	0,806
rooms-z	0,956			0,956			
bedrms-z	0,970			0,970			
popn-z	0,933			0,933			
hhlds-z	0,972			0,972			
lat-z		0,970			0,970		
long-z		−0,969			−0,969		

Zastosowana metoda: analiza składowych głównych.

W przypadku, gdy nie istnieje jednoznaczne, najlepsze rozwiązanie, warto zbadać obie możliwości. W tabeli 1.4 porównano macierze składowych dla wybranych odpowiednio trzech i czterech składowych. Wagi składowych mniejsze od 0,15 zostały ukryte, aby ułatwić interpretację składowych. Zauważmy, że pierwsze trzy składowe są dokładnie takie same w obu przypadkach. Byłyby one identyczne z tymi z tab. 1.2, gdybyśmy wybrali wszystkie osiem składowych i ukryli małe wagi. Dzieje się tak, ponieważ każda składowa po kolei wyjaśnia swoją część zmienności, zatem później wybrane składowe nie wpływają na te, które zostały wybrane wcześniej.

1.2.3. Tworzenie profili składowych głównych

Zwykle analityk jest zainteresowany stworzeniem profili dla składowych głównych. Spróbujmy wybrać istotne cechy każdej składowej głównej z naszego przykładu.

• *Składowa główna 1*, jak widzieliśmy wcześniej, jest zbudowana w dużym stopniu ze zmiennych dotyczących „rozmiaru kwartałów”, czyli zmiennych: *całkowita liczba pokoi, całkowita liczba sypialni, liczba mieszkańców, liczba gospodarstw domowych*, które są albo małe, albo duże. Duże kwartały mają więc silną tendencję do przyjmowania dużych wartości dla tych czterech zmiennych, podczas gdy małe kwartały mają tendencję do przyjmowania małych wartości. *Średni wiek mieszkania* jest mniejszą, pojedynczą przeciwwagą dla tych czterech zmiennych i przyjmuje zwykle małą wartość (niedawno wybudowane mieszkania) dla dużych kwartałów i dużą (starsze mieszkania o ustalonej reputacji) dla mniejszych kwartałów.

- *Składowa główna 2* jest „składową geograficzną", zbudowaną jedynie ze zmiennych *szerokość geograficzna* i *długość geograficzna*, które są silnie ujemnie skorelowane, co możemy stwierdzić, obserwując przeciwne znaki wag składowych. Potwierdza to nasze wcześniejsze odkrycia z eksploracyjnej analizy danych odnośnie tych dwóch zmiennych (rys. 1.3 i tab. 1.1). Ujemna korelacja jest spowodowana tym, że znak szerokości i długości geograficznej określa definicja oraz tym, że Kalifornia, najogólniej mówiąc, ciągnie się z północnego zachodu na południowy wschód. Jeżeli Kalifornia rozciągałaby się z północnego wschodu na południowy zachód, szerokość i długość geograficzna byłyby pozytywnie skorelowane.
- *Składowa główna 3* zawiera przede wszystkim zmienną *średni dochód* dla poszczególnych kwartałów, a w mniejszym stopniu zmienną *średni wiek mieszkania*. Zatem w zbiorze danych wysoki średni dochód wiąże się z niedawno zbudowanymi domami, podczas gdy mniejszy średni dochód jest związany ze starszymi mieszkaniami.
- *Składowa główna 4* budzi zainteresowanie, ponieważ nie zdecydowaliśmy jeszcze, czy ją zatrzymać, czy też nie. Stanowi ona kombinację dwóch zmiennych: zmiennej *średni wiek mieszkania* i zmiennej *średni dochód*. Tutaj widzimy, że kiedy została wyjaśniona ujemna korelacja pomiędzy tymi dwoma zmiennymi, pozostała pozytywna relacja między tymi zmiennymi. Oznacza to, że jeśli zależność pomiędzy wysokimi dochodami a nowoczesnymi mieszkaniami została wyjaśniona, to pozostaje mniej wyraźna zależność pomiędzy wysokimi dochodami a starszym budownictwem o ustalonej reputacji.

Aby zbadać związek pomiędzy *składową główną 3* i *składową główną 4* oraz zmiennych wchodzących w ich skład, rozważymy wyniki zliczania czynników. **Wynik zliczania czynników** (ang. *factor score*) stanowi oszacowaną wartość czynnika dla każdej obserwacji i jest oparty na **analizie czynnikowej** (ang. *factor analysis*), omówionej w podrozdziale 1.3. Więcej informacji o wynikach zliczania czynników można znaleźć w książce Johnsona i Wicherna [4].

Rozważmy dwie macierze wykresów rozrzutu pokazane na rys. 1.5. Macierz wykresów rozrzutu na rys. 1.5a pokazuje związek pomiędzy zmienną *średni dochód*, zmienną *średni wiek mieszkania* i wynikiem zliczania czynników dla *składowej głównej 3*. Macierz wykresów rozrzutu na rys. 1.5b pokazuje związek pomiędzy zmienną *średni dochód*, zmienną *średni wiek mieszkania* i wynikiem zliczania czynników dla *składowej głównej 4*. W tabeli 1.4 pokazano, że dwie składowe główne 3 i 4 zawierają te same dwie zmienne jako składowe. Odczytując dane z tabeli, wydaje się, że istnieje duża różnica w bezwzględnych wartościach wag składowych, np. dla *składowej głównej 3* mamy wartości: 0,922 i 0,407. Czy ta różnica jest odzwierciedlona na wykresach?

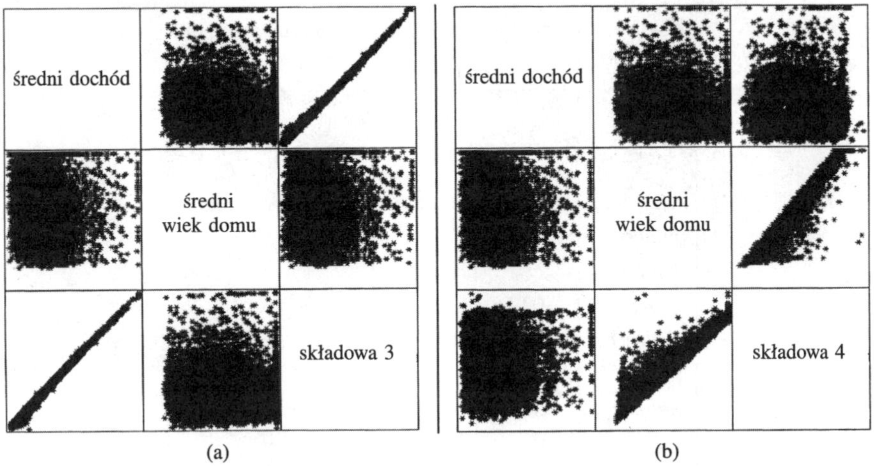

Rys. 1.5. Korelacja pomiędzy składowymi 3 i 4 oraz zmiennymi, wchodzącymi w ich skład

Rozważmy rysunek 1.5a. Bardzo wyraźnie widać tu silną dodatnią korelację pomiędzy *składową główną 3* a *średnim dochodem*, z wartością korelacji 0,922. Ale związek pomiędzy *składową główną 3* a *średnim wiekiem mieszkania* jest raczej niewyraźny — trudno tylko na podstawie wykresu rozrzutu oszacować korelację pomiędzy *składową główną 3* a *średnim wiekiem mieszkania* jako −0,407. Podobnie na rys. 1.5b, związek pomiędzy *składową główną 4* a *średnim wiekiem mieszkania* jest wyraźny, odzwierciedlając 0,806 dodatniej korelacji, podczas gdy związek pomiędzy *składową główną 4* a *średnim dochodem* nie jest wystarczająco jasny, odzwierciedlając niższą dodatnią korelację równą 0,370. Wnioskujemy zatem, że waga składowej −0,407 dla *średniego wieku mieszkania* w *składowej głównej 3* jest praktycznie bez znaczenia i podobnie waga składowej 0,370 dla *średniego dochodu* w *składowej głównej 4*.

Powyższa dyskusja prowadzi do następującego kryterium oceniającego wagi składowych: Aby waga składowej miała jakieś praktyczne znaczenie, jej wartość bezwzględna powinna być większa od 0,50. Zauważmy, że waga składowej reprezentuje korelację pomiędzy składową główną a zmienną, zatem kwadrat wagi składowej określa część całkowitej zmienności zmiennych, która jest wyjaśniona przez daną składową. Stąd przyjęcie wartości progowej $\pm 0{,}50$ oznacza, że przynajmniej 25% zmienności danej zmiennej powinno być wytłumaczone przez daną składową. W tabeli 1.5 przedstawiono macierz składowych z tab. 1.4, ukrywając tym razem wagi składowych, których wartość bezwzględna jest mniejsza od 0,50. Profile składowych powinny teraz być bardziej czytelne:

- *Składowa główna 1* reprezentuje składową „rozmiar grupy kwartałów" i obejmuje cztery zmienne: *całkowita liczba pokoi* (*rooms-z*), *całkowita liczba sypialni* (*bedrms-z*), *liczba mieszkańców* (*popn-z*) i *liczba gospodarstw domowych* (*hhlds-z*).
- *Składowa główna 2* reprezentuje informację „geograficzną" i składa się z dwóch zmiennych: *szerokość geograficzna* (*lat-z*) i *długość geograficzna* (*long-z*).

Tabela 1.5. Macierz wag składowych (ukryto wagi poniżej ±0,50

	Składowa			
	1	2	3	4
minc-z			0,922	
hage-z				0,806
rooms-z	0,956			
bedrms-z	0,970			
popn-z	0,933			
hhlds-z	0,972			
lat-z		0,970		
long-z		−0,969		

Zastosowana metoda: analiza składowych głównych; utworzono cztery składowe.

- *Składowa główna 3* reprezentuje „dochód" i składa się tylko z jednej zmiennej — *średni dochód* (*minc-z*).
- *Składowa główna 4* reprezentuje „wiek mieszkania" i składa się tylko z jednej zmiennej — *średni wiek mieszkania* (*hage-z*).

Zauważmy, że podział zmiennych na cztery składowe jest wzajemnie wykluczający się, co oznacza, że każda zmienna występuje (po ukryciu) tylko w jednej składowej, i wyczerpujący, co oznacza, że wszystkie osiem zmiennych zawiera się w czterech wybranych składowych. Dokonany powyżej podział zmiennych na 4–2–1–1 dla pierwszych czterech składowych znajduje odzwierciedlenie w podobnej relacji pomiędzy pierwszymi czterema wartościami własnymi: 3,901–1,910–1,073–0,825 (p. tab. 1.3).

W tym miejscu warto wspomnieć o dodatnich i ujemnych wartościach wag. Rozważmy *składową główną 2*, która ma dużą wartość dodatnią wagi dla *szerokości geograficznej* i dużą wartość ujemną wagi dla *długości geograficznej*. Czy powtórne przeprowadzenie analizy składowych głównych spowoduje, że znaki dla tych współczynników będą odwrócone, tak że *szerokość geograficzna* będzie miała ujemną wartość wagi, a *długość geograficzna* dodatnią wartość wagi? Jeżeli tak, to interpretacja będzie dokładnie taka sama, ponieważ rozważamy relację pomiędzy zmiennymi, a nie znaki jako takie.

1.2.4. Zasób zmienności wspólnej

Przed podjęciem decyzji o tym, ile składowych należy wybrać, trzeba uwzględnić jeszcze jeden element: **zasób zmienności wspólnej**. Analiza składowych głównych nie wyjaśnia całej wariancji ze zmiennych, ale tylko ten procent wariancji, który jest dzielony przez kilka zmiennych. Zasób zmienności wspólnej reprezentuje część wariancji danej zmiennej, która jest dzielona z innymi zmiennymi.

Zasób zmienności wspólnej określa całościowe znaczenie każdej zmiennej w analizie składowych głównych. Na przykład zmienna z zasobem zmienności wspólnej dużo mniejszym od tych, które mają pozostałe zmienne, dzieli dużo mniej wspólnej zmienności z innymi zmiennymi i wnosi mniejszy wkład do rozwiązania za pomocą analizy składowych głównych. Zasoby zmienności wspólnej, które są bardzo małe dla danej zmiennej, stanowią informację dla analityka, że ta zmienna nie musi należeć do rozwiązania znalezionego za pomocą analizy składowych głównych (tj. może nie być elementem żadnej składowej głównej). Ogólnie rzecz ujmując, duże wartości zasobu zmienności wspólnej wskazują na to, że składowe główne uwzględniają dużą część zmienności z oryginalnych zmiennych; małe wartości zasobu zmienności wspólnej pokazują, że ciągle istnieje duża zmienność w zbiorze danych, która nie została wyjaśniona przez składowe główne.

Wartości zasobu zmienności wspólnej są obliczane jako sumy kwadratów wag składowych dla danej zmiennej. Spróbujmy określić, czy należy zatrzymać *składową główną 4* (składową „wiek mieszkania"). W tym celu obliczamy wartość zasobu zmienności wspólnej dla zmiennej *średni wiek mieszkania*, używając wag składowych dla tej zmiennej (*hage-z*) z tab. 1.2. Poniżej są obliczone dwie wartości zasobu zmienności wspólnej — jedna, gdy rozważamy trzy składowe i druga, gdy uwzględniamy cztery składowe główne.

- Zasób zmienności wspólnej (*średni wiek mieszkania*, trzy składowe):

$$(-0{,}429)^2 + 0{,}025^2 + (-0{,}407)^2 = 0{,}350315.$$

- Zasób zmienności wspólnej (*średni wiek mieszkania*, cztery składowe):

$$(-0{,}429)^2 + 0{,}025^2 + (-0{,}407)^2 + 0{,}806^2 = 0{,}999951.$$

Wartość zasobu zmienności wspólnej mniejszą od 0,5 można uznać za zbyt małą, gdyż taka wartość oznacza, że dana zmienna dzieli mniej niż połowę swojej zmienności z innymi zmiennymi. Załóżmy, że z jakiś powodów chcielibyśmy lub musielibyśmy zatrzymać zmienną *średni wiek mieszkania*, jako stanowiącą istotną część analizy. Wówczas uwzględnienie tylko trzech składowych byłoby niewystarczające, ponieważ *średni wiek mieszkania* dzieli tylko 35% zmienności z innymi zmiennymi. Jeżeli zatem chcemy zatrzymać tę zmienną w analizie, to musimy uwzględnić czwartą składową, która podnosi wartość zasobu zmienności wspólnej dla *średniego wieku mieszkania* ponad próg 50%. Rozważania powyższe prowadzą do sformułowania **kryterium minimalnego zasobu zmienności wspólnej** dla wyboru składowych, o którym wspomnieliśmy wcześniej.

Kryterium minimalnego zasobu zmienności wspólnej

Załóżmy, że do analizy trzeba pozostawić pewien zbiór zmiennych. Wówczas należy uwzględnić taką liczbę składowych, aby wartość zasobu zmienności wspólnej dla każdej z tych zmiennych przekraczała pewien próg (np. 50%).

Zatem jesteśmy w końcu gotowi do podjęcia decyzji o liczbie składowych, które należy uwzględnić — zatrzymamy cztery składowe z poniżej wymienionych powodów.

• Na podstawie kryterium wartości własnych należy uwzględnić trzy składowe główne, ale nie ma podstaw do definitywnego odrzucenia czwartej składowej. Warto podkreślić, że dla małej liczby zmiennych można niedoszacować liczbę składowych do uwzględnienia na bazie tego kryterium.

• Na podstawie kryterium proporcji wariancji wyjaśnionej przez składowe powinniśmy wyodrębnić cztery składowe, o ile chcemy wyjaśnić ponad 96% zmienności. Ponieważ naszym ostatecznym celem jest podstawienie tych składowych za oryginalne dane i użycie ich w dalszym modelowaniu, więc możliwość wytłumaczenia tak dużej części zmienności oryginalnych danych jest bardzo atrakcyjna.

• Na podstawie kryterium wykresu osypiskowego nie należy przekraczać liczby czterech składowych. Nie przekroczyliśmy.

• Na podstawie kryterium minimalnej zmienności wspólnej jeżeli chcielibyśmy zatrzymać zmienną *średni wiek mieszkania* do dalszej analizy, musielibyśmy uwzględnić czwartą składową. Ponieważ zamierzamy zastąpić tymi składowymi oryginalny zbiór danych, musimy zatrzymać tę zmienną i dlatego potrzebujemy czwartej składowej.

1.2.5. Walidacja składowych głównych

Przypomnijmy, że oryginalny zbiór danych został podzielony na zbiór uczący i zbiór testujący. Wszystkie powyższe analizy zostały przeprowadzone na zbiorze uczącym. Aby zweryfikować wyodrębnione tutaj składowe główne, przeprowadzimy analizę składowych głównych na standaryzowanych zmiennych ze zbioru testującego. Wynikową macierz składowych pokazano w tab. 1.6 (ukryto wagi mniejsze od ±0,50). Chociaż wagi składowych nie są dokładnie takie same jak w zbiorze uczącym (tab. 1.5), to jednak

Tabela 1.6. Weryfikacja przeprowadzonej analizy składowych głównych — macierz wag składowych dla zbioru testującego

	Składowa			
	1	2	3	4
minc-z			0,920	
hage-z				0,785
rooms-z	0,957			
bedrms-z	0,967			
popn-z	0,935			
hhlds-z	0,968			
lat-z		0,962		
long-z		−0,961		

Zastosowana metoda: analiza składowych głównych; utworzono cztery składowe.

uwzględniono te same cztery składowe, z dokładnością jeden do jednego pod względem tego, które zmienne są związane z którą składową. Wynik ten można uważać za sprawdzenie przeprowadzonej analizy składowych głównych. Dlatego w późniejszych analizach tego zbioru danych podstawimy uzyskane składowe główne zamiast zmiennych objaśniajacych. W szczególności zbadamy, czy składowe są przydatne do oszacowania zmiennej *średnia wartość domu*.

Jeżeli za pomocą opisanej tutaj metody dzielenia próby na zbiór uczący i testujący poprawność składowych nie zostanie dowiedziona, analityk powinien uznać, że wyników (dla zbioru danych jako całości) nie można uogólniać i że wyniki te nie powinny zostać uznane za prawdziwe. Jeżeli nieudana weryfikacja dotyczy podzbioru zmiennych, to analityk może rozważyć pominięcie tych zmiennych i powtórne przeprowadzenie analizy składowych głównych. Przykład zastosowania analizy składowych głównych do regresji wielorakiej pokazano w rozdziale 3.

1.3. Analiza czynnikowa

Analiza czynnikowa (ang. *factor analysis*) jest w pewnien sposób powiązana ze składowymi głównymi, ale te dwie techniki służą różnym celom. Analiza składowych głównych służy do zidentyfikowania ortogonalnych liniowych kombinacji zmiennych, użytych albo do celów opisowych, albo w celu zastąpienia oryginalnych zmiennych mniejszą liczbą nieskorelowanych składowych. Natomiast analiza czynnikowa stanowi model danych, a tym samym jest bardziej złożona.

Na podstawie **modelu analizy czynnikowej** stawiamy hipotezę, że wektor odpowiedzi $X_1, X_2, \ldots, X_m$ można modelować jako liniowe kombinacje mniejszego zbioru k nieobserwowanych, „ukrytych" losowych zmiennych $F_1, F_2, \ldots, F_k$, nazywanych **czynnikami wspólnymi**, razem z składnikiem błędu $\boldsymbol{\varepsilon} = [\varepsilon_1, \varepsilon_2, \ldots, \varepsilon_k]'$. W szczególności model analizy czynnikowej zapisujemy jako

$$\underset{m\times 1}{\mathbf{X}-\boldsymbol{\mu}} = \underset{m\times k}{\mathbf{L}}\ \underset{k\times 1}{\mathbf{F}} + \underset{m\times 1}{\boldsymbol{\varepsilon}},$$

gdzie $\underset{m\times 1}{\mathbf{X}-\boldsymbol{\mu}}$ jest wektorem odpowiedzi, przesuniętym o wektor średni tak, że jego średnią jest wektor zerowy; $\underset{m\times k}{\mathbf{L}}$ jest macierzą **ładunków czynnikowych** z elementami l_{ij} oznaczającymi ładunek czynnikowy i-tej zmiennej w j-tym czynniku; $\underset{k\times 1}{\mathbf{F}}$ reprezentuje wektor nieobserwowanych czynników wspólnych, a $\underset{m\times 1}{\boldsymbol{\varepsilon}}$ — wektor błędów[2]. Model analizy czynnikowej różni się od innych modeli, takich jak model regresji liniowej, tym że zmienne objaśniające $F_1, F_2, \ldots, F_k$ są nieobserwowane. Ponieważ tak dużo składników jest nieobserwowanych, więc należy przyjąć dalsze założenia, zanim będziemy mogli odkryć czynniki z samych obserwowanych odpowiedzi. Te założenia to $E(\mathbf{F}) = \mathbf{0}$, $Cov(\mathbf{F}) = \mathbf{I}$, $E(\boldsymbol{\varepsilon}) = \mathbf{0}$ i $Cov(\boldsymbol{\varepsilon})$ jest macierzą diagonalną. Dalsze wyjaśnienia modelu analizy czynnikowej można znaleźć w książce Johnsona i Wicherna [4].

[2] Nazywany również **wektorem czynników specyficznych** (*przyp. tłum.*).

Niestety, rozwiązania analizy czynnikowej nie są niezmiennicze przy różnych przekształceniach. Dwa modele $\mathbf{X} - \boldsymbol{\mu} = \mathbf{LF} + \boldsymbol{\varepsilon}$ oraz $\mathbf{X} - \boldsymbol{\mu} = (\mathbf{LT})(\mathbf{TF}) + \boldsymbol{\varepsilon}$, gdzie $\mathbf{T}$ jest macierzą ortogonalną, zapewnią takie same wyniki. Zatem otrzymane w modelu czynniki nie są jedynymi możliwymi do uzyskania czynnikami, o ile nie zostaną nałożone dalsze ograniczenia. Ta niejednoznaczność stanowi powód rotacji czynników, którą omówimy wkrótce.

1.3.1. Zastosowanie analizy czynnikowej do zbioru danych *adult*

Zbiorem danych *adult* [6] zajmowaliśmy się w książce *Odkrywanie wiedzy z danych* [1]. Zbiór ten otrzymano z danych dostarczonych przez U.S. Census Bureau. Naszym celem jest znalezienie zbioru cech demograficznych, które z największym prawdopodobieństwem prognozują, czy dana osoba ma dochód roczny ponad 50 000 $, czy też nie. W niniejszym przykładzie na potrzeby naszej analizy czynnikowej używamy tylko następujących zmiennych: *wiek* (*age*), *status* (*demoweight* — miara statusu społeczno-ekonomicznego dzielnicy, w której mieszka dana osoba), *nauka* (*education-num* — liczba lat poświęconych na naukę), *praca* (*hours-per-week* — liczba godzin pracy w tygodniu) i *kapitał netto* (*capnet* — kapitał obliczany ze wzoru: przyrost kapitału – strata kapitału). Zbiór uczący zawiera 25 000 rekordów, a zbiór testujący ma 7561 rekordów. Zmienne zostały poddane standaryzacji i znaleziono wektory Z, $Z_i = (X_i - \mu_i)/\sigma_{ii}$. Macierz korelacji pokazano w tabeli 1.7. Zauważmy, że korelacje, chociaż w kilku przypadkach statystycznie znaczące, ogólnie są dużo słabsze niż korelacje z omawianego wcześniej zbioru danych *houses*. Słabsza struktura korelacji powinna stanowić większe wyzwanie dla metody redukcji wymiaru.

Tabela 1.7. Macierz korelacji dla przykładu analizy czynnikowej

	wiek	*status*	*nauka*	*kapitał netto*	*praca*
wiek	1,000	−0,076**	0,033**	0,070**	0,069**
status	−0,076**	1,000	−0,044**	0,005	−0,015*
nauka	0,033**	−0,044**	1,000	0,116**	0,164**
kapitał netto	0,070**	0,005	0,116**	1,000	0,077**
praca	0,069**	−0,015*	0,164**	0,077**	1,000

* korelacja istotna na poziomie 0,05
** korelacja istotna na poziomie 0,01

Aby analiza czynnikowa mogła odpowiednio zadziałać, jest wymagany pewien poziom korelacji, dlatego opracowano specjalne testy sprawdzające czy istnieje dostatecznie duża korelacja do przeprowadzenia analizy czynnikowej.

- **Miara adekwatności losowania Kaisera–Meyera–Olkina** (ang. *Keiser–Meyer–Olkin measure of sampling adequacy*), nazywana krótko statystyką KMO, mierzy część zmienności wewnątrz standaryzowanych zmiennych objaśniających, które są wspólnie dzielone i dlatego może być wyjaśniona przez czynniki, z których są zbudowane te zmienne. Wartości statystyki KMO mniejsze od 0,50 wskazują, że analiza czynnikowa w danym przypadku nie jest odpowiednia.

- **Test Bartletta** (ang. *Bartlett's test of sphericity*) testuje zerową hipotezę mówiącą, że macierz korelacji jest macierzą jednostkową, tzn. że zmienne są tak naprawdę nieskorelowane. Test ten jest oparty na pewnej statystyce, dla której otrzymuje się p-wartość. Bardzo małe wartości oznaczają, że hipotezę zerową należy odrzucić (tj. zmienne są rzeczywiście skorelowane). Dla p-wartości dużo większych od 0,10 nie ma dostatecznego dowodu na to, że zmienne są skorelowane, tak więc analiza czynnikowa może być nieodpowiednia.

Tabela 1.8 przedstawia wyniki opisanych powyżej testów statystycznych. Statystyka KMO ma wartość 0,549 (a więc jest nie mniejsza od 0,50), zatem test ten nie stwierdza, że poziom korelacji jest zbyt niski do analizy czynnikowej. P-wartość dla testu Bartletta jest zaokrąglana do zera, zatem odrzucamy hipotezę zerową mówiącą, że nie istnieje korelacja między zmiennymi i kontynuujemy analizę czynnikową.

Tabela 1.8. Czy korelacja jest dostatecznie wysoka, aby dalej prowadzić analizę czynnikową?

Miara adekwatności losowania Kaisera–Meyera–Olkina	0,549
Test Bartletta	
przybliżona wartość statystyki χ^2	1397,824
stopnie swobody (df)	10
p-wartość	0,000

Aby umożliwić obejrzenie wyników na wykresie rozrzutu, podjęliśmy arbitralną decyzję o wyodrębnieniu tylko dwóch czynników. Analizę czynnikową wykonujemy, używając metody **głównych osi wymiarów**[3] (ang. *principal axis factoring*). W metodzie tej są szacowane iteracyjne zasoby zmienności wspólnej i są obliczane ładunki czynnikowe. Nasza konkretna analiza wymagała 152 takich iteracji, zanim osiągnięto zbieżność. Wartości własne i część wariancji wyjaśniona przez każdy czynnik pokazano w tab. 1.9. Zauważmy, że pierwsze dwie składowe wyjaśniają mniej niż połowę całkowitej zmienności zmiennych, w przeciwieństwie do zbioru danych *houses*, gdzie pierwsze dwie składowe wyjaśniały ponad 72% zmienności. Jest to spowodowane słabszą strukturą korelacyjną tkwiącą w oryginalnych danych.

Ładunki czynnikowe (ang. *factor loadings*) $\underset{m\times k}{\mathbf{L}}$ pokazano w tabeli 1.10. Ładunki czynnikowe są analogiczne do wag składowych w analizie składowych głównych i reprezentują korelację pomiędzy i-tą zmienną a j-tym czynnikiem. Zauważmy, że ładunki czynnikowe są dużo mniejsze niż w poprzednim przykładzie z bazy danych *houses* (znowu z powodu słabszej korelacji między standaryzowanymi zmiennymi). Wartości

[3]Spotykana jest również nazwa **analiza wspólnego czynnika** (ang. *common factor analysis*) (*przyp. tłum.*).

Tabela 1.9. Wartości własne i proporcja wyjaśnionej wariancji — analiza czynnikowa

Czynnik	Początkowe wartości własne		
	wartość	% zmienności	skumulowany %
1	1,277	25,533	25,533
2	1,036	20,715	46,248
3	0,951	19,028	65,276
4	0,912	18,241	83,517
5	0,824	16,483	100,000

Zastosowana metoda: główne osie wymiarów.

Tabela 1.10. Ładunki czynnikowe

	Czynnik	
	1	2
age-z	0,590	−0,329
educ-z	0,295	0,424
capnet-z	0,193	0,142
hours-z	0,224	0,193
dem-z	−0,115	0,013

Zastosowana metoda: główne osie wymiarów; wodrębniono dwa czynniki, wykonano 152 iteracje. Ładunki czynnikowe są dużo mniejsze niż w przykładzie dot. zbioru danych *houses*.

Tabela 1.11. Zasoby zmienności wspólnej

	Składowa	
	początkowa	wyodrębniona
age-z	0,015	0,457
educ-z	0,034	0,267
capnet-z	0,021	0,058
hours-z	0,029	0,087
dem-z	0,008	0,013

Zastosowana metoda: główne osie wymiarów; zasoby zmienności wspólnej są małe — odzwierciedlają fakt, że nie ma dużej dzielonej korelacji.

zasobów zmienności wspólnej są również dużo mniejsze niż w przykładzie ze zbiorem danych *houses*, co pokazano w tab. 1.11. Małe wartości zasobu zmienności wspólnej odzwierciedlają fakt, że nie ma dużej dzielonej korelacji pomiędzy zmiennymi. Zwróćmy uwagę, że wyodrębnienie czynników zwiększa dzieloną korelację.

1.3.2. Rotacja czynników

Aby wspomóc interpretację czynników, można wykonać **rotację czynników** (ang. *factor rotation*). Rotacja czynników odpowiada przekształceniu (zwykle ortogonalnemu) osi współrzędnych i prowadzi do uzyskania innego zbioru ładunków czynnikowych. Możemy patrzeć na rotację czynników jako na analogię do naukowej próby uzyskania większego kontrastu i większej dokładności przez dopasowanie ostrości w mikroskopie.

Największa „ostrość" jest wtedy, gdy każda zmienna ma duży ładunek czynnikowy dla pojedynczego czynnika i małe do średnich wartości ładunków czynnikowych dla po-

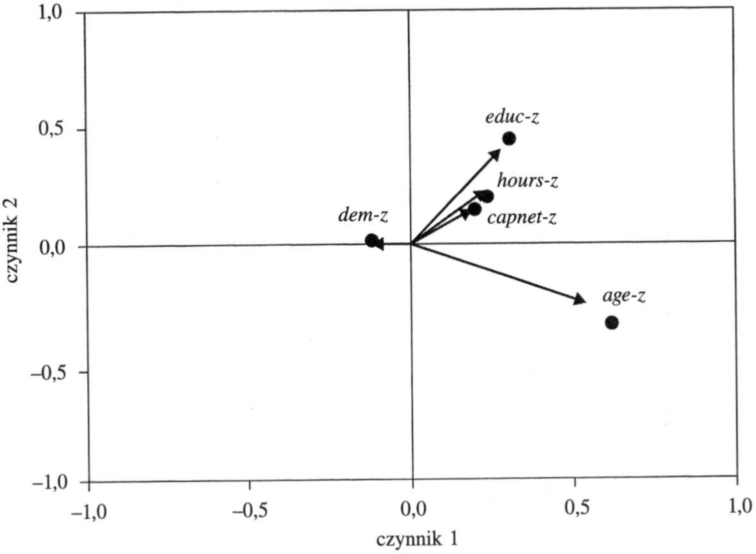

Rys. 1.6. Wektory ładunków czynnikowych przed rotacją nie są blisko osi współrzędnych

zostałych czynników. W przykładzie bazy danych *houses* czynniki były wyraźne nawet przed rotacją (np. tab. 1.5), zatem nie była ona konieczna. Jednak w przypadku zbioru danych *adult* wartości zawarte w tab. 1.10 sugerują, że warto dokonać rotacji czynników, aby wspomóc interpretację wyodrębnionych dwóch czynników. Na rysunku 1.6 pokazano wektory ładunków czynnikowych dla każdej zmiennej z tab. 1.10. Zauważmy, że większość wektorów nie jest blisko osi współrzędnych, co oznacza, że jest mały „kontrast" pomiędzy zmiennymi dla każdego czynnika, a przez to ograniczona możliwość interpretacji.

Do naszej macierzy ładunków czynnikowych zastosowaliśmy **rotację varimax** (którą omówimy wkrótce), uzyskując nowy zbiór ładunków czynnikowych (tab. 1.12). Zauważmy, że dla większości zmiennych został zwiększony „kontrast", co odzwierciedla

Tabela 1.12. Ładunki czynnikowe po rotacji varimax

	Czynnik	
	1	2
age-z	0,675	0,041
educ-z	0,020	0,516
capnet-z	0,086	0,224
hours-z	0,084	0,283
dem-z	−0,104	−0,051

Zastosowana metoda: główne osie wymiarów; metoda rotacji: varimax z normalizacją Kaisera; rotacja osiągnięta w 3 iteracjach.

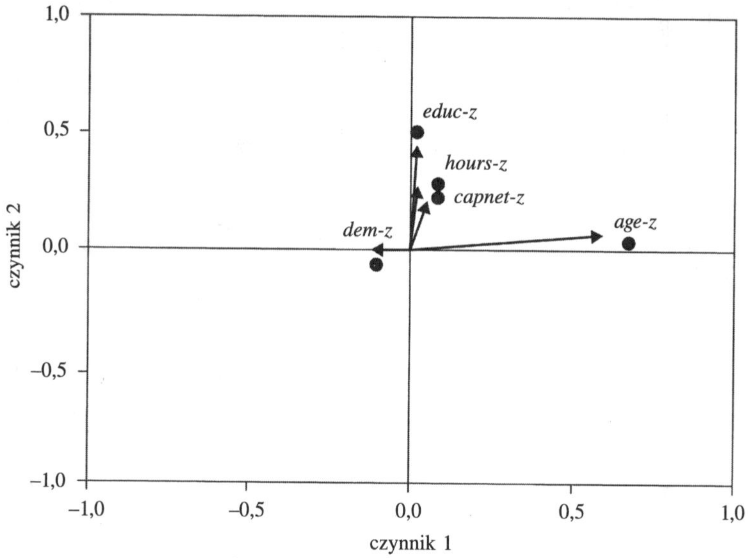

Rys. 1.7. Wektory ładunków czynnikowych po rotacji są bliżej osi współrzędnych

rys. 1.7. Rysunek pokazuje, że ładunki czynnikowe zostały obrócone wzdłuż osi o maksymalnej zmienności, reprezentowanych przez *czynnik 1* oraz *czynnik 2*. Często pierwszy wyodrębniony czynnik reprezentuje tzw. czynnik ogólny i wyjaśnia dużą część całkowitej zmienności. Skutkiem rotacji czynników jest ponowny podział zmienności pomiędzy drugim, trzecim i kolejnymi czynnikami. Jako przykład rozważmy tab. 1.13, która pokazuje procent wariancji wyjaśnionej przez *czynnik 1* i *czynnik 2*, dla wyodrębnionych początkowych czynników (lewa strona) i ich obróconej wersji (prawa strona). Suma kwadratów ładunków dla *czynnika 1* w przypadku bez rotacji to (używając tab. 1.10 i pozwalając na zaokrąglenia) $0{,}590^2 + 0{,}295^2 + 0{,}193^2 + 0{,}224^2 + (-0{,}115)^2 = 0{,}536$. Ten czynnik reprezentuje 10,7% całkowitej zmienności i około 61% wariancji jest wyjaśnione przez pierwsze dwa czynniki. Po rotacji wpływ *czynnika 1* został częściowo przeniesiony na *czynnik 2*. Teraz *czynnik 1* wyjaśnia 9,6% całkowitej zmienności i około 55% wariancji jest wyjaśnione przez pierwsze dwa czynniki.

Teraz opiszemy trzy metody **rotacji ortogonalnej** (ang. *orthogonal rotation*), w których osie zawsze przecinają się pod kątem 90°. Rotacja macierzy ładunków czynniko-

Tabela 1.13. Zmieniony w wyniku rotacji czynników podział wyjaśnianej wariancji

Czynnik	Wyodrębnienie sumy kwadratów ładunków			Rotacja sumy kwadratów ładunków		
	wartość	% wariancji	skumulowany %	wartość	% wariancji	skumulowany %
1	0,536	10,722	10,722	0,481	9,616	9,616
2	0,346	6,912	17,635	0,401	8,019	17,635

Zastosowana metoda: główne osie wymiarów.

wych ma na celu ułatwienie interpretacji poprzez uproszczenie rzędów i kolumn macierzy. Tutaj zakładamy, że kolumny w macierzy ładunków czynnikowych reprezentują czynniki, a wiersze reprezentują zmienne, tak jak na przykład w tab. 1.10. Upraszczanie rzędów macierzy wymaga maksymalizacji ładunków danej zmiennej dla jednego szczególnego ładunku i utrzymania ładunków dla tej zmiennej w innych czynnikach na tak niskim poziomie, jak to tylko możliwe (ideałem jest przypadek, gdy każdy rząd składa się z zer i jedynki). Podobnie upraszczanie kolumn tej macierzy wymaga maksymalizacji ładunków danego czynnika dla jednej szczególnej zmiennej i utrzymania ładunków dla tego czynnika dla innych zmiennych na tak niskim poziomie, jak to tylko możliwe (ideałem jest przypadek, gdy każda kolumna składa się z zer i jedynki).

- **Rotacja quartimax** (ang. *quartimax rotation*) polega na upraszczaniu rzędów macierzy. Przy rotacji tej pojawia się tendencja do obracania osi tak, aby zmienne miały wysokie wartości dla pierwszego czynnika i małe wartości dla kolejnych. Trudność polega na tym, że w wyniku tej rotacji może powstać „mocny ogólny" pierwszy czynnik, w którym prawie wszystkie zmienne mają wysokie wartości ładunków.
- **Rotacja varimax** (ang. *varimax rotation*) polega na upraszczaniu kolumn macierzy. Przy rotacji tej jest maksymalizowana zmienność ładunków dla czynników w celu uzyskania kolumny złożonej z zer i jedynki dla każdej zmiennej. Zachętą do stosowania rotacji varimax jest fakt, że możemy najłatwiej zinterpretować czynniki wtedy, gdy są one silnie związane z danymi zmiennymi i gdy nie ma jakiejkolwiek zależności z innymi zmiennymi. Kaiser [7, 8] pokazał, że rotacja varimax jest bardziej niezmiennicza niż rotacja quartimax.
- **Rotacja equimax** (ang. *equimax rotation*) polega na znalezieniu kompromisu pomiędzy upraszczaniem kolumn i rzędów.

Analityk może nie chcieć, aby obrócone czynniki pozostały ortogonalne (niezależne). W takim przypadku są dostępne metody **rotacji ukośnej** (ang. *oblique rotation*), w której czynniki mogą być skorelowane ze sobą. Ta rotacja jest nazwana ukośną, ponieważ osie nie muszą przecinać się pod kątem 90°, ale mogą przecinać się pod dowolnym kątem. Więcej szczegółów o rotacji ukośnej można znaleźć w książce Harmona [9].

1.4. Komponenty zdefiniowane przez użytkownika

Analiza czynnikowa wydaje się kontrowersyjna — częściowo z powodu tego, że jej rozwiązania nie są niezmiennicze przy różnych przekształceniach i konsekwentnie niejednoznaczne. Analityk może wybrać dużo prostszą alternatywę: **komponenty zdefiniowane przez użytkownika** (ang. *user-defined composites*). Komponent zdefiniowany przez użytkownika jest liniową kombinacją zmiennych, która łączy te zmienne w pojedynczą, złożoną miarę. W literaturze z dziedziny nauk o zachowaniu komponenty zdefiniowane przez użytkownika są znane jako **zsumowane skale** (ang. *summated scales*) (np. Robinson i in. [10]).

Komponent zdefiniowany przez użytkownika jest określony wzorem

$$W = \mathbf{a}'Z = a_1 Z_1 + a_2 Z_2 + \ldots + a_k Z_k,$$

gdzie $\sum_{i=1}^{k} a_i = 1$, $k \leq m$ oraz Z_i są standaryzowanymi zmiennymi. Bez względu na to, jaką formę przyjmuje liniowa kombinacja, zmienne powinny być najpierw standaryzowane, tak aby jedna zmienna z dużym rozrzutem nie dominowała nad innymi. Najprostszy komponent zdefiniowany przez użytkownika to po prostu średnia ze zmiennych. W tym przypadku $a_i = 1/k$, $i = 1, 2, \ldots, k$. Jeżeli jednak analityk ma wcześniej informację lub dostępną wiedzę ekspercką, która wskazuje, że zmienne nie powinny mieć tej samej wagi, to każdy współczynnik a_i można wybrać w taki sposób, by odzwierciedlał względną wagę danej zmiennej z przypisanymi większymi wagami dla ważniejszych zmiennych.

Jakie są korzyści z wykorzystania komponentów zdefiniowanych przez użytkownika? Porównując z użyciem pojedynczych zmiennych, komponenty zdefiniowane przez użytkownika zmniejszają skutki błędu pomiaru. **Błąd pomiaru** (ang. *measurement error*) dotyczy rozrzutu pomiędzy wartościami obserwowanymi a „prawdziwymi" wartościami zmiennych. Taki rozrzut może być spowodowany przez szereg przyczyn, w tym błędne przepisanie lub błąd instrumentu. Błąd pomiaru ma wpływ na szum błędu, przez co za pomocą danego modelu nie będzie możliwe prawidłowe przetworzenie sygnałów dostarczonych przez dane, a w efekcie istotne zależności mogą zostać pominięte. Komponenty zdefiniowane przez użytkownika zmniejszają błąd pomiaru przez łączenie kilku zmiennych w jedną miarę.

Dobrze skonstruowane komponenty zdefiniowane przez użytkownika pozwalają analitykowi na przedstawianie różnorodnych aspektów danego pojęcia przy użyciu pojedynczej miary. Zatem komponenty zdefiniowane przez użytkownika umożliwiają analitykowi uchwycenie szeregu cech, a jednocześnie zapewniają, że model pozostanie zwięzły (tzn. nie będzie zawierał zbyt wielu zmiennych). Analityk powinien upewnić się, że komponenty zdefiniowane przez użytkownika zostały określone na podstawie wcześniejszych badań lub ustalonej praktyki. Pojęciowa definicja komponentu odnosi się do teoretycznych podstaw komponentu. Na przykład: Czy inni badacze używali takiego samego komponentu lub czy ten komponent idzie w ślad za najlepszymi stosowanymi rozwiązaniami w danej dziedzinie lub biznesie? Jeżeli analityk ma świadomość, że nie ma takich poprzedników dla rozważanych komponentów zdefiniowanych przez użytkownika, to należy porządnie uzasadnić swój wybór, aby wesprzeć pojęciową definicję tej składowej.

Zmienne składające się na komponent zdefiniowany przez użytkownika powinny być silnie skorelowane ze sobą i nieskorelowane z innymi zmiennymi użytymi w analizie. Tę jednowymiarowość trzeba potwierdzić empirycznie, na przykład przez zastosowanie analizy składowych głównych ze zmiennymi mającymi wysokie wartości współczynników dla jednej składowej i niskimi lub średnimi dla pozostałych składowych.

1.4.1. Przykład komponentu zdefiniowanego przez użytkownika

Rozważmy znowu zbiór danych *houses* (p. rozdz. 1.2.1). Załóżmy, że analityk ma powody, aby wierzyć, że cztery zmienne — *całkowita liczba pokoi*, *całkowita liczba sypialni*, *liczba mieszkańców* i *liczba gospodarstw domowych* — są bardzo silnie skorelowane ze sobą i nie są skorelowane z innymi zmiennymi. Można by wtedy zbudować następujący komponent:

$$W = \mathbf{a}'Z = a_1(\text{całkowita liczba pokoi}) + a_2(\text{całkowita liczba sypialni}) \\ + a_3(\text{liczba mieszkańców}) + a_4(\text{liczba gospodarstw domowych})$$

z $a_i = 1/4, i = 1, \ldots, 4$, zatem *komponent W* reprezentuje średnią czterech (standaryzowanych) zmiennych.

Pojęciowa definicja *komponentu W* to „rozmiar kwartału", pojęcie naturalne i bezpośrednie. Jest mało prawdopodobne by wszystkie kwartały miały dokładnie taki sam rozmiar i dlatego różnice w rozmiarze kwartału mogą wyjaśniać część zmienności wśród innych zmiennych. Możemy oczekiwać, że duże kwartały będą miały duże wartości dla wszystkich czterech zmiennych, a małe kwartały będą miały małe wartości dla wszystkich czterech zmiennych.

Warto posiłkować się literaturą badawczą lub biznesową dla pojęciowej definicji komponentu. Dowód na istnienie i znaczenie powyższego komponentu zdefiniowanego przez użytkownika powinien być jasny i przekonujący. Na przykład dla *komponentu W* analityk może zacytować badania Hope'a i innych [11] z National Academy of Sciences, w których to stwierdza się, że kwartały w terenie miejskim zajmują średnio 5,3 kilometra kwadratowego, podczas gdy poza miastem kwartał zajmuje średnio powierzchnię 168 kilometrów kwadratowych. Ponieważ nie możemy przypuszczać, że kwartały w miastach i poza nimi mają bardzo podobną charakterystykę, to nie jest wykluczone, że rozmiar kwartału może wiązać się z różną charakterystyką kwartałów, obejmując w tym *średnią wartość domu*, czyli zmienną celu. Dalej analityk może zacytować uwagę U.S. Census Bureau w *Federal Register* [12], w której stwierdza się, że gęstość zamieszkania była dużo mniejsza w kwartałach, których rozmiar był większy niż 2 mile kwadratowe. Stąd rozmiar kwartału można uważać za „prawdziwe" i ważne pojęcie, które może zostać użyte do dalszych analiz.

1.5. Podsumowanie

Celem metod redukcji wymiaru jest spełnienie następujących wymagań, używając korelacyjnej struktury pomiędzy zmiennymi objaśniającymi:

- zmniejszenie liczby elementów opisujących,
- pomoc w zapewnieniu, że elementy te są niezależne,
- stworzenie szkieletu do interpretacji tych wyników.

W tym rozdziale poznaliśmy następujące metody redukcji wymiaru:

- analiza składowych głównych,
- analiza czynnikowa,
- komponenty zdefiniowane przez użytkownika.

Analiza składowych głównych polega na poszukiwaniu wyjaśnienia korelacyjnej struktury zbioru zmiennych przy użyciu mniejszego zbioru kombinacji liniowych tych zmiennych. Te liniowe kombinacje są nazywane składowymi głównymi. Całkowitą zmienność zbioru danych zbudowanego na zbiorze m zmiennych często można zachować dla mniejszego zbioru k linowych kombinacji tych zmiennych, co będzie oznaczało, że k składowych głównych zawiera prawie tyle samo informacji, co oryginalne m zmiennych. Za pomocą analizy składowych głównych można przeszukać tę strukturę korelacji oraz zidentyfikować składowe leżące u podstaw skorelowanych zmiennych. Następnie składowe główne mogą zostać wykorzystane do dalszej analizy, takiej jak regresja, klasyfikacja i inne.

Na pierwszą składową główną można patrzeć jak na pojedyncze najlepsze podsumowanie korelacji pomiędzy zmiennymi objaśniającymi. W szczególności ta konkretna liniowa kombinacja zmiennych wyjaśnia największą część zmienności w danych w porównaniu z innymi możliwymi liniowymi kombinacjami. Druga składowa główna, Y_2, jest drugą najlepszą liniową kombinacją zmiennych, pod warunkiem, że jest ortogonalna względem pierwszej składowej głównej. Dwa wektory są ortogonalne, jeżeli są niezależne, tzn. nie są skorelowane i są prostopadłe. Druga składowa wyjaśnia największą część zmienności, która pozostała po utworzeniu pierwszej składowej. Trzecia składowa jest trzecią najlepszą liniową kombinacją zmiennych, pod warunkiem, że jest ortogonalna względem dwóch pierwszych składowych. Trzecia składowa wyjaśnia największą część zmienności, która pozostała po utworzeniu dwóch pierwszych składowych. Pozostałe składowe definiuje się analogicznie.

Kryteria używane do określenia liczby składowych to:

- kryterium wartości własnej,
- kryterium części wariancji wyjaśnionej przez składowe,
- kryterium minimalnego zasobu zmienności wspólnej,
- kryterium wykresu osypiskowego.

Kryterium wartości własnej stwierdza, że każda składowa powinna wyjaśniać zmienność „równoważną" przynajmniej jednej oryginalnej zmiennej, co oznacza, że tylko składowe o wartościach własnych większych od 1 należy pozostawić do dalszej analizy. W kryterium części wariancji wyjaśnionej przez składowe analityk wybiera po kolei składowe, aż do momentu, gdy zostanie osiągnięta oczekiwana wartość wyjaśnionej zmienności. Kryterium minimalnego zasobu zmienności wspólnej stwierdza, że należy uwzględnić taką liczbę składowych, aby zasób zmienności wspólnej dla każdej ze zmiennych przekraczał pewien próg (np. 50%). Kryterium wykresu osypiskowego brzmi: Maksymalna liczba składowych, które powinny zostać uwzględnione to wartość znajdująca się na osi x dokładnie przed tym miejscem, gdzie wykres po raz pierwszy jest zbliżony do linii poziomej.

Część wyników analizy składowych głównych przyjmuje postać macierzy składowych, z wartościami komórek nazywanymi wagami składowych. Wagi składowych reprezentują korelację cząstkową pomiędzy daną zmienną a konkretną składową główną. Wartość bezwzględna wagi składowej powinna przekraczać 0,50, aby waga miała jakieś znaczenie praktyczne. Zauważmy, że waga składowej reprezentuje korelację pomiędzy składową a zmienną, zatem kwadrat wagi składowej określa część całkowitej zmienności dla zmiennych, która jest wyjaśniona przez daną składową. Stąd przyjęcie wartości progowej $\pm 0,50$ oznacza, że przynajmniej 25% zmienności danej zmiennej powinna być wytłumaczona przez daną składową.

Analiza składowych głównych nie wydobywa całej wariancji ze zmiennych, ale tylko ten procent wariancji, który jest dzielony przez kilka zmiennych. Zasób zmienności wspólnej reprezentuje część wariancji danej zmiennej, która jest dzielona z innymi zmiennymi. Zasoby zmienności wspólnej określają całościowe znaczenie każdej zmiennej w analizie składowych głównych. Wartości zasobu zmienności wspólnej są obliczane jako sumy kwadratów wag składowych dla danej zmiennej. Wartości zasobu zmienności wspólnej mniejsze od 0,5 można uważać za zbyt małe, ponieważ oznaczałoby to, że zmienna dzieli mniej niż połowę swojej zmienności z innymi zmiennymi.

Analiza czynnikowa jest w pewien sposób powiązana ze składowymi głównymi, ale te dwie techniki służą różnym celom. Analiza składowych głównych służy do zidentyfikowania ortogonalnych liniowych kombinacji zmiennych, użytych albo do celów opisowych, albo w celu zastąpiennia oryginalnych zmiennych mniejszą liczbą nieskorelowanych składowych. Natomiast analiza czynnikowa stanowi model danych, a tym samym jest bardziej złożona.

Niestety, rozwiązania analizy czynnikowej nie są niezmiennicze przy różnych przekształceniach. Zatem otrzymane w modelu czynniki nie są jedynymi możliwymi do uzyskania czynnikami, o ile nie zostaną nałożone dalsze ograniczenia. Miara adekwatności losowania Kaisera–Meyera–Olkina i test Bartletta są używane do określenia, czy też istnieje wystarczająco duża korelacja, aby można było przeprowadzić analizę czynnikową.

Ładunki czynnikowe są analogiczne do wag składowych w analizie składowych głównych i reprezentują korelację pomiędzy i-tą zmienną a j-tym czynnikiem. Aby wspomóc interpretację czynników, można wykonać rotację czynników. Rotacja czynników odpowiada przekształceniu (zwykle ortogonalnemu) osi współrzędnych i prowadzi do uzyskania innego zbioru ładunków czynnikowych. Często pierwszy wyodrębniony czynnik reprezentuje tu „czynnik ogólny" i wyjaśnia dużą część całkowitej zmienności. Skutkiem rotacji czynników jest podział zmienności pomiędzy drugim, trzecim i kolejnymi czynnikami.

Istnieją trzy metody rotacji ortogonalnej: rotacja quartimax, rotacja varimax oraz rotacja equimax. Przy rotacji quartimax pojawia się tendencja do obracania osi w taki sposób, że zmienne mają wysokie wartości dla pierwszego czynnika i małe wartości dla następnych. W rotacji varimax jest maksymalizowana zmienność ładunków czynnikowych w celu uzyskania kolumny złożonej z zer i jedynki dla każdej zmiennej. Rotacja equimax stanowi kombinację poprzednich dwóch metod. Są również dostępne metody rotacji ukośnej, w której to czynniki mogą być skorelowane jeden z drugim.

Komponent zdefiniowany przez użytkownika jest liniową kombinacją zmiennych, która łączy kilka zmiennych w pojedynczą, złożoną miarę. Komponenty zdefiniowane przez użytkownika zmniejszają błąd pomiaru przez łączenie kilku zmiennych w jedną miarę. Umożliwiają one analitykowi zauważenie i uwzględnienie szeregu cech, przy jednoczesnym zachowania korzyści modelu. Analityk powinien upewnić się, że komponenty zdefiniowane przez użytkownika zostały określone na podstawie wcześniejszych badań lub ustalonej praktyki. Zmienne wchodzące w skład komponentu zdefiniowanego przez użytkownika powinny być silnie skorelowane ze sobą i nieskorelowane z innymi zmiennymi użytymi w analizie.

1.6. Literatura

[1] Daniel Larose, *Discovering Knowledge in Data: An Introduction to Data Mining*, Wiley, Hoboken, NJ 2005; tłum. pol. *Odkrywanie wiedzy z danych. Wprowadzenie do eksploracji danych*, WN PWN, Warszawa 2006.

[2] R. Bellman, *Adaptive Control Processes: A Guided Tour*, Princeton University Press, Princeton, NJ 1961.

[3] R. Kelley Pace, Ronald Berry, Sparse spatial autoregressions, *Statistics and Probability Letters*, Vol. 33, No. 3, s. 291–297. May 5, 1997. Zbiór danych dostępny na stronach Data and Story Library:
`http://lib.stat.cmu.edu/datasets/houses.zip`,
a także na stronie internetowej `www.dataminingconsultant.com`.

[4] Richard A. Johnson, Dean Wichern, *Applied Multivariate Statistical Analysis*, Prentice Hall, Upper Saddle River, NJ 1998.

[5] Joseph Hair, Rolph Anderson, Ronald Tatham, William Black, *Multivariate Data Analysis*, 4th ed., Prentice Hall, Upper Saddle River, NJ 1995.

[6] Zbiór danych *adult*, w: C. L. Blake, C. J. Merz, UCI Repository of Machine Learning Databases,
`http://www.ics.uci.edu/~mlearn/MLRepository.html`,
University of California, Department of Information and Computer Science, Irvine, CA. Zbiór danych *adult* został utworzony przez Rona Kohavi. Dostępny również na stronie internetowej `www.dataminingconsultant.com`.

[7] H. F. Kaiser, A second-generation Little Jiffy, *Psychometrica*, Vol. 35, s. 401–415, 1970.

[8] H. F. Kaiser, Little Jiffy, Mark IV, *Educational and Psychological Measurement*, Vol. 34, s. 111–117, 1974.

[9] H. H. Harmon, *Modern Factor Analysis*, 2nd ed., University of Chicago Press, Chicago.

[10] J. P. Robinson, P. R. Shaver, L. S. Wrightsman, Criteria for scale selection and evaluation, w: J. P. Robinson, P. R. Shaver, L. S. Wrightsman, eds. *Measures of Personality and Social Psychological Attitudes*, Academic Press, San Diego, CA 1991.

[11] Diane Hope, Corinna Gries, Weixung Zhu, William F. Fagan, Charles L. Redman, Nancy B. Grimm, Amy L. Nelson, Chris Martin, Ann Kinzig, Socioeconomics drive urban plant diversity, *Proceedings of the National Academy of Sciences*, Vol. 100, No. 15, s. 8788–8792, July 22, 2003.

[12] U.S. Census Bureau, Urban area criteria for census 2000, *Federal Register*, Vol. 67, No. 51, March 15, 2002;
`http://www.census.gov/geo/www/ua/uafedreg031502.pdf`.

[13] Zbiór danych *churn* w: C. L. Blake, C. J. Merz, UCI Repository of Machine Learning of California, Department of Information and Computer Science, Irvine, CA 1998. Dostępny również na stronie internetowej
`www.dataminingconsultant.com`.

1.7. Ćwiczenia

Wyjaśnienie pojęć

1.1. Określ, czy poniższe stwierdzenia są prawdziwe, czy też fałszywe. Jeżeli stwierdzenie jest fałszywe, to wyjaśnij dlaczego i zaproponuj, jak można je zmienić, aby stało się prawdziwe.

a) Dodatnia korelacja wskazuje, że jeżeli wartość jednej zmiennej rośnie, to również wartość drugiej zmiennej rośnie.
b) Zmiana skali pomiaru dla macierzy kowariancji (np. z metrów na kilometry) zmieni wartość kowariancji.
c) Całkowita zmienność w zbiorze danych jest równa liczbie rekordów.
d) Wartość i-tej składowej głównej jest równa i-tej wartości własnej podzielonej przez liczbę zmiennych.
e) Druga składowa główna reprezentuje dowolną liniową kombinację zmiennych, która wyjaśnia największą część zmienności w zbiorze danych, po tym jak została utworzona pierwsza składowa główna.
f) Bezwzględna wartość wagi składowej powinna przekraczać wartość 0,50, aby waga miała jakieś praktyczne znaczenie.
g) Składowe główne są zawsze wzajemnie wykluczające się i uwzględniają w sumie wszystkie zmienne.
h) Kiedy sprawdzamy składowe główne, oczekujemy, że wagi składowych dla zbioru uczącego i testującego będą miały ten sam znak.
i) Aby analiza czynnikowa działała właściwie, zmienne objaśniające nie powinny być silnie skorelowane.

1.2 Dla jakiego typu danych macierze kowariancji i korelacji są takie same? Co oznacza Σ w tym przypadku?

1.3. Co jest szczególnego w pierwszej składowej głównej, jeżeli chodzi o zmienność?

1.4. Opisz cztery kryteria, na podstawie których należy dokonać wyboru liczby składowych głównych, które należy wyodrębnić. Opisz na czym polega każde z nich.

1.5. Wyjaśnij pojęcie zasobu zmienności wspólnej tak, aby nowicjusz z tej dziedziny mógł je zrozumieć.

1.6. Wyjaśnij różnicę między analizą składowych głównych a analizą czynnikową. Jakie są wady analizy czynnikowej?

1.7. Opisz dwa sposoby pomagające stwierdzić, czy istnieje dostateczna korelacja w zbiorze danych, aby przeprowadzić analizę czynnikową. Jakie wyniki z tych testów pozwolą nam na kontynuację?

1.8. Wyjaśnij dlaczego przeprowadzamy rotację czynników. Opisz trzy różne metody rotacji czynników.

1.9. Co to jest komponent zdefiniowany przez użytkownika i jakie są zalety stosowania takich komponentów, zamiast pojedynczych zmiennych?

Praca z danymi

Poniższe wyniki pochodzą z analizy składowych głównych zbioru danych *churn* [13].

1.10. Na podstawie informacji z tab. 1.14 sprawdź, czy korelacja pomiędzy zmiennymi objaśniającymi jest na tyle duża, aby można było przeprowadzić analizę składowych głównych. Wyjaśnij skąd to wiesz i kiedy możemy otrzymywać sprzeczne sygnały.

Tabela 1.14. Czy korelacja jest dostatecznie wysoka, aby przeprowadzić analizę składowych głównych

Miara adekwatności próbkowania Kaisera–Meyera–Olkina	0,512
Test Bartletta	
przybliżona wartość statystyki χ^2	34,908
stopnie swobody (df)	55
znaczenie	0,984

1.11. Załóż, że wykonasz analizę składowych głównych (w tym przypadku używając siedmiu składowych). Rozważ zasoby zmienności wspólnej pokazane w tab. 1.15 — która zmienna lub zmienne mogą zostać pominięte w analizie składowych głównych i dlaczego? Jeżeli potrzebujesz tych zmiennych w analizie, to co należy zrobić?

Tabela 1.15. Zasoby zmienności wspólnej

	Składowa	
	początkowa	wyodrębniona
Zacctlen	1,000	0,606
Zvmailme	1,000	0,836
Zdaycall	1,000	0,528
Zdaychar	1,000	0,954
Zevecall	1,000	0,704
Zevechar	1,000	0,621
Znitecal	1,000	0,543
Znitecha	1,000	0,637
Zintcall	1,000	0,439
Zintchar	1,000	0,588
Zcsc	1,000	0,710

Metoda wyodrębnienia: analiza składowych głównych.

1.12. Na podstawie informacji z tab. 1.16 określ, ile składowych powinno zostać wyodrębnionych, używając (a) kryterium wartości własnej i (b) kryterium części wariancji wyjaśnionej przez składowe?

Tabela 1.16. Wartości własne i proporcja wyjaśnionej wariancji

Składowa	Początkowe wartości własne		
	wartość	% zmienności	skumulowany %
1	1,088	9,890	9,890
2	1,056	9,596	19,486
3	1,040	9,454	28,939
4	1,023	9,296	38,236
5	1,000	9,094	47,329
6	0,989	8,987	56,317
7	0,972	8,834	65,151
8	0,969	8,811	73,961
9	0,963	8,754	82,715
10	0,962	8,747	91,462
11	0,939	8,538	100,000

1.13. Na podstawie wykresu osypiskowego pokazanego na rys. 1.8 określ, ile składowych należy wyodrębnić zgodnie z kryterium wykresu osypiskowego? Opierając się na trzech kryteriach, zadecyduj ostatecznie, ile składowych głównych należy wyodrębnić?

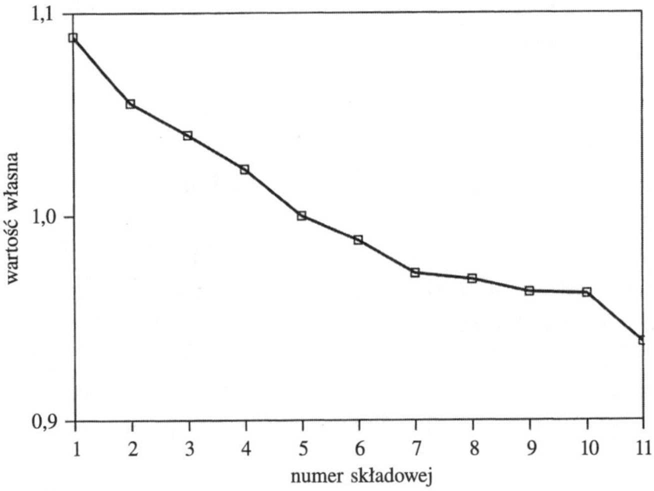

Rys. 1.8. Wykres osypiskowy — ile składowych głównych należy wyodrębnić?

1.14. a) Na podstawie macierzy obróconych składowych (tab. 1.17) utwórz krótkie profile pierwszych czterech składowych.

b) Opisz jak zmieniłaby się pierwsza składowa, jeżeli zostałaby wyodrębniona szósta składowa.

Tabela 1.17. Macierz obróconych składowych

	Składowa				
	1	2	3	4	5
Zacctlen	0,625				
Zvmailme				0,521	
Zdaycall	0,623				
Zevecall			0,508		
Znitecal			0,551		
Zintcall		0,601			
Zcsc				−0,592	
Zdaychar			0,617		
Zevechar				0,429	−0,572
Znitechar					0,697
Zintchar		0,657			

Rotacja osiągnięta w 8 iteracjach.
Metoda wydobycia: analiza składowych głównych.
Metoda rotacji: varimax i normalizacja Kaisera.

c) Co sądzisz o przydatności zastosowania analizy składowych głównych do tego zbioru danych?

Ćwiczenia praktyczne

W poniższych ćwiczeniach zastosuj zbiór danych *baseball* dostępny na stronie internetowej `www.dataminingconsultant.com`.

1.15. Usuń ze zbioru wszystkich zawodników odbijających z liczbą odbić mniejszą od 100. Przeprowadź standaryzację wszystkich zmiennych.

1.16. Załóż, że jesteś zainteresowany oszacowaniem liczby uderzeń, która pozwala biegaczowi zająć wszystkie bazy i zdobyć punkt. Wszystkie inne zmienne numeryczne będą zmiennymi objaśniającymi. Zbadaj, czy istnieje dostateczna zmienność między zmiennymi objaśniającymi, aby przeprowadzić analizę składowych głównych.

1.17. Ile składowych powinno zostać uwzględnionych, biorąc pod uwagę:
  a) kryterium wartości własnej?
  b) kryterium części wariancji wyjaśnionej przez składowe główne?
  c) kryterium wykresu osypiskowego?
  d) kryterium minimalnego zasobu zmienności wspólnej?

1.18. Na podstawie informacji z ćwiczenia 1.17 podejmij decyzję, ile składowych należy wyodrębnić.

1.19. Zastosuj analizę składowych głównych z rotacją varimax do wybranej liczby składowych. Napisz krótkie profile kilku pierwszych wyodrębnionych składowych.

1.20. Zbuduj przydatny komponent zdefiniowany przez użytkownika ze zmiennych objaśniających. Opisz sytuację, w której komponent byłby bardziej właściwy niż składowe główne i na odwrót.

2

Modelowanie regresji

Modelowanie regresji jest potężną i elegancką metodą szacowania wartości ciągłej zmiennej celu. W tym rozdziale omówimy zagadnienie modelowania regresji przez prostą regresję liniową, w której linia prosta jest używana do przybliżenia relacji między pojedynczą ciągłą zmienną objaśniającą a pojedynczą ciągłą zmienną odpowiedzi. Dalej, w rozdziale 3, przejdziemy do regresji wielorakiej, gdzie kilka zmiennych objaśniających jest używanych do oszacowania pojedynczej odpowiedzi. Pojęcie regresji wprowadziliśmy w rozdziale 4 książki *Odkrywanie wiedzy z danych* [1]. Tutaj bardziej szczegółowo zbadamy różne aspekty prostej regresji liniowej.

2.1. Przykład prostej regresji liniowej

Aby odkryć model prostej regresji liniowej, rozważmy zbiór danych *cereals* (płatki śniadaniowe), którego fragment pokazano w tab. 2.1. Zbiór danych *cereals* (Data and Story Library [2]) zawiera informacje o wartościach odżywczych 77 rodzajów płatków śniadaniowych i zawiera następujące zmienne:

- *nazwa płatków* (*cereal name*),
- *producent płatków* (*manuf*),
- *typ płatków* (*type*) — na ciepło (*hot*) lub na zimno (*cold*),
- *kalorie* (*calories*) w porcji,
- *białka* (*protein*) w gramach,
- *tłuszcz* (*fat*) w gramach,
- *sód* (*sodium*) w miligramach,
- *błonnik* (*fiber*) w gramach,
- *węglowodany* (*carbohydrates*) w gramach,
- *cukry* (*sugar*) w gramach,
- *potas* (*potass*) w miligramach,
- *witaminy* (*vitamins*) — procent zalecanego dziennego spożycia witamin (0%, 25% lub 100%),
- *waga porcji* (*weight*),
- *liczba łyżek* (*cups*) w porcji,

Tabela 2.1. Fragment ze zbioru danych *cereals* (osiem pól, pierwszych 15 rekordów)

Nazwa płatków	Producent	Cukry	Kalorie	Białka	Tłuszcz	Sód	Wartość odżywcza
100% Bran	N	6	70	4	1	130	68,4030
100% Natural Bran	Q	8	120	3	5	15	33,9837
All-Bran	K	5	70	4	1	260	59,4255
All-Bran Extra Fiber	K	0	50	4	0	140	93,7049
Almond Delight	R	8	110	2	2	200	34,3848
Apple Cinnamon Cheerios	G	10	110	2	2	180	29,5095
Apple Jacks	K	14	110	2	0	125	33,1741
Basic 4	G	8	130	3	2	210	37,0386
Bran Chex	R	6	90	2	1	200	49,1203
Bran Flakes	P	5	90	3	0	210	53,3138
Cap'n Crunch	Q	12	120	1	2	220	18,0429
Cheerios	G	1	110	6	2	290	50,7650
Cinnamon Toast Crunch	G	9	120	1	3	210	19,8236
Clusters	G	7	110	3	2	140	40,4002
Cocoa Puffs	G	13	110	1	1	180	22,7364

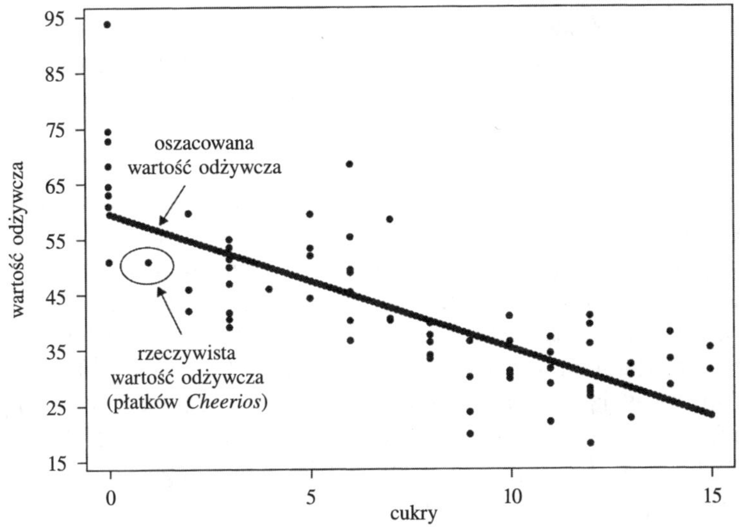

Rys. 2.1. Wykres rozrzutu wartości odżywczej względem zawartości cukrów dla 77 płatków śniadaniowych

- *położenie półki* (*shelf*): 1 = dolna, 2 = środkowa, 3 = górna,
- *wartość odżywcza* (*rating*), obliczona przez *Consumer Reports*.

Załóżmy, że chcemy oszacować wartości odżywcze (*rating*) różnych typów płatków śniadaniowych, mając dane zawartości cukrów (*sugars*). Na rysunku 2.1 przedstawiono wykres rozrzutu wartości odżywczych względem zawartości cukrów dla 77 rodzajów płatków śniadaniowych, razem z linią regresji najmniejszych kwadratów (czyli linią regresji otrzymaną za pomocą metody najmniejszych kwadratów). Linia regresji jest zapisana w postaci równania $\hat{y} = b_0 + b_1 x$, które nazywamy **równaniem regresji** (ang. *regression equation*) lub **oszacowanym równaniem regresji** (ang. *estimated regression equation*, ERE), przy czym:

- $\hat{y}$ jest szacowaną wartością zmiennej celu,
- b_0 jest punktem przecięcia linii regresji z osią y, inaczej — wyrazem wolnym,
- b_1 jest nachyleniem linii regresji lub współczynnikiem kierunkowym,
- b_0 i b_1 są nazywane **współczynnikami regresji** (ang. *regression coefficients*).

W tym przypadku oszacowane równanie regresji jest wyrażone za pomocą wzoru: $\hat{y} = 59{,}4 - 2{,}42 \cdot cukry$, a więc $b_0 = 59{,}4$, $b_1 = -2{,}42$. Dalej (p. 2.2) pokażemy, w jaki sposób wyznacza się to równanie. Estymowane równanie regresji można zinterpretować jako: Oszacowana wartość odżywcza płatków śniadaniowych jest równa 59,4 minus 2,42 razy waga cukrów w gramach. Linia regresji i oszacowane równanie regresji są używane jako liniowe przybliżenie relacji pomiędzy zmiennymi x (zmiennymi objaśniającymi, niezależnymi, celu, odpowiedzi), a y (zmienną objaśnianą, zależną) — w tym przypadku między zawartością cukrów a wartością odżywczą. Możemy użyć linii regresji lub oszacowanego równania regresji do zadań szacowania lub przewidywania. Załóżmy, na przykład, że chcemy oszacować wartości odżywcze nowego rodzaju płatków (nieuwzględnionych w początkowych danych), które zawierają $x = 1$ gram cukrów. Za pomocą oszacowanego równania regresji możemy wyestymować wartość odżywczą płatków śniadaniowych zawierających 1 gram cukrów: $\hat{y} = 59{,}4 - 2{,}42 \cdot 1 = 56{,}98$. Zauważmy, że to oszacowanie wartości odżywczej leży dokładnie na linii regresji — w punkcie $(x = 1, \hat{y} = 56{,}98)$, jak pokazano na rys. 2.1. W rzeczywistości dla każdej wartości x (zawartość cukrów) oszacowana wartość $\hat{y}$ (wartość odżywcza) będzie znajdować się dokładnie na linii regresji.

W naszym zbiorze danych są płatki śniadaniowe Cheerios, które mają zawartość cukrów równą 1 gram. Jednak ich wartość odżywcza to $50{,}765$, a nie $56{,}98$, jak oszacowaliśmy powyżej dla nowych płatków zawierających 1 gram cukrów. Na wykresie rozrzutu płatkom Cheerios odpowiada punkt $(x = 1, y = 50{,}765)$, znajdujący się wewnątrz wyróżnionego owalu na rys. 2.1. Strzałka nad linią regresji na rys. 2.1 wskazuje miejsce na linii regresji dokładnie powyżej punktu dla płatków Cheerios — jest to punkt, który oszacowaliśmy, używając równania regresji dla wartości odżywczych w przypadku, gdy zawartość cukrów jest równa 1 gram. Zatem wartość odżywcza została przeszacowana o $56{,}98 - 50{,}765 = 6{,}215$, co jest równe odległości punktu reprezentującego płatki Cheerios od jego rzutu pionowego na linię regresji. Odległość ta — w tym przypadku równa $6{,}215$, a ogólnie $(y - \hat{y})$ — ma różne nazwy, np. **błąd predykcji** (ang. *prediction error*), **błąd oszacowania** (ang. *estimation error*), **wartość resztowa** (**reszta**, **błąd resztowy**, **residuum**) (ang. *residual*).

Oczywiście dążymy do minimalizacji błędu oszacowania. Za pomocą metody najmniejszych kwadratów jednoznacznie wybieramy linię regresji, która minimalizuje sumę kwadratów reszt dla wszystkich punktów danych. Istnieją alternatywne metody wyboru prostej, która najlepiej przybliża liniową zależność pomiędzy zmiennymi, takie jak regresja medianowa, jednak metoda najmniejszych kwadratów jest używana najczęściej.

2.2. Oszacowanie najmniejszych kwadratów

Załóżmy teraz, że nasz zbiór danych zawiera dane o 77 płatkach śniadaniowych, innych niż te ze zbioru danych *cereals*. Czy powinniśmy oczekiwać, że zależność pomiędzy wartością odżywczą a zawartością cukrów będzie dokładnie taka sama, jak znaleziona powyżej $\hat{y} = 59{,}4 - 2{,}42 \cdot cukry$? Prawdopodobnie nie, tutaj b_0 i b_1 są statystykami, których wartości zmieniają się w zależności od próby. Podobnie jak inne statystyki, b_0 i b_1 są używane do estymacji parametrów populacji, w tym przypadku β_0 i β_1, czyli wyrazu wolnego oraz współczynnika nachylenia prostej regresji. Równanie

$$y = \beta_0 + \beta_1 x + \varepsilon \tag{2.1}$$

reprezentuje prawdziwą liniową zależność pomiędzy wartością odżywczą a zawartością cukrów dla **wszystkich** rodzajów płatków śniadaniowych, nie tylko tych z naszej próby. **Losowy błąd** ε (ang. *error term*) w powyższym równaniu regresji stosuje się w celu uwzględnienia nieoznaczoności w modelu, ponieważ dwa rodzaje płatków śniadaniowych mogą mieć tę samą zawartość cukrów, ale inną wartość odżywczą. Reszty $(y_i - \hat{y})$ stanowią oszacowania losowe błędu ε_i, $i = 1, \ldots, n$. Równanie (2.1) nazywamy **prostą regresji** lub **równaniem regresji**.

Wcześniej znaleźliśmy oszacowane równanie regresji $\hat{y} = 59{,}4 - 2{,}42 \cdot cukry$ aby estymować wartość odżywczą na podstawie zawartości cukrów. Skąd się wzięły wartości b_0 i b_1? Wyprowadźmy wzory do oszacowania wartości wyrazu wolnego oraz współczynnika nachylenia prostej regresji dla dostępnych danych. Załóżmy, że mamy n obserwacji z modelu danego równaniem (2.1), a zatem

$$y_i = \beta_0 + \beta_1 x_i + \varepsilon_i \qquad i = 1, \ldots, n.$$

Linia najmniejszych kwadratów jest linią, która minimalizuje sumę kwadratów błędów dla populacji (ang. *population sum of squared errors*, $\mathrm{SSE_p}$), $\mathrm{SSE_p} = \sum_{i=1}^{n} \varepsilon_i^2$. Zapiszmy inaczej sumę kwadratów błędów dla populacji:

$$\mathrm{SSE_p} = \sum_{i=1}^{n} \varepsilon_i^2 = \sum_{i=1}^{n} (y_i - \beta_0 - \beta_1 x_i)^2. \tag{2.2}$$

Następnie, stosując rachunek różniczkowy, znajdziemy wartości β_0 i β_1, które minimalizują $\sum_{i=1}^{n} \varepsilon_i^2$ — w tym celu różniczkujemy równanie (2.2) po β_0 i β_1 i przyrównujemy wynik do zera. Pochodne cząstkowe równania (2.2) względem β_0 i β_1 są równe odpowiednio

$$\begin{aligned} \frac{\partial \mathrm{SSE_p}}{\partial \beta_0} &= -2 \sum_{i=1}^{n} (y_i - \beta_0 + \beta_1 x_i), \\ \frac{\partial \mathrm{SSE_p}}{\partial \beta_1} &= -2 \sum_{i=1}^{n} x_i (y_i - \beta_0 + \beta_1 x_i). \end{aligned} \tag{2.3}$$

Jesteśmy zainteresowani wartościami estymatorów b_0 i b_1, zatem przyrównując równania (2.3) do zera otrzymujemy

$$\sum_{i=1}^{n}(y_i - b_0 - b_1 x_i) = 0,$$

$$\sum_{i=1}^{n} x_i (y_i - b_0 - b_1 x_i) = 0.$$

Rozbijając sumę, otrzymujemy

$$\sum_{i=1}^{n} y_i - n b_0 - b_1 \sum_{i=1}^{n} x_i = 0,$$

$$\sum_{i=1}^{n} x_i y_i - b_0 \sum_{i=1}^{n} x_i - b_1 \sum_{i=1}^{n} x_i^2 = 0,$$

co przekształcamy do postaci

$$\begin{aligned} n b_0 + b_1 \sum_{i=1}^{n} x_i &= \sum_{i=1}^{n} y_i, \\ b_0 \sum_{i=1}^{n} x_i + b_1 \sum_{i=1}^{n} x_i^2 &= \sum_{i=1}^{n} x_i y_i. \end{aligned} \tag{2.4}$$

Rozwiązując równania (2.4) dla b_1 i b_0, otrzymujemy

$$b_1 = \frac{\sum x_i y_i - \left(\sum x_i\right)\left(\sum y_i\right)/n}{\sum x_i^2 - \left(\sum x_i\right)^2/n}, \tag{2.5}$$

$$b_0 = \bar{y} - b_1 \bar{x}, \tag{2.6}$$

gdzie n jest całkowitą liczbą obserwacji, $\bar{x}$ jest średnią wartością zmiennej objaśniającej, $\bar{y}$ jest średnią wartością zmiennej odpowiedzi, a sumy są od $i = 1$ do n. Wartości b_0 i b_1 z równań (2.5) i (2.6) są estymatorami najmniejszych kwadratów dla β_0 i β_1, czyli wartościami, które minimalizują sumę kwadratów błędów.

Teraz pokażemy, w jaki sposób można znaleźć wartości $b_0 = 59{,}4$ oraz $b_1 = -2{,}42$, stosując równania (2.5) i (2.6) oraz korzystając z obliczonych w tab. 2.2 wartości x_i, y_i, $x_i y_i$ i x_i^2 dla płatków śniadaniowych z naszego zbioru danych (zauważmy, że w tabeli pokazano tylko 16 z 77 rekordów). Okazuje się, że dla tego zbioru danych $\sum x_i = 534$, $\sum y_i = 3285{,}26$, $\sum x_i y_i = 19187{,}7$ oraz $\sum x_i^2 = 5190$. Podstawiając te wartości do wzorów (2.5) i (2.6), otrzymujemy

$$\begin{aligned} b_1 &= \frac{\sum x_i y_i - \left(\sum x_i\right)\left(\sum y_i\right)/n}{\sum x_i^2 - \left(\sum x_i\right)^2/n} = \frac{19186{,}7 - 534 \cdot 3285{,}26/77}{5190 - 534^2/77} \\ &= \frac{-3596{,}791429}{1486{,}675325} = -2{,}42, \\ b_0 &= \bar{y} - b_1 \bar{x} = 42{,}6657 - 2{,}42 \cdot 6{,}935 = 59{,}4. \end{aligned}$$

Otrzymaliśmy wartości współczynnika nachylenia i wyrazu wolnego dla prostej regresji zaznaczonej na rys. 2.1.

Tabela 2.2. Obliczenia pomocnicze do znalezienia b_0 i b_1

Nazwa płatków	Cukry, x	Wartość odżywcza, y	xy	x^2
100% Bran	6	68,4030	410,418	36
100% Natural Bran	8	33,9837	271,870	64
All-Bran	5	59,4255	297,128	25
All-Bran Extra Fiber	0	93,7049	0,000	0
Almond Delight	8	34,3848	275,078	64
Apple Cinnamon Cheerios	10	29,5095	295,095	100
Apple Jacks	14	33,1741	464,437	196
Basic 4	8	37,0386	296,309	64
Bran Chex	6	49,1203	294,722	36
Bran Flakes	5	53,3138	266,569	25
Cap'n Crunch	12	18,0429	216,515	144
Cheerios	1	50,7650	50,765	1
Cinnamon Toast Crunch	9	19,8236	178,412	81
Clusters	7	40,4002	282,801	49
Cocoa Puffs	13	22,7364	295,573	169
⋮	⋮	⋮		
Wheaties Honey Gold	8	36,1876	289,501	64
	$\sum x_i = 534$ $\bar{x} = 534/77$ $= 6{,}935$	$\sum y_i = 3285{,}26$ $\bar{y} = 3285{,}26/77$ $= 42{,}6657$	$\sum x_i y_i$ $= 19186{,}7$	$\sum x_i^2$ $= 5190$

Wyraz wolny b_0 jest miejscem na osi y, gdzie linia regresji przecina tę oś, czyli jest to przewidywana wartość zmiennej odpowiedzi, gdy zmienna objaśniająca jest równa zeru. W wielu przypadkach zerowa wartość zmiennej objaśniającej nie ma sensu. Przypuśćmy na przykład, że chcielibyśmy przewidzieć wagę ucznia szkoły podstawowej (y) na podstawie jego wzrostu (x). Wartość zerowa zmiennej wzrost jest niejasna, a więc interpretacja znaczenia wyrazu wolnego nie ma sensu w tym przypadku.

Jednak dla naszego zbioru danych zerowa zawartość cukrów w płatkach śniadaniowych ma sens, ponieważ istnieją płatki niezawierające cukrów. Zatem w naszym zbiorze danych wyraz wolny $b_0 = 59{,}4$ reprezentuje przewidywaną wartość odżywczą płatków z zerową zawartością cukrów. Zauważmy, że nie istnieją płatki śniadaniowe z zerową zawartością cukru, które mają oszacowaną wartość odżywczą równą dokładnie 59,4. Właściwe wartości odżywcze razem z błędami oszacowania przedstawiono w tab. 2.3. Wszystkie przewidywane wartości są takie same, bowiem wszystkie wymienione płatki mają identyczną wartość zmiennej objaśniającej ($x = 0$).

Współczynnik kierunkowy prostej regresji oznacza szacowaną zmianę wartości y dla jednostkowego wzrostu x. Wartość $b_1 = 2{,}42$ interpretujemy tak: Jeżeli zawartość cukrów wzrośnie o 1 gram, to wartość odżywcza zmniejszy się o 2,42 punktu. Na przykład płatki śniadaniowe A, które zawierają o 5 gramów cukrów więcej niż płatki B,

Tabela 2.3. Właściwa wartość odżywcza, przewidywana wartość odżywcza i błąd oszacowania dla płatków z zerową zawartością cukrów

Nazwa płatków	Właściwa wartość odżywcza	Przewidywana wartość odżywcza	Błąd oszacowania
Quaker Oatmeal	50,8284	59,4	−8,5716
All-Bran with Extra Fiber	93,7049	59,4	34,3049
Cream of Wheat (Quick)	64,5338	59,4	5,1338
Puffed Rice	60,7561	59,4	1,3561
Puffed Wheat	63,0056	59,4	3,6056
Shredded Wheat	68,2359	59,4	8,9359
Shredded Wheat 'n'Bran	74,4729	59,4	15,0729
Shredded Wheat spoon size	72,8018	59,4	13,4018

powinny mieć oszacowaną wartość odżywczą o $5 \cdot 2{,}42 = 12{,}1$ punktów mniejszą niż płatki B.

2.3. Współczynnik determinacji

Oczywiście zawsze można znaleźć taką linię regresji metodą najmniejszych kwadratów, która modeluje zależność pomiędzy dwoma dowolnymi ciągłymi zmiennymi. Jednak nie ma gwarancji, że taka regresja będzie przydatna. Zatem powstaje pytanie, w jaki sposób możemy stwierdzić, czy oszacowane równanie regresji jest przydatne do przewidywania. Jedną z miar dopasowania regresji jest współczynnik determinacji, r^2. Określa on stopień, w jakim linia regresji najmniejszych kwadratów wyjaśnia zmienność obserwowanych danych. Przypomnijmy, że $\hat{y}$ oznacza estymowaną wartość zmiennej odpowiedzi, a $y - \hat{y}$ jest błędem oszacowania lub resztą.

Rozważmy zbiór danych zebranych w tab. 2.4, gdzie pokazano odległość (w kilometrach) przebytą przez 10 zawodników biegu na orientację oraz czas trwania biegu każdego zawodnika (w godzinach). Na przykład pierwszy zawodnik przebył 10 kilometrów w 2 godziny. Na podstawie danych z tej tabeli oszacowane równanie regresji przyjmuje postać $\hat{y} = 6 + 2x$, a więc estymowana odległość jest równa 6 kilometrów plus 2 razy liczba godzin. Sprawdź, czy otrzymasz to samo równanie regresji, używając dowolnego oprogramowania lub wzorów (2.5) i (2.6).

Oszacowane równanie regresji może zostać użyte do przewidywania przebytej odległości przez zawodnika, o ile znamy czas trwania biegu tego zawodnika. Estymowane wartości y znajdują się w kolumnie 3 w tab. 2.4. Można zatem obliczyć błąd oszacowania oraz jego kwadrat. **Suma kwadratów błędu oszacowania** lub **suma kwadratów błędów** (ang. *sum of squares error*), $\text{SSE} = \sum(y - \hat{y})^2$, reprezentuje całkowitą wartość błędu oszacowania w przypadku użycia równania regresji. Tutaj mamy $\text{SSE} = 12$. Czy ta wartość jest duża? Nie jesteśmy w stanie tego stwierdzić, ponieważ w tym miejscu nie mamy żadnej innej miary, z którą moglibyśmy ją porównać.

Tabela 2.4. SSE dla przykładu biegu na orientację

Numer	Czas, x (godz.)	Odległość, y (km)	Oszacowana wielkość $\hat{y} = 6 + 2x$	Błąd oszacowania $y - \hat{y}$	(Błąd oszacowania)^2 $(y - \hat{y})^2$
1	2	10	10	0	0
2	2	11	10	1	1
3	3	12	12	0	0
4	4	13	14	−1	1
5	4	14	14	0	0
6	5	15	16	−1	1
7	6	20	18	2	4
8	7	18	20	−2	4
9	8	22	22	0	0
10	9	25	24	1	1
					$\text{SSE} = \sum(y - \hat{y})^2 = 12$

Teraz wyobraźmy sobie, że chcemy oszacować przebytą odległość bez znajomości liczby godzin, czyli załóżmy, że nie mamy dostępu do informacji o wartości zmiennej x, którą moglibyśmy wykorzystać do oszacowania wartości zmiennej y. Nasze szacowania przebytej odległości będą oczywiście mało wartościowe, gdyż mniejsza ilość dostępnych informacji zwykle skutkuje mniejszą dokładnością szacowań.

Ponieważ nie mamy dostępu do informacji o zmiennych objaśniających, więc najlepszym oszacowniem dla y będzie po prostu $\bar{y}$ — średnia przebyta odległość. W takim przypadku oszacowaniem przebytej odległości dla każdego zawodnika, niezależnie od jego czasu, byłaby wartość $\bar{y} = 16$. Szacowania przebytej odległości, gdy ignorowana jest informacja o czasie, pokazuje pozioma linia $\bar{y} = 16$ na rys. 2.2. Przewidywana

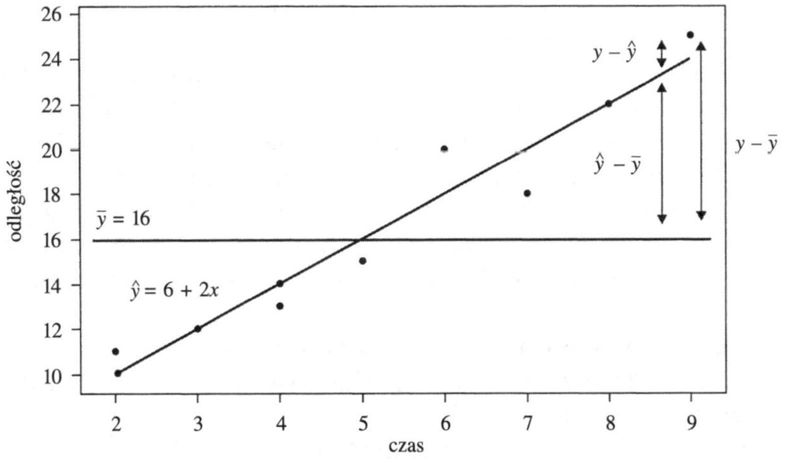

Rys. 2.2. Linia regresji jest obarczona mniejszym błędem przewidywania niż średnia z próby

przebyta odległość $\bar{y} = 16$ kilometrów, dla uczestników biegu na orientację, niezależnie od tego czy wędrowali tylko 2 lub 3 godziny, czy też nie było ich cały dzień (8 lub 9 godzin) wynika z tego, że nie uwzględniliśmy ich czasu. Jest to oczywiście rozwiązanie nieoptymalne.

Punkty danych na rys. 2.2 wydają się „skupiać" wokół oszacowanej linii regresji, a nie wokół linii $\bar{y} = 16$, co sugeruje, że błędy przewidywania są mniejsze, kiedy uwzględniamy informację o zmiennej x, aniżeli wtedy, gdy tej informacji nie wykorzystujemy. Rozważmy na przykład zawodnika numer 10, który przebył odległość $y = 25$ kilometrów w ciągu $x = 9$ godzin. Jeżeli zignorowalibyśmy informację o wartości zmiennej objaśniającej x, błąd szacowania byłby równy $y - \bar{y} = 25 - 16 = 9$ kilometrów. Ten błąd przewidywania jest reprezentowany przez pionową linię pomiędzy punktem danych dla tego zawodnika, a poziomą linią, co oznacza odległość pomiędzy obserwowaną wartością y i jej rzutem pionowym na prostą o równaniu $\bar{y} = 16$, która określa wartość estymowaną.

Chcemy teraz znaleźć $y - \bar{y}$ dla każdego rekordu w zbiorze danych, a następnie sumę kwadratów tych miar, tak jak zrobiliśmy to dla $y - \hat{y}$, kiedy obliczaliśmy sumę kwadratów błędów. Otrzymujemy w ten sposób **całkowitą sumę kwadratów** (ang. *sum of squares total*, SST):

$$\mathrm{SST} = \sum_{i=1}^{n} (y - \bar{y})^2.$$

SST stanowi miarę całkowitej zmienności wartości samej zmiennej odpowiedzi, bez odniesienia do zmiennej objaśniającej. Zauważmy, że SST jest funkcją **wariancji** zmiennej y, gdzie wariancja jest kwadratem odchylenia standardowego σ:

$$\mathrm{SST} = \sum_{i=1}^{n} (y - \bar{y})^2 = (n-1)Var(y) = (n-1)\sigma_y^2.$$

Wszystkie trzy miary — SST, wariancja i odchylenie standardowe — są jednowymiarowymi miarami zmienności tylko dla y (chociaż oczywiście moglibyśmy również znaleźć wariancję i odchylenie standardowe dla zmiennych objaśniających).

Czy powinniśmy oczekiwać, że SST jest większe, czy też mniejsze od SSE? Wykorzystując obliczenia pokazane w tab. 2.5, mamy SST $= 228$, co jest wartością dużo większą od SSE $= 12$. Mamy więc teraz z czym porównać SSE. Wartość SSE jest dużo mniejsza od wartości SST, co wskazuje, że uwzględnienie informacji ze zmiennej objaśniającej w regresji skutkuje dużo dokładniejszą estymacją niż gdybyśmy zignorowali tę informację. Sumy kwadratów są błędami przewidywań, zatem im ich wartość jest mniejsza tym lepiej. Innymi słowy, zastosowanie regresji poprawia nasze szacowania przebytej odległości.

Naszym celem jest określenie, jak bardzo oszacowane równanie regresji poprawia estymację. Wróćmy raz jeszcze do rys. 2.2. Dla zawodnika numer 10 błąd oszacowania w przypadku zastosowania regresji to $y - \hat{y} = 25 - 24 = 1$, a błąd oszacowania w przypadku zignorowania informacji o czasie to $y - \bar{y} = 25 - 16 = 9$. Zatem wielkość poprawy (redukcja wielkości błędu oszacowania) to $\hat{y} - \bar{y} = 24 - 16 = 8$.

Tabela 2.5. SST dla przykładu biegu na orientację

Numer zawodnika	Czas, x	Odległość, y	$\bar{y}$	$y-\bar{y}$	$(y-\bar{y})^2$
1	2	10	16	−6	36
2	2	11	16	−5	25
3	3	12	16	−4	16
4	4	13	16	−3	9
5	4	14	16	−2	4
6	5	15	16	−1	1
7	6	20	16	4	16
8	7	18	16	2	4
9	8	22	16	6	36
10	9	25	16	9	81
					$\text{SST} = \sum(y-\bar{y})^2 = 228$

W ramach naszej analizy obliczymy teraz sumę kwadratów $\hat{y}-\bar{y}$. Otrzymamy w ten sposób **regresyjną sumę kwadratów**[1] (ang. *sum of squares regression*, SSR) — miarę całkowitej poprawy dokładności przewidywań w przypadku stosowania regresji w porównaniu do przypadku, gdy informacja zmiennej objaśniającej jest ignorowana:

$$\text{SSR} = \sum_{i=1}^{n}(\hat{y}-\bar{y})^2.$$

Zauważmy, że na rys. 2.2 odległość $y-\bar{y}$ może zostać podzielona na dwie części: $\hat{y}-\bar{y}$ i $y-\hat{y}$, co zapisujemy w postaci równości

$$y-\bar{y} = (\hat{y}-\bar{y}) + (y-\hat{y}). \tag{2.7}$$

Podnieśmy każdą stronę równości (2.7) do kwadratu i zsumujmy:

$$\sum(y_i-\bar{y})^2 = \sum(\hat{y}_i-\bar{y})^2 + \sum(y_i-\hat{y}_i)^2. \tag{2.8}$$

Zauważmy, że składnik $2\sum(\hat{y}_i-\bar{y})(y_i-\hat{y}_i)$ został pominięty — szczegóły w pracy Drapera i Smitha [3].

W równaniu (2.8) rozpoznaliśmy trzy sumy kwadratów, które wyprowadziliśmy wcześniej. Możemy więc wyrazić związek między nimi jako

$$\text{SST} = \text{SSR} + \text{SSE}. \tag{2.9}$$

Jak pamiętamy, SST mierzy całkowitą zmienność zmiennej odpowiedzi, zatem o SSR możemy myśleć jak o części zmienności zmiennej celu, która jest „wyjaśniona" przez regresję[2]. Innymi słowy, SSR mierzy tę część zmienności zmiennej celu, która jest wyjaśniana przez liniową zależność między zmienną celu a zmienną objaśniającą.

---

[1] Stosuje się również nazwę **suma kwadratów odchyleń regresyjnych** (*przyp. tłum.*).

[2] SSR jest nazywane zmiennością wyjaśnioną (*przyp. tłum.*).

Ponieważ nie wszystkie punkty danych leżą dokładnie na linii regresji, więc pozostaje jeszcze pewna część zmienności zmiennej y, która nie została wyjaśniona przez regresję — tej części odpowiada wartość SSE. SSE możemy więc traktować jako miarę całej zmienności y ze wszystkich źródeł, łącznie z błędem, po wyjaśnieniu liniowej zależności między x a y za pomocą regresji[3]. Wcześniej policzyliśmy SST $= 228$ oraz SSE $= 12$. Zatem, używając równania (2.9), znajdujemy wartość SSR: SSR $=$ SST $-$ SSE $= 228 - 12 = 216$. Oczywiście sumy kwadratów muszą być zawsze nieujemne.

Teraz jesteśmy gotowi, aby wprowadzić pojęcie **współczynnika determinacji** (ang. *coefficient of determination*), r^2, który mierzy stopień dopasowania regresji jako przybliżenia liniowej zależności pomiędzy zmienną celu a zmienną objaśniającą:

$$r^2 = \frac{\text{SSR}}{\text{SST}}.$$

Ponieważ współczynnik r^2 przyjmuje postać ilorazu SSR przez SST, więc możemy go interpretować jako tę część zmienności zmiennej y, która została wyjaśniona przez regresję, czyli przez liniowy związek pomiędzy zmienną celu a zmienną objaśniającą.

Jaka jest maksymalna wartość, którą może przyjąć r^2? Maksymalna wartość r^2 jest osiągana, gdy regresja idealnie pasuje do danych, co ma miejsce wówczas, gdy każdy z punktów danych leży dokładnie na oszacowanej linii regresji. W tej optymalnej sytuacji nie ma błędów oszacowania podczas stosowania regresji, a zatem każda wartość resztowa jest równa zeru, co z kolei oznacza, że SSE jest równe zeru. Z równania (2.9) mamy, że SST $=$ SSR $+$ SSE. Jeżeli SSE $= 0$, to SST $=$ SSR, zatem współczynnik r^2 jest równy SSR/SST $= 1$. Stąd maksymalną wartością r^2 jest wartość 1, która występuje wtedy, gdy regresja idelanie modeluje dostępne dane.

Jaka jest minimalna wartość, którą może przyjąć r^2? Załóżmy, że regresja nie wykazała żadnej poprawy, tzn. nie wyjaśniła żadnej części zmienności zmiennej y. Wówczas wartość SSR jest równa zeru, a więc również wartość r^2 będzie równa zeru. Zatem wartość współczynnika r^2 jest z zakresu od 0 do 1, włączając wartości 0 i 1. W jaki sposób należy interpretować wartość współczynnika determinacji? Zasadniczo, im wyższa wartość r^2, tym lepsze dopasowanie regresji do zbioru danych. Wartości r^2 bliskie 1 oznaczają niezwykle dobre dopasowanie regresji do danych, wartości bliskie 0 oznaczają bardzo słabe dopasowanie.

Bardzo ogólną, praktyczną zasadę interpretacji r^2 można porównać do otrzymanej oceny z trudnego egzaminu. Ktoś może być bardzo zadowolony, jeżeli otrzyma ocenę wyższą niż 90%, zadowolony z oceny wyższej niż 80%, dość usatysfakcjonowany z oceny lepszej niż 70%, ale rozczarowany oceną gorszą niż 50%. Tę heurystykę należy jednak stosować bardzo ostrożnie, ponieważ interpretacja r^2 jest różna dla każdej dziedziny. W naukach fizycznych na przykład można napotkać bardzo wysokie wartości r^2, podczas gdy w naukach społecznych należy zadowolić się niższymi wartościami r^2 z powodu zmienności spowodowanej przez czynnik ludzki. Jak zwykle ocenę analityka należy skonfrontować z doświadczeniem eksperta w danej dziedzinie.

[3] SSE jest nazywane zmiennością niewyjaśnioną (*przyp. tłum.*).

2.4. Błąd standardowy estymatora

W poprzednim podrozdziale widzieliśmy, w jaki sposób współczynnik determinacji r^2 mierzy stopień dopasowania regresji do zbioru danych. Kolejną miarą dokładności szacowania zapewnionego przez regresję jest **błąd standardowy estymatora**[4] (ang. *standard error of the estimate*), s . Błąd standardowy estymatora jest jedną z najważniejszych miar, które są rozważane podczas przeprowadzania regresji. Aby znaleźć wartość s, musimy najpierw znaleźć **średni błąd kwadratowy** (ang. *mean squared error*, MSE):

$$\mathrm{MSE} = \frac{\mathrm{SSE}}{n - m - 1}$$

gdzie m jest liczbą zmiennych objaśniających (dla prostej regresji liniowej $m = 1$, a w przypadku regresji wielokrotnej $m > 1$). Podobnie jak suma kwadratów błędów, średni błąd kwadratowy reprezentuje miarę zmienności w zmiennej celu, która nie została wyjaśniona przez regresję.

Błąd standardowy estymatora obliczamy ze wzoru:

$$s = \sqrt{\mathrm{MSE}} = \sqrt{\frac{\mathrm{SSE}}{n - m - 1}}.$$

Wartość s stanowi oszacowanie „typowej" wartości resztowej, podobnie jak wartość odchylenia standardowego dla jednowymiarowej analizy zapewnia oszacowanie typowego odchylenia. Innymi słowy, s jest miarą typowego błędu oszacowania — typowej różnicy pomiędzy przewidywaną wartością zmiennej celu a jej rzeczywistą wartością. Błąd standardowy estymatora s reprezentuje więc dokładność przewidywań wykonanych za pomocą oszacowanego równania regresji. Mniejsze wartości s świadczą o większej dokładności.

Dla przykładu biegu na orientację mamy

$$s = \sqrt{\mathrm{MSE}} = \sqrt{\frac{12}{10 - 1 - 1}} = 1{,}2.$$

Zatem typowy błąd estymatora, kiedy do przewidywania przebytej odległości wykorzystuje się model regresji, to 1,2 kilometra. Jeżeli więc wiemy, jak długo zawodnik biegł, nasze oszacowanie przebytej odległości będzie się zwykle różniło od właściwej odległości o około 1,2 kilometra. Zauważmy, że w tab. 2.4 wszystkie reszty miały bezwzględną wartość z zakresu od 0 do 2, czyli wartość 1,2 można uważać za rozsądne oszacowanie typowej wartości reszty. (Można rozważyć inne miary, takie jak średnie odchylenie absolutne reszt, ale nie są one rozpowszechnione w komercyjnych oprogramowaniach.)

Możemy porównać $s = 1{,}2$ kilometra z typowym błędem oszacowania zmiennej celu

$$\sigma_y = \frac{\sum_{i=1}^{n}(y - \bar{y})^2}{n - 1} = 5{,}0.$$

Typowy błąd oszacowania, gdy ignorujemy informację o czasie, to 5 kilometrów. Użycie regresji zmniejszyło typowy błąd oszacowania z 5 kilometrów do 1,2 kilometra.

[4]Zwany też **błędem standardowym predykcji** (*przyp. tłum.*).

W przypadku, gdy nie mamy dostępu do oprogramowania, możemy skorzystać z analitycznych wzorów, aby obliczyć wartości SST i SSR. Wzór na SSR jest podobny do wzoru na współczynnik nachylenia b_1 (p. s. 40) — różnicę stanowi licznik podniesiony do kwadratu:

$$\mathrm{SST} = \sum y^2 - \left(\sum y\right)^2 / n,$$

$$\mathrm{SSR} = \frac{\left[\sum xy - (\sum x)(\sum y)/n\right]^2}{\sum x^2 - (\sum x)^2/n}.$$

Zastosujmy powyższe wzory w celu znalezienia wartości SST i SSR dla przykładu biegu na orientację. Mamy: $\sum x = 50$, $\sum y = 160$, $\sum xy = 908$, $\sum x^2 = 304$ i $\sum y^2 = 2788$. Wówczas

$$\mathrm{SST} = \sum y^2 - \left(\sum y\right)^2 / n = 2788 - 160^2/10 = 2788 - 2560 = 228,$$

$$\mathrm{SSR} = \frac{[\sum xy - (\sum x)(\sum y)/n]^2}{\sum x^2 - (\sum x)^2/n} = \frac{[908 - 50 \cdot 160/10]^2}{304 - 50^2/10} = \frac{108^2}{54} = 216.$$

Oczywiście są to te same wartości, które otrzymaliśmy wcześniej, używając bardziej pracochłonnej metody z tabelą danych. W końcu obliczamy wartość współczynnika determinacji r^2:

$$r^2 = \frac{\mathrm{SSR}}{\mathrm{SST}} = \frac{216}{228} = 0{,}9474.$$

Liniowa zależność pomiędzy czasem a przebytą odległością wyjaśnia więc 94,74% zmienności w zmiennej określającej przebytą odległość. Model regresji bardzo dobrze pasuje do danych.

2.5. Współczynnik korelacji

Popularną miarą używaną do ilościowego określenia liniowej zależności między dwoma ilościowymi zmiennymi jest **współczynnik korelacji** (ang. *correlation coefficient*). Współczynnik korelacji r, znany również jako **współczynnik korelacji Pearsona** (ang. *Pearson product moment correlation coefficient*) jest miarą siły liniowej zależności pomiędzy dwoma ilościowymi zmiennymi i definiuje się go w następujący sposób:

$$r = \frac{\sum(x - \bar{x})(y - \bar{y})}{(n-1)s_x s_y},$$

gdzie s_x i s_y oznaczają odpowiednio odchylenia standardowe z próby dla zmiennych x oraz y. Współczynnik korelacji zawsze przyjmuje wartości z przedziału od -1 do 1, włączając -1 i 1. Standardowe interpretacje wartości współczynnika korelacji zebrano w poniższej ramce.

INTERPREATCJA WSPÓŁCZYNNIKA KORELACJI r

- Wartości r bliskie 1 wskazują, że zmienne są **dodatnio skorelowane**.
  - Jeżeli wartość x rośnie, to wartość y ma również tendencję do wzrostu.
- Wartości r bliskie -1 wskazują, że zmienne są **ujemnie skorelowane**.
  - Wzrost wartości x jest związany ze spadkiem wartości y.
  - Jeżeli wartość x rośnie, to wartość y ma tendencję do spadku.
- Inne wartości r wskazują, że zmienne są **nieskorelowane**.
  - Jeżeli wartość x rośnie, to wartość y pozostaje bez zmian.

Pozostaje pytanie, co oznacza, że dana wartość jest bliska pewnej liczbie? W ramce poniżej przedstawiamy ogólne, praktyczne zasady sprawdzenia, czy występuje korelacja. Za każdym razem analityk musi skonsultować te heurystyki z wiedzą eksperta z danej dziedziny badań. Analityk powinien wystrzegać się jednoznacznych werdyktów dotyczących występowania lub niewystępowania korelacji, ponieważ stopień korelacji jest wartością ciągłą z zakresu od -1 do 1 i obejmuje wszystkie wartości pośrednie. Ta praktyczna zasada nie powinna zastępować bardziej dokładnych testów mających na celu określenie związków między zmiennymi.

PRAKTYCZNE ZASADY. SPRAWDZANIE CZY WYSTĘPUJE KORELACJA

Jeżeli wartość współczynnika korelacji r jest:
- większa od 0,7, to zmienne są dodatnio skorelowane,
- w przedziale od 0,33 do 0,7, to zmienne są słabo dodatnio skorelowane,
- w przedziale od $-0{,}33$ do 0,33, to zmienne nie są skorelowane,
- w przedziale od $-0{,}7$ do $-0{,}33$, to zmienne są słabo ujemnie skorelowane,
- mniejsza niż $-0{,}7$, to zmienne są ujemnie skorelowane.

Przedstawiony na początku tego podrozdziału wzór na współczynnik korelacji może być uciążliwy w stosowaniu, ponieważ licznik wymaga obliczenia odchyleń zarówno dla zmiennej x, jak i zmiennej y. Dlatego z powodu braku oprogramowania posłużymy się następującym analitycznym wzorem na r:

$$r = \frac{\sum xy - \left(\sum x\right)\left(\sum y\right)/n}{\sqrt{\sum x^2 - \left(\sum x\right)^2/n}\sqrt{\sum y^2 - \left(\sum y\right)^2/n}}.$$

Dla przykładu biegu na orientację mamy

$$r = \frac{\sum xy - \left(\sum x\right)\left(\sum y\right)/n}{\sqrt{\sum x^2 - \left(\sum x\right)^2/n}\sqrt{\sum y^2 - \left(\sum y\right)^2/n}}$$
$$= \frac{908 - 50 \cdot 160/10}{\sqrt{304 - 50^2/10}\sqrt{2788 - 160^2/10}} = \frac{108}{\sqrt{54}\sqrt{228}} = 0{,}9733.$$

Obliczona wartość współczynnika korelacji sugeruje, że zmienne czas i przebyta odległość są silnie dodatnio skorelowane. Jeżeli rośnie czas zawodnika, rośnie również przebyta odległość. Dużo wygodniejsze jest jednak przedstawienie współczynnika korelacji r w postaci $r = \pm\sqrt{r^2}$. Jeżeli współczynnik nachylenia b_1 oszacowanej linii regresji jest dodatni, to współczynnik korelacji jest również dodatni $r = \sqrt{r^2}$; jeżeli współczynnik nachylenia jest ujemny, to współczynnik korelacji jest również ujemny $r = -\sqrt{r^2}$. W przykładzie biegu na orientację mamy $b_1 = 2$. Jest to liczba dodatnia, zatem współczynnik korelacji będzie również dodatni, $r = \sqrt{r^2} = \sqrt{0{,}9474} = 0{,}9733$.

2.6. Tablica ANOVA

Miary regresji można zwięźle przedstawić w tablicy ANOVA, której ogólną postać przedstawiono w tabeli 2.6. Tutaj m oznacza liczbę zmiennych objaśniających, zatem

Tabela 2.6. Tablica ANOVA dla prostej regresji liniowej

Źródło zmienności	Suma kwadratów odchyleń	Liczba stopni swobody	Średnie odchylenie kwadratowe	Iloraz F
Regresja	SSR	m	$\text{MSR} = \dfrac{\text{SSR}}{m}$	$F = \dfrac{\text{MSR}}{\text{MSE}}$
Błąd losowy (lub reszta)	SSE	$n-m-1$	$\text{MSE} = \dfrac{\text{SSE}}{n-m-1}$	
Odchylenie całkowite	SST = SSR + SSE	$n-1$		

Tabela 2.7. Wyniki regresji zmiennej *przebyta odległość* względem zmiennej *czas*

```
The regression equation is
przebyta odległość = 6,00 + 2,00 czas

Predictor     Coef   SE Coef      T      P
Constant    6,0000    0,9189   6,53  0,000
czas        2,0000    0,1667  12,00  0,000

S = 1,2247   R-Sq = 94,7%   R-Sq(adj) = 94,1%

Analysis of Variance

Source          DF      SS      MS       F       P
Regression       1  216,00  216,00  144,00   0,000
Residual Error   8   12,00    1,50
Total            9  228,00
```

Tabela 2.8. Wyniki regresji zmiennej *wartość odżywcza* względem zmiennej *cukry*

```
The regression equation is
wartość odżywcza = 59,4 - 2,42 cukry

Predictor     Coef  SE Coef      T      P
Constant    59,444    1,951  30,47  0,000
cukry      -2,4193   0,2376 -10,18  0,000

S = 9,16160  R-Sq = 58,0%  R-Sq(adj) = 57,5%

Analysis of Variance

Source          DF       SS      MS       F      P
Regression       1   8701,7  8701,7  103,67  0,000
Residual Error  75   6295,1    83,9
Total           76  14996,8

Unusual Observations

Obs  cukry  wartość odżywcza    Fit  SE Fit  Residual  St Resid
  1    6,0             68,40  44,93    1,07     23,48     2,58R
  4    0,0             93,70  59,44    1,95     34,26     3,83R
R denotes an observation with a large standardized residual.
```

w przypadku prostej regresji liniowej $m = 1$. Tablica ANOVA dobrze prezentuje zależności między kilkoma miarami, pokazując na przykład, że sumy kwadratów odchyleń sumują się do całkowitej sumy kwadratów. **Średnie odchylenia kwadratowe** (ang. *mean squares*) są obliczane jako iloraz wyrazu z drugiej kolumny przez wyraz z trzeciej kolumny, a iloraz F, służący do wnioskowania, jest ilorazem średnich kwadratowych odchyleń. Tabele 2.7 i 2.8 pokazują wyniki regresji (z uwzględnieniem tablic ANOVA) odpowiednio dla przykładów biegu na orientację i zbioru danych *cereals*, otrzymane za pomocą programu Minitab.

2.7. Punkty oddalone, punkty wysokiej dźwigni i obserwacje wpływowe

W tym podrozdziale omówimy rolę trzech rodzajów obserwacji (danych), które mogą, ale nie muszą, wywierać nadmierny nacisk na wyniki regresji: (1) punkty (obserwacje) oddalone, (2) punkty wysokiej dźwigni oraz (3) obserwacje wpływowe. **Punkt (obserwacja) oddalony (odstający)**, czyli nietypowy, oddalony wynik obserwacji (ang. *outlier*), jest obserwacją, która ma bardzo dużą bezwzględną wartość standaryzowanej reszty. Rozważmy wykres rozrzutu wartości odżywczej względem cukrów przedstawiony na rys. 2.3. Dwie obserwacje z największymi bezwzględnymi wartościami reszt

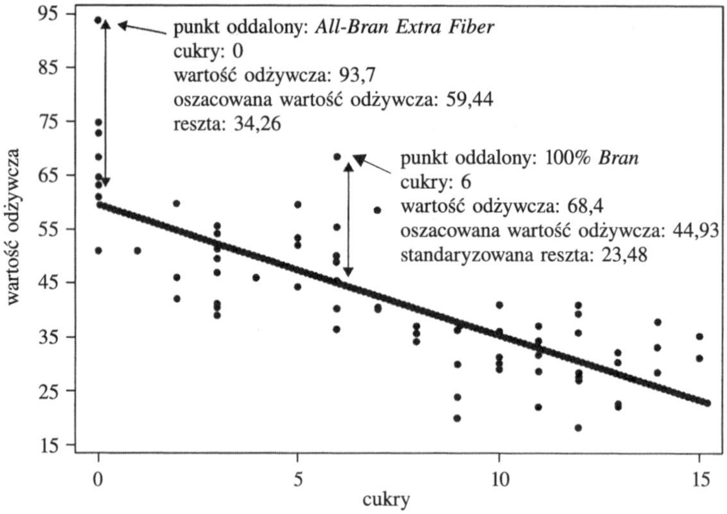

Rys. 2.3. Identyfikacja punktów oddalonych dla regresji zmiennej *wartość odżywcza* względem zmiennej *cukry*

to All-Bran Extra Fiber i 100% Bran. Zauważmy, że odległość od linii regresji (wskazana przez pionowe strzałki) jest większa dla tych dwóch obserwacji niż dla pozostałych rodzajów płatków śniadaniowych, co oznacza największe wartości resztowe. Na przykład wartość odżywcza dla płatków All-Bran Extra Fiber (93,7) jest dużo większa niż przewidywana (59,44) na podstawie zawartości cukrów (0 gramów). Podobnie wartość odżywcza dla 100% Bran (68,4) jest dużo wyższa niż została oszacowana (44,93) na podstawie zawartości cukrów (6 gramów).

Wartości resztowe mogą mieć różne wariancje, zatem preferuje się użycie standaryzowanych wartości resztowych w celu identyfikacji punktów oddalonych. Mówimy, że wartości resztowe są standaryzowane, jeśli są podzielone przez ich błąd standardowy, a więc wszystkie mają tę samą skalę. Niech $s_{i,resid}$ oznacza błąd standardowy i-tej reszty. Wtedy

$$s_{i,resid} = s\sqrt{1 - h_i},$$

gdzie h_i jest dźwignią i-tej obserwacji (wyjaśnienie poniżej). Standaryzowana wartość resztowa (reszta) jest równa

$$\text{reszta}_{i,standardized} = \frac{y_i - \hat{y}_i}{s_{i,resid}}.$$

W praktyce punkty oddalone to obserwacje, których wartość bezwzględnych standaryzowanych reszt przekracza 2. Na przykład w tab. 2.8 (otrzymanej za pomocą programu Minitab) obserwacje nr 1 i 4 zidentyfikowano jako punkty oddalone na podstawie ich dużych standaryzowanych reszt. Ogólnie, jeżeli reszta jest dodatnia, to mówimy, że obserwowana wartość y jest większa od przewidywanej dla danej wartości x. Jeżeli reszta jest ujemna, to mówimy, że obserwowana wartość y jest mniejsza od przewidywanej dla danej wartości x.

Punkt wysokiej dźwigni (ang. *high leverage point*) jest obserwacją, która przyjmuje bardzo duże lub bardzo małe wartości w przestrzeni zmiennych objaśniających. Innymi słowy, punkt wysokiej dźwigni przyjmuje wartości na skraju zakresu dla zmiennej (zmiennych) x, a wartość zmiennej y nie jest istotna. Tak więc dźwignia uwzględnia tylko wartości zmiennej x i ignoruje wartości zmiennej y. Pojęcie **dźwigni** (ang. *leverage*) wywodzi się od używanego w fizyce pojęcia dźwigni, za pomocą której, jak zapewniał Archimedes, można by poruszyć Ziemię, gdyby tylko jej ramię było dostatecznie długie. Dźwignię h_i dla i-tej obserwacji można obliczyć w następujący sposób:

$$h_i = \frac{1}{n} + \frac{(x_i - \bar{x})^2}{\sum(x_i - \bar{x})^2}.$$

Dla danego zbioru danych wielkości $1/n$ oraz $\sum(x_i - \bar{x})^2$ można uważać za stałe. Zatem wartość dźwigni dla i-tej obserwacji zależy jedynie od $(x_i - \bar{x})^2$ — kwadratu odległości między wartością zmiennej objaśniającej a średnią wartością zmiennych objaśniających. Im bardziej wartość obserwowana różni się od średniej wartości zmiennej x, tym większa jest wartość dźwigni. Kres dolny dla wartości dźwigni to $1/n$, a kres górny to 1,0. Jeżeli wartość dźwigni jest większa od około $2(m+1)/n$ lub $3(m+1)/n$, to uznaje się, że jest ona wysoka (m oznacza liczbę zmiennych objaśniających).

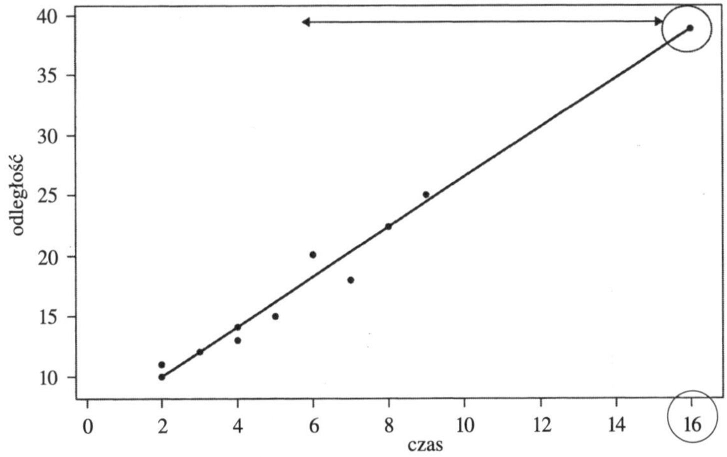

Rys. 2.4. Wykres rozrzutu zmiennej *odległość* względem zmiennej *czas* z uwzględnieniem nowego zawodnika, który biegł przez 16 godzin

W przykładzie biegu na orientację załóżmy, że mamy jeszcze jedną obserwację: wytrwałego zawodnika biegu na orientację, który wędrował 16 godzin i przebył odległość 39 kilometrów. Na rysunku 2.4 pokazano wykres rozrzutu uaktualniony o tego jedenastego zawodnika. Widać, że czas wędrówki nowego zawodnika (16 godzin) przyjmuje dość dużą wartość dla zmiennej x, jak pokazuje pozioma strzałka. To wystarczy, aby zidentyfikować tę obserwację jako punkt wysokiej dźwigni, bez sprawdzenia przebytej przez tego zawodnika odległości. Przeanalizujemy teraz zawartość tab. 2.9, w której pokazano uaktualnione wyniki regresji dla 11 zawodników. Zwróćmy uwagę, że Minitab poprawnie zaznacza, iż jest to niezwykła obserwacja. Jest ona niezwykła, bo jest

Tabela 2.9. Uaktualnione wyniki regresji z uwzględnieniem wytrwałego zawodnika, który wędrował 16 godzin

```
The regression equation is
przebyta odległość = 5,73 + 2,06 czas

Predictor      Coef    SE Coef      T      P
Constant     5,7251     0,6513   8,79  0,000
czas        2,06098    0,09128  22,58  0,000

S = 1,16901  R-Sq = 98,3%  R-Sq(adj) = 98,1%

Analysis of Variance

Source          DF      SS      MS       F      P
Regression       1  696,61  696,61  509,74  0,000
Residual Error   9   12,30    1,37
Total           10  708,91

Unusual Observations

Obs  czas  przebyta odległość     Fit  SE Fit  Residual  St Resid
 11  16,0              39,000  38,701   0,979     0,299    0,47 X
X denotes an observation whose X value gives it large influence.
```

Wytrwały zawodnik biegu na orientację „jest" punktem wysokiej dźwigni (za zgodą Chantal Larose)

Tabela 2.10. Wyniki regresji z uwzględnieniem zawodnika, który przebył 20 kilometrów w ciągu 5 godzin

```
The regression equation is
przebyta odległość = 6,36 + 2,00 czas

Predictor      Coef    SE Coef       T      P
Constant      6,364      1,278    4,98  0,001
czas         2,0000     0,2337    8,56  0,000

S = 1,71741   R-Sq = 89,1%   R-Sq(adj) = 87,8%

Analysis of Variance

Source            DF       SS       MS       F      P
Regression         1   216,00   216,00   73,23  0,000
Residual Error     9    26,55     2,95
Total             10   242,55

Unusual Observations

Obs  czas  przebyta odległość     Fit  SE Fit  Residual  St Resid
 11  5,00              20,000  16,364   0,518     3,636    2,22 R
R denotes an observation with a large standardized residual.
```

punktem wysokiej dźwigni. Jednak program Minitab niesłusznie nazywa tę obserwację wpływową. Aby przekonać się, co przez to rozumiemy, omówimy pojęcie obserwacji wpływowej.

Co to znaczy być wpływową osobą w kontekście historycznym? Osoba jest wpływowa, jeżeli jego lub jej obecność lub nieobecność znacząco zmienia historię świata. Dla przykładu w filmie *It's a Wonderful Life*, jego bohater — George Bailey odkrywa, że był w rzeczywistości osobą wpływową w swoim mieście Bedford Falls. Odkrycia tego dokonuje, gdy anioł pokazuje mu jak inny (i biedniejszy) byłby świat, gdyby się nigdy nie narodził. Podobnie w regresji — obserwacja jest **wpływowa** (ang. *influential*), jeżeli parametry regresji istotnie zmieniają się w zależności od obecności lub nieobecności tej obserwacji w zbiorze danych.

Punkt oddalony może, ale nie musi być wpływowy. Podobnie punkt wysokiej dźwigni może, ale nie musi być wpływowy. Zwykle wpływowe obserwacje łączą cechy dużej wartości reszty i dużej wartości dźwigni. Istnieje możliwość, że obserwacja nie będzie w pełni rozpoznana jako punkt oddalony ani jako punkt wysokiej dźwigni, ale nadal będzie wpływowa, ponieważ będzie łączyć w sobie obie te cechy.

Rozważmy przykładową obserwację, która jest punktem oddalonym, ale nie jest wpływowa. Załóżmy, że zastąpiliśmy jedenastą obserwację (nie ma już wytrwałego zawodnika) kimś, kto przebył 20 kilometrów w 5 godzin. W tabeli 2.10 pokazano wyniki regresji dla tych 11 zawodników. Zauważmy, że nowa obserwacja jest oznaczona jako punkt oddalony (niezwykła obserwacja z dużą wartością standaryzowanej reszty). Dzieje się tak, ponieważ przebyta odległość (20 kilometrów) jest większa niż przewidziana przez regresję (16,364 kilometrów) dla danego czasu (5 godzin). Czy możemy uznać tę obserwację za wpływową? Prawdopodobnie nie. Porównajmy tabele 2.10 i 2.7, aby ocenić efekt obecności tej nowej obserwacji na współczynniki regresji. Wartość wyrazu wolnego zmieniła się z $b_0 = 6,00$ na $b_0 = 6,26$, ale wartość nachylenia nie uległa zmianie i nadal jest równa $b_1 = 2,00$, niezależnie od obecności nowego zawodnika.

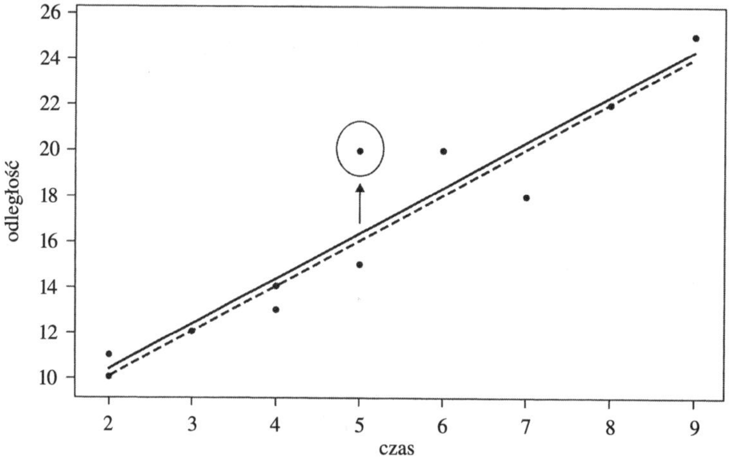

Rys. 2.5. Punkt oddalony w niewielkim stopniu przesuwa linię regresji

Na rysunku 2.5 pokazano, że ten punkt oddalony ma stosunkowo słaby wpływ na oszacowaną linię regresji, przesuwając ją nieco w pionie, bez wpływu na nachylenie. Chociaż jest to punkt oddalony, to obserwacja nie jest wpływowa, ponieważ ma bardzo małą wartość dźwigni. Wartość zmiennej x jest równa średniej wartości x, zatem wartość dźwigni dla zbioru danych o rozmiarze $n = 11$ jest minimalna. Obliczmy wartość dźwigni dla tej obserwacji ($x = 5$, $y = 20$). Ponieważ $\bar{x} = 5$, mamy

$$\sum(x_i - \bar{x})^2 = (2-5)^2 + (2-5)^2 + (3-5)^2 + \ldots + (9-5)^2 + (5-5)^2 = 54.$$

Zatem

$$h_{(5,20)} = \frac{1}{11} + \frac{(5-5)^2}{54} = 0,0909.$$

Teraz, kiedy obliczyliśmy wartość dźwigni dla tej obserwacji, możemy również znaleźć standaryzowaną resztę. Najpierw obliczamy standardowy błąd reszty:

$$s_{(5,20),resid} = 1,71741\sqrt{1 - 0,0909} = 1,6375,$$

zatem standaryzowana reszta jest równa

$$\text{reszta}_{(5,20),standardized} = \frac{y_i - \hat{y}_i}{s_{(5,20),resid}} = \frac{20 - 16,364}{1,6375} = 2,22,$$

jak pokazano w tab. 2.10

Odległość Cooka mierzy poziom wpływu obserwacji, uwzględniając zarówno wielkość reszty, jak i wysokość dźwigni dla tej obserwacji. Dla i-tej obserwacji odległość Cooka jest obliczana w następujący sposób:

$$D_i = \frac{(y_i - \hat{y}_i)^2}{(m+1)s^2} \frac{h_i}{(1-h_i)^2},$$

gdzie $y_i - \hat{y}_i$ jest i-tą wartością resztową, m jest liczbą zmiennych objaśniających, s standardowym błędem szacowania, a h_i dźwignią i-tej obserwacji. Pierwszy czynnik we wzorze na odległość Cooka ma w liczniku kwadrat reszty, a drugi czynnik jest funkcją dźwigni. Zatem odległość Cooka łączy dwa pojęcia — punktu oddalonego i dźwigni — w jedną wielkość. Wartość odległości Cooka dla uczestnika biegu na orientację, który przebył 20 kilometrów w 5 godzin to

$$D_i = \frac{(20 - 16{,}364)^2}{(1+1) \cdot 1{,}71741^2} \left[\frac{0{,}0909}{(1 - 0{,}0909)^2} \right] = 0{,}2465.$$

W praktyce obserwacja jest wpływowa, jeżeli jej odległość Cooka przekracza wartość 1,0. Dokładniejsze wyniki można otrzymać, porównując odległość Cooka z centylami rozkładu F z $(m, n-m)$ stopniami swobody. Jeżeli obserwowana wartość leży w pierwszym kwartylu rozkładu (ma wartość mniejszą niż 25 centyl), to obserwacja ma mały wpływ na regresję. Jeżeli jednak odległość Cooka jest większa od mediany rozkładu, obserwacja jest wpływowa. Dla tej obserwacji odległość Cooka 0,2465 leży wewnątrz 37 centyla rozkładu $F_{1,10}$, wskazując że wpływ obserwacji nie jest zupełnie bez znaczenia, ale nie jest ona również szczególnie wpływowa.

Jak wyglądałaby nasza analiza, gdybyśmy rozważyli wytrwałego zawodnika, którego napotkaliśmy wcześniej jako 11 obserwację? Czy taka obserwacja byłaby wpływowa? Przypomnijmy, że ten zawodnnik przebył 39 kilometrów w 16 godzin, a wyniki regresji pokazano w tab. 2.9. Najpierw znajdźmy wartość dźwigni. Mamy $n = 11$ i $m = 1$, zatem można uznać, że obserwacje mające $h_i > 2(m+1)/n = 0{,}36$ lub $h_i > 3(m+1)/n = 0{,}55$ mają wysoką wartość dźwigni. Ta obserwacja ma $h_i = 0{,}7007$, co wskazuje, że wytrwały zawodnik „jest" rzeczywiście punktem wysokiej dźwigni, jak wspomniano przy omawianiu rys. 2.4. Nie wydaje się jednak na podstawie rysunku, aby ten zawodnik ($x = 16$, $y = 39$) był punktem oddalonym, ponieważ obserwacja leży blisko linii regresji. Standaryzowana reszta potwierdza to spostrzeżenie, gdyż jest równa 0,46801. Czytelnik zostanie poproszony o sprawdzenie tych wartości dla dźwigni i standaryzowanej reszty w ramach ćwiczeń.

Odległość Cooka dla tej obserwacji jest równa 0,2564, co jest prawie taką samą wartością, jak w poprzednim przypadku i wskazuje, że obserwacja nie jest szczególnie wpływowa, chociaż nie jest całkowicie pozbawiona wpływu na współczynniki regresji. Na rysunku 2.6 pokazano niewielką zmianę regresji z uwzględnieniem tej obserwacji (linia ciągła) oraz bez niej (linia przerywana). W przykładach zobaczyliśmy więc obserwację, która jest punktem oddalonym i ma małą dźwignię oraz obserwację będącą punktem wysokiej dźwigni z małą resztą. Obie te obserwcje nie są wpływowe. Teraz pokażemy przykładowy punkt danych, który ma umiarkowaną resztę i umiarkowany poziom dźwigni, ale jest istotnie wpływowy.

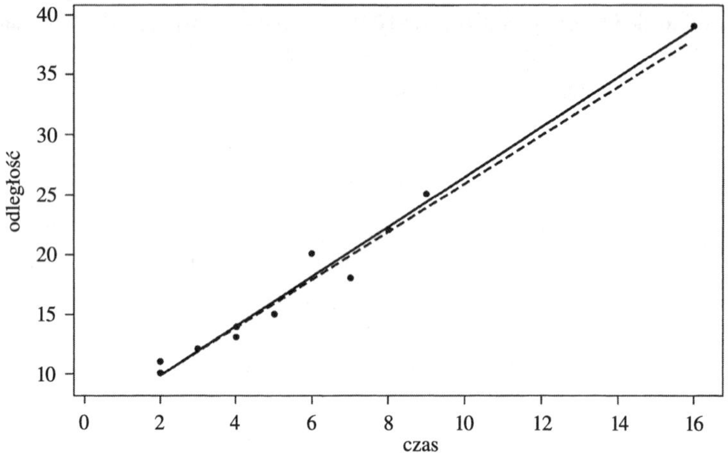

Rys. 2.6. Niewielka zmiana linii regresji po dodaniu do zbioru wytrwałego zawodnika

Tabela 2.11. Wyniki regresji z nową obserwacją: *czas* = 10, *przebyta odległość* = 23

```
The regression equation is
przebyta odległość = 6,70 + 1,82 czas

Predictor      Coef   SE Coef       T      P
Constant     6,6967    0,9718    6,89  0,000
czas         1,8223    0,1604   11,36  0,000

S = 1,40469  R-Sq = 93,5%  R-Sq(adj) = 92,8%

Analysis of Variance

Source          DF      SS      MS       F      P
Regression       1  254,79  254,79  129,13  0,000
Residual Error   9   17,76    1,97
Total           10  272,55
```

Załóżmy, że nasz jedenasty zawodnik wędrował przez 10 godzin i przebył 23 kilometry. Analizę regresji dla 11 zawodników pokazano w tab. 2.11. Zauważmy, że program Minitab nie zidentyfikował nowej obserwacji ani jako punktu oddalonego, ani jako punktu wysokiej dźwigni. Stało się tak, ponieważ dźwignia nowego wędrowca jest równa $h_i = 0{,}36019$, a standaryzowana reszta jest równa $-1{,}70831$ (czytelnik zostanie poproszony o sprawdzenie tych wartości w ramach ćwiczeń). Mimo że poziom dźwigni oraz standaryzowana reszta nie są duże, ta obserwacja jest wpływowa, co możemy stwierdzić na podstawie jej odległości Cooka $D_i = 0{,}821457$, która jest równa 62 centylowi rozkładu $F_{1,10}$. Wpływ tej obserwacji wynika z połączenia stosunkowo dużych: wartości resztowej i wartości dźwigni. Na rysunku 2.7 pokazano, jaki wpływ ma ten pojedynczy zawodnik na linię regresji, „ściągając w dół” prawy koniec linii przez zmniejszenie war-

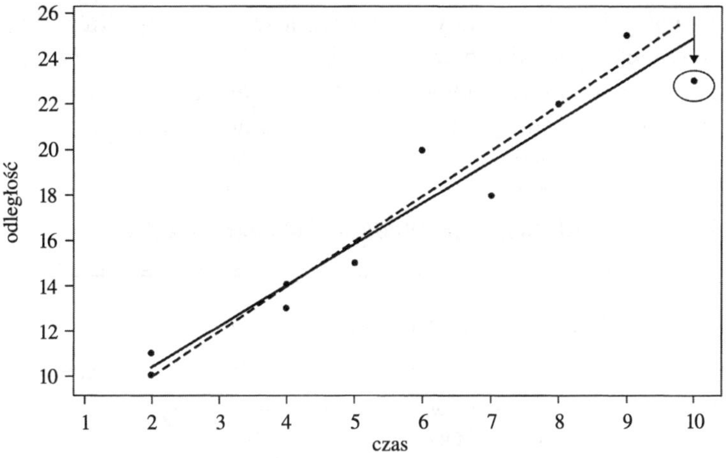

Rys. 2.7. Umiarkowana wartość reszty plus umiarkowana wartość dźwigni = obserwacja wpływowa

tości współczynnika nachylenia (z 2,00 do 1,82) i zwiększenie przez to wartości wyrazu wolnego (z 6,00 do 6,70).

2.8. Model regresji

Regresja najmniejszych kwadratów jest bardzo skuteczną techniką. Jednak w sytuacji, gdy założenia modelu nie zostały sprawdzone, wnioskowanie oraz budowanie modelu mogą prowadzić do błędnych wyników. Wdrożenie modelu, którego wyniki uzyskano na podstawie niesprawdzonych przypuszczeń, może w rezultacie prowadzić do kosztownej porażki. Prosty liniowy model regresji określa się w sposób podany w ramce. Mamy

MODEL REGRESJI

$$y = \beta_0 + \beta_1 x + \varepsilon,$$

gdzie

- β_0 i β_1 są parametrami modelu — odpowiednio miejscem przecięcia linii regresji z osią y (wyraz wolny) i nachyleniem linii. Są to stałe, których prawdziwe wartości pozostają nieznane i które są szacowane na podstawie danych za pomocą metody najmniejszych kwadratów.
- ε oznacza składnik losowy (błąd). Ponieważ większość zależności między zmienną objaśniającą a zmienną celu nie jest określona, więc do liniowego przybliżenia prawdziwej zależności wprowadza się pewien błąd, modelowany przez zmienną losową.

Założenia dotyczące składnika losowego

1. Założenie zerowej średniej. Składnik losowy (błąd) ε jest zmienną losową o średniej równej zeru lub wartości oczekiwanej równej zeru. Innymi słowy, $E(\varepsilon) = 0$.
2. Założenie stałej wariancji. Wariancja ε oznaczona przez σ^2 jest stała i niezależna od wartości x.
3. Założenie niezależności. Wartości ε są niezależne.
4. Założenie normalności. Składnik losowy ε jest zmienną losową o rozkładzie normalnym.

Krótko mówiąc, wartości składnika losowego (błędy) ε_i są niezależnymi zmiennymi losowymi mającymi rozkład normalny ze średnią 0 i wariancją σ^2.

zbiór n obserwacji o dwóch zmiennych oraz wartość zmiennej celu y_i liniowo zależną od wartości zmiennej objaśniającej x_i.

Na podstawie czterech założeń wymienionych w ramce powyżej możemy wyprowadzić cztery wnioski założeń dotyczące zachowania zmiennej celu y.

WNIOSKI Z ZAŁOŻEŃ DOTYCZĄCE ZACHOWANIA ZMIENNEJ CELU y

1. Na podstawie założenia zerowej średniej mamy
$$E(y) = E(\beta_0 + \beta_1 x + \varepsilon) = E(\beta_0) + E(\beta_1 x) + E(\varepsilon) = \beta_0 + \beta_1 x.$$
Zatem dla każdej wartości x średnia wartość y leży na linii regresji.
2. Na podstawie założenia stałej wariancji mamy
$$Var(y) = Var(\beta_0 + \beta_1 x + \varepsilon) = Var(\varepsilon) = \sigma^2.$$
Zatem niezależnie od przyjętej wartości zmiennej objaśniającej x, wariancja y jest zawsze stała.
3. Z założenia niezależności wynika, że dla dowolnej wartości x wartości y są również niezależne.
4. Z założenia normalności wynika, że y jest również zmienną losową o rozkładzie normalnym.

Innymi słowy, wartości zmiennej celu y_i są niezależnymi zmiennymi losowymi mającymi rozkład normalny ze średnią $\beta_0 + \beta_1 x$ i wariancją σ^2.

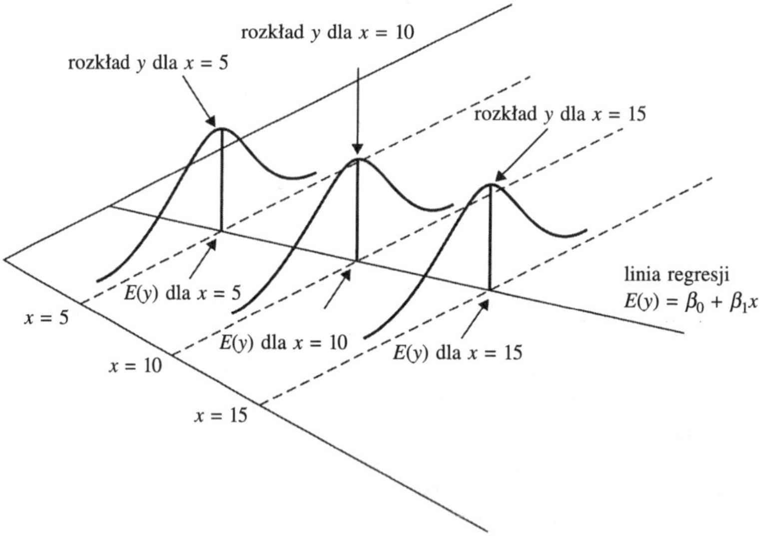

Rys. 2.8. Dla każdej wartości x zmienne y_i mają rozkład normalny ze średnią znajdującą się na linii regresji i stałą wariancją

Na rysunku 2.8 pokazano, że y_i jest zmienną o rozkładzie normalnym ze średnią równą $\beta_0 + \beta_1 x$ i stałą wariancją σ^2. Załóżmy, że mamy zbiór danych, który zawiera m.in. następujące wartości zmiennej x: 5, 10 i 15. Wtedy, dla każdej z tych wartości x założenia regresji zapewniają, że obserwowane wartości y są próbkami z populacji o rozkładzie normalnym ze średnią na linii regresji ($E(y) = \beta_0 + \beta_1 x$) i stałą wariancją σ^2. Zauważmy, że każda krzywa reprezentująca rozkład normalny (rys. 2.8) ma dokładnie ten sam kształt, co oznacza, że wariancja jest stała, niezależnie od wartości x.

Jeżeli chcemy zastosować regresję tylko do celów opisowych, bez wnioskowania czy budowy modelu, to nie musimy sprawdzać prawdziwości podanych założeń, bowiem założenia te dotyczą składnika losowego (błędu). Jeżeli więc składnik losowy nie jest uwzględniany, to są one niepotrzebne. Aby jednak przeprowadzić wnioskowanie lub zbudować model, należy sprawdzić prawdziwość tych założeń.

2.9. Wnioskowanie w modelu regresji liniowej

Rozważmy wyniki regresji pokazane w tab. 2.12. Mamy daną zmienną objaśniającą X oraz zmienną celu Y i zakładamy, że wiemy jedynie, iż każda zmienna przyjmuje wartości z zakresu od -4 do 4. Chcemy wykorzystać wartości X do przewidywania Y. Współczynnik determinacji przyjmuje tutaj wartość $r^2 = 0{,}3\%$, co mogłoby wskazywać, że model nie jest przydatny. Chcielibyśmy więc wyciągnąć wniosek, że nie ma liniowej zależności pomiędzy X a Y.

Tabela 2.12. Wyniki przykładowej regresji

```
The regression equation is
Y = 0,783 + 0,0559 X

Predictor      Coef    SE Coef       T       P
Constant    0,78262    0,03791   20,64   0,000
X           0,05594    0,03056    1,83   0,067

S = 0,983986   R-Sq = 0,3%   R-Sq(adj) = 0,2%
```

Czy możemy być pewni, że nie ma liniowej zależności między tymi zmiennymi? Taka zależność może istnieć, nawet jeżeli r^2 jest małe. Powstaje więc pytanie: Czy jest jakaś metoda pozwalająca na sprawdzenie czy istnieje liniowa zależność między dwoma zmiennymi? Odpowiedź brzmi: tak — wnioskowanie w modelu regresyjnym oferuje metody do oceny znaczenia liniowych związków pomiędzy dwoma zmiennymi.

W tym podrozdziale omówimy cztery metody wnioskowania w modelu regresyjnym:

1. Test t dla hipotezy o zachodzeniu liniowego związku między zmienną celu a zmienną objaśniającą.
2. Przedział ufności dla nachylenia β_1.
3. Przedział ufności dla średniej wartości zmiennej celu przy danej wartości zmiennej objaśniającej.
4. Przedział ufności dla przyszłej (losowej) wartości zmiennej celu przy danej wartości zmiennej objaśniającej.

W rozdziale 3 zbadamy również test F o znaczeniu regresji jako całości. Jednak dla prostej regresji liniowej test t i test F są równoważne.

W jaki sposób należy przeprowadzić wnioskowanie w modelu regresyjnym? Poświęćmy chwilę, aby przeanalizować wzór równania regresji:

$$y = \beta_0 + \beta_1 x + \varepsilon.$$

To równanie pokazuje, że istnieje liniowy związek pomiędzy zmienną y a zmienną x. β_1 jest parametrem modelu, a więc jest stałą, której wartości nie znamy. Czy można dobrać taką wartość β_1, dla której nie będzie liniowej zależności między x a y?

Rozważmy przypadek, gdy $\beta_1 = 0$. Wtedy równanie regresji przyjmuje postać

$$y = \beta_0 + 0 \cdot x + \varepsilon.$$

Upraszczając to równanie, otrzymujemy

$$y = \beta_0 + \varepsilon.$$

Zatem w tym przypadku nie istnieje już liniowa zależność między x a y. Z drugiej strony, jeżeli β_1 przyjmuje dowolną wartość różną od 0, to istnieje jakaś liniowa zależność pomiędzy zmienną celu a zmienną objaśniającą. Duża część wnioskowania omawianego w tym rozdziale jest oparta na kluczowej idei: liniowy związek między x a y zależy od wartości β_1.

2.9.1. Test t dla hipotezy o zachodzeniu liniowego związku między x a y

Estymator najmniejszych kwadratów dla nachylenia — b_1 jest statystyką. Jak wszystkie statystyki, ma rozkład próby z daną średnią i standardowym błędem. Średnia rozkładu próby b_1 jest prawdziwą (nieznaną) wartością nachylenia β_1, natomiast błąd standardowy to

$$\sigma_{b_1} = \frac{\sigma}{\sqrt{\sum x^2 - (\sum x)^2/n}}.$$

Podobnie jak w przypadku wnioskowania wartości średniej w modelu opartym na jednej próbie wykorzystuje się rozkład próby $\bar{x}$, tak w przypadku wnioskowania wartości nachylenia β_1 w modelu regresyjnym wykorzystuje się rozkład próby b_1.

Estymatorem punktowym σ_{b_1} jest s_{b_1} dany jako

$$s_{b_1} = \frac{s}{\sqrt{\sum x^2 - (\sum x)^2/n}},$$

gdzie s jest standardowym błędem szacowania przedstawionym w wynikach regresji. Statystyka s_{b_1} może być interpretowana jako miara zmienności nachylenia. Duże wartości s_{b_1} wskazują, że estymator nachylenia b_1 jest niestabilny, natomiast małe wartości s_{b_1} wskazują, że estymator nachylenia b_1 jest dokładny.

Test t jest oparty na rozkładzie $t = (b_1 - \beta_1)/s_{b_1}$, który ma rozkład t o $n-2$ stopniach swobody. Jeżeli hipoteza zerowa jest prawdziwa, to statystyka testu $t = b_1/s_{b_1}$ ma rozkład t o $n-2$ stopniach swobody. Aby to zilustrować, przeprowadzimy test t, używając wyników z tab. 2.8. Dla wygody część tab. 2.8 powtórzono w tab. 2.13. Rozważmy wiersz w tab. 2.13 nazwany „cukry”.

Tabela 2.13. Wyniki regresji zmiennej *wartość odżywcza* względem zmiennej *cukry*

```
The regression equation is
wartość odżywcza = 59,4 - 2,42 cukry

Predictor     Coef   SE Coef       T      P
Constant    59,444     1,951   30,47  0,000
cukry      -2,4193    0,2376  -10,18  0,000

S = 9,16160   R-Sq = 58,0%   R-Sq(adj) = 57,5%

Analysis of Variance

Source          DF       SS      MS       F      P
Regression       1   8701,7  8701,7  103,67  0,000
Residual Error  75   6295,1    83,9
Total           76  14996,8
```

- W kolumnie „Coef" znajduje się wartość b_1 równa $-2{,}4193$.
- W kolumnie „SE Coef" znajduje się wartość s_{b_1} (standardowy błąd nachylenia), która jest równa $0{,}2376$.
- W kolumnie „T" znajduje się wartość statystyki t, czyli statystyki testowej dla testu t:

$$t = b_1/s_{b_1} = -2{,}4193/0{,}2376 = -10{,}18.$$

- W kolumnie „P" znajduje się p-wartość statystyki t. Ponieważ test t jest testem dwustronnym, więc p-wartość przyjmuje postać: $p\text{-wartość} = P(|t| > t_{\text{obs}})$, gdzie t_{obs} oznacza obserwowaną z wyników regresji wartość statystyki t. Tutaj $p\text{-wartość} = P(|t| > t_{\text{obs}}) = P(|t| > -10{,}18) \approx 0{,}000$, chociaż oczywiście żadna ciągła p-wartość nie jest równa dokładnie zero.

Hipoteza zerowa mówi, że nie istnieje liniowa zależność pomiędzy zmiennymi, podczas gdy hipoteza alternatywna stwierdza, że taka zależność rzeczywiście istnieje.

- H_0: $\beta_1 = 0$ (nie ma liniowej zależności pomiędzy zawartością cukrów a wartością odżywczą).
- H_1: $\beta_1 \neq 0$ (istnieje liniowa zależność pomiędzy zawartością cukrów a wartością odżywczą).

Przeprowadzimy test hipotezy, obliczając p-wartość — hipoteza zerowa jest odrzucana, gdy p-wartość jest mała. Jaką p-wartość uznajemy za małą, zależy od dziedziny badań, analityka, ekspertów w danej dziedzinie, chociaż wielu analityków na ogół przyjmuje p-wartość równą 0,05 jako progową. W naszym przykładzie $p\text{-wartość} \approx 0{,}00$, a zatem jest ona z pewnością dużo mniejsza niż każda rozsądna wartość progowa. Dlatego odrzucamy hipotezę zerową i stwierdzamy, że istnieje liniowa zależność pomiędzy zawartością cukrów a wartością odżywczą.

2.9.2. Przedział ufności dla nachylenia linii regresji

Dla wielu badaczy testy hipotez są zbyt jednoznaczne w swoich wnioskach i preferują oni oszacowanie współczynnika nachylenia linii regresji β_1 za pomocą przedziałów ufności. Do powyższego rozkładu próby dla b_1 zastosujemy przedział, który przyjmuje następującą postać:

PRZEDZIAŁ UFNOŚCI NA POZIOMIE UFNOŚCI $100(1-\alpha)\%$ DLA WSPÓŁCZYNNIKA NACHYLENIA β_1

Możemy być pewni na $100(1-\alpha)\%$, że prawdziwa wartość współczynnika nachylenia β_1 linii regresji leży pomiędzy

$$b_1 \pm t_{n-2} \cdot s_{b_1},$$

gdzie statystyka t_{n-2} ma $n-2$ stopni swobody.

Zbudujmy przykładowy przedział ufności na poziomie ufności 95% dla rzeczywistego współczynnika nachylenia β_1 linii regresji. Estymatorem tego współczynnika jest $b_1 = -2{,}4193$. Wartość z rozkładu t o $n-2=75$ stopniach swobody na poziomie ufności 95% to $t_{75,95\%} = 2{,}0$. Z tabeli 2.13 wiemy, że $s_{b_1} = 0{,}2376$. Zatem nasz przedział ufności jest następujący:

$$b_1 - t_{n-2} \cdot s_{b_1} = -2{,}4193 - 2{,}0 \cdot 0{,}2376 = -2{,}8945,$$
$$b_1 + t_{n-2} \cdot s_{b_1} = -2{,}4193 + 2{,}0 \cdot 0{,}2376 = -1{,}9441.$$

Jesteśmy pewni na 95%, że prawdziwa wartość współczynnika nachylenia linii regresji zawiera się w przedziale od $-2{,}89$ do $-1{,}94$. Oznacza to, że dla każdego dodatkowego grama cukru wartość odżywcza będzie mniejsza o wartość punktu z zakresu od 1,94 do 2,89. Ponieważ wartość $\beta_1 = 0$ nie jest zawarta wewnątrz tego przedziału, więc na 95% możemy być pewni, że istnieje liniowa zależność między badanymi zmiennymi.

2.9.3. Przedział ufności dla wartości średniej y przy danej wartości x

Dla danej wartości zmiennej objaśniającej można otrzymać punktowe oszacowanie wartości zmiennej celu za pomocą oszacowanego równania regresji $\hat{y} = b_0 + b_1 x$. Niestety, przy takiej estymacji punktowej nie jest znana jej dokładność. Pomocne okazuje się wykorzystanie jednego z dwóch rodzajów przedziałów: (1) przedziału ufności wartości średniej y przy danej wartości x i (2) przedziału predykcji zmiennej y przy danej wartości x.

PRZEDZIAŁ UFNOŚCI WARTOŚCI ŚREDNIEJ y PRZY DANEJ WARTOŚCI x

$$\hat{y}_p \pm t_{n-2} s \sqrt{\frac{1}{n} + \frac{(x_p - \bar{x})^2}{\sum(x_i - \bar{x})^2}},$$

gdzie $\hat{y}_p$ jest estymatorem punktu y dla danej wartości x, t_{n-2} jest mnożnikiem związanym z rozmiarem próbki i poziomem ufności, s to standardowy błąd oszacowania, a x_p to dana wartość x, dla której jest wykonywane szacowanie.

Zanim obliczymy przedział ufności tej postaci na konkretnym przykładzie, wprowadzimy nowy typ przedziału — przedział predykcji.

2.9.4. Przedział predykcji dla wartości y przy danej wartości x

Entuzjaści baseballu: Co jest łatwiej oszacować — średnią uderzeń dla całej drużyny czy średnią uderzeń dla losowo wybranego gracza? Przeglądając tygodniowe statystyki uderzeń, można zauważyć, że średnie uderzeń drużyny (z których każda jest średnią ze średniej uderzeń każdego gracza z drużyny) są bardziej zbliżone do siebie niż średnie uderzeń poszczególnych graczy. To sugeruje, że oszacowanie średniej uderzeń drużyny będzie dokładniejsze niż oszacowanie dla losowo wybranego gracza na tym samym poziomie ufności. Zatem w ogólnym przypadku łatwiej jest przewidzieć średnią wartość zmiennej niż wartość przyszłą (losową) tej zmiennej.

Jako kolejny przykład tego zjawiska rozważmy wyniki z egzaminu. Nie jest niczym niezwykłym, że losowo wybrany student zdobędzie 98 punktów na egzaminie, ale byłoby dość dziwne, gdyby średnia klasy była tak wysoka. Warto tu przypomnieć jedno z podstawowych twierdzeń statystyki, które mówi że zmienność związana ze średnią ze zmiennych jest mniejsza niż zmienność związana z indywidualną obserwacją tej zmiennej. Na przykład odchylenie standardowe dla losowej zmiennej x to σ, podczas gdy odchylenie standardowe rozkładu próby dla średniej wartości próby $\bar{x}$ to σ/n. Zatem przewidywanie średniej oceny z egzaminu dla całej klasy jest łatwiejsze niż przewidywanie oceny dla losowo wybranego studenta.

W wielu sytuacjach analitycy są bardziej zainteresowani przewidywaniem pojedynczej wartości niż średniej ze wszystkich wartości dla danego x. Przykładem może być przewidywanie zdolności kredytowych pojedynczego klienta ubiegającego się o kredyt, które jest istotniejsze niż przewidywanie średniej zdolności kredytowej wszystkich osób ubiegających się o analogiczny kredyt. Innym przykładem mogą być oczekiwania genetyków, którzy mogą być bardziej zainteresowani ekspresją pewnego genu niż średnią ekspresją wszystkich podobnych genów.

Przedziały predykcji (ang. *prediction intervals*) są używane do szacowania wartości losowo wybranej wartości y dla danego x. Oczywiście jest to zadanie trudniejsze niż szacowanie średniej, a w wyniku otrzymuje się przedziały o większym zakresie (a więc i mniejszej dokładności) niż przedziały ufności dla średniej na tym samym poziomie ufności.

PRZEDZIAŁ PREDYKCJI y PRZY DANEJ WARTOŚCI x

$$\hat{y}_p \pm t_{n-2} s \sqrt{1 + \frac{1}{n} + \frac{(x_p - \bar{x})^2}{\sum (x_i - \bar{x})^2}}.$$

Zauważmy, że ten wzór jest niemal taki sam jak wzór przedziału ufności wartości średniej y dla danego x — tutaj pod pierwiastkiem dodano liczbę 1. Ta dodana wartość odzwierciedla większą zmienność związaną z oszacowaniem pojedynczej wartości y niż średniej. Zapewnia nam również, że przedział predykcji będzie zawsze większy od analogicznego przedziału ufności dla średniej.

Wróćmy do przykładu biegu na orientację, w którym obserwowaliśmy czas i przebytą odległość dla 10 zawodników. Załóżmy, że chcemy oszacować przebytą odległość dla zawodnika, który wędrował przez $x = 5$ godzin. Łatwo otrzymać estymację punktową, używając oszacowanego równania regresji z tab. 2.7: $\hat{y} = 6 + 2x = 6 + 2 \cdot 5 = 16$. Stąd oszacowana przebyta przez tego zawodnika w ciągu 5 godzin odległość to 16 kilometrów. Na rysunku 2.2 widać, że ta wartość przewidywana ($x = 5$, $y = 16$) leży dokładnie na linii regresji.

Musimy jednak zapytać o dokładność naszej estymacji punktowej — czy jesteśmy pewni, że zawodnik przebędzie dokładnie 16 kilometrów, a nie 15,9 lub 16,1 kilometrów? Niestety nie istnieją żadne miary dokładności związane z estymacją punktową, co ogranicza możliwości jej zastosowania i przydatność. Dlatego chcemy zbudować przedział ufności. Przypomnijmy z założeń modelu regresji, że dla każdej wartości x obserwowane wartości y są próbkami z populacji o rozkładzie normalnym ze średnią na linii regresji $E(y) = \beta_0 + \beta_1 x$ i stałą wariancją (rys. 2.8). Estymacja punktowa reprezentuje średnią tej populacji, oszacowaną na podstawie danych.

W tym przypadku mamy pojedynczą obserwację z wartością $x = 5$ godzin. Niemniej model regresji zakłada istnienie całej populacji zawodników, która ma rozkład normalny z taką wartością zmiennej *czas*. Spośród wszystkich potencjalnych zawodników z tego rozkładu 95% pokona odległość z pewnego określonego przedziału (margines błędu) wokół odległości 16 kilometrów, którą oszacowaliśmy metodą estymacji punktowej. Możemy zatem otrzymać przedział ufności na poziomie 95% (lub na dowolnym innym oczekiwanym poziomie ufności) dla średniej przebytej odległości przez wszystkich potencjalnych zawodników, którzy szli przez 5 godzin. Skorzystamy ze wzoru

$$\hat{y}_p \pm t_{n-2} s \sqrt{\frac{1}{n} + \frac{(x_p - \bar{x})^2}{\sum (x_i - \bar{x})^2}}$$

z

- $\hat{y}_p = 16$ (estymator punktowy),
- $t_{n-2,\alpha} = t_{8,\,95\%} = 2{,}309$,
- $s = 1{,}22474$ (z tab. 2.7),

- $n = 10$,
- $x_p = 5$,
- $\bar{x} = 5$.

Mamy

$$\sum(x_i - \bar{x})^2 = (2-5)^2 + (2-5)^2 + (3-5)^2 + \ldots + (9-5)^2 = 54.$$

Teraz obliczamy przedział ufności na poziomie 95%

$$\hat{y}_p \pm t_{n-2} s \sqrt{\frac{1}{n} + \frac{(x_p - \bar{x})^2}{\sum(x_i - \bar{x})^2}} = 16 \pm 2{,}306 \cdot 1{,}22474 \cdot \sqrt{\frac{1}{10} + \frac{(5-5)^2}{54}}$$
$$= 16 \pm 0{,}893,$$

zatem nasz przedział to $(15{,}107,\ 16{,}893)$.

Jesteśmy pewni na 95%, że średnia przebyta odległość przez wszystkich potencjalnych zawodników, którzy wędrowali przez 5 godzin, jest z zakresu od 15,107 do 16,893 kilometrów.

Czy mamy jednak pewność, że ta średnia wszystkich potencjalnych zawodników idących przez 5 godzin jest wielkością, którą rzeczywiście chcemy oszacować? Czy nie będzie bardziej użyteczne oszacowanie przebytej odległości dla pojedynczego losowo wybranego zawodnika? Wielu analityków zgodziłoby się z tym stwierdzeniem i dlatego będą preferować przedziały predykcji dla pojedynczego zawodnika, a nie przedziały ufności dla wartości średniej odległości przebytej przez zawodników. Obliczenie przedziałów predykcji jest podobne do obliczenia przedziału ufności dla wartości średniej, ale interpretacja jest inna. Mamy

$$\hat{y}_p \pm t_{n-2} s \sqrt{1 + \frac{1}{n} + \frac{(x_p - \bar{x})^2}{\sum(x_i - \bar{x})^2}} = 16 \pm 2{,}306 \cdot 1{,}22474 \cdot \sqrt{1 + \frac{1}{10} + \frac{(5-5)^2}{54}}$$
$$= 16 \pm 2{,}962,$$

a zatem otrzymujemy przedział predykcji $(13{,}038,\ 18{,}962)$. Innymi słowy, jesteśmy na 95% pewni, że przebyta odległość przez losowo wybranego zawodnika, który szedł przez 5 godzin, jest z zakresu od 13,038 do 18,962 kilometrów. Jak już wspomnieliśmy, przedział predykcji jest szerszy niż przedział ufności dla wartości średniej, ponieważ oszacowanie pojedynczej odpowiedzi jest dużo trudniejsze niż oszacowanie średniej odpowiedzi. Zauważmy jednak, że interpretacja przedziałów predykcji jest prawdopodobnie bardziej przydatna dla analityka zajmującego się eksploracją danych.

Sprawdzimy nasze obliczenia, porównując wyniki regresji przebytej odległości względem czasu z wynikami otrzymanymi za pomocą programu Minitab, pokazanymi w tab. 2.14. Przedział ufności dla wartości średniej i przedział predykcji zaznaczono na dole tabeli („Predicted Values for New Observations"). Wartość oznaczona „Fit" równa 16 jest estymatorem, błąd standardowy jest równy

$$s\sqrt{\frac{1}{n} + \frac{(x_p - \bar{x})^2}{\sum(x_i - \bar{x})^2}},$$

Tabela 2.14. Wyniki regresji zmiennej *przebyta odległość* względem zmiennej *czas*

```
The regression equation is
przebyta odległość = 6,00 + 2,00 czas

Predictor     Coef   SE Coef      T       P
Constant    6,0000    0,9189   6,53   0,000
czas        2,0000    0,1667  12,00   0,000

S = 1,2247   R-Sq = 94,7%   R-Sq(adj) = 94,1%

Analysis of Variance

Source          DF      SS       MS       F       P
Regression       1  216,00   216,00  144,00   0,000
Residual Error   8   12,00     1,50
Total            9  228,00

Predicted Values for New Observations

New
Obs     Fit  SE Fit         95% CI              95% PI
  1  16.000   0,387  (15,107, 16,893)  (13,038, 18,962)
```

„95%CI" wskazuje na przedział ufności na poziomie 95% dla wartości średniej odległości przebytej przez wszystkich zawodników, którzy szli przez 5 godzin, „95%PI" zaś wskazuje na przedział predykcji na poziomie 95% dla odległości przebytej przez losowo wybranego zawodnika, który szedł przez 5 godzin.

2.9.5. Sprawdzanie założeń regresji

Wszystkie metody wnioskowania opisane powyżej zależą od tego, czy są spełnione założenia regresji, które omówiliśmy w podrozdz. 2.8. W jaki sposób można sprawdzić założenia regresji? Istnieją dwie podstawowe metody graficzne używane do sprawdzenia założeń regresji: (1) (normalny) wykres kwantylowy i (2) wykres standaryzowanych reszt względem wartości przewidywanych.

(Normalny) wykres kwantylowy (ang. *normal probability plot*) jest wykresem kwantyli próbkowych rozkładu reszt względem kwantyli rozkładu normalnego odpowiedniego rzędu. Używa się go do określenia, czy dany rozkład odbiega od rozkładu normalnego. (Podobnie jak centyl, kwantyl rozkładu jest wartością x_p, taką że $p\%$ wartości rozkładu jest mniejsze lub równe x_p.) Na wykresie kwantylowym wartości obserwowane dla badanego rozkładu są porównywane z wartościami dla rozkładu normalnego. Jeżeli rozkład jest normalny, to punkty na wykresie powinny tworzyć linię prostą; systematyczne odchylenia od linii prostej wskazują na nieliniowość.

Aby zilustrować zachowanie wykresu kwantylowego dla różnych rodzajów rozkładu danych, pokażemy trzy przykłady. Na rysunkach 2.9, 2.10 i 2.11 pokazano wykresy kwantylowe, odpowiednio, dla rozkładu jednostajnego (0,1), rozkładu χ^2 z 5 stopniami swobody i rozkładu normalnego (0,1). Widać, że na rys. 2.9 większość punktów nie tworzy linii prostej i pojawia się widoczny wzór (odwrócony kształt litery S), wskazując na systematyczne odchylenie od normalności. Rozkład jednostajny, zwany rozkładem prostokątnym, ma końce dużo „cięższe" niż rozkład normalny. Zatem jest to przykład wykresu dla rozkładu z „cięższymi" końcami rozkładu niż te dla rozkładów normalnych.

Na rysunku 2.10 również widać zakrzywiony kształt, który wskazuje na systematyczne odchylenie od normalności. Rozkład χ^2 (5) jest prawoskośny, zatem kształt krzy-

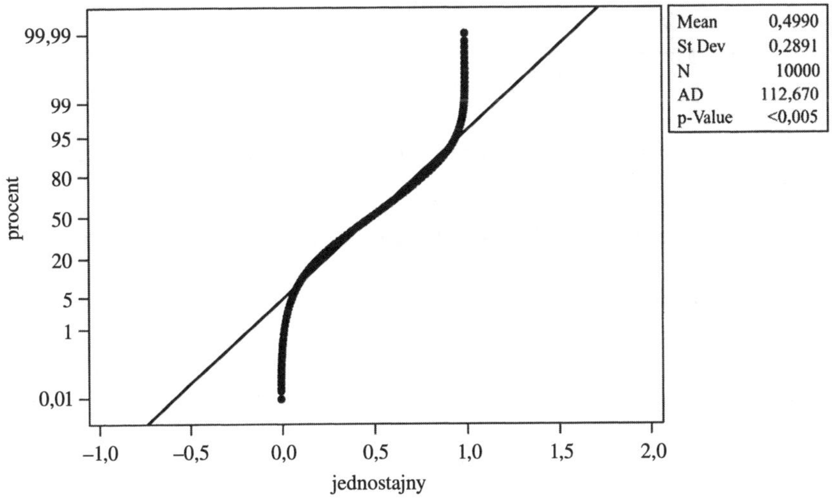

Rys. 2.9. Wykres kwantylowy dla rozkładu jednostajnego („ciężkie" końce)

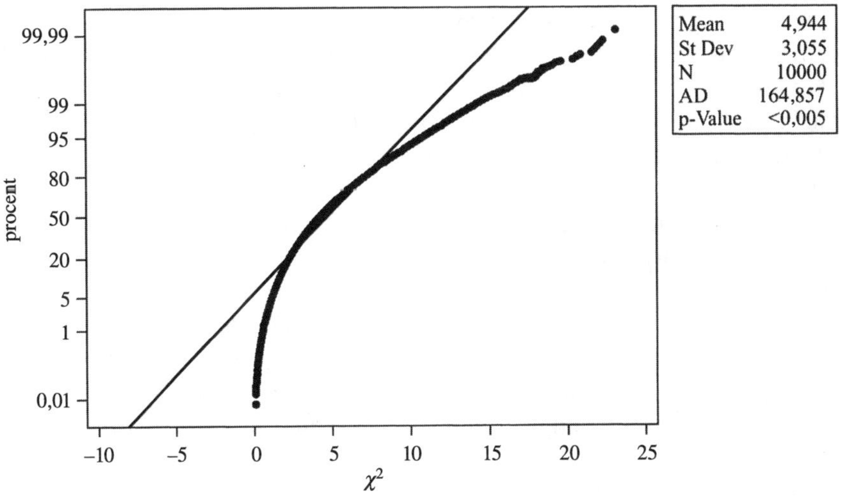

Rys. 2.10. Wykres kwantylowy dla rozkładu χ^2 (prawoskośny)

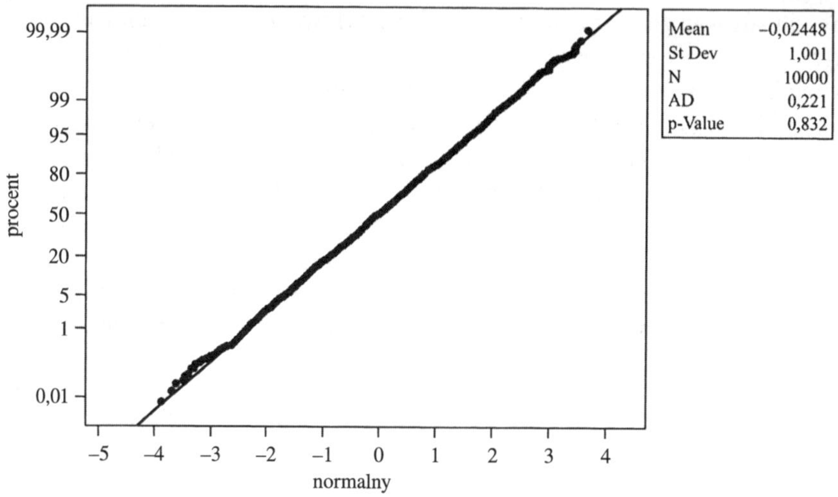

Rys. 2.11. Wykres kwantylowy dla rozkładu normalnego (rzeczywiste dane mogą nie wyglądać tak ładnie)

wej z rys. 2.10 można uznać za typowy wzór dla rozkładu prawoskośnego na wykresie kwantylowym.

Na rysunku 2.11 punkty tworzą linię prostą, wskazując na rozkład normalny, co nie zaskakuje, ponieważ dane pochodzą z rozkładu normalnego (0,1). Nie powinniśmy się jednak spodziewać, że prawdziwe dane będą zachowywać się tak ładnie. Obecność błędu próbkowania i innych źródeł szumu powodują zwykle, że wykres będzie miał mniej jednoznaczny kształt.

Zauważmy, że na każdym z rysunków 2.9–2.11 pokazano statystykę AD i p-wartość znalezione za pomocą programu Minitab. Statystyka AD dotyczy **testu Andersona–Darlinga** (ang. *Anderson–Darling test for normality*). Mniejsze wartości statystyki AD wskazują, że rozkład normalny lepiej pasuje do danych. Hipoteza zerowa mówi, że rozkład normalny pasuje, a zatem małe p-wartości wskazują na brak dopasowania. Zauważmy, że w przykładach z rozkładem jednostajnym i χ^2 p-wartość dla testu AD jest mniejsza od 0,005, co oznacza, że wykres nie jest dopasowany do rozkładu normalnego. Z drugiej strony, p-wartość dla przykładu rozkładu normalnego jest równa 0,832, a zatem nie ma powodu do odrzucenia hipotezy zerowej, że rozkład jest normalny.

Drugą graficzną metodą używaną do sprawdzenia założeń modelu regresji jest wykres standaryzowanych reszt względem wartości przewidywanych. Przykład takiego wykresu pokazano na rys. 2.12 w przypadku regresji zmiennej *odległość* względem zmiennej *czas* dla oryginalnych 10 obserwacji z przykładu biegu na orientację. Zauważmy bliską zależność między tym wykresem a oryginalnym wykresem rozrzutu z rys. 2.2. Linii regresji z rys. 2.2 odpowiada teraz pozioma linia pokrywająca się z osią x z rys. 2.12. Punkty, które były nad/pod/na linii regresji na rys. 2.2, teraz leżą nad/pod/na osi x na rys. 2.12.

Ważność założeń modelu regresji sprawdzamy, obserwując czy istnieją pewne charakterystyczne układy punktów na wykresach reszt względem wartości przewidywa-

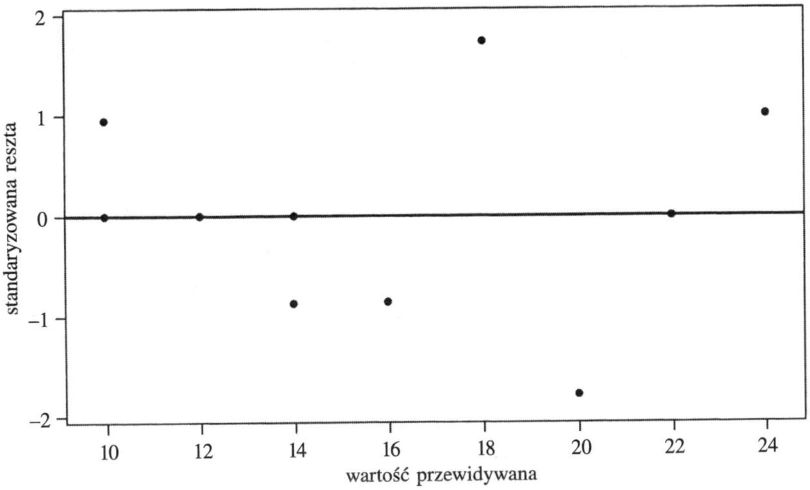

Rys. 2.12. Wykres standaryzowanych reszt względem wartości przewidywanych dla przykładu biegu na orientację

nych. Jeżeli tak, to jedno z założeń zostało naruszone, a jeżeli nie ma takich widocznych wzorców, to założenia pozostają nienaruszone. Dziesięć punktów danych z rys. 2.12 to tak naprawdę zbyt mało, aby ocenić czy takie wzorce istnieją. Oczywiście w zastosowaniach eksploracji danych rzadko kiedy problemem jest brak danych.

Na rysunku 2.13 pokazano cztery wzorce „archetypów", które mogą być obserwowane na wykresach reszt względem wartości przewidywanych. Wykres (a) pokazuje „poprawny" wykres, gdzie nie są obserwowane żadne widoczne wzorce i punkty zajmują cały prostokątny obszar od lewej do prawej. Wykres (b) pokazuje krzywiznę, co świadczy o naruszonym założeniu niezależności. Wykres (c) pokazuje wzór „lejka", co świadczy o naruszonym założeniu o stałej wariancji. W końcu, wykres (d) pokazuje wzorzec, który rośnie od lewej strony do prawej, co świadczy o naruszonym założeniu o zerowej średniej.

Dlaczego z wykresu (b) można odczytać, że założenie niezależności nie jest spełnione? Ponieważ zakłada się, że błędy są niezależne, więc reszty (które są oszacowaniami błędów) powinny być również niezależne. Jeżeli jednak reszty tworzą zakrzywiony wzorzec, to możemy przypuszczać, że dla danej reszty sąsiadujące z nią reszty (na lewo i na prawo) będą wewnątrz pewnego marginesu błędu. Jeżeli reszty byłyby rzeczywiście niezależne, to taka prognoza nie byłaby możliwa.

Dlaczego z wykresu (c) można odczytać, że założenie o stałej wariancji nie jest prawdziwe? Zauważmy, że na wykresie (a) wariancja reszt, pokazana jako pionowa odległość, jest niemal stała, niezależnie od wartości x. Z kolei na wykresie (c) wartości reszt są mniejsze dla mniejszych wartości x i większe dla większych wartości x. Dlatego zmienność nie jest stała, co narusza założenie o stałej wariancji.

Dlaczego z wykresu (d) możemy odczytać, że zostało naruszone założenie o zerowej średniej? Założenie o zerowej średniej stwierdza, że średnia błędu jest równa zero, niezależnie od wartości x. Jednak na wykresie (d) dla małych wartości x średnia reszt jest

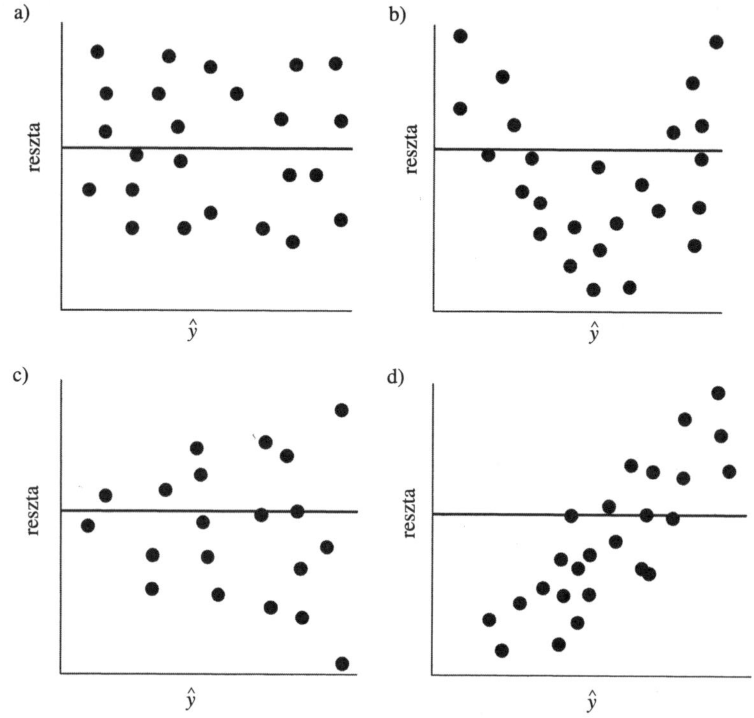

Rys. 2.13. Cztery możliwe układy punktów na wykresach reszt względem wartości przewidywanych

mniejsza od zera, podczas gdy dla dużych wartości *x* średnia reszt jest większa od zera. To stanowi naruszenie założenia o zerowej średniej, jak również naruszenie założenia niezależności.

Oprócz powyższych metod graficznych, istnieje jeszcze kilka diagnostycznych testów hipotez, które można przeprowadzić w celu sprawdzenia założeń regresji. Jak wspomniano powyżej, można użyć testu Andersona–Darlinga do wskazania dopasowania reszt do rozkładu normalnego. Aby ocenić, czy zostało naruszone założenie stałej wariancji, można użyć testu Bartletta lub testu Levene'a. Aby ocenić, czy zostało naruszone założenie niezależności, można użyć testu Durbana–Watsona lub testu serii (ang. *runs test*). Więcej informacji o testach diagnostycznych można znaleźć w książce Drapera i Smitha [3].

Jeżeli wykres kwantylowy nie pokazuje systematycznego odchylenia od linii prostej, a wykres reszty względem wartości przewidywanych nie pokazuje widocznych wzorców, to możemy wyciągnąć wniosek, że nie ma graficznych dowodów na naruszenie założeń regresji i możemy kontynuować analizę regresji. Co jednak możemy zrobić jeżeli te wykresy wskazują na naruszenie założeń regresji? Załóżmy na przykład, że nasz wykres kwantylowy reszt wygląda podobnie, jak wykres (c) na rys. 2.13, wskazując na niestałą wariancję? W takim przypadku możemy zastosować transformację zmiennej celu *y*, taką jak transformacja logarytmiczna, inaczej — transformacja ln (logarytm naturalny, czyli logarytm o podstawie e).

2.10. Przykład: zbiór danych *baseball*

Aby zilustrować zastosowanie transformacji, zajmiemy się zbiorem danych *baseball* — jest to zbiór statystyk uderzeń dla 331 graczy w baseball, którzy grali w American League w 2002. W tym przypadku chcemy sprawdzić, czy istnieje zależność pomiędzy średnią uderzeń gracza a liczbą takich uderzeń, które pozwoliły mu na zaliczenie wszystkich baz i zdobycie punktu[5]. Niektórzy fani baseballu twierdzą, że zawodnicy, którzy mają dużą skuteczność w uderzeniach *home runs*, mają również tendencję popełniania potrójnego błędu jako pałkarze, po którym wypadają z danej tury gry, zatem ich średnia uderzeń jest niższa. Sprawdźmy to, używając regresji liczby *home runs* względem średniej uderzeń gracza (*batting average*) (trafienia podzielone przez uderzenia).

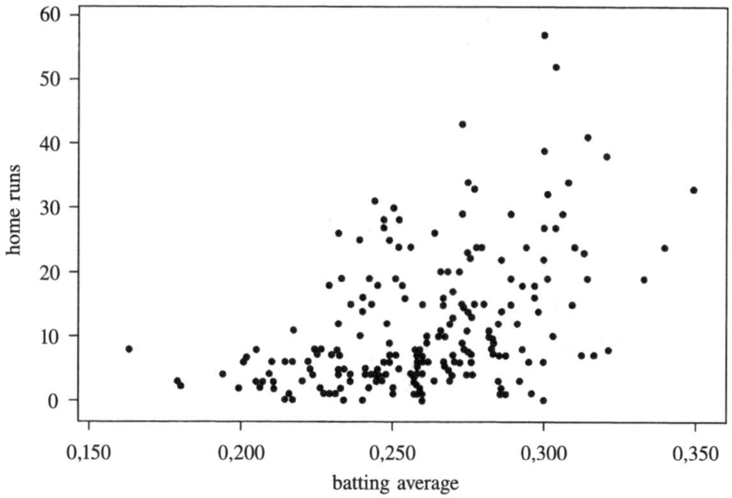

Rys. 2.14. Wykres rozrzutu zmiennej *home runs* względem zmiennej *batting average*

Ponieważ średnia uderzeń w baseballu ma tendencję do bardzo dużej zmienności dla małej liczby uderzeń, ograniczyliśmy nasz zbiór danych do tych graczy, którzy mieli przynajmniej 100 uderzeń w sezonie 2002. To dało nam 209 graczy. Wykres rozrzutu *home runs* względem *batting average* jest pokazany na rys. 2.14. Na podstawie wykresu rozrzutu można sądzić, że istnieje dodatnia liniowa zależność pomiędzy liczbą uderzeń *home runs* a średnią uderzeń, ale zmienność liczby uderzeń *home runs* jest wyższa dla zawodników z wyższą średnią uderzeń (co może oznaczać problemy z założeniem stałej wariancji).

Sprawdzamy więc, czy są spełnione założenia regresji, używając graficznych metod przedstawionych w p. 2.9.5. Na rysunku 2.15 pokazano wykres kwantylowy standaryzowanych reszt dla regresji zmiennej *home runs* względem zmiennej *batting average*. Wykres ten przypomina wykres z rys. 2.10, gdzie rozkład był prawoskośny i nie był

[5]Chodzi tu o tzw. *home runs*, czyli uderzenia, które powodują, że piłka nie zostanie złapana i opuści obszar boiska (*przyp. tłum.*).

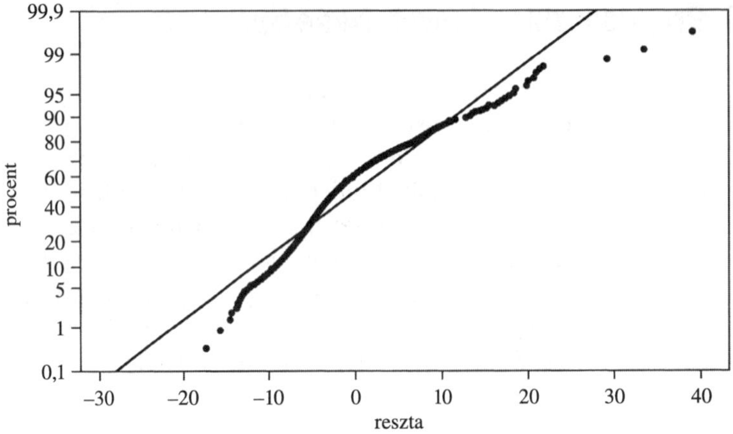

Rys. 2.15. Wykres kwantylowy standaryzowanych reszt — naruszone założenie o rozkładzie normalnym

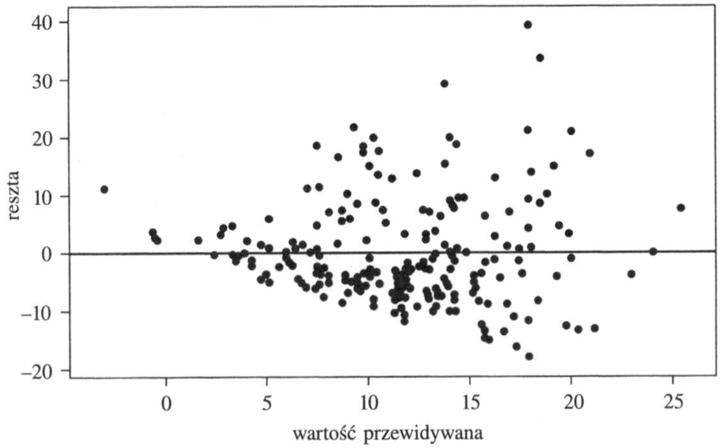

Rys. 2.16. Wykres standaryzowanych reszt względem wartości przewidywanych — naruszone założenie o stałej wariancji

normalny, a zatem założenie normalności zostało naruszone. Wykres standaryzowanych reszt względem wartości przewidywanych pokazano na rys. 2.16 — widać tu niemal klasyczny wzorzec lejkowy, podobny do wykresu (c) na rys. 2.13, co sugeruje, że wariancja nie jest stała.

Wyniki regresji zmiennej *home runs* względem zmiennej *batting average* pokazano w tab. 2.15. Oszacowane równanie regresji dla liczby uderzeń typu *home runs* to $-28{,}1 + 154 \cdot (\textit{batting average})$. Na przykład gracz ze średnią uderzeń 0,300 miałby oszacowaną wartość zmiennej *home runs* $-28{,}1 + 154 \cdot 0{,}300 = 18{,}1$. Ponieważ jednak założenia o normalności i o stałej wariancji nie są spełnione, nie możemy użyć tych wyników regresji do wnioskowania lub budowy modelu. Budowa modelu jest podstawowym celem eksploracji danych, a więc powinniśmy spróbować naprawić te przypadki „łamania” założeń za pomocą transformacji.

Tabela 2.15. Wyniki regresji zmiennej *home runs* względem zmiennej *batting average*

```
The regression equation is
home runs = -28,1 + 154 batting average

Predictor           Coef  SE Coef      T      P
Constant         -28,149    5,083  -5,54  0,000
batting average   153,55    19,50   7,87  0,000

S = 9,14046   R-Sq = 23,0%   R-Sq(adj) = 22,7%

Analysis of Variance

Source           DF       SS      MS      F      P
Regression        1   5179,0  5179,0  61,99  0,000
Residual Error  207  17294,5    83,5
Total           208  22473,5
```

Tabeli tej nie należy wykorzystywać ani do wnioskowania, ani do budowy modelu.

Należy podkreślić, że wnioskowanie lub budowa modelu na podstawie wyników regresji z tab. 2.15 powinny być rozpatrywane z niezwykłą ostrożnością, bowiem wdrożenie modelu opartego na błędnych założeniach nie jest zalecane. Błędne matematyczne i statystyczne podstawy modelu regresji można porównać do spękanych fundamentów domu — usterki nieusunięte w początkowej fazie mogą spowodować kosztowne naprawy w przyszłości. Aby nasze dane spełniały założenia modelu regresji, zastosujmy naturalną transformację logarytmiczną (ln) do wartości zmiennej celu *home runs* — w wyniku otrzymujemy przekształconą zmienną celu: ln(*home runs*). Zbadajmy za pomocą metod graficznych, czy są spełnione wszystkie założenia modelu regresji zmiennej ln(*home runs*) względem zmiennej *batting average*.

Na rysunku 2.17 przedstawiono wykres kwantylowy standardowych reszt dla tego modelu. Zauważmy, że większość punktów na wykresie układa się wzdłuż linii prostej, co oznacza, że większa część zbioru danych ma rozkład normalny. Założenie normalności wydaje się naruszone gdzieś przy końcach linii, gdzie jest mniej punktów danych. Jednak żaden rzeczywisty zbiór danych nie będzie miał idealnego rozkładu normalnego, dlatego wyciągamy wniosek, że nie ma dostatecznych dowodów, aby odrzucić założenie normalności dla tego modelu.

Na rysunku 2.18 przedstawiono wykres standardowych reszt względem wartości przewidywanych dla regresji zmiennej ln(*home runs*) względem zmiennej *batting average*. Na jego podstawie nie można stwierdzić, że zostało naruszone założenie o stałej wariancji. Podczas wyszukiwania układów punktów na wykresach należy wystrzegać się tzw. efektu Rorschacha (ang. *Rorschach effect*), czyli doszukiwania się układów punktów w losowości. Na podstawie rys. 2.17 i 2.18 stwierdzamy prawdziwość hipotezy zerowej, mówiącej, że założenia regresji są spełnione (tylko systematyczne i wyraźnie identyfikowalne układy punktów na wykresach reszt stanowią dowody świadczące przeciw

Rys. 2.17. Wykres kwantylowy po transformacji logarytmicznej: założenie o rozkładzie normalnym jest spełnione

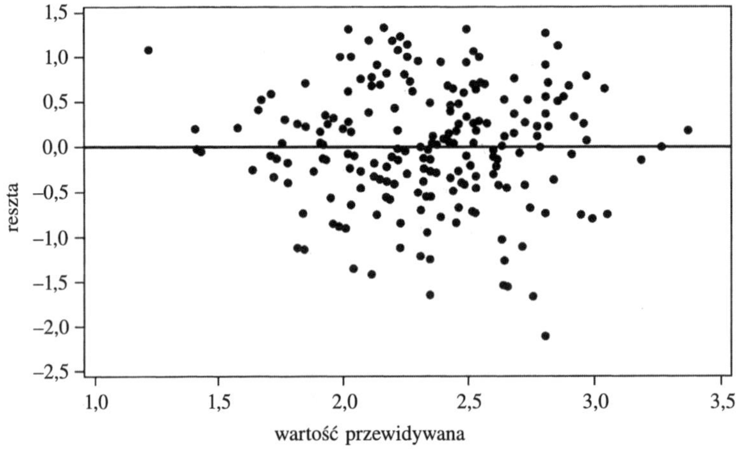

Rys. 2.18. Wykres standaryzowanych reszt względem wartości przewidywanych — brak przesłanek do stwierdzenia naruszenia założeń

hipotezie zerowej). Zatem wyciągamy wniosek, że założenia regresji są potwierdzone dla modelu

$$\ln(\textit{home runs}) = \beta_0 + \beta_1 \cdot (\textit{batting average}) + \varepsilon.$$

Wyniki regresji zmiennej ln(*home runs*) względem zmiennej *batting average* pokazano w tab. 2.16. Oszacowane równanie regresji możemy zapisać, wykorzystując dokładne wyniki pokazane w tab. 2.16. Wówczas oszacowana wartość zmiennej ln(*home runs*) jest równa −0,6608 plus 11,555 razy *batting average*. Na przykład estymacja punktowa zmiennej ln(*home runs*) dla gracza, którego średnia uderzeń była równa 0,300 to $(-0{,}6608) + 11{,}555 \cdot 0{,}300 = 2{,}8057$, co daje nam oszacowaną liczbę $e^{2{,}8057} = 16{,}54$ udrzeń typu *home run*. (Tę wartość można porównać z oszacowaną wcześniej wartością 18,1 uderzeń dla niepoprawnego modelu.)

Tabela 2.16. Wyniki regresji zmiennej ln(*home runs*) względem zmiennej *batting average*

```
The regression equation is
ln home runs = -0,661 + 11,6 batting average

Predictor              Coef  SE Coef      T      P
Constant            -0,6608   0,3744  -1,77  0,079
batting average      11,555    1,436   8,04  0,000

S = 0,673186   R-Sq = 23,8%   R-Sq(adj) = 23,4%

Analysis of Variance

Source           DF       SS      MS      F      P
Regression        1   29,327  29,327  64,71  0,000
Residual Error  207   93,808   0,453
Total           208  123,135

Predicted Values for New Observations

New
Obs     Fit  SE Fit         95% CI              95% PI
  1  2,8056  0,0755  (2,6567, 2,9545)  (1,4701, 4,1411)
```

Standardowy błąd szacowania to $s = 0{,}673186$ — jest on wyrażony w tych samych jednostkach, co zmienna celu ln(*home runs*). Zatem typowy błąd przewidywania liczby uderzeń typu *home run* na podstawie średniej uderzeń jest równy $e^{0{,}673186} = 1{,}96$ uderzeń, co sugeruje dość dokładne oszacowanie.

Współczynnik determinacji przyjmuje wartość $r^2 = 23{,}8\%$, czyli średnia uderzeń wyjaśnia 23,8% zmienności (logarytmu) liczby uderzeń typu *home run*. Oczywiście na wykonanie przez gracza udrzenia *home run* wpływa jeszcze szereg innych czynników, takich jak wielkość zawodnika, siła, liczba wszystkich uderzeń i inne. Jednak sama średnia uderzeń wyjaśnia prawie jedną czwartą zamienności zmiennej celu.

Czy istnieją dowody, że jest zależność liniowa między zmiennymi *batting average* i ln(*home runs*)? Hipoteza zerowa mówi, że nie ma liniowej zależności między tymi zmiennymi. Z tabeli 2.16 można odczytać następujące statystyki:

- oszacowany współczynnik nachylenia to $b_1 = 11{,}555$,
- standardowy błąd oszacowania to $s_{b_1} = 1{,}436$, co razem z oszacowanym nachyleniem daje
- statystykę $t = 11{,}555/1{,}436 = 8{,}05$, również pokazną w tabeli (są małe różnice zaokrągleń),
- p-wartość $P(|t| > t_{\text{obs}}) = P(|t| > 8{,}05) \approx 0{,}000$.

Ponieważ p-wartość jest mniejsza niż każda rozsądna wartość progowa mająca znaczenie, więc możemy odrzucić hipotezę zerową i wyciągnąć wniosek, że istnieje liniowa zależność między zmiennymi *batting average* i ln(*home runs*). Obliczamy przedział ufności na poziomie 95% dla nieznanej wartości nachylenia regresji:

$$\begin{aligned} b_1 \pm t_{n-2} \cdot s_{b_1} &= b_1 \pm t_{207,\,95\%} \cdot s_{b_1} \\ &= 11{,}555 \pm 1{,}97 \cdot 1{,}436, \end{aligned}$$

zatem przedział ten ma postać (8,73, 14,38).

Ponieważ przedział ufności nie zawiera zera, więc możemy na 95% stwierdzić, że istnieje liniowa zależność między zmiennymi *batting average* i ln(*home runs*).

Współczynnik korelacji między zmiennymi to $r = \sqrt{r^2} = \sqrt{0{,}238} = 0{,}4879$. Zauważmy, że wartość ta jest mniejsza od wartości progowej występującej we wcześniej omówionej praktycznej zasadzie (p. s. 49), co może sugerować, że zmienne nie są skorelowane. Jednak, jak już wspominaliśmy, praktyczne zasady stanowią tylko wskazówki i muszą dać pierwszeństwo bardziej dokładnym testom, takim jak wykonany tutaj test t oraz przedział ufności. Zmienne *batting average* i ln(*home runs*) są oczywiście umiarkowanie dodatnio skorelowane. Wzrost średniej uderzeń powoduje umiarkowany wzrost liczby uderzeń typu *home run*.

Przedział ufności na poziomie 95% dla średniej liczby uderzeń *home run* dla wszystkich graczy, którzy mieli średnią uderzeń 0,300, to $(e^{2,6567}, e^{2,9545}) = (14{,}25,\ 19{,}19)$. Przedział predykcji na poziomie 95% dla liczby uderzeń *home run* losowo wybranego gracza, który miał średnią uderzeń 0,300, to $(e^{1,4701}, e^{4,1411}) = (4{,}35,\ 62{,}87)$ — jest on zbyt duży, aby mógł być użyteczny.

Występujące w przykładzie niezwykłe obserwacje uwzględniono w tab. 2.17 (punkty oddalone) oraz w tab. 2.18 (punkty wysokiej dźwigni). Wszystkie punkty oddalone mają małe wartości zmiennej objaśniającej, co oznacza, że liczba uderzeń *home run* dla zawodników (zidentyfikowanych jako punkty oddalone) była mniejsza niż oczekiwana średnia uderzeń gracza. Punkty wysokiej dźwigni reprezentują tych zawodników, którzy mieli najwyższe i najniższe wartości średniej uderzeń. Żaden z punktów nie wydaje się wpływowy; najwyższą wartość odległości Cooka miał Greg Vaughn ($D = 0{,}066$) z Tampa Bay Devil Rays, który miał stosunkowo dużą liczbę uderzeń *home run* ($e^{2,3026} = 10$)

Tabela 2.17. Punkty oddalone dla zbioru danych *baseball*

Obserwacja	Gracz	Drużyna	Średnia uderzeń	HR	Standardowa reszta	Dla danej średniej uderzeń liczba uderzeń *home run* jest:
2	Josh Paul	Chicago White Sox	0,240	2	−2,11	niska
4	Jose Macias	Detroid Tigers	0,234	2	−2,01	niska
5	D'Ange Jimenez	Chicago White Sox	0,287	3	−2,32	niska
53	Gabe Kapler	Texas Rangers	0,260	2	−2,46	niska
55	Rusty Greer	Texas Rangers	0,296	3	−2,48	niska
76	Olrand Palmeiro	Anaheim Angels	0,300	2	−3,16	niska
110	Rey Sanchez	Boston Red Sox	0,286	3	−2,30	niska

Tabela 2.18. Punkty wysokiej dźwigni dla zbioru danych *baseball*

	Gracz	Drużyna	Średnia uderzeń	HR	Średnia uderzeń jest:
3	Enrique Wilson	New York Yankees	0,181	4	niska
12	DeWayne Wise	Toronto Blue Jays	0,179	5	niska
32	Joe Lawrence	Toronto Blue Jays	0,180	4	niska
70	Greg Vaughn	Tampa Bay Devil Rays	0,163	10	niska
132	Manny Ramirez	Boston Red Sox	0,349	35	wysoka
148	Mike Sweeney	Kansas City Royals	0,340	26	wysoka
196	Bernie Williams	New York Yankees	0,333	21	wysoka

przy niskiej średniej uderzeń (0,163). Najbardziej wpływowym punktem jest punkt reprezentujący Orlanda Palmeiro ($D = 0{,}064$), który miał stosunkowo niską liczbę uderzeń *home runs* ($e^{0{,}6931} = 2$) przy wysokiej średniej uderzeń (0,300). Jednak żadna z odległości Cooka nie przekracza 20-tego centyla rozkładu $F_{1,\ 208}$, zatem według tego kryterium żaden z punktów nie jest wpływowy.

2.11. Przykład: zbiór danych *California*

Zbadajmy zbiór danych *California* [4] (dostępny na stronie internetowej pod adresem `www.dataminingconsultant.com`, który zawiera informację dotyczącą spisu ludności z 858 miast i miasteczek w Kalifornii. Na tym przykładzie poznamy sposoby radzenia sobie z punktami oddalonymi i punktami wysokiej dźwigni oraz zobaczymy przykładową transformację zarówno zmiennej objaśniającej, jak i zmiennej celu. Naszym zadaniem jest przybliżenie zależności (o ile istnieje) pomiędzy zmienną reprezentującą procent mieszkańców w określonym wieku a zmienną reprezentującą populację miasta. Zatem stawiamy pytanie, czy starsi obywatele (powyżej 64 roku życia) częściej mieszkają w dużych, czy w małych miastach?

Jak w przypadku każdej regresji liniowej, zaczynamy od wykresu rozrzutu zmiennej celu względem zmiennej objaśniającej (rys. 2.19). Większość punktów reprezentujących dane jest zgromadzonych po lewej stronie wykresu — dzieje się tak z powodu obecności kilku punktów oddalonych, które reprezentują miasta, takie jak Los Angeles, San Diego, San Jose i San Francisco. Zatem nie mamy wyraźnej przesłanki dotyczącej natury zależności pomiędzy tymi dwoma zmiennymi. Problem stanowi silna prawoskośność rozkładu zmiennej *populacja*, której przyczyną jest obecność dużej liczby małych i średnich miejscowości przy małej liczbie dużych miast. Jednym ze sposobów radzenia sobie ze skośnością jest zastosowanie przekształceń zmiennej, takich jak transformacja pierwiastka kwadratowego lub transformacja logarytmiczna. Tutaj zastosowaliśmy transformację logarytmiczną do zmiennej objaśniającej, w wyniku czego otrzymaliśmy przekształconą zmienną objaśniajacą ln *popn* (logarytm naturalny z całej populacji). Zauważmy, że

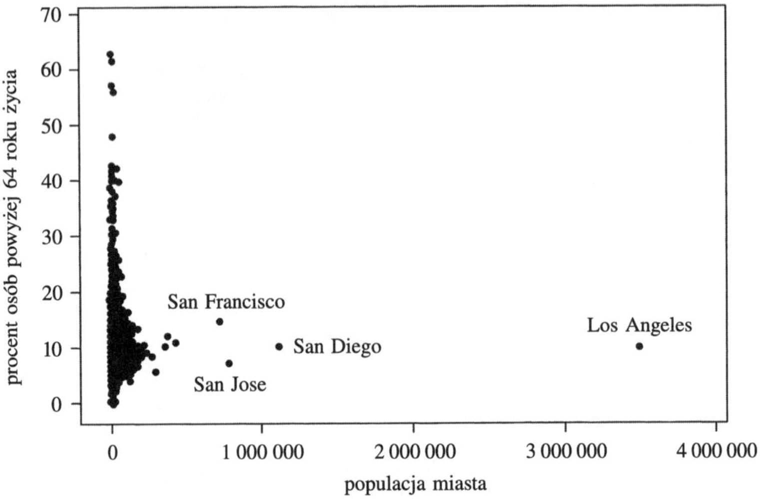

Rys. 2.19. Wykres rozrzutu zmiennej *procent osób powyżej 64 roku życia* względem zmiennej *populacja* (widoczny wpływ punktów oddalonych)

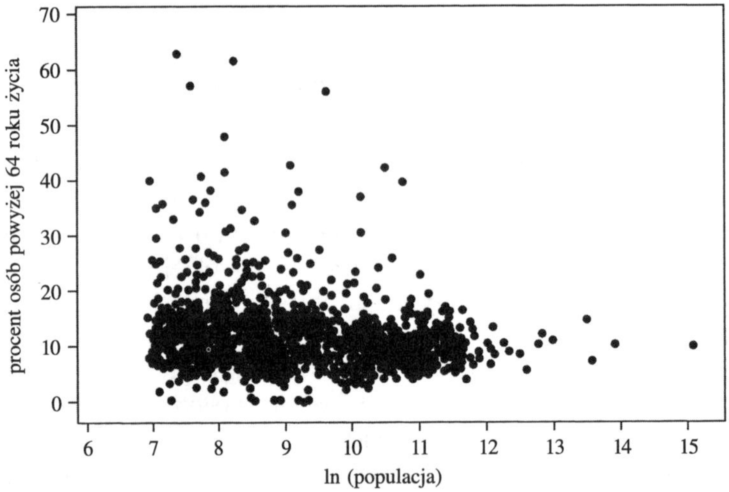

Rys. 2.20. Wykres rozrzutu zmiennej *procent osób powyżej 64 roku życia* względem zmiennej ln(*populacja*)

zastosowaliśmy tę transformację do zmiennej objaśniającej, a nie zmiennej celu jedynie z powodu skośności tkwiącej w samej zmiennej, a nie diagnozy regresji.

Teraz zbadamy wykres rozrzutu zależności zmiennej *procent osób powyżej 64 roku życia* (*percentage over 64*) względem zmiennej ln(*populacja*) (ln(*popn*)) — rys. 2.20. Ten wykres rozrzutu wygląda dużo lepiej niż wykres z rys. 2.19 i daje pewne wskazania dotyczące możliwej zależności między tymi dwoma zmiennymi. Na przykład żadna ze społeczności z dużą procentową wartością starszych obywateli nie jest duża. Dlatego przeprowadzamy regresję zmiennej *procent osób powyżej 64 roku życia* względem

Tabela 2.19. Wyniki regresji zmiennej *precentage over 64* względem *ln popn*

```
The regression equation is
procent osób powyżej 64 roku życia = 22,8 - 1,15 ln(populacja)

Predictor            Coef  SE Coef      T      P
Constant           22,807    1,675  13,77  0,000
ln(populacja)     -1,1486   0,1780  -6,45  0,000

S = 7,25519  R-Sq = 4,6%  R-Sq(adj) = 4,5%

Analysis of Variance

Source           DF       SS      MS      F      P
Regression        1   2191,3  2191,3  41,63  0,000
Residual Error  856  45058,0    52,6
Total           857  47249,3
```

zmiennej ln(*populacja*) — wynik regresji pokazano w tabeli 2.19. W tabeli możemy odczytać, że wyniki regresji mają znaczenie (p-wartości dla testu F są bardzo małe) i że oszacowany procent starszych obywateli jest równy 22,8 minus 1,15 razy logarytm naturalny z populacji. Czy wyniki tej regresji są poprawne? Aby to stwierdzić, musimy sprawdzić czy są spełnione założenia regresji.

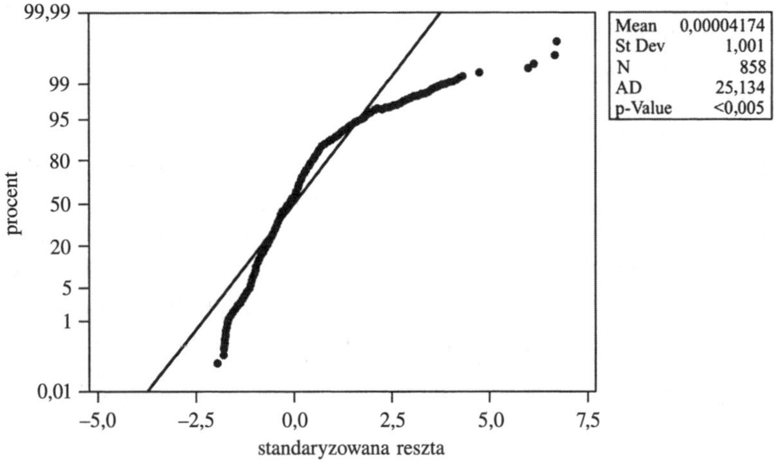

Rys. 2.21. Wykres kwantylowy pokazuje, że reszty są prawoskośne

W tym celu tworzymy wykres kwantylowy standaryzowanych reszt, który pokazano na rys. 2.21. Porównując rys. 2.21 z rys. 2.9–2.11, zauważamy, że jest on najbardziej podobny do rys. 2.10, który wskazywał, że rozkład reszt jest prawoskośny. Również p-wartość dla testu Andersona–Darlinga jest bardzo mała, a zatem odrzucamy hipotezę,

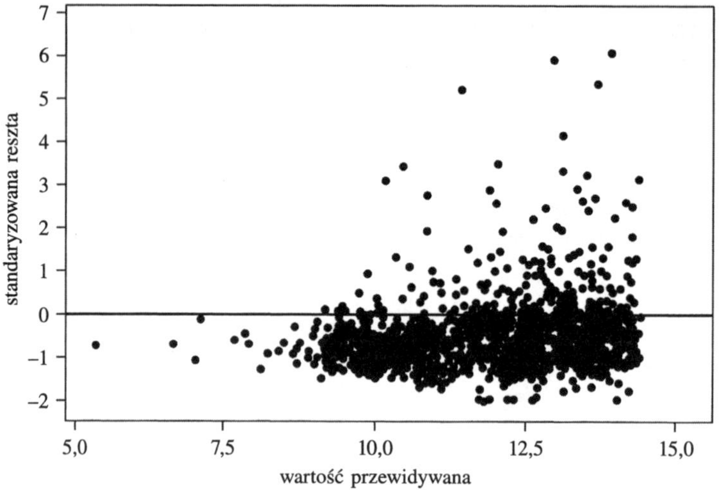

Rys. 2.22. Wykres standaryzowanych reszt względem wartości przewidywanych pokazuje, że wariancja nie jest stała

że standardowe reszty mają rozkład normalny. Oczywiście składowe błędu losowego ε_i mają rozkład normalny wówczas, reszty mają rozkład normalny. Zatem wyciągamy wniosek, że w tym przypadku zostało naruszone założenie normalności.

Sprawdzimy wykres standaryzowanych reszt względem wartości przewidywanych dla tej regresji (rys. 2.22). Pojawia się lejkowaty kształt, wskazując na problemy z założeniem o stałej wariancji. Zmienność jest mniejsza dla miast i miasteczek z mniejszą przewidywaną wartością procentu starszych obywateli niż dla tych, które mają większą przewidywaną wartość procentu starszych obywateli. Jednak model regresji zakłada, że zmienność zmiennej odpowiedzi powinna być stała, niezależnie od miejscowości, a zatem zostało naruszone założenie o stałej wariancji dla tej regresji.

Jak wspomnieliśmy wcześniej, w celu zmniejszenia efektu naruszenia założeń dla regresji możemy zastosować transformację zmiennej celu. Zastosujemy więc transformację logarytmiczną zmiennej *procent osób powyżej 64 roku życia* — otrzymujemy przekształconą zmienną celu ln(*procent osób powyżej 64 roku życia*). Następnie wykonujemy regresję dla ln(*procent osób powyżej 64 roku życia*) względem ln(*populacja*) i tworzymy wykres standardowych reszt względem wartości przewidywanych (rys. 2.23). Zwróćmy uwagę na zbiór punktów oddalonych (prawy dolny róg), czyli miejscowości, które mają niezwykle mały procent starszych obywateli (wskazane przez dużą ujemną wartość standaryzowanej reszty) dla danej populacji. Te punkty oddalone to:

- Camp Pendelton Marine Corps, South,
- Camp Pendelton Marine Corps, North,
- Vandenberg Air Force Base,
- Edwards Air Force Base,
- Beale Air Force Base,
- El Toro Marine Corps Station,
- George Air Force Base,

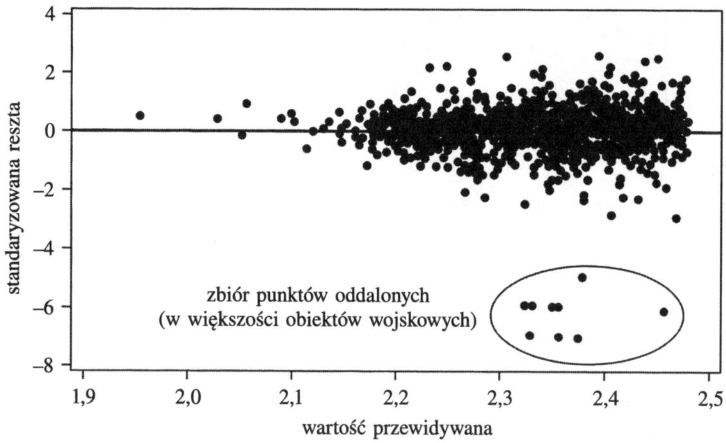

Rys. 2.23. Wykres reszt względem wartości przewidywanych dla regresji zmiennej ln(*procent osób powyżej 64 roku życia*) względem zmiennej ln(*populacja*)

- Mather Air Force Base,
- Nebo Center.

Wszystkie niemal punkty oddalone reprezentują obiekty wojskowe. Wyjątkiem jest Nebo Center — pustynne miasteczko z wysokim bezrobociem i małą liczbą domów, oddalenie o 112 mil na wschód od Los Angeles. Nie zaskakuje, że w tego typu miejscowościach mieszka bardzo mało starszych obywateli. Dlatego analityk może podjąć decyzję o odłożeniu na bok tej grupy obserwacji i kontynuować analizę pozostałych 848 rekordów. Analizę zbioru danych *California* będziemy kontynuować w ramach ćwiczeń.

2.12. Transformacje w celu osiągnięcia liniowości

Czy wiesz na czym polega gra w Scrabble? Scrabble jest grą, w której gracze losują z woreczka klocki z literami i budują z nich krzyżówkę. Każda litera ma przypisaną pewną liczbę punktów. Na przykład litera „E" jest warta jeden punkt, litera „Q" jest warta 10 punktów. Liczba punktów dla klocka z literą wiąże się z tym, jak często klocek z daną literą występuje w grze (ile jest klocków z daną literą). W tabeli 2.20 pokazano liczbę klocków z daną literą i liczbę punktów dla każdej litery. Załóżmy, że chcemy przybliżyć za pomocą regresji liniowej zależność pomiędzy liczbą klocków z daną literą a liczbą punktów. Jak zwykle w przypadku prostej regresji liniowej, pierwszą rzeczą, jaką analityk powinien zrobić, jest stworzenie wykresu rozrzutu zmiennej celu względem zmiennej objaśniającej, aby zobaczyć, czy zależność między tymi dwoma zmiennymi jest rzeczywiście liniowa. Na rysunku 2.24 przedstawiono wykres rozrzutu liczby punktów względem liczby klocków z daną literą. Zauważmy, że każda kropka na wykresie może reprezentować więcej niż jedną literę.

Wygląd wykresu rozrzutu sugeruje istnienie zależności pomiędzy liczbą punktów a liczbą klocków z daną literą. Zależność ta nie jest jednak liniowa, ale krzywoliniowa — w tym przypadku jest funkcją kwadratową. Zatem nie powinniśmy modelować

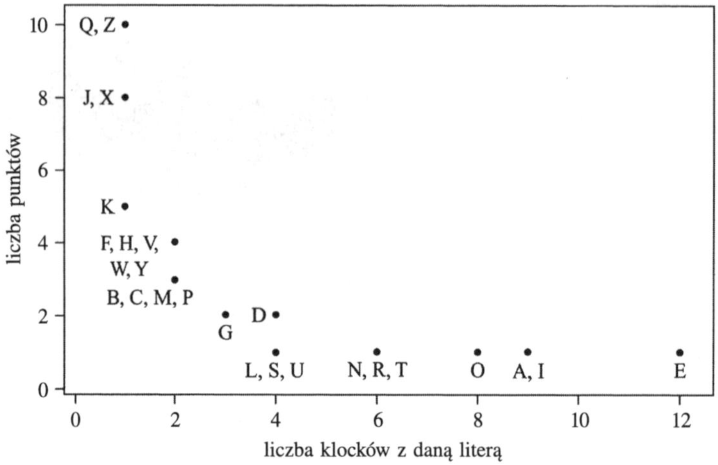

Rys. 2.24. Wykres rozrzutu zmiennej *liczba punktów* względem zmiennej *liczba klocków z daną literą* w grze Scrabble — nieliniowy

Tabela 2.20. Liczby klocków i liczby punktów w grze Scrabble (chodzi o angielską wersję gry)

Litera	Liczba klocków	Liczba punktów	Litera	Liczba klocków	Liczba punktów
A	9	1	N	6	1
B	2	3	O	8	1
C	2	3	P	2	3
D	4	2	Q	1	10
E	12	1	R	6	1
F	2	4	S	4	1
G	3	2	T	6	1
H	2	4	U	4	1
I	9	1	V	2	4
J	1	8	W	2	4
K	1	5	X	1	8
L	4	1	Y	2	4
M	2	3	Z	1	10

jej za pomocą liniowego przybliżenia, takiego jak prosta regresja liniowa, bowiem prowadziłoby to do błędów w oszacowaniu i niewłaściwego wnioskowania. Rozwiązaniem tego problemu może być zastosowanie regresji wielokrotnej (rozdz. 3) lub transformacja w celu osiągnięcia liniowości.

Mosteller i Tukey w książce *Data Analysis and Regression* [5] sugerują zastosowanie **reguły wypukłości** (ang. *bulging rule*) do znalezienia takiego przekształcenia, które doprowadzi do osiągnięcia liniowości. Aby zrozumieć tę regułę dla funkcji kwadratowej, rozważmy rys. 2.25. Porównajmy krzywą widoczną na wykresie rozrzutu (rys. 2.24)

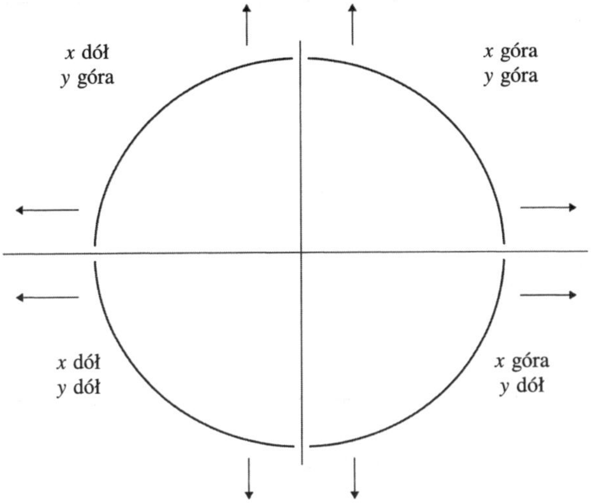

Rys. 2.25. Reguła wypukłości — heurystyka dla przekształceń zmiennych w celu uzyskania liniowości (źródło [5])

z krzywymi pokazanymi na rys. 2.25. Jest ona najbardziej podobna do krzywej w lewej dolnej ćwiartce, oznaczonej etykietą „x dół, y dół". Mosteller i Tukey proponują **hierarchię transformacji** (ang. *ladder of re-expressions*), która zasadniczo jest zbiorem transformacji potęgowych, poza jednym wyjątkiem — $\ln t$.

HIERARCHIA TRANSFORMACJI (MOSTELLER I TUKEY)

Hierarchia transformacji składa się z następującego uporządkowanego zbioru transformacji dla każdej ciągłej zmiennej t:

$$t^{-3} \quad t^{-2} \quad t^{-1} \quad t^{-1/2} \quad \ln t \quad \sqrt{t} \quad t^{1} \quad t^{2} \quad t^{3}$$

Heurystykę dla naszej krzywej stanowi „x dół, y dół". To oznacza, że powinniśmy przekształcić zmienną x, wybierając transformację o jedną lub więcej pozycji w lewo od obecnej pozycji x. Podobnie należy postąpić w przypadku zmiennej y. Bieżąca pozycja dla wszystkich nieprzekształconych zmiennych to t^1. Na podstawie reguły wypukłości powinniśmy więc zastosować transformację pierwiastka kwadratowego lub transformację logarytmiczną zarówno do zmiennej *liczba klocków z daną literą*, jak i zmiennej *liczba punktów* w celu osiągnięcia liniowej zależności pomiędzy tymi dwoma zmiennymi. Zastosujmy transformację pierwiastka kwadratowego do obu wskazanych zmiennych i rozważamy wykres rozrzutu zmiennych sqrt(*liczba punktów*) względem sqrt(*liczba klocków z daną literą*) (rys. 2.26). Niestety na wykresie widać, że zależność pomiędzy zmiennymi nadal jest nieliniowa, czyli wciąż błędne byłoby zastosowanie regresji liniowej. Najwyraźniej transformacja pierwiastka kwadratowego była zbyt słaba, aby doprowadzić do liniowości w tym przykładzie.

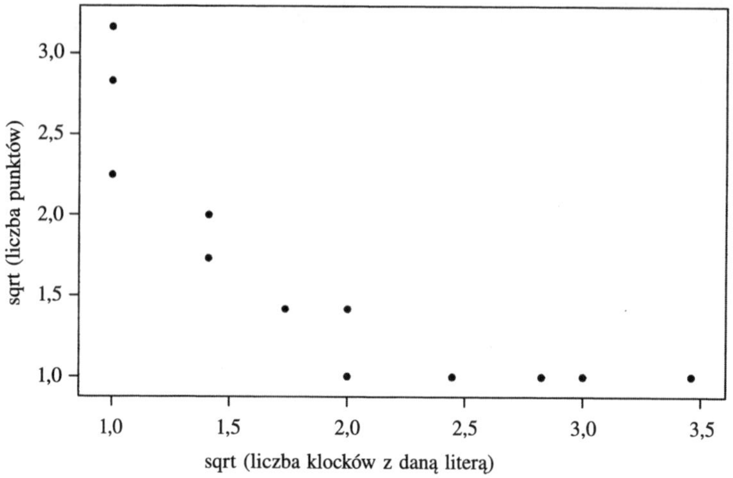

Rys. 2.26. Wykres rozrzutu po zastosowaniu transformacji pierwiastka kwadratowego — nadal nieliniowy

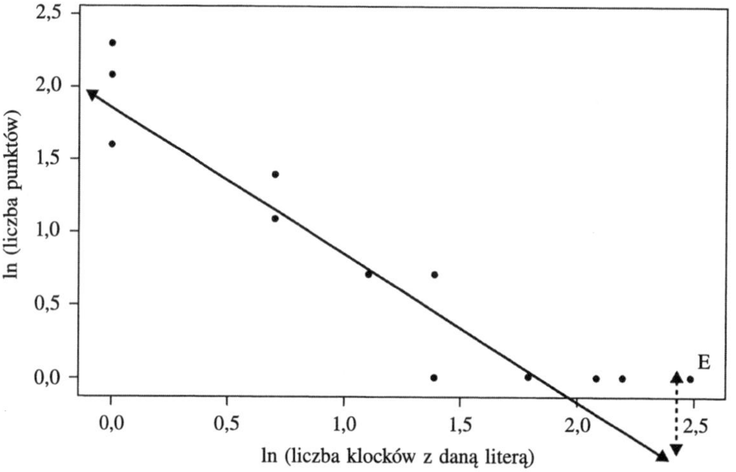

Rys. 2.27. Wykres rozrzutu po zastosowaniu transformacji logarytmicznej — osiągnięto liniowość na akceptowalnym poziomie (zaznaczony pojedynczy punkt oddalony — litera *E*)

Przesuwamy się więc o kolejną pozycję w lewo w hierarchi transformacji i stosujemy przekształcenie logarytmiczne dla zmiennych wyjściowych, tworząc przekształcone zmienne ln(*liczba punktów*) i ln(*liczba klocków z daną literą*). Wykres rozrzutu zmiennej ln(*liczba punktów*) względem zmiennej ln(*liczba klocków z daną literą*) pokazano na rys. 2.27. Przedstawia on zależność liniową na poziomie do zaakceptowania, chociaż (jak dla każdego rzeczywistego wykresu rozrzutu) liniowość nie jest idealna. Po uzyskaniu takiego wykresu możemy kontynuować analizę regresji dla zmiennych ln(*liczba punktów*) i ln(*liczba klocków z daną literą*).

W tabeli 2.21 przedstawiono wyniki regresji zmiennej ln(*liczba punktów*) względem zmiennej ln(*liczba klocków z daną literą*). Porównajmy te wyniki z wynikami niepoprawnej regresji liczby punktów względem liczby klocków z daną literą przed transformacją zmiennych (tab. 2.22). Współczynnik determinacji w przykładzie bez przekształceń to tylko 45,5%, natomiast w przykładzie z transformacją to 87,6%, co oznacza, że przekształcona zmienna objaśniająca wyjaśnia prawie dwa razy więcej zmienności przekształconej zmiennej celu niż w przypadku nieprzekształconych zmiennych, zatem

Tabela 2.21. Wyniki regresji zmiennej ln(*liczba punktów*) względem zmiennej ln(*liczba klocków z daną literą*)

```
The regression equation is
ln(liczba punktów) = 1,94 - 1,01 ln(liczba klocków z daną literą)

Predictor                              Coef  SE Coef       T      P
Constant                            1,94031  0,09916   19,57  0,000
ln(liczba klocków z daną literą)   -1,00537  0,07710  -13,04  0,000

S = 0,293745  R-Sq = 87,6%  R-Sq(adj) = 87,1%

Analysis of Variance

Source          DF      SS      MS       F      P
Regression       1  14,671  14,671  170,03  0,000
Residual Error  24   2,071   0,086
Total           25  16,742

Unusal Observations

     ln(liczba klocków  ln(liczba
Obs     z daną literą)   punktów)      Fit  SE Fit  Residual  St Resid
  5               2,48     0,0000  -0,5579  0,1250    0,5579    2,10 R

R denotes an observation with a large standardized residual.
```

Tabela 2.22. Wyniki niepoprawnej regresji zmiennej *liczba punktów* względem zmiennej *liczba klocków z daną literą* (bez transformacji)

```
The regression equation is
liczba punktów = 5,73 - 0,633 liczba klocków z daną literą

Predictor                       Coef  SE Coef      T      P
Constant                      5,7322   0,6743   8,50  0,000
liczba klocków z daną literą -0,6330   0,1413  -4,48  0,000

S = 2,10827  R-Sq = 45,5%  R-Sq(adj) = 43,3%
```

analiza nieprzekształconych zmiennych nie tylko jest niewłaściwa, ale daje również gorsze wyniki. Porównując standardowe błędy szacowania, mamy: wartość typowego błędu przewidywania dla poprawnej regresji to $e^s = e^{0,293745} = 1,34$ punktów, wartość typowego błędu przewidywania dla niepoprawnej regresji to $s = 2,1$ punktu.

Możemy również porównać wartości przewidywane punktów dla danej liczby klocków z określoną literą równej na przykład 4. Dla poprawnej regresji oszacowana wartość zmiennej ln(*liczba punktów*) to 1,94 − 1,01 · ln(*liczba klocków z daną literą*) = 1,94 − 1,01 · 1,386 = 0,5401, co daje nam oszacowanie $e^{0,5401} = 1,72$ punktu dla litery, która występuje na 4 klockach. Ponieważ taka liczba klocków oznacza, że litera na nich występująca jest warta jeden punkt lub dwa punkty, więc to oszacowanie ma sens. Używając nieprzekształconych zmiennych, oszacowana liczba punktów dla liter, które występują na 4 klockach to 5,73 − 0,633 · (*liczba klocków z daną literą*) = 5,73 − 0,633 · 4 = 3,198 — jest to wartość dużo większa od rzeczywistych wartości liczby punktów dla liter, które pojawiają się na 4 klockach. Powyższy przykład ilustruje jak niebezpieczne może być przewidywanie na podstawie niepoprawnego modelu.

W tabeli 2.21 zaznaczono pojedynczy punkt oddalony (litera E). Ponieważ wartość standardowej reszty jest dodatnia, więc liczba punktów dla litery E jest wyższa od spodziewanej dla danej liczba klocków z określoną literą — tu liczba ta jest największa ze wszystkich i równa 12. Litera E jest również jedyną wpływową obserwacją, z odległością Cooka równą 0,5081 (niepokazane), która przekracza 50 centyl rozkładu $F_{1,\ 25}$.

2.12.1. Transformacja Boxa–Coxa

Uogólniając ideę hierarhii transformacji, możemy zastosować **transformację Boxa–Coxa** [6], w której jako parametru można użyć dowolnej liczby rzeczywistej. Transformacja Boxa–Coxa przyjmuje postać

$$W = \begin{cases} \dfrac{y^\lambda - 1}{\lambda} & \text{dla } \lambda \neq 0, \\ \ln \lambda & \text{dla } \lambda = 0. \end{cases}$$

Na przykład dla $\lambda = 0,75$ mamy następujące przekształcenie: $W = (y^{0,75} - 1)/0,75$. Draper i Smith [3] opisują metodę zastosowania maksymalnej wiarygodności, aby wybrać optymalną wartość λ. Ta metoda wymaga zdefiniowania zbioru możliwych wartości λ i znalezienia wartości SSE dla regresji wykonanej dla każdej wartości λ. Następnie, wykreślając SSE_λ względem λ, znajdujemy najniżej położony punkt na tej krzywej — reprezentuje on estymator maksymalnej wiarygodności λ.

2.13. Podsumowanie

W prostej regresji liniowej w celu przybliżenia zależności między pojedynczą zmienną objaśniającą a pojedynczą zmienną celu używa się linii prostej. Linia regresji przyjmuje postać $\hat{y} = b_0 + b_1 x$, nazywaną równaniem regresji lub oszacowanym równaniem regresji (ERE), gdzie $\hat{y}$ jest wartością przewidywaną zmiennej celu, b_0 jest punktem przecięcia linii regresji z osią y (wyrazem wolnym), a b_1 jest współczynnikiem nachylenia linii regresji (współczynnikiem kierunkowym). Współczynniki b_0 oraz b_1 są nazywane współczynnikami regresji. Możemy użyć linii regresji lub równania regresji w celu szacowania lub przewidywania.

Odległość (mierzona wzdłuż osi pionowej) pomiędzy właściwą zmienną celu i wartością przewidywaną, $y - \hat{y}$, nazywamy błędem predykcji, błędem oszacowania, wartością resztową lub residuum. Chcemy zminimalizować całkowitą wartość błędów oszacowania. Regresja najmniejszych kwadratów polega na jednoznacznym wyborze linii regresji, która minimalizuje sumę kwadratów reszt dla wszystkich punktów danych.

Obserwowane współczynniki b_0 i b_1 są statystykami próby używanymi do oszacowania parametrów populacji β_0 i β_1 (wyrazu wolnego i współczynnika nachylenia linii regresji). Równanie $y = \beta_0 + \beta_1 x + \varepsilon$ reprezentuje prawdziwą liniową zależność pomiędzy zmienną celu a zmienną objaśniającą dla całej populacji, a nie tylko dla próby. Ponieważ próba reprezentuje tylko podzbiór populacji, potrzebny jest składnik (błąd) losowy ε w celu wyjaśnienia nieoznaczoności w modelu.

Suma kwadratów błędów (SSE) reprezentuje całkowitą miarę błędu predykcji, jeżeli zastosowano równanie regresji. Całkowita suma kwadratów (SST) jest miarą całkowitej zmienności wartości samej zmiennej celu, bez odniesienia do zmiennej objaśniającej. Suma kwadratów związana z regresją (SSR) jest miarą całkowitej poprawy dokładności przewidywań w przypadku stosowania regresji, w porównaniu do przypadku, gdy informacja zmiennej objaśniającej jest ignorowana. Zależność pomiędzy wymienionymi sumami kwadratów przyjmuje postać SST = SSR + SSE.

Statystyka r^2, znana jako współczynnik determinacji, mierzy stopień dopasowania linii regresji najmniejszych kwadratów do obserwowanych danych. Ponieważ współczynnik r^2 przyjmuje postać ilorazu SSR przez SST, więc możemy go interpretować jako tę część zmienności zmiennej y, która została wyjaśniona przez regresję, czyli przez liniowy związek pomiędzy zmienną celu a zmienną objaśniającą. Przyjmuje on wartości z przedziału od 0 do 1, z 0 i 1 włącznie.

Statystyka s, znana jako standardowy błąd estymatora i obliczana ze wzoru $s = \sqrt{\mathrm{MSE}} = \sqrt{\mathrm{SSE}/(n - m - 1)}$, jest miarą dokładności oszacowania zapewnionego przez regresję. Wartość s jest więc miarą typowego błędu szacowania — typowej różnicy pomiędzy przewidywaną wartością zmiennej celu a jej rzeczywistą wartością. Zatem standardowy błąd estymatora s reprezentuje dokładność przewidywań wykonanych za pomocą oszacowanego równania regresji. Mniejsze wartości s świadczą o większej dokładności.

Współczynnik korelacji r (znany również jako współczynnik korelacji Pearsona) jest miarą siły liniowej zależności pomiędzy dwoma ilościowymi zmiennymi. Współczynnik korelacji zawsze przyjmuje wartości z przedziału od -1 do 1, włączając -1 i 1. Wartości r bliskie 1 wskazują, że zmienne są dodatnio skorelowane; wartości r bliskie -1 wskazują, że zmienne są ujemnie skorelowane. Wygodnym zabiegiem jest wyrażenie współczynnika korelacji r w postaci $r = \pm\sqrt{r^2}$. Jeżeli wartość współczynnika nachylenia b_1 oszacowanej linii regresji jest dodatnia, to współczynnik korelacji jest również dodatni $r = \sqrt{r^2}$; jeżeli wartość współczynnika nachylenia jest ujemna, to współczynnik korelacji jest również ujemny $r = -\sqrt{r^2}$.

Punkt (obserwacja) oddalony (odstający), czyli nietypowy, oddalony wynik obserwacji, jest obserwacją, która ma bardzo dużą bezwzględną wartość standaryzowanej reszty. Jeżeli reszta jest dodatnia, to mówimy, że obserwowana wartość y jest wyższa niż oszacowanie regresji dla danej wartości x. Jeżeli reszta jest ujemna, to mówimy, że obserwowana wartość y jest niższa niż oszacowanie regresji dla danej wartości x. Punkt wysokiej dźwigni jest obserwacją, która przyjmuje bardzo duże lub bardzo małe wartości w przestrzeni zmiennych objaśniających. Innymi słowy, punkt wysokiej dźwigni przyjmuje wartości na skraju zakresu dla zmiennej (zmiennych) x, a wartość y jest bez znaczenia.

Obserwacja jest wpływowa, jeżeli parametry regresji istotnie zmieniają się w zależności od obecności lub nieobecności tej obserwacji w zbiorze danych. Punkt oddalony może, ale nie musi być wpływowy. Podobnie punkt wysokiej dźwigni może, ale nie musi być wpływowy. Zwykle wpływowe obserwacje łączą cechy dużej wartości reszty i dużej wartości dźwigni. Odległość Cooka mierzy poziom wpływu obserwacji, uwzględniając zarówno wielkość reszty, jak i dźwigni dla tej obserwacji.

Jeżeli założenia modelu nie zostały sprawdzone, to wnioskowanie oraz budowanie modelu mogą prowadzić do błędnych wyników. W modelu regresji, który zapisujemy za pomocą równania $y = \beta_0 + \beta_1 x + \varepsilon$, ε oznacza błąd (składnik) losowy. Błąd losowy jest zmienną losową, która powinna spełniać następujące założenia:

1. Błąd losowy ε jest zmienną losową o średniej równej zeru lub wartości oczekiwanej równej zeru. Innymi słowy, $E(\varepsilon) = 0$.
2. Wariancja ε oznaczona przez σ^2 jest stała, niezależnie od wartości x.
3. Wartości ε są niezależne.
4. Błąd losowy ε jest zmienną losową o rozkładzie normalnym.

Krótko mówiąc, wartości składnika losowego (błędy) ε_i są niezależnymi zmiennymi losowymi mającymi rozkład normalny ze średnią 0 i wariancją σ^2.

Równanie modelu regresji dla $\beta_1 = 0$ przyjmuje postać $y = \beta_0 + \varepsilon$, zatem nie istnieje już liniowa zależność między x i y. Jeżeli jednak β_1 przyjmuje dowolną wartość różną od 0, to istnieje jakaś liniowa zależność pomiędzy zmienną celu a zmienną objaśniającą. Na przykład test t sprawdza bezpośrednio, czy $\beta_1 = 0$ (hipotezą zerową w tym teście jest stwierdzenie, że nie ma liniowej zależności). Możemy również zbudować przedział ufności dla współczynnika nachylenia linii regresji. Jeżeli przedział ufności zawiera zero, to świadczy to o tym, że nie ma liniowej zależności.

Dla danej wartości zmiennej objaśniającej można otrzymać oszacowanie punktowe wartości zmiennej celu za pomocą oszacowanego równania regresji $\hat{y} = b_0 + b_1 x$. Niestety, przy takiej estymacji punktowej nie jest znana dokładność szacowania. W takim przypadku można zbudować dwa rodzaje przedziałów: (1) przedział ufności wartości średniej y przy danej wartości x i (2) przedział predykcji wartości y przy danej wartości x. Przedział predykcji wartości y przy danej wartości x jest zawsze szerszy, ponieważ oszacowanie pojedynczej wartości jest dużo trudniejsze niż oszacowanie średniej.

Wszystkie metody wnioskowania opisane powyżej zależą od tego, czy są spełnione założenia regresji (podrozdz. 2.8). Dwie podstawowe graficzne metody używane do sprawdzenia założeń regresji to (1) wykres kwantylowy i (2) wykres standaryzowanych reszt względem wartości przewidywanych. Wykres kwantylowy jest wykresem kwantyli próbkowych rozkładu reszt względem kwantyli rozkładu normalnego odpowiedniego rzędu. Używa się go do określenia, czy dany rozkład odbiega od rozkładu normalnego. Na wykresie kwantylowym wartości obserwowane dla badanego rozkładu są porównywane z wartościami dla rozkładu normalnego. Jeżeli rozkład jest normalny, to punkty na wykresie powinny tworzyć linię prostą; systematyczne odchylenia od linii prostej wskazują na nieliniowość. Prawdziwość założeń modelu regresji sprawdzamy, obserwując czy istnieją pewne charakterystyczne układy punktów na wykresach reszt względem wartości przewidywanych. Jeżeli takie wzorce są widoczne, to jedno z założeń zostało naruszone, a jeżeli nie ma takich widocznych wzorców, to założenia pozostają nienaruszone.

W przypadku, gdy powyższe wykresy wskazują na naruszenie założeń regresji, możemy zastosować transformację zmiennej celu y, np. transformację logarytmiczną. Transformację można również zastosować wówczas, gdy zależność pomiędzy zmiennymi objaśniającymi i zmiennymi celu nie jest liniowa — korzystamy z hierarchii transformacji Mostellera i Tukey'a lub transformacji Boxa–Coxa.

2.14. Literatura

[1] Daniel Larose, *Discovering Knowledge in Data: An Introduction to Data Mining*, Wiley, Hoboken, NJ 2005; tłum. pol. *Odkrywanie wiedzy z danych: Wprowadzenie do eksploracji danych*, WN PWN, Warszawa 2006.

[2] Zbiór danych *Cereals* dostępny na stronach Data and Story Library, `http://lib.stat.cmu.edu/DASL/`, a także na stronie internetowej `www.dataminingconsultant.com`.

[3] Norman Draper, Harry Smith, *Applied Regression Analysis*, Wiley, New York 1998.

[4] Zbiór danych *California*, U.S. Census Bureau, `http://www.census.gov/`. Dostępny również na stronie internetowej `www.dataminingconsultant.com`.

[5] Frederic Mosteller, John Tukey, *Data Analysis and Regression*, Addison-Wesley, Reading, MA 1977.

[6] G. E. P. Box, D. R. Cox, An analysis of transformations, *Journal of the Royal Statistical Society, Series B*, Vol. 26, s. 211–243, 1964.

2.15. Ćwiczenia

Wyjaśnienie pojęć

2.1. Określ, czy poniższe stwierdzenia są prawdziwe, czy też fałszywe. Jeżeli stwierdzenie jest fałszywe, wyjaśnij dlaczego i zaproponuj jak można je zmienić, aby było prawdziwe.

a) Linia najmniejszych kwadratów jest tą linią, która minimalizuje sumę reszt.
b) Jeżeli wszystkie reszty są równe zeru, to SST = SSR.
c) Jeżeli wartość współczynnika korelacji jest ujemna, to zmienne są ujemnie skorelowane.

d) Wartość współczynnika korelacji może zostać obliczona na podstawie samej wartości r^2.
e) Punkty oddalone są obserwacjami wpływowymi.
f) Jeżeli reszta dla punktu oddalonego jest dodatnia, to można powiedzieć, że przewidywana wartość y jest większa od wartości oszacowanej za pomocą regresji dla danej wartości x.
g) Obserwacja może być wpływowa, nawet jeżeli nie jest ani punktem oddalonym, ani punktem wysokiej dźwigni.
h) Najlepszym sposobem określenia, czy obserwacja jest wpływowa jest sprawdzenie, czy jej odległość Cooka przekracza wartość 1,0.
i) Jeżeli ktoś jest zainteresowany wykorzystaniem analizy regresji tylko w celach opisowych (bez wnioskowania i budowy modelu), to nie musi sprawdzać założeń.
j) Jeżeli rozkład jest normalny, to większość punktów powinna układać się na linii prostej.
k) Rozkład χ^2 jest lewoskośny.
l) Małe p-wartości dla testu statystycznego Andersona–Darlinga wskazują, że dane są prawoskośne.
m) Lejkowaty kształt wykresu reszt względem wartości przewidywanych wskazuje na naruszenie założenia niezależności.

2.2. Opisz różnice pomiędzy oszacowaną linią regresji i prawdziwą linią regresji.
2.3. Oblicz oszacowane równanie regresji dla przykładu biegu na orientację, używając danych z tab. 2.3. Użyj wzorów lub dowolnego oprogramowania.
2.4. Gdzie będzie znajdował się punkt danych z możliwie najmniejszą wartością dźwigni?
2.5. Oblicz wartość dźwigni, standaryzowaną resztę i odległość Cooka dla wytrwałego zawodnika z przykładu zawartego w niniejszym rozdziale.
2.6. Oblicz wartość dźwigni, standaryzowaną resztę i odległość Cooka dla jedenastego wędrowca, który wędrował przez 10 godzin i przebył odległość 23 kilometrów. Pokaż, że obserwacja jest wpływowa, chociaż nie jest ani punktem oddalonym, ani punktem wysokiej dźwigni.
2.7. Dopasuj każde z następujących pojęć związanych z regresją z jego definicją:

Pojęcie	Definicja
a) obserwacja wpływowa	Mierzy typową odległość pomiędzy wartością przewidywaną a wartością rzeczywistą.
b) SSE	Reprezentuje całkowitą zmienność wartości samej zmiennej celu, bez odwołania do wartości przewidywanej.
c) r^2	Obserwacja, która ma bardzo dużą bezwzględną wartość standaryzowanej reszty.
d) reszta	Miara siły liniowej zależności pomiędzy dwoma ilościowymi zmiennymi, z wartościami z zakresu od -1 do 1.
e) s	Obserwacja, która znacząco wpływa na parametry regresji, w zależności od jej obecności lub nieobecności w zbiorze danych.

Pojęcie	Definicja
f) punkt wysokiej dźwigni	Miara poziomu wpływu obserwacji, która łączy zarówno wielkość reszty, jak i poziom dźwigni.
g) r	Reprezentuje całkowitą miarę błędu przewidywania, który jest skutkiem użycia równania regresji.
h) SST	Obserwacja, która przyjmuje skrajne wartości przewidywań, bez uwzględnienia wartości zmiennej celu.
i) punkt oddalony	Miara całkowitej poprawy dokładności przewidywania w przypadku użycia regresji, w porównaniu do przypadku, gdy jest ignorowana informacja zmiennej przewidującej.
j) SSR	Odległość (mierzona wzdłuż osi pionowej) pomiędzy wartością przewidywaną a właściwą zmienną.
k) odległość Cooka	Proporcja zmienności zmiennej celu, która jest wyjaśniona przez liniową zależność pomiędzy zmienną objaśniającą a zmienną celu.

2.8. Wyjaśnij własnymi słowami wnioski płynące z założeń regresji dla zmiennej celu y.

2.9. Wyjaśnij jakie statystyki z tab. 2.12 wskazują, że rzeczywiście może istnieć liniowa zależność pomiędzy x a y w tym przykładzie, nawet jeżeli wartość r^2 jest mniejsza od 1%.

2.10. Jakie wartości współczynnika nachylenia wskazują, że nie ma liniowej zależności pomiędzy zmienną objaśniającą a zmienną celu? Wyjaśnij to dokładnie.

2.11. Wyjaśnij, jaka informacja jest wyrażana za pomocą wartości standardowego błędu estymatora współczynnika nachylenia.

2.12. Opisz kryterium odrzucenia hipotezy zerowej, kiedy do testowania hipotez jest używana metoda p-wartości.

2.13. a) Wyjaśnij dlaczego analityk może preferować przedział ufności od testowania hipotez.

b) Opisz w jaki sposób można użyć przedziału ufności do oceny istotności regresji.

2.14. Wyjaśnij różnicę pomiędzy przedziałem ufności dla średniej wartości a przedziałem predykcji. Który przedział jest zawsze szerszy? Dlaczego? Który przedział wydaje się bardziej przydatny dla analityka zajmującego się eksploracją danych? Dlaczego?

2.15. Wyjaśnij zależność pomiędzy oryginalnym wykresem rozrzutu a wykresem reszt względem wartości przewidywanych.

2.16. Jakie masz możliwości, jeżeli analiza reszt wskazuje, że założenia regresji zostały naruszone? Opisz trzy różne reguły, heurystyki lub rodziny funkcji, które są pomocne do rozwiązania tego problemu.

2.17. Załóżmy, że kolega chciałby zastosować liniową regresję do przewidywania, czy klient dokona lub nie dokona zakupów na podstawie pewnej zmiennej objaśniającej. Co byś mu podpowiedział?

Praca z danymi

2.18. Na podstawie wykresu rozrzutu obecności na meczu piłki nożnej względem procentu zwycięstw drużyny gospodarzy pokazanego na rys. 2.28 wykonaj poniższe polecenia.

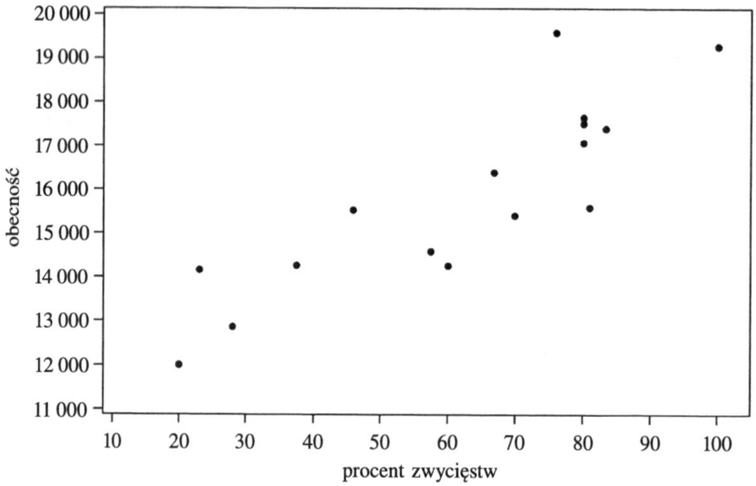

Rys. 2.28. Wykres rozrzutu zmiennej *obecność* względem zmiennej *procent zwycięstw*

a) Opisz korelację pomiędzy zmiennymi i oszacuj wartość współczynnika korelacji r.
b) Oszacuj najlepiej jak potrafisz wartości współczynników korelacji b_0 i b_1.
c) Czy p-wartość dla testu hipotezy o istnieniu liniowej zależności pomiędzy zmiennymi będzie duża, czy też mała? Odpowiedź uzasadnij.
d) Czy przedział ufności dla parametru nachylenia będzie zawierał wartość zero? Odpowiedź uzasadnij.
e) Czy wartość s będzie bliska 10, 100, 1000 lub 10 000? Dlaczego?
f) Czy jest obserwacja, która wygląda jak punkt oddalony?

2.19. Użyj wyników regresji (pokazanych w tab. 2.23), aby sprawdzić swoje odpowiedzi z ćwiczenia 2.18.

2.20. Na podstawie wykresu rozrzutu z rysunku 2.29 odpowiedz na poniższe pytania.
a) Czy można wykonać analizę regresji? Dlaczego tak lub dlaczego nie?
b) Jaki rodzaj transformacji należy zastosować? (Użyj reguły wypukłości.)

2.21. Na podstawie wyników regresji pokazanych w tab. 2.24 (na podstawie zbioru danych *churn*) odpowiedz na następujące pytania.
a) Czy istnieje dowód liniowej zależności pomiędzy zmienną *liczba wiadomości_z* (standaryzowana zmienna określająca liczbę wiadomości w poczcie głosowej) a zmienną *dzień rozmowy_z* (standaryzowana zmienna określająca liczbę połączeń w ciągu dnia)? Odpowiedź uzasadnij.
b) Zmienna celu *liczba wiadomości_z* ma odchylenie standardowe równe 1,0, ponieważ została zestandaryzowana. Jaki będzie typowy błąd predykcji wartości

Tabela 2.23. Wyniki regresji zmiennej *obecność* względem zmiennej *procent wygranych*

```
The regression equation is
obecność = 11067 - 77,2 procent wygranych

Predictor              Coef  SE Coef      T      P
Constant            11066,8    793,3  13,95  0,000
procent wygranych     77,22    12,00   6,44  0,000

S = 1127,51  R-Sq = 74,7%  R-Sq(adj) = 72,9%

Analysis of Variance

Source          DF        SS        MS      F      P
Regression       1  52675342  52675342  41,43  0,000
Residual Error  14  17797913   1271280
Total           15  70473255

Unusal Observations

     procent
Obs  wygranych  obecność    Fit  SE Fit  Residual  St Resid
 10         76     19593  16936     329      2657    2,46 R

R denotes an observation with a large standardized residual.
```

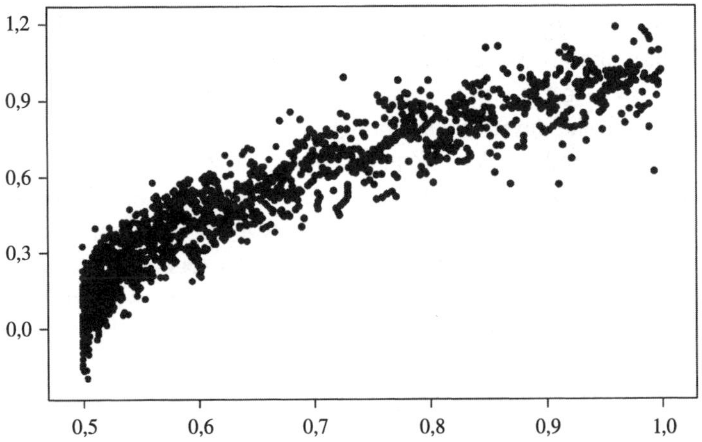

Rys. 2.29. Wykres reszt względem wartości przewidywanych

zmiennej *liczba wiadomości_z* w przypadku użycia wartości średniej odpowiedzi próbki, bez informacji o zmiennej *dzień rozmowy_z*? Na podstawie wyników z tab. 2.24 znajdź jaki jest typowy błąd predykcji wartości zmiennej *liczba wiadomości_z* dla danej wartości zmiennej *dzień rozmowy_z*? Odpowiedź skomentuj.

Tabela 2.24. Wyniki regresji zmiennej *liczba wiadomości_z* względem zmiennej *dzień rozmowy_z*

```
The regression equation is
liczba wiadomości_z = 0,0000 - 0,0095 dzień rozmowy_z

Predictor             Coef    SE Coef       T       P
Constant           0,00000    0,01732    0,00   1,000
dzień rozmowy_z   -0,00955    0,01733   -0,55   0,582

S = 1,00010   R-Sq = 0,0%   R-Sq(adj) = 0,0%

Analysis of Variance

Source            DF        SS      MS      F       P
Regression         1     0,304   0,304   0,30   0,582
Residual Error  3331  3331,693   1,000
Total           3332  3331,997
```

Ćwiczenia praktyczne

2.22. Otwórz zbiór danych *baseball*, który jest dostępny na stronie internetowej `www.dataminingconsultant.com`.
Podziel dane tak, aby zawierały dane zawodników odbijających (*batters*), którzy mają przynajmniej 100 uderzeń (*bats*).

a) Zbadaj czy istnieje liniowa zależność pomiędzy liczbą określającą ile razy gracz został złapany (*caught*) podczas zaliczania baz a liczbą określającą ile baz gracz zdobył (*stolen*). Zbuduj wykres rozrzutu ze zmienną *caught* jako zmienną celu. Czy istnieje dowód na istnienie liniowej zależności?
b) Na podstawie wykresu rozrzutu określ, czy jest wymagana transformacja w celu uzyskania liniowości? Dlaczego tak lub dlaczego nie?
c) Wykonaj regresję zmiennej określającej ile razy gracz został złapany (*caught*) podczas zaliczania baz względem liczby określającej ile baz gracz zdobył (*stolen*).
d) Znajdź i zinterpretuj statystykę, która mówi o tym, jak dobrze dane pasują do modelu.
e) Jaki jest typowy błąd predykcji liczby określającej ile razy gracz został złapany (*caught*) podczas zaliczania baz dla danej liczby określającej ile baz gracz zdobył?
f) Dokonaj analizy wartości wyrazu wolnego. Czy ta wartość ma sens? Dlaczego tak lub dlaczego nie?
g) Czy zależność pomiędzy tymi dwoma zmiennymi jest istotna? O czym to świadczy?
h) Oblicz i zinterpretuj współczynnik korelacji.

i) Zinterpretuj znaczenie współczynnika nachylenia.
j) Skomentuj stwierdzenie, że znajomość liczby zaliczonych baz przez gracza wyjaśnia większość zmienności liczby określającej ile razy gracz został złapany podczas zaliczania baz.

2.23. Otwórz zbiór danych *cereals*, który jest dostępny na stronie internetowej `www.dataminingconsultant.com`.
a) Zbuduj wykres rozrzutu przewidywanej wartości odżywczej (*rating*) względem zawartości sodu (*sodium*).
b) Na podstawie wykresu rozrzutu oceń, czy istnieje mocny dowód liniowej zależności pomiędzy zmiennymi? Scharakteryzuj tę zależność, o ile istnieje.
c) Wykonaj odpowiednią regresję.
d) Który rodzaj płatków śniadaniowych jest punktem oddalonym. Wyjaśnij dlaczego ten rodzaj płatków jest punktem oddalonym.
e) Jaki jest typowy błąd predykcji wartości odżywczej na podstawie zawartości sodu?
f) Dokonaj analizy wartości wyrazu wolnego. Czy ta wartość ma sens? Dlaczego tak lub dlaczego nie?
g) Czy zależność pomiędzy tymi dwoma zmiennymi jest istotna? O czym to świadczy?
h) Oblicz i zinterpretuj współczynnik korelacji.
i) Zinterpretuj znaczenie współczynnika nachylenia.
j) Zbuduj i zinterpretuj przedział ufności na poziomie 95% dla wartości odżywczej dla wszystkich rodzajów płatków z zawartością sodu równą 100.
k) Zbuduj i zinterpretuj przedział ufności na poziomie 95% dla wartości odżywczej losowo wybranego rodzaju płatków z zawartością sodu równą 100.

2.23. Otwórz zbiór danych *California*, który jest dostępny na stronie internetowej `www.dataminingconsultant.com`.
a) Podsumuj analizę wykonaną w tym rozdziale.
b) Wyłącz z analizy obiekty wojskowe, będące punktami oddalonymi i kontynuuj analizę pozostałych 848 rekordów. Zastosuj wszystkie potrzebne przekształcenia, aby zbudować model regresji.

3

Regresja wielokrotna i budowa modelu

3.1. Przykład regresji wielokrotnej

W rozdziale 2 omówiliśmy modelowanie regresyjne dla przypadku prostej regresji liniowej pojedynczej zmiennej objaśniającej i pojedynczej zmiennej celu. Jednakże analitycy zajmujący się eksploracją danych są zainteresowani zależnością pomiędzy zmienną celu a zbiorem (więcej niż jednej) zmiennych objaśniających. Większość zastosowań eksploracji danych charakteryzuje się dużą ilością dostępnych danych, a niektóre zbiory zawierają nawet setki lub tysiące zmiennych, z których wiele może mieć liniową zależność ze zmienną celu (odpowiedzi). **Modelowanie regresji wielokrotnej**[1] (ang. *multiple regression modeling*) stanowi elegancką metodę opisu takich zależności. W porównaniu do prostej regresji liniowej, model regresji wielokrotnej zapewnia większą dokładność oszacowania i przewidywania, analogicznie jak poprawia dokładność przewidywań stosowanie regresji w porównaniu z szacowaniem jednej zmiennej.

W modelu regresji wielokrotnej używa się powierzchni liniowej, takiej jak płaszczyzna lub hiperpłaszczyzna, w celu przybliżenia zależności pomiędzy ciągłą zmienną odpowiedzi a zbiorem zmiennych objaśniających. Chociaż zmienne objaśniające zwykle są ciągłe, zbiór może również zawierać jakościowe zmienne objaśniające wprowadzone za pomocą zmiennych wskaźnikowych (sztucznych). W prostej regresji liniowej, używaliśmy linii prostej (jeden wymiar), aby przybliżyć zależność pomiędzy zmienną odpowiedzi a jedną zmienną objaśniającą. Załóżmy, że chcielibyśmy przybliżyć zależność pomiędzy zmienną odpowiedzi a dwoma ciągłymi zmiennymi objaśniającymi. W tym przypadku musielibyśmy zastosować płaszczyznę w celu przybliżenia takiej zależności, ponieważ płaszczyzna jest liniowa w dwóch wymiarach.

Dla przykładu wróćmy do zbioru danych *cereals* [1] i załóżmy, że chcemy oszacować wartość zmiennej celu, czyli zmiennej *wartość odżywcza* (*rating*), ale tym razem używając dwóch zmiennych: *cukry* (*sugars*) i *błonnik* (*fiber*), a nie tylko na podstawie samej zawartości cukrów, jak w rozdziale 2. Trójwymiarowy wykres rozrzutu danych pokazano na rys. 3.1. Wysoki poziom zawartości błonnika wydaje się związany z wysoką wartością odżywczą, a wysoki poziom zawartości cukrów wydaje się być związany z niską wartością odżywczą. Te zależności są przybliżane za pomocą płaszczyzny za-

[1] Inne spotykane nazwy to regresja wieloraka lub regresja wielowymiarowa (*przyp. tłum.*).

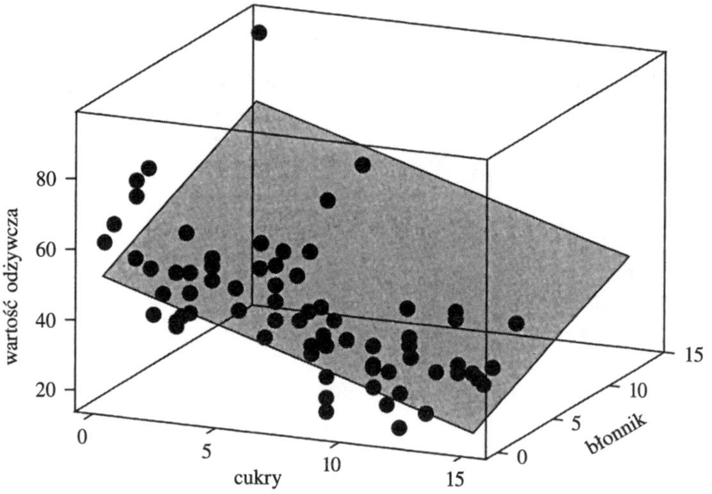

Rys. 3.1. Płaszczyzna przybliżająca liniową zależność pomiędzy jedną zmienną celu oraz dwoma ciągłymi zmiennymi objaśniającymi

znaczonej na rys. 3.1. Płaszczyzna ta opada w kierunku zmniejszających się wartości zmiennej *błonnik* i opada w kierunku zwiększających się wartości zmiennej *cukry*.

Teraz załóżmy, że przeprowadziliśmy regresję wielokrotną wartości odżywczej względem obu zmiennych objaśniających (*cukry* i *błonnik*). Wyniki tej regresji przedstawiono w tab. 3.1 — przeanalizujmy je. Oszacowane równanie regresji dla regresji wielokrotnej z dwoma zmiennymi objaśniającymi przyjmuje postać

$$\hat{y} = b_0 + b_1 x_1 + b_2 x_2.$$

Dla regresji wielokrotnej z m zmiennymi objaśniającymi oszacowane równanie regresji przyjmuje postać

$$\hat{y} = b_0 + b_1 x_1 + b_2 x_2 + \ldots + b_m x_m.$$

W naszym przykładzie mamy $b_0 = 51{,}787$, $b_1 = -2{,}2090$, $b_2 = 2{,}8408$, $x_1 = cukry$, i $x_2 = błonnik$. Zatem oszacowane równanie regresji w tym przykładzie to

$$\hat{y} = 51{,}787 - 2{,}2090 \cdot cukry + 2{,}8408 \cdot błonnik,$$

czyli oszacowana wartość odżywcza jest równa 51,787 minus 2,2090 razy zawartość cukrów w gramach plus 2,8408 razy zawartość błonnika w gramach. Zauważmy, że współczynnik dla zmiennej *cukry* jest ujemny, wskazując na ujemną zależność pomiędzy zawartością cukrów a wartością odżywczą, podczas gdy współczynnik dla zmiennej *błonnik* jest dodatni, wskazując na dodatnią zależność. Te wyniki potwierdzają nachylenie płaszczyzny pokazanej na rys. 3.1. Ponieważ w tym przypadku wykres trójwymiarowy nie jest dostatecznie przejrzysty do analizy, więc możemy zbadać wykresy rozrzutu zmiennej celu względem pojedynczej zmiennej objaśniającej, pokazane na rys. 3.2. Linie proste pokazane na rys. 3.2 przedstawiają wartości nachylenia współczynnika korelacji dla każdej zmiennej: −2,2090 dla zmiennej *cukry* i 2,8408 dla zmiennej *błonnik*.

Tabela 3.1. Wyniki regresji zmiennej *wartość odżywcza* względem zmiennych *cukry* i *błonnik*

```
The regression equation is
wartość odżywcza = 51,8 - 2,21 cukry + 2,84 błonnik

Predictor      Coef  SE Coef       T      P
Constant     51.787    1,559   33,21  0,000
cukry       -2,2090   0,1633  -13,53  0,000
błonnik      2,8408   0,3032    9,37  0,000

S = 6,23743   R-Sq = 80,8%   R-Sq(adj) = 80,3%

Analysis of Variance
Source          DF       SS      MS       F      P
Regression       2  12117,8  6058,9  155,73  0,000
Residual Error  74   2879,0    38,9
Total           76  14996,8

Source   DF  Seq SS
cukry     1  8701,7
błonnik   1  3416,1

Unusal Observations

Obs  cukry  wartość odżywcza     Fit  SE Fit  Residual  St Resid
  2    0,0            93,705  91,558   3,676     2,147      0,43 X
  8    0,0            72,802  60,309   1,331    12,493      2,05 R
 27    5,0            59,426  66,309   2,168    -6,884     -1,18 X
 32    6,0            68,403  66,941   2,459     1,462      0,26 X
 41    7,0            58,345  44,847   0,753    13,499      2,18 R
 76   15,0            35,252  18,653   1,561    16,600      2,75 R
R denotes an observation with a large standardized residual.
X denotes an observation whose X value gives it large influence.

Predicted Values for New Observations
New
Obs     Fit  SE Fit        95% CI            95% PI
  1  54,946   1,123  (52,709, 57,183)  (42,318, 67,574)

Values of Predictors for New Observations
New
Obs  Cukry  Błonnik
  1   5,00     5,00
```

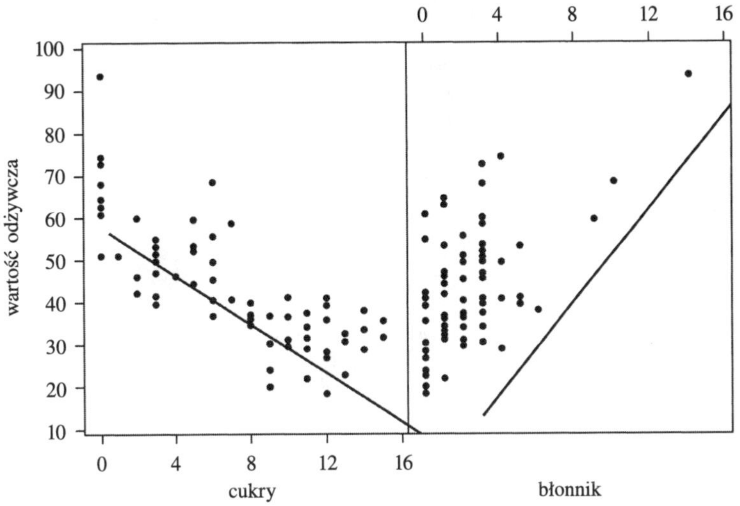

Rys. 3.2. Wykresy rozrzutu dla pojedynczej zmiennej *wartość odżywcza* względem zmiennej *cukry* (po lewej) i względem zmiennej *błonnik* (po prawej)

Interpretacja współczynników nachylenia b_1 oraz b_2 jest nieco inna niż w przypadku prostej regresji liniowej. Na przykład, aby zinterpretować współczynnik $b_1 = -2{,}2090$, powiemy, że „wartość odżywcza maleje o 2,2090 punktu, jeżeli zawartość cukru rośnie o jedną jednostkę przy założeniu, że zawartość błonnika jest stała". Podobnie interpretujemy współczynnik $b_2 = 2{,}8408$: „wartość odżywcza rośnie o 2,8408 punktu, jeżeli zawartość błonnika rośnie o jedną jednostkę przy założeniu, że zawartość cukrów jest stała". Uogólniając, w regresji wielokrotnej z m zmiennymi objaśniającymi współczynniki b_i interpretujemy w następujący sposób: „oszacowana zmiana wartości zmiennej odpowiedzi to b_i, jeżeli wartość zmiennej x_i rośnie o jedną jednostkę przy założeniu, że wszystkie pozostałe wartości zmiennych są stałe".

Przypomnijmy, że błędy predykcji są mierzone za pomocą reszt $y - \hat{y}$. W prostej regresji liniowej reszty reprezentują odległość (mierzoną wzdłuż osi pionowej) pomiędzy właściwym punktem danych a linią regresji. W regresji wielokrotnej reszta jest reprezentowana jako odległość (mierzona wzdłuż osi pionowej) między właściwym punktem danych a płaszczyzną lub hiperpłaszczyzną regresji. Przykładowo płatki śniadaniowe Spoon Size Shredded Wheat zawierają $x_1 = 0$ gramów cukru i $x_2 = 3$ gramy błonnika, a ich wartość odżywcza jest równa 72,8018. Jednak wartość odżywcza dla takich płatków śniadaniowych przewidziana na podstawie oszacowanego równania regresji jest równa

$$\hat{y} = 51{,}787 - 2{,}2090 \cdot 0 + 2{,}8408 \cdot 3 = 60{,}3094.$$

Zatem dla płatków śniadaniowych Spoon Size Shredded Wheat reszta jest równa $y - \hat{y} = 72{,}8018 - 60{,}3094 = 12{,}4924$, co zostało zaznaczone na rys. 3.3.

Dla każdej obserwacji możemy obliczyć wartość reszty — uwzględniając wszystkie takie reszty, możemy obliczyć sumę kwadratów błędów jako całkowitą miarę błędów

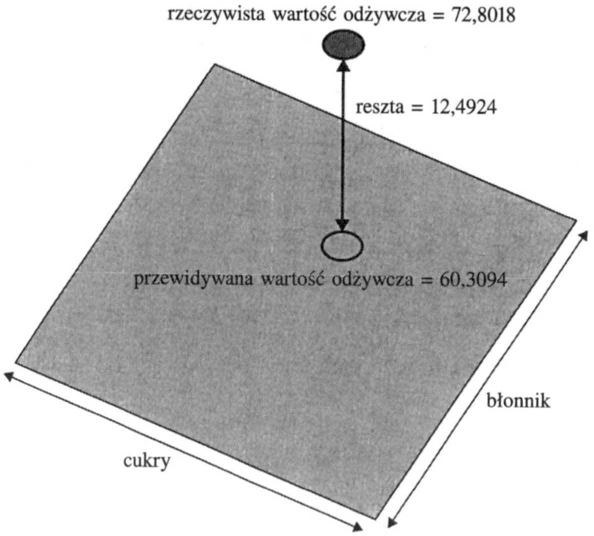

Rys. 3.3. Graficzna ilustracja błędu oszacowania — odległość między punktem danych a płaszczyzną lub hiperpłaszczyzną regresji (oznaczona za pomocą strzałki)

regresji. Tak jak w przypadku prostej regresji liniowej, możemy znowu obliczyć trzy sumy kwadratów w następujący sposób:

$$\text{SSE} = \sum (y - \hat{y})^2,$$
$$\text{SSR} = \sum (\hat{y} - \bar{y})^2,$$
$$\text{SST} = \sum (y - \bar{y})^2.$$

Możemy również przedstawić statystyki regresji w wygodnej postaci tablicy ANOVA (tab. 3.2; m oznacza liczbę zmiennych opisujących). Dla regresji wielokrotnej mamy **współczynnik determinacji wielokrotnej** (ang. *multiple coefficient of determination*), który jest równy

$$R^2 = \frac{\text{SSR}}{\text{SST}}$$

Współczynnik ten interpretuje się jako część zmienności zmiennej celu, która jest wyjaśniona przez liniową zależność ze zbiorem zmiennych objaśniających.

Tabela 3.2. Tablica ANOVA dla regresji wielokrotnej

Źródło zmienności	Suma kwadratów	Liczba stopni swobody	Średnie odchylenie kwadratowe	Iloraz F
Regresja	SSR	m	$\text{MSR} = \frac{\text{SSR}}{m}$	
Błąd losowy (lub reszta)	SSE	$n - m - 1$	$\text{MSE} = \frac{\text{SSE}}{n - m - 1}$	$F = \frac{\text{MSR}}{\text{MSE}}$
Odchylenie całkowite	SST = SSR + SSE	$n - 1$		

Z tabeli 3.1 możemy odczytać, że wartość R^2 jest równa 80,8%, co oznacza, że 80,8% zmienności wartości odżywczej jest wyjaśniana przez liniową zależność (płaszczyznę) pomiędzy zmienną *wartość odżywcza* a zbiorem zmiennych objaśniających — zawartością cukrów i zawartością błonnika. Czy powinniśmy oczekiwać, że wartość R^2 będzie większa od wartości współczynnika determinacji, który otrzymaliśmy dla prostej regresji liniowej zmiennej *wartość odżywcza* względem zmiennej *cukry*? Odpowiedź brzmi: tak. Kiedy dodawana jest nowa zmienna objaśniająca do modelu, wartość R^2 zawsze rośnie. Jeżeli nowa zmienna jest przydatna, wartość R^2 znacząco rośnie, jeżeli zaś nowa zmienna nie jest przydatna, wzrost wartości R^2 może być niewielki.

Z tabeli 2.8 można odczytać wartość współczynnika determinacji w przykładzie prostej regresji liniowej to $r^2 = 58\%$. Zatem dodając nową zmienną objaśniającą do modelu — zawartość błonnika, możemy wyjaśnić dodatkowe $80{,}8\% - 58\% = 22{,}8\%$ zmienności wartości odżywczej. To wydaje się znaczącym wzrostem, ale określenie jak dużym odłożymy na później.

Typowy błąd oszacowania jest obliczany jako standardowy błąd oszacowania, s. Wartość s jest tutaj równa około 6,24 punktu, dlatego estymacja wartości odżywczej płatków śniadaniowych na podstawie zawartości cukrów i błonnika zwykle różni się od właściwej wartości o około 6,24 punktu. Czy należy oczekiwać, że ten błąd będzie większy, czy też mniejszy od wartości s otrzymanej w przypadku prostej regresji liniowej? Odpowiedź zależy na ogół od przydatności nowej zmiennej objaśniającej. Jeżeli nowa zmienna jest przydatna, wartość s będzie mniejsza, ale jeżeli nowa zmienna nie jest użyteczna do przewidywania zmiennej celu, wartość s może wzrosnąć. Ta cecha standardowego błędu oszacowania s sprawia, że jest on lepszym od R^2 wskaźnikiem, czy nowa zmienna powinna zostać dodana do modelu, ponieważ wartość R^2 zawsze rośnie po dodaniu nowej zmiennej, niezależnie od jej użyteczności. Tabela 2.8 pokazuje, że wartość s dla regresji wartości odżywczej względem tylko zawartości cukrów jest równa 9,16. Zatem dodanie zawartości błonnika jako zmiennej objaśniającej spowodowało zmniejszenie typowego błędu oszacowania wartości odżywczej z 9,16 punktu do 6,24 punktu, czyli zmniejszenie o 2,92 punktu.

Jeżeli chodzi o punkty oddalone, tab. 3.1 zawiera informację, że zbiór danych zawiera trzy punkty oddalone oznaczone literą „R" na liście niezwykłych obserwacji:

- *obserwacja 8*: Spoon Size Shredded Wheat,
- *obserwacja 41*: Frosted Mini-Wheats,
- *obserwacja 76*: Golden Crisp.

Ponieważ wartości reszt związane z tymi trzema obserwacjami są dodatnie, więc możemy powiedzieć, że obserwowane wartości odżywcze są wyższe niż oszacowanie regresji dla danej zawartości cukrów i błonnika w płatkach śniadaniowych. Może być to spowodowane tym, że inne czynniki (jak np. zawartość sodu) nie zostały jeszcze uwzględnione w modelu.

Trzy obserwacje zostały również oznaczone jako punkty wysokiej dźwigni (za pomocą litery „X"):

- *obserwacja 2*: All-Bran Extra Fiber (zawierające 14 gramów błonnika),
- *obserwacja 27*: All-Bran (zawierające 9 gramów błonnika),
- *obserwacja 32*: 100% Bran (zawierające 10 gramów błonnika).

Punkty wysokiej dźwigni to obserwacje, które przyjmują bardzo duże lub bardzo małe wartości danej zmiennej X. Trzy punkty wysokiej dźwigni pokazano na rys. 3.2 (wykres po prawej) jako trzy odizolowane punkty po prawej stronie (żaden inny rodzaj płatków śniadaniowych nie zawiera więcej niż 6 gramów błonnika). Te wysokie wartości dotyczące zawartości błonnika są wystarczające w tym przykładzie, aby oznaczyć te obserwacje jako punkty wysokiej dźwigni.

Najbardziej wpływową obserwacją są płatki Golden Crisp, z odległością Cooka 0,168 (nie są pokazane), która leży wewnątrz 16 centyla rozkładu $F_{(2,76)}$. Ponieważ ta wartość jest mniejsza niż 20 centyl, możemy wyciągnąć wniosek, że w tym zbiorze danych nie ma obserwacji, które są wpływowe. Zanim przejdziemy do wnioskowania w regresji wielokrotnej, omówimy model regresji wielokrotnej.

3.2. Model regresji wielokrotnej

Dla prostej regresji liniowej, model regresji przyjmuje postać

$$y = \beta_0 + \beta_1 x + \varepsilon, \tag{3.1}$$

gdzie β_0 i β_1 są nieznanymi wartościami prawdziwych współczynników regresji, a ε oznacza składnik losowy (błąd) związany z założeniami, które omówiliśmy w podrozdz. 2.8. Model regresji wielokrotnej stanowi rozszerzenie modelu prostej regresji liniowej (3.1).

MODEL REGRESJI WIELOKROTNEJ

$$y = \beta_0 + \beta_1 x_1 + \beta_2 x_2 + \ldots + \beta_m x_m + \varepsilon,$$

gdzie

- $\beta_0, \beta_1, \ldots, \beta_m$ są parametrami modelu; są to stałe, których prawdziwe wartości pozostają nieznane i które są szacowane na podstawie danych za pomocą metody najmniejszych kwadratów.
- ε oznacza składnik losowy (błąd).

Założenia dotyczące składnika losowego

1. Założenie zerowej średniej. Składnik losowy (błąd) ε jest zmienną losową o średniej równej zeru lub wartości oczekiwanej równej zeru. Innymi słowy, $E(\varepsilon) = 0$.
2. Założenie stałej wariancji. Wariancja ε oznaczona przez σ^2 jest stała i niezależna od wartości $x_1, x_2, \ldots, x_m$.
3. Założenie niezależności. Wartości ε są niezależne.
4. Założenie normalności. Składnik losowy ε jest zmienną losową o rozkładzie normalnym.

Krótko mówiąc, wartości składnika losowego (błędy) ε_i są niezależnymi zmiennymi losowymi mającymi rozkład normalny ze średnią 0 i wariancją σ^2.

Z założeń wymienionych w ramce możemy wyprowadzić cztery wnioski dotyczące zachowania zmiennej celu y, podobnie jak w przypadku prostej regresji liniowej.

WNIOSKI Z ZAŁOŻEŃ DOTYCZĄCE ZACHOWANIA ZMIENNEJ CELU y

1. Na podstawie założenia zerowej średniej mamy

$$\begin{aligned} E(y) &= E(\beta_0 + \beta_1 x_1 + \beta_2 x_2 + \ldots + \beta_m x_m + \varepsilon) \\ &= E(\beta_0) + E(\beta_1 x_1) + \ldots + E(\beta_m x_m) + E(\varepsilon) \\ &= \beta_0 + \beta_1 x_1 + \beta_2 x_2 + \ldots + \beta_m x_m. \end{aligned}$$

Zatem dla każdego zbioru wartości $x_1, x_2, \ldots, x_m$ średnia wartość y leży na linii regresji.

2. Na podstawie założenia stałej wariancji mamy wariancję y, $Var(y)$, daną jako

$$Var(y) = Var(\beta_0 + \beta_1 x_1 + \beta_2 x_2 + \ldots + \beta_m x_m + \varepsilon) = Var(\varepsilon) = \sigma^2.$$

Zatem niezależnie od przyjmowanych wartości zmiennych opisujących $x_1, x_2, \ldots, x_m$ wariancja y jest zawsze stała.

3. Z założenia niezależności wynika, że dla dowolnego zbioru wartości $x_1, x_2, \ldots, x_m$ wartości y są również niezależne.
4. Z założenia normalności wynika, że y jest również zmienną losową o rozkładzie normalnym.

Innymi słowy, wartości zmiennej celu y_i są niezależnymi zmiennymi losowymi mającymi rozkład normalny ze średnią $\beta_0 + \beta_1 x_1 + \beta_2 x_2 + \ldots + \beta_m x_m$ i wariancją σ^2.

3.3. Wnioskowanie w modelu regresji wielokrotnej

W tym rozdziale omówimy pięć metod wnioskowania:

1. Test t dla zależności pomiędzy zmienną y a daną zmienną objaśniającą x_i, z uwzględnieniem innych zmiennych objaśniających — $x_{(i)}$, gdzie $x_{(i)} = x_1, x_2, \ldots, x_{i-1}, x_{i+1}, \ldots, x_m$ oznacza zbiór wszystkich zmiennych objaśniających poza x_i.
2. Test F istotności regresji.
3. Przedział ufności dla współczynnika nachylenia i-tej zmiennej objaśniającej, β_i.
4. Przedział ufności wartości średniej zmiennej celu y dla danego zbioru wartości zmiennych objaśniających $x_1, x_2, \ldots, x_m$.
5. Przedział predykcji zmiennej celu y dla danego zbioru wartości zmiennych objaśniających $x_1, x_2, \ldots, x_m$.

3.3.1. Test t dla zależności pomiędzy y a x_i

Hipotezy testu t dla zależności pomiędzy y a x_i to

- $H_0 : \beta_i = 0$.
- $H_a : \beta_i \neq 0$.

Modele wyprowadzone z tych hipotez przyjmują postać

- dla $H_0 : y = \beta_0 + \beta_1 x_1 + \ldots + \beta_{i-1} x_{i-1} + \beta_{i+1} x_{i+1} + \ldots + \beta_m x_m + \varepsilon$,
- dla $H_a : y = \beta_0 + \beta_1 x_1 + \ldots + \beta_{i-1} x_{i-1} + \beta_i x_i + \beta_{i+1} x_{i+1} + \ldots + \beta_m x_m + \varepsilon$.

Powyższe modele różnią się jedynie dodaniem i-tej składowej w przypadku modelu dla hipotezy alternatywnej. Wszystkie pozostałe składowe są takie same w obu modelach. Dlatego interpretacja wyników tego testu t musi obejmować pewne wskazania dotyczące innych zmiennych objaśniających, które są stałymi.

Dla hipotezy zerowej statystyka testu $t = b_i/s_{b_i}$ ma rozkład t z $n - m - 1$ stopniami swobody, gdzie s_{b_i} jest błędem standardowym współczynnika nachylenia dla i-tej zmiennej objaśniającej. Przeprowadzamy test t dla każdej ze zmiennych objaśniających, używając wyników z tabeli 3.1.

3.3.2. Test t dla zależności pomiędzy zmienną *wartość odżywcza* a zmienną *cukry*

- $H_0 : \beta_1 = 0$; model: $y = \beta_0 + \beta_2 \cdot błonnik + \varepsilon$.
- $H_a : \beta_1 \neq 0$; model: $y = \beta_0 + \beta_1 \cdot cukry + \beta_2 \cdot błonnik + \varepsilon$.
- W tabeli 3.1 w kolumnie „Coef" w rzędzie „cukry" znajduje się wartość współczynnika $b_1 = -2{,}2090$.
- W kolumnie „SE Coef" w rzędzie „cukry" znajduje się wartość standardowego błędu współczynnika nachylenia dla zawartości cukrów $s_{b_1} = 0{,}1633$.
- W kolumnie „T" znajduje się wartość statystyki t, czyli statystyki testowej dla testu t:

$$t = \frac{b_1}{s_{b_1}} = \frac{-2{,}2090}{0{,}1633} = -13{,}53.$$

- W kolumnie „P" znajduje się p-wartość statystyki t. Ponieważ test t jest testem dwustronnym, więc p-wartość przyjmuje postać: p-wartość $= P(|t| > t_{obs})$, gdzie t_{obs} oznacza obserwowaną z wyników regresji wartość statystyki t. W tym przypadku p-wartość $= P(|t| > t_{obs}) = P(|t| > -13{,}53) \approx 0{,}000$, chociaż oczywiście żadna p-wartość nie jest równa dokładnie zero.

Test hipotezy przeprowadzamy z wykorzystaniem p-wartości — hipoteza zerowa jest odrzucana, kiedy p-wartość jest mała. Tutaj mamy p-wartość $\approx 0{,}00$, która jest mniejsza od jakiejkolwiek rozsądnej wartości progowej. Zatem odrzucamy hipotezę zerową, co interpretujemy jako potwierdzenie liniowej zależności pomiędzy wartością odżywczą a zawartością cukrów przy założeniu obecności zmiennej określającej zawartość błonnika.

3.3.3. Test t dla zależności pomiędzy zmienną *wartość odżywcza* a zmienną *błonnik*

- $H_0 : \beta_2 = 0$; model: $y = \beta_0 + \beta_1 \cdot cukry + \varepsilon$.
- $H_a : \beta_2 \neq 0$; model: $y = \beta_0 + \beta_1 \cdot cukry + \beta_2 \cdot błonnik + \varepsilon$.
- W tabeli 3.1 w kolumnie „Coef" w rzędzie „błonnik" znajduje się wartość współczynnika $b_2 = 2{,}8408$.
- W kolumnie „SE Coef" w rzędzie „błonnik" znajduje się wartość standardowego błędu współczynnika nachylenia dla zawartości błonnika $s_{b_2} = 0{,}3032$.

- W kolumnie „T” znajduje się wartość statystyki dla testu t:

$$t = \frac{b_2}{s_{b_2}} = \frac{2,8408}{0,3032} = 9,37.$$

- W kolumnie „P” znajduje się p-wartość statystyki t. Znowu p-wartość $\approx 0,000$.

Zatem ponownie odrzucamy hipotezę zerową, co interpretujemy jako potwierdzenie liniowej zależności pomiędzy wartością odżywczą a zawartością błonnika przy założeniu obecności zmiennej określającej zawartość cukrów.

3.3.4. Test F istotności całego modelu regresji

Teraz przedstawimy test F istotności całego modelu regresji. Na rysunku 3.4 pokazano różnicę pomiędzy testem t a testem F. Można przeprowadzić osobne testy t dla każdej zmiennej objaśniającej, np. x_1, x_2 lub x_3, badające czy istnieje liniowa zależność pomiędzy zmienną celu y a tą daną zmienną objaśniającą. Z kolei test F bada liniową zależność pomiędzy zmienną celu a zbiorem zmiennych objaśniających (np. $\{x_1, x_2, x_3\}$) traktowanych jako całość.

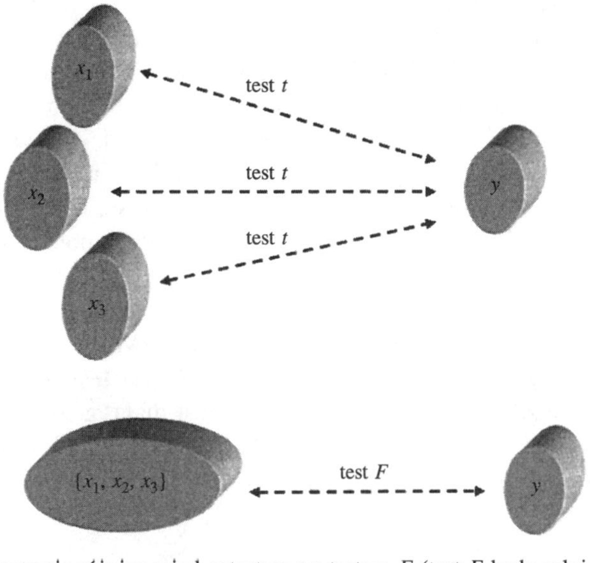

Rys. 3.4. Graficzna ilustracja różnicy między testem t a testem F (test F bada zależność między zmienną celu a zbiorem zmiennych objaśniających traktowanych jako całość)

Hipotezy dla testu F to:

- $H_0 : \beta_1 = \beta_2 = \ldots = \beta_m = 0$.
- H_a : Przynajmniej jedna wartość β_i jest różna od zera.

Hipoteza zerowa prowadzi do stwierdzenia, że nie ma liniowej zależności pomiędzy zmienną celu y a zbiorem zmiennych objaśniających $x_1, x_2, \ldots, x_m$. Zatem hipoteza zerowa stwierdza, że współczynnik β_i dla każdej zmiennej objaśniającej x_i jest równy dokładnie zero, co prowadzi do modelu zerowego:

- model dla H_0: $y = \beta_0 + \varepsilon$.

Hipoteza alternatywna nie zapewnia, że wszystkie współczynniki regresji są różne od zera. Aby hipoteza alternatywna była prawdziwa, wystarczy żeby jeden dowolny współczynnik regresji był różny od zera. Zatem hipoteza alternatywna dla testu F nie określa konkretnego modelu, ponieważ jest ona prawdziwa, o ile dowolny współczynnik, kilka lub wszystkie współczynniki są różne od zera.

Jak zostało pokazane w tab. 3.2, statystyka F jest ilorazem dwóch średnich kwadratów: **średniego kwadratowego odchylenia regresyjnego** (ang. *mean square regression*, MSR) i średniego błędu kwadratowego (MSE). **Średni kwadrat** lub **średnie odchylenie standardowe** (ang. *mean square*) to suma kwadratów podzielona przez liczbę stopni swobody związaną z daną sumą kwadratów statystyki. Ponieważ suma kwadratów jest zawsze nieujemna, więc również średni kwadrat jest nieujemny. Aby zrozumieć jak działa test F, przeprowadzimy poniższe rozumowanie.

MSE zawsze stanowi dobre oszacowanie całkowitej wariancji (p. założenie modelu 2) σ^2, niezależnie od tego, czy hipoteza zerowa jest prawdziwa. (Przypomnijmy, że jako miary przydatności regresji używamy w rzeczywistości standardowego błędu szacowania $s = \sqrt{\mathrm{MSE}}$, bez odwoływania się do modelu wnioskowania.) MSR również jest dobrym oszacowaniem σ^2, ale tylko pod warunkiem, że hipoteza zerowa jest prawdziwa. Jeżeli hipoteza zerowa jest fałszywa, MSR zbyt wysoko oszacuje σ^2.

Zatem rozważamy wartość $F = \mathrm{MSR}/\mathrm{MSE}$ przy założeniu, że hipoteza zerowa jest prawdziwa. Załóżmy, że MSR i MSE mają wartości bliskie sobie, zatem wartość F jest mała (bliska 1,0). Ponieważ MSE jest zawsze dobrym oszacowaniem σ^2 i MSR jest dobrym oszacowaniem σ^2, gdy hipoteza zerowa jest prawdziwa, więc MSR i MSE są bliskie sobie wtedy i tylko wtedy, gdy hipoteza zerowa jest prawdziwa.

Załóżmy, że wartość MSR jest dużo większa od wartości MSE, czyli wartość F jest duża. MSR jest duża (zbyt wysoko oszacowuje σ^2), gdy hipoteza zerowa jest fałszywa. Zatem dla dużej wartości F itnieje dowód na to, że hipoteza zerowa jest fałszywa. Dlatego dla dużej wartości statystyki testu F będziemy odrzucać hipotezę zerową.

Obserwowana wartość statystyki F ($F_{\mathrm{obs}} = \mathrm{MSR}/\mathrm{MSE}$) ma rozkład $F_{(m,n-m-1)}$. Ponieważ wszystkie wartości F są nieujemne, test F jest testem prawostronnym. Zatem odrzucimy hipotezę zerową, jeżeli p-wartość jest mała, gdzie p-wartość jest większa od wartości górnego kwantyla obserwowanej statystyki F. Ponieważ p-wartość $= P(F_{(m,n-m-1)} > F_{\mathrm{obs}})$, więc odrzucamy hipotezę zerową, gdy $P(F_{(m,n-m-1)} > F_{\mathrm{obs}})$ jest małe.

3.3.5. Test F dla zależności pomiędzy zmienną *wartość odżywcza* a zmiennymi *cukry* i *błonnik*

- $H_0 : \beta_1 = \beta_2 = 0$; model: $y = \beta_0 + \varepsilon$.
- H_a : Przynajmniej jedna z wartości β_1 i β_2 jest różna od zera.
- Model wyprowadzony z H_a nie jest określony i może być jednym z następujących:

$$y = \beta_0 + \beta_1 \cdot \textit{cukry} + \varepsilon,$$

$$y = \beta_0 + \beta_2 \cdot \textit{błonnik} + \varepsilon,$$

$$y = \beta_0 + \beta_1 \cdot \textit{cukry} + \beta_2 \cdot \textit{błonnik} + \varepsilon.$$

- W tabeli 3.1 w kolumnie „MS” w rzędzie „Regression” znajduje się wartość średniego kwadratowego odchylenia regresyjnego MSR = 6058,9.
- W kolumnie „MS” w rzędzie „Residual Error” znajduje się wartość średniego błędu kwadratowego MSE = 38,9.
- W kolumnie „F” w rzędzie „Regression” znajduje się wartość statystyki testu:

$$F = \frac{\text{MSR}}{\text{MSE}} = \frac{6058,9}{38,9} = 155,73$$

- Liczba stopni swobody statystyki F znajduje się w kolumnie oznaczonej „DF”, zatem mamy $m = 2$ i $n - m - 1 = 74$.
- W kolumnie „P” w rzędzie „Regression” znajduje się p-wartość dla statystyki F. Tutaj p-wartość to $P(F_{(m,n-m-1)} > F_{\text{obs}}) = P(F_{(2,74)} > 155,73) \approx 0,000$, chociaż oczywiście żadna ciągła p-wartość nie jest równa dokładnie zero.

Podana p-wartość, w przybliżeniu równa zeru, jest mniejsza od każdej rozsądnej wartości progowej. Nasz wniosek jest zatem taki, że odrzucamy hipotezę zerową, co interpretujemy następująco: Istnieje liniowa zależność pomiędzy wartością odżywczą a zbiorem zmiennych objaśniających (tu zawartością cukrów i zawartością błonnika). Krótko mówiąc, model regresji jest znaczący.

3.3.6. Przedział ufności dla danego współczynnika

Podobnie jak w przypadku prostej regresji liniowej, możemy zbudować przedział ufności na poziomie ufności $100(1 - \alpha)\%$ dla danego współczynnika β_i. Możemy być na $100(1 - \alpha)\%$ pewni, że prawdziwa wartość współczynnika β_i leży wewnątrz następującego przedziału

$$b_i \pm t_{n-m-1} \cdot s_{b_i},$$

gdzie statystyka t_{n-m-1} ma $n - m - 1$ stopni swobody, a s_{b-i} jest standardowym błędem oszacowania i-tego współczynnika. Zbudujmy na przykład przedział ufności na poziomie 95% dla prawdziwej wartości współczynnika β_1 dla x_1 (zawartość cukrów). W tabeli 3.1 estymacja punktowa b_1 jest dana jako $b_1 = -2{,}2090$. Wartość krytyczna t dla ufności na poziomie 95% i $n - m - 1 = 74$ stopni swobody to $t_{n-m-1} = 2{,}0$. Błąd standardowy oszacowania współczynnika to $s_{b_1} = 0{,}1633$. Zatem obliczamy

$$b_i \pm t_{n-m-1} \cdot s_{b_i} = -2{,}2090 \pm 2{,}00 \cdot 0{,}1633$$

i otrzymujemy przedział ufności $(-2{,}54, -1{,}88)$. Jesteśmy na 95% pewni, że wartość współczynnika β_1 jest z zakresu od $-2{,}54$ i $-1{,}88$. Innymi słowy, dla każdego dodatkowego grama cukrów wartość odżywcza maleje o wartość z przedziału od $-2{,}54$ do $-1{,}88$ punktu przy założeniu, że zawartość błonnika jest stała. Załóżmy, że dietetyk będzie uważał, iż wartość odżywcza zmaleje o dwa punkty dla każdego dodatkowego grama cukrów, gdy zawartość błonnika jest stała. Ponieważ $-2{,}0$ leży wewnątrz przedziału ufności na poziomie 95%, nie ma podstaw do odrzucenia tej hipotezy na poziomie ufności 95%.

3.3.7. Przedział ufności dla wartości średniej y przy danych $x_1, x_2, \ldots, x_m$

Dla danego zbioru wartości zmiennych objaśniających $x_1, x_2, \ldots, x_m$ możemy znaleźć przedziały ufności dla wartości średniej zmiennej celu y. Oszacowane równanie regresji w tym przypadku jest rozszerzeniem na wiele zmiennych analogicznego wzoru z podrozdz. 2.9.3 i wymaga wykonania mnożenia na macierzach (wzór ten można znaleźć w pracy Drapera i Smitha [2]). Załóżmy na przykład, że chcemy znaleźć przedział ufności dla średniej wartości odżywczej wszystkich płatków śniadaniowych, które zawierają 5,00 gramów cukrów i 5,00 gramów błonnika. Taki przedział ufności na poziomie 95% pokazano w tabeli 3.1 w kolumnie „95% CI" — jest to (52,709, 57,183). Możemy więc być na 95% pewni, że średnia wartość odżywcza dla wszystkich rodzajów płatków zawierających 5,00 gramów cukrów i 5,00 gramów błonnika znajduje się pomiędzy wartościami 52,709 i 57,183 punktów.

3.3.8. Przedział predykcji dla y przy danych $x_1, x_2, \ldots, x_m$

W analogiczny, jak powyżej, sposób możemy znaleźć przedział predykcji zmiennej celu, mając dany zbiór wartości zmiennych opisujących $x_1, x_2, \ldots, x_m$. Nawiązujemy do wyników z tab. 3.1 dla naszego przykładu: 5,00 gramów cukrów i 5,00 gramów błonnika. W kolumnie „95% PI" znajduje się przedział predykcji równy (42,318, 67,574). Innymi słowy, możemy być na 95% pewni, że wartość odżywcza dla losowo wybranych płatków śniadaniowych zawierających 5,00 gramów cukrów i 5,00 gramów błonnika leży pomiędzy wartościami 42,318 i 67,574 punktów. Zauważmy, że przedział predykcji jest szerszy od przedziału ufności dla wartości średniej, zgodnie z oczekiwaniami.

3.4. Regresja z jakościowymi zmiennymi objaśniającymi

Dotychczas nasze zmienne objaśniające były ciągłe. Jednak w modelu regresji można również zastosować jakościowe zmienne objaśniające jako dane wejściowe, wykorzystując w tym celu zmienne wskaźnikowe (sztuczne). Na przykład w zbiorze danych *cereals* rozważmy zmienną *położenie półki* (*shelf*), która wskazuje, na której półce w sklepie znajduje się dany rodzaj płatków śniadaniowych. Z 77 rodzajów płatków, 20 znajduje się na półce nr 1, 21 znajduje się na półce nr 2 i 36 znajduje się na półce nr 3.

Wykres punktowy wartości odżywczej dla płatków śniadaniowych umieszczonych na każdej z półek pokazano na rys. 3.5. Trójkąty oznaczają średnie wartości odżywcze dla płatków znajdujących się na danej półce. Jeżeli mielibyśmy użyć tylko zmiennych jakościowych (np. położenie półki, producent płatków itp.) jako zmiennych objaśniających, moglibyśmy zastosować pewien rodzaj analizy — **analizę wariancji** (ang. *analysis of variance*). (Więcej o analizie wariancji można znaleźć w podręcznikach ze statystyki na poziomie podstawowym, takich jak książka Moore'a i McCabe'a [3].) Chcemy jednak użyć jednej zmiennej jakościowej — *położenie półki* — razem ze zmiennymi ciągłymi, takimi jak zawartość cukrów (*sugars*) i błonnika (*fiber*). Zatem użyjemy analizy regresji wielokrotnej ze zmiennymi wskaźnikowymi.

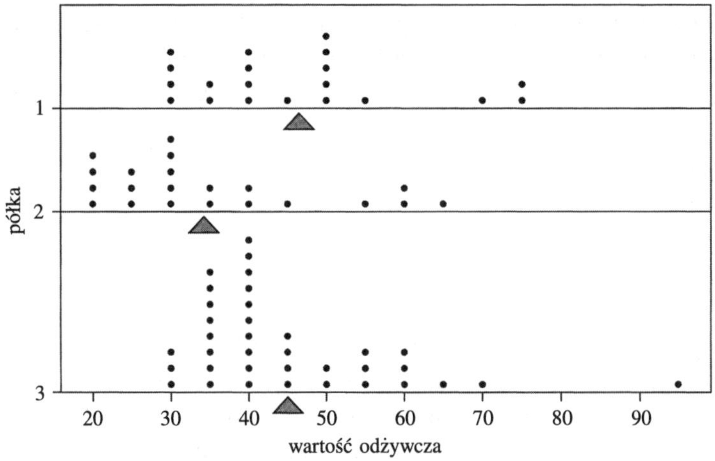

Rys. 3.5. Czy istnieje dowód na to, że położenie półki wpływa na wartość odżywczą?

Czy na podstawie rys. 3.5 można stwierdzić, że położenie półki wpływa na wartość odżywczą? Wydaje się, że płatki śniadaniowe znajdujące się na półce numer 2 z ich średnią wartością odżywczą równą 34,97 mają mniejszą wartość odżywczą niż płatki znajdujące się na półkach 1 i 3 z ich średnimi wartościami odżywczymi równymi odpowiednio 46,15 i 45,22. Jednak nie jest jasne, czy taka różnica jest znacząca. Wykres punktowy nie uwzględnia innych zmiennych, takich jak zawartość cukrów i błonnika; nie wiadomo jaki wpływ będzie miało położenie półki, gdy uwzględnimy inne zmienne.

Aby zmienna jakościowa z k wartościami kategorii mogła zostać użyta do celów modelowania regresji, musimy ją zamienić na $k-1$ zmiennych wskaźnikowych. **Zmienna wskaźnikowa** (ang. *indicator variable*), znana również jako **zmienna sztuczna** (ang. *dummy variable*), jest zmienną binarną, która przyjmuje wartość 1, jeżeli obserwowana wartość należy do danej kategorii oraz przyjmuje wartość 0 w przeciwnym przypadku. W naszym przykładzie definiujemy następujące zmienne wskaźnikowe:

$$\textit{półka 1} = \begin{cases} 1 & \text{jeżeli płatki znajdują się na półce nr 1,} \\ 0 & \text{w przeciwnym przypadku,} \end{cases}$$

$$\textit{półka 2} = \begin{cases} 1 & \text{jeżeli płatki znajdują się na półce nr 2,} \\ 0 & \text{w przeciwnym przypadku.} \end{cases}$$

W tabeli 3.3 przedstawiono wartości przyjmowane przez podane zmienne wskaźnikowe dla płatków śniadaniowych znajdujących się odpowiednio na półce 1, 2 i 3. Zauważmy, że nie ma potrzeby definiowania trzeciej zmiennej wskaźnikowej — *półka 3*, ponieważ płatki znajdujące się na półce 3 będą miały wartości zero dla każdej ze zmiennych wskaźnikowych: *półka 1* i *półka 2*, co jest wystarczające do ich rozróżnienia. W rzeczywistości nie powinno się definiować trzeciej sztucznej zmiennej, ponieważ wynikowa macierz kowariancji byłaby wtedy macierzą jednostkową, a wyniki regresji byłyby bez sensu.

Kategoria, która nie ma przypisanej zmiennej wskaźnikowej jest **kategorią odniesienia** (ang. *reference category*). Tutaj półka 3 jest kategorią odniesienia. Później

Tabela 3.3. Wartości przyjmowane przez zmienne wskaźnikowe dla płatków śniadaniowych znajdujących się odpowiednio na półce 1, 2 oraz 3

Położenie płatków	Wartość zmiennej *półka 1*	Wartość zmiennej *półka 2*
Półka 1	1	0
Półka 2	0	1
Półka 3	0	0

zbadamy wpływ umiejscowienia danego rodzaju płatków (np. na półce 1) na wartość odżywczą z uwzględnieniem (tj. odnośnie do) półki 3 jako kategorii odniesienia.

Biorąc pod uwagę powyższe, kontynuujemy analizę regresji wielokrotnej dla liniowej zależności pomiędzy wartością odżywczą a zawartością cukrów, błonnika i położeniem półki, używając dwóch zmiennych wskaźnikowych z tab. 3.3. Postać ogólna modelu wygląda następująco:

$$y = \beta_0 + \beta_1 \cdot cukry + \beta_2 \cdot błonnik + \beta_3 \cdot (półka\ 1) + \beta_4 \cdot (półka\ 2) + \varepsilon,$$

z oszacowanym równaniem regresji wyrażonym jako

$$\hat{y} = b_0 + b_1 \cdot cukry + b_2 \cdot błonnik + b_3 \cdot (półka\ 1) + b_4 \cdot (półka\ 2).$$

Dla płatków śniadaniowych znajdujących się na półce 1 model i oszacowane równanie regresji to:

$$\begin{aligned} \text{model: } y &= \beta_0 + \beta_1 \cdot cukry + \beta_2 \cdot błonnik + \beta_3 \cdot 1 + \beta_4 \cdot 0 + \varepsilon \\ &= (\beta_0 + \beta_3) + \beta_1 \cdot cukry + \beta_2 \cdot błonnik + \varepsilon, \\ \text{oszacowane równanie regresji: } \hat{y} &= b_0 + b_1 \cdot cukry + b_2 \cdot błonnik + b_3 \cdot 1 + b_4 \cdot 0 \\ &= (b_0 + b_3) + b_1 \cdot cukry + b_2 \cdot błonnik. \end{aligned}$$

Dla płatków śniadaniowych znajdujących się na półce 2 model i oszacowane równanie regresji to:

$$\begin{aligned} \text{model: } y &= \beta_0 + \beta_1 \cdot cukry + \beta_2 \cdot błonnik + \beta_3 \cdot 0 + \beta_4 \cdot 1 + \varepsilon \\ &= (\beta_0 + \beta_4) + \beta_1 \cdot cukry + \beta_2 \cdot błonnik + \varepsilon, \\ \text{oszacowane równanie regresji: } \hat{y} &= b_0 + b_1 \cdot cukry + b_2 \cdot błonnik + b_3 \cdot 0 + b_4 \cdot 1 \\ &= (b_0 + b_4) + b_1 \cdot cukry + b_2 \cdot błonnik. \end{aligned}$$

W końcu, dla płatków śniadaniowych znajdujących się na półce 3 model i oszacowane równanie regresji wygląda następująco:

$$\begin{aligned} \text{model: } y &= \beta_0 + \beta_1 \cdot cukry + \beta_2 \cdot błonnik + \beta_3 \cdot 0 + \beta_4 \cdot 0 + \varepsilon \\ &= \beta_0 + \beta_1 \cdot cukry + \beta_2 \cdot błonnik + \varepsilon, \\ \text{oszacowane równanie regresji: } \hat{y} &= b_0 + b_1 \cdot cukry + b_2 \cdot błonnik + b_3 \cdot 0 + b_4 \cdot 0 \\ &= b_0 + b_1 \cdot cukry + b_2 \cdot błonnik. \end{aligned}$$

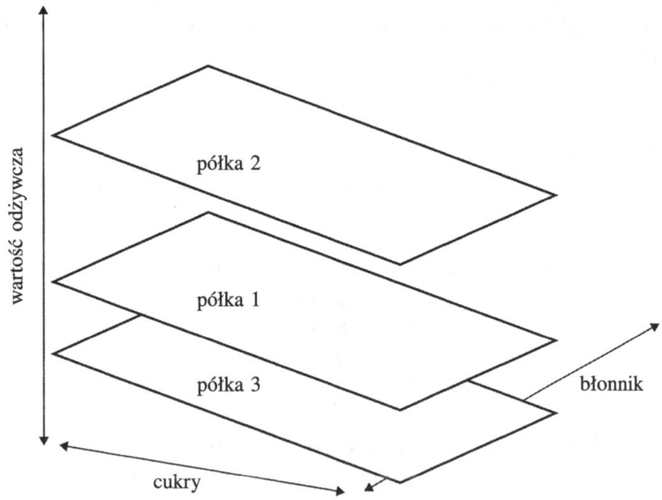

Rys. 3.6. Użycie zmiennych wskaźnikowych w regresji wielokrotnej prowadzi do otrzymania zbioru równoległych płaszczyzn (lub hiperpłaszczyzn)

Zauważmy wzajemne zależności równań modeli względem siebie. Trzy modele reprezentują równoległe płaszczyzny pokazane na rys. 3.6. (Płaszczyzny oczywiście nie reprezentują bezpośrednio samych półek, ale dopasowanie danego modelu regresyjnego do wartości odżywczych płatków śniadaniowych na różnych półkach.)

Wyniki regresji wartości odżywczej względem zawartości cukrów, błonnika i położenia półki pokazano w tab. 3.4. Ogólna postać oszacowanego równania regresji to

$$\hat{y} = 50{,}433 - 2{,}2954 \cdot \mathit{cukry} + 3{,}0856 \cdot \mathit{b\l onnik} + 1{,}446 \cdot (\mathit{p\acute{o}\l ka\ 1}) + 3{,}828 \cdot (\mathit{p\acute{o}\l ka\ 2}).$$

Zatem oszacowane równania regresji dla płatków śniadaniowych dla różnych półek mają następującą postać:

$$\begin{aligned} \text{półka 1:}\quad \hat{y} &= 50{,}433 - 2{,}2954 \cdot \mathit{cukry} + 3{,}0856 \cdot \mathit{b\l onnik} + 1{,}446 \cdot 1 \\ &= 51{,}879 - 2{,}2954 \cdot \mathit{cukry} + 3{,}0856 \cdot \mathit{b\l onnik}, \\ \text{półka 2:}\quad \hat{y} &= 50{,}433 - 2{,}2954 \cdot \mathit{cukry} + 3{,}0856 \cdot \mathit{b\l onnik} + 3{,}828 \cdot 1 \\ &= 54{,}261 - 2{,}2954 \cdot \mathit{cukry} + 3{,}0856 \cdot \mathit{b\l onnik}, \\ \text{półka 3:}\quad \hat{y} &= 50{,}433 - 2{,}2954 \cdot \mathit{cukry} + 3{,}0856 \cdot \mathit{b\l onnik}. \end{aligned}$$

Podane oszacowane równania regresji różnią się tylko wyrazem wolnym (punktem przecięcia z osią y). Oznacza to, że płatki śniadaniowe z każdej z półek są modelowane za pomocą dokładnie takiego samego nachylenia dla zawartości cukrów (−2,2954) i dokładnie takiego samego nachylenia dla zawartości błonnika (3,0856), co daje nam trzy równoległe płaszczyzny pokazane na rys. 3.6. Jak wspomnieliśmy, jedyną różnicą jest wartość punktu przecięcia osi y dla płatków śniadaniowych z każdej z trzech półek. Kategorią odniesienia w tym przypadku jest półka 3. Jaka jest odległość (mierzona wzdłuż osi pionowej) między płaszczyzną reprezentującą półkę 3 a, na przykład, płaszczyzną reprezentującą półkę 1? Z powyższych rozważań widać, że oszacowane równanie regresji

Tabela 3.4. Wyniki regresji wartości odżywczej względem zawartości cukrów, zawartości błonnika i położenia półek

```
The regression equation is
wartość odżywcza
= 50,4 - 2,30 cukry + 3,09 błonnik + 1,45 półka 1 + 3,83 półka 2

Predictor      Coef   SE Coef       T      P
Constant     50,433     1,888   26,71  0,000
cukry       -2,2954    0,1749  -13,12  0,000
błonnik      3,0856    0,3256    9,48  0,000
półka 1       1,446     1,806    0,80  0,426
półka 2       3,828     1,908    2,01  0,049

S = 6,15345   R-Sq = 81,8%   R-Sq(adj) = 80,8%

Analysis of Variance
Source          DF       SS      MS       F      P
Regression       4  12270,5  3067,6   81,01  0,000
Residual Error  72   2726,3    37,9
Total           76  14996,8

Source   DF   Seq SS
cukry     1   8701,7
błonnik   1   3416,1
półka 1   1      0,3
półka 2   1    152,4
```

dla płatków z półki 1 jest dane jako

$$\hat{y} = (b_0 + b_3) + b_1 \cdot cukry + b_2 \cdot błonnik,$$

zatem wyraz wolny to $b_0 + b_3$. Oszacowane równanie regresji dla płatków śniadaniowych na półce 3 to

$$\hat{y} = b_0 + b_1 \cdot cukry + b_2 \cdot błonnik.$$

Różnica pomiędzy wartościami wyrazów wolnych w powyższych równaniach jest równa $(b_0 + b_3) - b_0 = b_3$. Możemy to sprawdzić, podstawiając dane liczbowe: $(b_0 + b_3) - b_0 = 51{,}879 - 50{,}433 = 1{,}446$, zatem otrzymaliśmy wartość b_3 pokazaną w tab. 3.4. Odległość pomiędzy płaszczyznami reprezentującymi półki 1 oraz 3 (mierzona wzdłuż osi pionowej) wszędzie jest równa 1,446, jak pokazano na rys. 3.7.

Szczególne znaczenie ma interpretacja wartości b_3. Wyraz wolny reprezentuje oszacowaną wartość odżywczą, gdy płatki zawierają 0 gramów cukrów oraz 0 gramów błonnika. Ponieważ płaszczyzny są równoległe, więc różnica między wyrazami wolnymi pozostaje stała dla wszystkich wartości cukrów i błonnika. Zatem odległość między równoległymi płaszczyznami (mierzona wzdłuż osi pionowej) jest równa współczynnikowi dla zmiennej wskaźnikowej i reprezentuje oszacowany wpływ danej zmiennej wskaźnikowej na zmienną celu względem kategorii odniesienia.

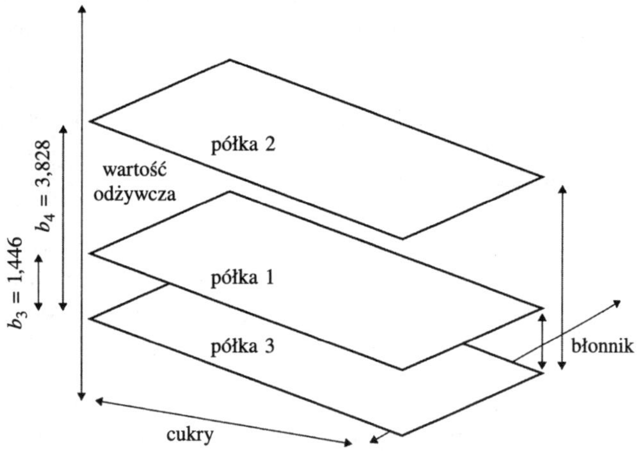

Rys. 3.7. Współczynniki zmiennych wskaźnikowych oszacowują różnicę wartości zmiennej celu w porównaniu z wartością dla kategorii odniesienia

W naszym przykładzie $b_3 = 1{,}446$ jest oszacowaną różnicą wartości odżywczej dla płatków śniadaniowych znajdujących się na półce 1 w porównaniu z wartością odżywczą dla płatków śniadaniowych znajdujących się na półce 3. Z faktu, że b_3 jest liczbą dodatnią wynika, że oszacowana wartość odżywcza dla płatków śniadaniowych znajdujących się na półce 1 jest wyższa. Wartość b_3 interpretujemy w następujący sposób: Oszacowany wzrost wartości odżywczej dla płatków śniadaniowych znajdujących się na półce 1 w porównaniu z płatkami znajdującymi się na półce 3 jest równy $b_3 = 1{,}446$ punktu, o ile zawartość cukrów i zawartość błonnika są stałe.

Oszacowane równanie regresji dla płatków znajdujących się na półce 2 to

$$\hat{y} = (b_0 + b_4) + b_1 \cdot cukry + b_2 \cdot błonnik.$$

zatem różnica pomiędzy wyrazami wolnymi dla płaszczyzn reprezentujących półkę 2 i półkę 3 to $(b_0 + b_4) - b_0 = b_4$. Wartość $(b_0 + b_4) - b_0 = 54{,}261 - 50{,}433 = 3{,}828$ jest wartością b_4 pokazaną w tab. 3.4. Stąd mamy, że odległość (mierzona wzdłuż osi pionowej) pomiędzy płaszczyznami reprezentującymi płatki śniadaniowe znajdujące się na półce 2 i na półce 3 jest wszędzie równa 3,828 punktu (rys. 3.7). Oszacowany wzrost wartości odżywczej dla płatków śniadaniowych znajdujących się na półce 2 w porównaniu z płatkami znajdującymi się na półce 3 jest więc równy $b_4 = 3{,}828$ punktu, o ile zawartość cukrów i zawartość błonnika są stałe.

Możemy wtedy wywnioskować oszacowaną różnicę wartości odżywczej dla płatków znajdujących się na półkach 2 i 1. Jest ona równa $(b_0 + b_4) - (b_0 + b_3) = b_4 - b_3 = 3{,}828 - 1{,}446 = 2{,}382$ punktu. Oszacowany wzrost wartości odżywczej dla płatków śniadaniowych znajdujących się na półce 2 w porównaniu z płatkami śniadaniowymi znajdującymi się na półce 1 jest równy $b_4 = 2{,}382$ punktu, o ile zawartość cukrów i zawartość błonnika są stałe.

Wróćmy na chwilę do rys. 3.5 — widać na nim, że płatki znajdujące się na półce 2 mają najniższą wartość odżywczą, ze średnią około 35 (średnie dla płatków na innych

Tabela 3.5. Zastosowanie zmiennych *cukry* i *błonnik* (model regresji zbyt nisko szacuje wartość odżywczą płatków znajdujących się na półce 2)

Półka	Średnia zawartość cukru	Średnia zawartość błonnika	Średnia wartość odżywcza	Średnia oszacowana wartość odżywcza	Średni błąd
1	4,85	1,75	46,15	46,04	−0,11
2	9,62	0,92	34,97	33,11	−1,86
3	6,53	3,17	45,22	46,36	+1,14

półkach to 46 i 45). W jaki sposób możemy pogodzić tę wiedzę z wynikami uzyskanymi za pomocą zmiennych wskaźnikowych, zgodnie z którymi najwyższe wartości są dla płatków śniadaniowych na półce 2? Odpowiedź jest taka, że wyniki naszych zmiennych wskaźnikowych są wyjaśniane w obecności innych zmiennych (zawartości cukrów i zawartości błonnika). Prawdą jest, że płatki śniadaniowe na półce 2 mają najniższą wartość odżywczą, jednak (jak pokazano w tab. 3.5) płatki te mają również najwyższą zawartość cukrów (średnia 9,62 gramów w porównaniu z 4,85 gramów i 6,53 gramów dla płatków znajdujących się odpowiednio na półkach 1 i 3) i najniższą zawartość błonnika (średnia 0,92 gramów w porównaniu z 1,75 gramów i 3,17 gramów dla płatków znajdujących się odpowiednio na półkach 1 i 3). Z powodu ujemnej korelacji pomiędzy zawartością cukrów, a wartością odżywczą i dodatniej korelacji pomiędzy zawartością błonnika a wartością odżywczą płatki śniadaniowe znajdujące się na półce 2 mają stosunkowo małą wartość odżywczą na podstawie tylko tych dwóch zmiennych objaśniających.

W tabeli 3.5 pokazano średnią wartość przewidywaną (oszacowaną wartość odżywczą) dla płatków śniadaniowych znajdujących się na różnych półkach przy uwzględnieniu zawartości cukrów i błonnika, ale nie uwzględniając zmiennych określających położenie półki. Zauważmy, że średnio wartość odżywcza płatków śniadaniowych znajdujących się na półce 2 jest niedoszacowana o 1,86. Z drugiej strony, wartość odżywcza dla płatków śniadaniowych znajdujących się na półce 3 jest przeszacowana o 1,14 punktu. Dlatego kiedy wprowadzamy zmienne określające położenie półki do modelu, te niedoszacowania i przeszacowania są równoważone. Z tabeli 3.5 można odczytać, że względny błąd oszacowania płatków śniadaniowych znajdujących się na półce 2 i 3 jest równy $1{,}14 + 1{,}86 = 3{,}00$. Zatem oczekujemy, że jeżeli położenie półki będzie kompensować niedoszacowanie płatków znajdujących się na półce 2 względem płatków śniadaniowych z półki 3, to dodany zostanie czynnik o wartości około 3,00 punktów wartości odżywczej. Przypomnijmy, że w tab. 3.4 podano wartość $b_4 = 3{,}828$, która mieści się w dopuszczalnych granicach wartości 3,00. Zauważmy również, że względny błąd oszacowania płatków śniadaniowych znajdujących się na półkach 1 i 3 to $1{,}14+0{,}11 = 1{,}25$. Oczekujemy więc, że zmienna wskaźnikowa kompensująca ten błąd oszacowania będzie bliska wartości 1,25 i rzeczywiście mamy względny współczynnik $b_3 = 1{,}446$.

Powyższy przykład pokazuje jedną z zalet regresji wielokrotnej, mianowicie taką, że zależność między zbiorem zmiennych objaśniających a zmienną celu niekoniecznie odzwierciedla wzajemną zależność pomiędzy zmienną celu a każdą ze zmiennych objaśniających. Popatrzmy na rys. 3.5 — na jego podstawie mogłoby się wydawać, że płatki znajdujące się na półce 2 mają ujemną wartość zmiennej wskaźnikowej, obniżając oszacowaną wartość odżywczą. Ale właściwy model regresji wielokrotnej, który zawiera zmienne *cukry*, *błonnik* oraz zmienne opisujące położenie półki (*półka 1* oraz *półka 2*), ma dodatnią wartość zmiennej wskaźnikowej, podwyższając oszacowaną wartość odżywczą (czego powodem jest wpływ innych zmiennych objaśniających).

Z drugiej strony, co by się stało, gdyby zmienne określające zawartość cukrów i zawartość błonnika nie zostały uwzględnione w modelu? Załóżmy, że mamy następujący model:

$$y = \beta_0 + \beta_3 \cdot (\textit{półka 1}) + \beta_4 \cdot (\textit{półka 2}) + \varepsilon,$$

który to wiąże się z oszacowanym równaniem regresji

$$\hat{y} = b_0 + b_3 \cdot (\textit{półka 1}) + b_4 \cdot (\textit{półka 2}).$$

Jakie byłyby wartości naszych zmiennych wskaźnikowych w tym przykładzie? Na podstawie rys. 3.5 możemy się spodziewać, że współczynnik b_4 będzie ujemny, zmniejszając oszacowaną wartość odżywczą dla płatków znajdujących się na półce 2 w porównaniu z płatkami znajdującymi się na półce 3. Możemy również przypuszczać, że wartość b_3 będzie nieistotna, w niewielkim stopniu zwiększając wartość odżywczą dla płatków śniadaniowych z półki 1 w porównaniu z płatkami znajdującymi się na półce 3.

W tabeli 3.6 przedstawiono wyniki regresji wartości odżywczej tylko względem położenia półki. Zauważmy, że współczynnik dla sztucznej zmiennej *półka 2* to −10,247, co jest równe po zaokrągleniu różnicy średniej wartości odżywczej pomiędzy płatkami znajdującymi się na półkach 2 i 3 (p. tab. 3.5). Podobnie współczynnik dla sztucznej

Tabela 3.6. Wyniki regresji wartości odżywczej względem położenia półki

```
The regression equation is
wartość odżywcza = 45,2 + 0,93 półka 1 - 10,2 półka 2

Predictor       Coef  SE Coef       T      P
Constant      45,220    2,232   20,26  0,000
półka 1        0,925    3,736    0,25  0,805
półka 2      -10,247    3,678   -2,79  0,007

S = 13,3947  R-Sq = 11,5%  R-Sq(adj) = 9,1%

Analysis of Variance
Source          DF       SS      MS      F      P
Regression       2   1719,8   859,9   4,79  0,011
Residual Error  74  13276,9   179,4
Total           76  14996,8

Source   DF  Seq SS
półka 1   1   327,1
półka 2   1  1392,7
```

zmiennej *półka 1* to 0,925, co jest równe po zaokrągleniu różnicy średniej wartości odżywczej pomiędzy płatkami znajdującymi się na półkach 1 i 3. Zatem dla jednej zmiennej, kiedy nie uwzględniamy żadnych innych zmiennych w modelu, łatwo przewidzieć zachowanie zmiennych wskaźnikowych na podstawie miar podsumowujących jednowymiarowych i wykresów. Jednak w regresji wielokrotnej trudno przewidzieć, jak zmienne będą się zachowywać w obecności innych zmiennych.

Rozważmy ponownie tab. 3.4, gdzie pokazano wyniki regresji dla „pełnego" modelu (z uwzględnieniem wszystkich zmiennych objaśniających). Zauważmy, że p-wartości dla zmiennych *cukry* i *błonnik* są bardzo małe (bliskie zeru), zatem możemy uwzględnić obie zmienne objaśniające w modelu. Jednak p-wartość dla zmiennej *półka 1* jest duża (0,426), co wskazuje, że zależność pomiędzy tą zmienną a zmienną celu nie jest statystycznie istotna. Innymi słowy, w obecności zmiennych *cukry* i *błonnik* różnica wartości odżywczej pomiędzy płatkami śniadaniowymi znajdującymi się na półce 1 i półce 3 jest nieistotna. Możemy zatem rozważyć wyeliminowanie z modelu zmiennej wskaźnikowej *półka 1*. Warto też zauważyć, że p-wartość dla współczynnika *półka 2* (0,049) jest na granicy istotności.

Załóżmy, że z powodu dużej p-wartości usuniemy z modelu zmienną wskaźnikową *półka 1*, ale zatrzymamy zmienną wskaźnikową *półka 2*. Wyniki regresji wartości odżywczej na podstawie zawartości cukrów, błonnika i położenia półki 2 (względem półki 3) pokazano w tab. 3.7. Z tabeli odczytujemy, że p-wartość dla sztucznej zmiennej *półka 2* wzrosła z 0,049 do 0,069, co oznacza, że znaczenie tej zmiennej jest nieco mniejsze niż poprzednio. Jednak analitycy nie powinni automatycznie opuszczać zmiennych,

Tabela 3.7. Wyniki regresji zmiennej *wartość odżywcza* względem zmiennych *cukry* i *błonnik* oraz zmiennej wskaźnikowej *półka 2*

```
The regression equation is
wartość odżywcza = 51,3 - 2,32 cukry + 3,02 błonnik + 3,28 półka 2

Predictor      Coef   SE Coef       T      P
Constant     51,281     1,559   32,90  0,000
cukry       -2,3204    0,1717  -13,52  0,000
błonnik      3,0164    0,3131    9,63  0,000
półka 2       3,282     1,778    1,85  0,069

S = 6,13829  R-Sq = 81,7%  R-Sq(adj) = 80,9%

Analysis of Variance
Source          DF       SS      MS       F      P
Regression       3  12246,2  4082,1  108,34  0,000
Residual Error  73   2750,5    37,7
Total           76  14996,8

Source   DF  Seq SS
cukry     1  8701,7
błonnik   1  3416,1
półka 2   1   128,5
```

których p-wartości są większe od 0,05. (Nie ma nic magicznego w wartości progowej 0,05 poza tym, że jest bardzo rozpowszechniona.) Analityk powinien raczej włączyć takie zmienne, szczególnie w początkowym etapie analizy, dopóki model nie przyjmie bardziej konkretnego kształtu. Należy znaleźć złoty środek między zwięzłością oraz łatwością interpretacji modelu a większą dokładnością przewidywań modelu o wielu parametrach.

3.4.1. Skorygowany R^2 — sposób na wyeliminowanie z modelu zmiennych objaśniających, które nie są przydatne

Przypomnij sobie, że dodanie zmiennej do modelu zwiększa wartość współczynnika determinacji regresji wielokrotnej R^2, niezależnie od przydatności tej zmiennej. Nie jest to szczególnie atrakcyjna cecha tej miary, ponieważ może zachęcić nas do wyboru modelu z nieco większą wartością R^2, tylko dlatego, że uwzględnia większą liczbę zmiennych, a nie dlatego, że dodatkowe zmienne są szczególnie użyteczne.

W celu zachowania zwięzłości modelu powinniśmy znaleźć jakiś sposób, aby „ukarać" miarę R^2 dla modeli, które uwzględniają nieprzydatne zmienne objaśniające. Na szczęście istnieje odpowiednia postać miary R^2, znana jako **skorygowany współczynnik determinacji** (ang. *adjusted* R^2):

$$\bar{R}^2 = 1 - (1 - R^2)\frac{n-1}{n-m-1}.$$

Wartość $\bar{R}^2$ dużo mniejsza od wartości R^2 sugeruje, że przynajmniej jedna zmienna w modelu może być nieistotna i analityk powinien rozważyć wyeliminowanie jej z modelu.

Jako przykład obliczenia $\bar{R}^2$ rozważmy tab. 3.4, gdzie mamy $R^2 = 0{,}818$, $\bar{R}^2 = 0{,}808$, $n = 77$ i $m = 4$. Wtedy

$$\bar{R}^2 = 1 - (1 - R^2)\frac{n-1}{n-m-1} = 1 - (1 - 0,818)\frac{76}{72} = 0{,}808.$$

Porównajmy teraz tab. 3.4 i 3.7, dla modeli regresji z i bez zmiennej wskaźnikowej *półka 1*. Zmienna wskaźnikowa *półka 1* okazała się nieużyteczna do oszacowania wartości odżywczej. Jak to wpłynie na wartości R^2, $\bar{R}^2$ i s? Statystyki te zebrano w tab. 3.8.

Tabela 3.8. Porównanie R^2, $\bar{R}^2$ i s dla modeli z i bez zmiennej nieistotnej

Model	R^2	$\bar{R}^2$	s
Tabela 3.4: $y = \beta_0 + \beta_1 \cdot \textit{cukry} + \beta_2 \cdot \textit{błonnik} + \beta_3 \cdot (\textit{półka 1}) + \beta_4 \cdot (\textit{półka 2}) + \varepsilon$	0,818	0,808	6,153
Tabela 3.7: $y = \beta_0 + \beta_1 \cdot \textit{cukry} + \beta_2 \cdot \textit{błonnik} + \beta_4 \cdot (\textit{półka 2}) + \varepsilon$	0,817	0,809	6,138

Wartość R^2 jest wyższa dla modelu z większą liczbą zmiennych, mimo że dodatkowa zmienna nie jest przydatna. Jest to więc potwierdzeniem, że R^2 nigdy nie maleje, jeżeli jest dodawana nowa zmienna do modelu (zawsze rośnie, choćby o małą wartość). Z drugiej strony, skorygowana miara $\bar{R}^2$ jest mniejsza, jeżeli model uwzględnia dodatkową, nieprzydatną zmienną. Na tym przykładzie widać, w jaki sposób $\bar{R}^2$ koryguje wartość R^2 w dół, kiedy nieistotne zmienne są uwzględnione w modelu. Zauważmy też, że s jest mniejsze dla modelu bez nieistotnej zmiennej, odzwierciedlając fakt, że dokładniejszy model oszacowania wartości odżywczej można otrzymać, ignorując zmienną *półka 1*. Możemy więc wyciągnąć wniosek, że podczas budowy modelu regresji wielokrotnej należy używać $\bar{R}^2$ i s, a nie tylko miary R^2.

3.4.2. Sekwencyjne sumy kwadratów

Niektórzy analitycy w celu lepszego wyboru zmiennych, które należy uwzględnić w modelu, używają wielkości nazywanych sekwencyjnymi sumami kwadratów, dostępnej w wielu programach komputerowych. Sekwencyjne sumy kwadratów reprezentują podział sumy kwadratów odchyleń regresyjnych SSR. Przypomnijmy, że suma kwadratów odchyleń regresyjnych reprezentuje tę część zmienności zmiennej celu, która jest wyjaśniana przez liniową zależność pomiędzy zmienną celu a zbiorem zmiennych objaśniających.

Sekwencyjne sumy kwadratów (ang. *sequential sums of squares*) jednoznacznie dzielą sumę kwadratów odchyleń regresyjnych na części, które są wyjaśniane przez daną zmienną objaśniającą, po uwzględnieniu wprowadzonych wcześniej zmiennych objaśniających. Zatem wartości sekwencyjnych sum kwadratów zależą od kolejności, w której zmienne są wprowadzane do modelu. Na przykład sekwencyjne sumy kwadratów dla modelu

$$y = \beta_0 + \beta_1 \cdot \mathit{cukry} + \beta_2 \cdot \mathit{błonnik} + \beta_3 \cdot (\mathit{półka}\ 1) + \beta_4 \cdot (\mathit{półka}\ 2) + \varepsilon$$

są pokazane w tab. 3.4 i powtórzone w tab. 3.9. Sekwencyjna suma kwadratów dla zmiennej *cukry*, która jest równa 8701,7, reprezentuje zmienność wartości odżywczej, która jest wyjaśniana przez liniową zależność pomiędzy wartością odżywczą a zawartością cukrów. Innymi słowy, ta pierwsza sekwencyjna suma kwadratów jest dokładną wartością sumy kwadratów odchyleń regresyjnych dla prostej regresji liniowej wartości odżywczej względem zawartości cukrów.

Druga wartość sekwencyjnej sumy kwadratów z tab. 3.9 dla zawartości błonnika jest równa 3416,1. Ta wartość reprezentuje część zmienności wartości odżywczej, która jest wyjaśniana przez liniową zależność wartości odżywczej i zawartości błonnika przy założeniu, że zmienność wyjaśniona przez zmienną *cukry* została już wyodrębniona. Trzecia sekwencyjna suma kwadratów dla zmiennej *półka 1* to 0,3. Ta wartość reprezentuje część zmienności wartości odżywczej, która jest wyjaśniana przez położenie półki 1 (w porównaniu z kategorią odniesienia — półką 3), przy założeniu, że zmienność wyjaśniona przez zmienne określające zawartości cukrów i błonnika została już wyodrębniona. Mała wartość sekwencyjnej sumy kwadratów dla zmiennej *półka 1* wskazuje, że zmienna prawdopodobnie nie jest przydatna do szacowania wartości odżywczej. W końcu, sekwencyjna suma kwadratów dla zmiennej *półka 2* jest umiarkowaną wartością równą

Tabela 3.9. Sekwencyjne sumy kwadratów dla modelu $y = \beta_0 + \beta_1 \cdot cukry + \beta_2 \cdot błonnik + \beta_3 \cdot (półka\ 1) + \beta_4 \cdot (półka\ 2) + \varepsilon$

Source	DF	Seq SS
cukry	1	8701,7
błonnik	1	3416,1
półka 1	1	0,3
półka 2	1	152,4

152,4, potwierdzając nasze wcześniejsze odkrycie, że ta zmienna jest na krawędzi istotności. (Statystyczną istotność można określić za pomocą częściowego testu F, który omówimy później.)

Teraz załóżmy, że zmieniliśmy kolejność zmiennych w modelu regresji. To zmieniłoby wartości sekwencyjnych sum kwadratów. Na przykład załóżmy, że wykonalibyśmy analizę opartą na podstawie następującego modelu:

$$y = \beta_0 + \beta_1 \cdot (półka\ 1) + \beta_2 \cdot (półka\ 2) + \beta_3 \cdot cukry + \beta_4 \cdot błonnik + \varepsilon.$$

Wyniki tej regresji przedstawiono w tab. 3.10. Warto zauważyć, że wszystkie wyniki w tab. 3.10, poza wartościami sekwencyjnych sum kwadratów, są takie same jak

Tabela 3.10. Zmiana kolejności zmiennych w modelu nic nie zmienia poza wartościami sekwencyjnych sum kwadratów

```
The regression equation is
wartość odżywcza
= 50,4 + 1,45 półka 1 + 3,83 półka 2 + 3,09 błonnik - 2,30 cukry

Predictor     Coef   SE Coef       T      P
Constant    50,433     1,888   26,71  0,000
półka 1      1,446     1,806    0,80  0,426
półka 2      3,828     1,908    2,01  0,049
błonnik     3,0856    0,3256    9,48  0,000
cukry      -2,2954    0,1749  -13,12  0,000

S = 6,15345  R-Sq = 81,8%  R-Sq(adj) = 80,8%

Analysis of Variance
Source          DF       SS      MS      F      P
Regression       4  12270,5  3067,6  81,01  0,000
Residual Error  72   2726,3    37,9
Total           76  14996,8

Source   DF  Seq SS
półka 1  1    327,1
półka 2  1   1392,7
błonnik  1   4029,8
cukry    1   6520,9
```

w tab. 3.4 (z dokładnością do kolejności). Tym razem zmienne wskaźnikowe mogą „wyjaśnić" swoją część zmienności, zanim inne zmienne zostaną wprowadzone do modelu, przez co osiągają większe wartości sekwencyjnych sumy kwadratów. Szczegóły dotyczące zastosowania sekwencyjnych sum kwadratów do wyboru zmiennych można znaleźć w pracy Netera i innych [4]. Sekwencyjnych sum kwadratów użyjemy w dalszej części tego rozdziału w kontekście częściowych testów F.

3.5. Współliniowość

Załóżmy, że chcemy do modelu dołączyć zmienną opisującą *potas* (*postassium*). Nasz nowy model regresji wielokrotnej przyjmuje następującą postać:

$$y = \beta_0 + \beta_1 \cdot cukry + \beta_2 \cdot błonnik + \beta_3 \cdot (półka\ 2) + \beta_4 \cdot potas + \varepsilon,$$

a związane z nim oszacowane równanie regresji to

$$y = b_0 + b_1 \cdot cukry + b_2 \cdot błonnik + b_3 \cdot (półka\ 2) + b_4 \cdot potas.$$

Analitycy zajmujący się eksploracją danych powinni wystrzegać się **współliniowości** (ang. *multicollinearity*) — sytuacji, w której kilka zmiennych objaśniających jest skorelowanych ze sobą. Współliniowość prowadzi do niestabilności w przestrzeni poszukiwań, a wyniki mogą być niespójne. Na przykład w zbiorze danych z silną współliniowością istnieje możliwość, że test F sprawdzający istotność regresji jest znaczący, podczas gdy żaden z testów t dla pojedynczych zmiennych objaśniających nie jest znaczący.

Rozważmy rysunki 3.8 i 3.9. Na rysunku 3.8 pokazano sytuację, gdy zmienne objaśniające x_1 i x_2 nie są skorelowane (są ortogonalne). W takim przypadku zmienne objaśniające tworzą „mocną" bazę, na której można rozpiąć płaszczyznę zmiennej celu

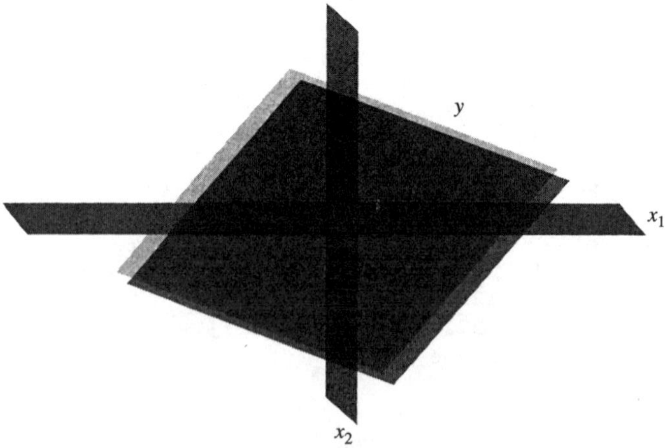

Rys. 3.8. Kiedy zmienne objaśniające x_1 i x_2 są nieskorelowane, płaszczyzna zmiennej celu y jest oparta na „mocnej" bazie, zapewniając stabilne oszacowania współczynników

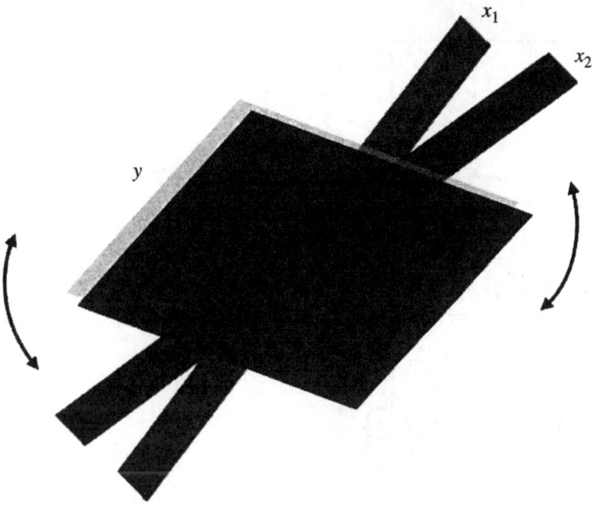

Rys. 3.9. Kiedy zmienne objaśniające są skorelowane (współliniowość), płaszczyzna zmiennej celu jest niestabilna, co skutkuje wątpliwymi oszacowaniami współczynników

i zapewniają dobre oszacowania współczynników b_1 i b_2, każde z małym błędem s_{b_1} i s_{b_2}. Z drugiej strony, na rys. 3.9 pokazano sytuację, gdy zmienne objaśniające x_1 i x_2 są skorelowane (współliniowe), tak że gdy jedna z nich rośnie, rośnie również druga. W tym przypadku zmienne objaśniające nie stanowią właściwej podstawy, aby można było dobrze rozpiąć płaszczyznę zmiennej celu. Gdy zmienne objaśniające są skorelowane, płaszczyzna zmiennej celu jest niestabilna, wskutek czego wartości współczynników b_1 i b_2 mają dużą zmienność, a wartości s_{b_1} i s_{b_2} są zawyżone.

Ta duża zmienność związana ze średnią oszacowań oznacza, że dla różnych prób można otrzymać bardzo różne wartości oszacowań współczynników. Na przykład dla jednej próby można otrzymać dodatnie wartości oszacowania współczynnika x_1, podczas gdy dla innej próby wartość ta może być ujemna. Jest to nie do przyjęcia, kiedy analiza ma wyjaśnić zależność pomiędzy zmienną celu a pojedynczymi zmiennymi objaśniającymi. Nawet jeżeli udało się uniknąć takiej niestabilności, to włączenie zmiennych, które są silnie skorelowane, powoduje „przecenianie" pewnego komponentu modelu, ponieważ komponent ten jest liczony dwa razy.

Aby uniknąć współliniowości, należy zbadać strukturę korelacji pomiędzy zmiennymi objaśniającymi (w tym momencie ignorując wartości zmiennej celu). W tabeli 3.11

Tabela 3.11. Współczynniki korelacji pomiędzy zmiennymi objaśniającymi — mamy problem

	cukry	błonnik	półka 2
błonnik	-0,137		
półka 2	0,374	-0,330	
potas	0,022	**0,905**	-0,331

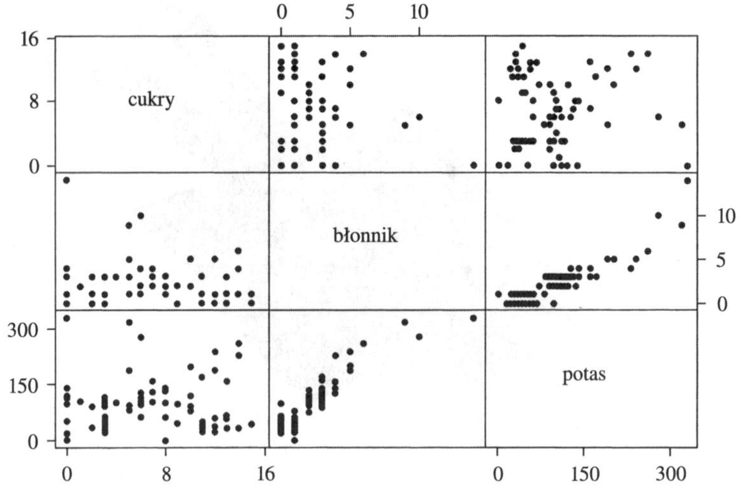

Rys. 3.10. Macierz wykresów rozrzutu zmiennych objaśniających wskazuje na korelację między zmienną *błonnik* a zmienną *potas*

przedstawiono współczynniki korelacji pomiędzy zmiennymi objaśniającymi dla naszego przykładowego modelu. Współczynnik korelacji pomiędzy zmienną *cukry* a zmienną *błonnik* jest równy −0,137, a współczynnik korelacji pomiędzy zmienną *cukry* a zmienną *potas* jest równy 0,022. Niestety, jedna para zmiennych jest silnie skorelowana: *błonnik* i *potas* z $r = 0{,}905$. Inną metodą oceny, czy zmienne objaśniające są skorelowane, jest zbudowanie macierzy wykresów rozrzutu dla zmiennych objaśniających, takich jak na rys. 3.10. Macierz wykresów rozrzutu potwierdza spostrzeżenie, że zmienne *błonnik* i *potas* są dodatnio skorelowane.

Załóżmy jednak, że nie sprawdziliśmy, czy występuje korelacja pomiędzy zmiennymi objaśniającymi i przeprowadziliśmy analizę regresji. Czy jest jakiś sposób, aby wyniki regresji ostrzegły nas o tym, że jest współliniowość? Odpowiedź brzmi: tak, możemy bowiem posłużyć się wskaźnikami podbicia wariancji. Co to jest wskaźnik podbicia wariancji? Najpierw zauważmy, że s_{b_i} oznacza zmienność związaną ze współczynnikiem b_i dla i-tej zmiennej objaśniającej x_i. Wartość s_{b_i} możemy wyrazić jako iloczyn standardowego błędu oszacowania s i stałej c_i (której wartość zależy od obserwowanych wartości zmiennej). Zatem $s_{b_i} = sc_i$. Teraz wartość s jest prawie „odporna" na włączenie skorelowanych zmiennych do modelu, co sprawdzimy w ramach ćwiczeń na końcu rozdziału. Zatem dla skorelowanych zmiennych objaśniających wielkość c_i pomoże nam wyjaśnić duże zmiany s_{b_i}.

Stałą c_i możemy zapisać w postaci

$$c_i = \sqrt{\frac{1}{(n-1)s_i^2}\frac{1}{1-R_i^2}},$$

gdzie s_i^2 oznacza wariancję próby obserwowanych wartości i-tej zmiennej opisującej x_i, a R_i^2 oznacza wartość współczynnika regresji wielokrotnej R^2 dla regresji zmiennej x_i traktowanej jako zmiennej zależnej (celu) względem pozostałych zmiennych objaśniających. Zauważmy, że R_i^2 będzie duże, gdy x_i będzie silnie skorelowane z innymi zmiennymi objaśniającymi. Z dwóch czynników w c_i, pierwszy czynnik, $1/(n-1)s_i^2$, mierzy tylko wewnętrzną zmienność i-tej zmiennej objaśniającej x_i. Natomiast drugi czynnik, $1/(1-R_i^2)$, mierzy korelację pomiędzy i-tą zmienną objaśniającą x_i a pozostałymi zmiennymi objaśniającymi. Dlatego drugi czynnik jest nazywany **wskaźnikiem podbicia wariancji**[2] (ang. *variance inflation factor*, VIF) dla x_i:

$$\mathrm{VIF}_i = \frac{1}{1-R_i^2}.$$

Czy możemy opisać zachowanie wskaźnika podbicia wariancji? Załóżmy, że zmienna x_i jest całkowicie nieskorelowana z pozostałymi zmiennymi objaśniającymi, a zatem $R_i^2 = 0$. Wtedy mamy $\mathrm{VIF}_i = 1/(1-0) = 1$. Czyli minimalna wartość wskaźnika podbicia wariancji to 1 — wartość ta jest osiągana wówczas, gdy zmienna x_i jest całkowicie nieskorelowana z pozostałymi zmiennymi objaśniającymi. Jednak w miarę tego, jak rośnie stopień korelacji pomiędzy x_i i pozostałymi zmiennymi objaśniającymi, wartość R_i^2 będzie również rosła. Gdy wartość R_i^2 będzie zbliżała się do 1, to $\mathrm{VIF}_i = 1/(1-R_i^2)$ będzie rósł do nieskończoności. Zatem nie ma górnej granicy dla wartości VIF_i.

Jaki wpływ mają zmiany wartości VIF_i na zmienność i-tego współczynnika s_{b_i}? Mamy

$$s_{b_i} = sc_i = s\sqrt{\frac{1}{(n-1)s_i^2}\frac{1}{1-R_i^2}} = s\sqrt{\frac{\mathrm{VIF}_i}{(n-1)s_i^2}}.$$

Jeżeli zmienna x_i nie jest skorelowana z innymi zmiennymi objaśniającymi, to $\mathrm{VIF}_i = 1$, a wartość standardowego błędu s_{b_i} nie będzie zawyżona. Jeżeli jednak zmienna x_i jest skorelowana z innymi zmiennymi objaśniającymi, to duże wartości VIF_i powodują zawyżenie wartości standardowego błędu s_{b_i}. Jak wiemy, zawyżenie oszacowanej wartości wariancji będzie skutkowało zmniejszeniem dokładności wyników.

Praktyczną zasadą dotyczącą interpretacji wartości wskaźnika podbicia wariancji jest uznanie $\mathrm{VIF}_i \geq 5$ jako wskazania umiarkowanej współliniowości i $\mathrm{VIF}_i \geq 10$ jako wskazania silnej współliniowości. Wskaźnik podbicia wariancji równy 5 odpowiada wartości $R_i^2 = 0{,}80$, a $\mathrm{VIF}_i = 10$ odpowiada $R_i^2 = 0{,}90$.

Wracając do naszego przykładu, załóżmy, że przeprowadziliśmy regresję wartości odżywczej na podstawie zawartości cukrów, zawartości błonnika, zmiennej wskaźnikowej *półka 2* i nowej zmiennej *potas*, która jest skorelowana ze zmienną *błonnik*. Wyniki (zawierające również obserwowane wartości wskaźników podbicia wariancji) pokazano w tab. 3.12. Oszacowane równanie regresji dla tego modelu to

$$\hat{y} = 52{,}184 - 2{,}1953 \cdot \textit{cukry} + 4{,}1449 \cdot \textit{błonnik} + 2{,}588 \cdot (\textit{półka 2}) - 0{,}04208 \cdot \textit{potas};$$

p-wartość dla zmiennej *potas* nie jest bardzo mała (0,099), zatem na pierwszy rzut oka zmienna ta może, ale nie musi zostać uwzględniona w modelu. Również p-wartość dla zmiennej wskaźnikowej *półka 2* (0,156) wzrosła do takiego stopnia, że może nie powinniśmy uwzględniać tej zmiennej w modelu. Do wyników tych należy jednak podchodzić

[2]Inne spotykane nazwy to wskaźnik nadmiaru wariancji, czynnik inflacji wariancji i współczynnik VIF (*przyp. tłum.*).

Tabela 3.12. Wyniki regresji ze wskaźnikami nadmiaru wariancji wskazującymi na problem współliniowości

```
The regression equation is
wartość odżywcza
= 52,2 - 2,20 cukry + 4,14 błonnik + 2,59 półka 2 - 0,0421 potas

Predictor       Coef   SE Coef       T      P  VIF
Constant      52,184     1,632   31,97  0,000
cukry        -2,1953    0,1854  -11,84  0,000  1,4
błonnik       4,1449    0,7433    5,58  0,000  6,5
półka 2        2,588     1,805    1,43  0,156  1,4
potas       -0,04208   0,02520   -1,67  0,099  6,7

S = 6,06446   R-Sq = 82,3%   R-Sq(adj) = 81,4%

Analysis of Variance
Source          DF       SS      MS      F      P
Regression       4  12348,8  3087,2  83,94  0,000
Residual Error  72   2648,0    36,8
Total           76  14996,8

Source   DF  Seq SS
cukry     1  8701,7
błonnik   1  3416,1
półka 2   1   128,5
potas     1   102,5
```

z ostrożnością, ponieważ obserowane wartości wskaźnika podbicia wariancji wydają się wskazywać na istnienie problemu współliniowości, który musimy rozwiązać przed dalszą analizą.

Wartość VIF dla zmiennej *błonnik* to 6,5, a wartość VIF dla potasu to 6,7, czyli oba wskaźniki sugerują współliniowość umiarkowaną do silnej. Problem współliniowości w tym przykładzie jest na szczęście ograniczony tylko do tych dwóch zmiennych, ponieważ inne wartości VIF są na akceptowalnie niskim poziomie. Jak rozwiążemy ten problem? Niektóre prace sugerują wybranie jednej ze zmiennych i wyeliminowanie jej z modelu. Takie rozwiązanie należy jednak stosować w ostateczności, gdyż usunięta zmienna może nieść ważną informację. Jak widzieliśmy w rozdziale 1, analiza składowych głównych może być potężną metodą wykorzystania struktury korelacji dla dużych grup zmiennych objaśniających w celu znalezienia mniejszego zbioru niezależnych składowych. Jednak problem współliniowości w tym przykładzie dotyczy tylko dwóch zmiennych, zatem zastosowanie tu analizy składowych głównych można uznać za przesadę. Lepszym rozwiązaniem okazuje się stworzenie komponentów zdefiniowanych przez użytkownika (p. rozdz. 1). Tutaj komponent zdefiniowany przez użytkownika będzie tak prosty, jak jest to tylko możliwe — będzie to średnia zmiennych $błonnik_z$ i $potas_z$, gdzie indeks z wskazuje na to, że zmienne zostały poddane standaryzacji. Zatem nasz komponent W będzie zdefiniowany jako $W = (błonnik_z + potas_z)/2$.

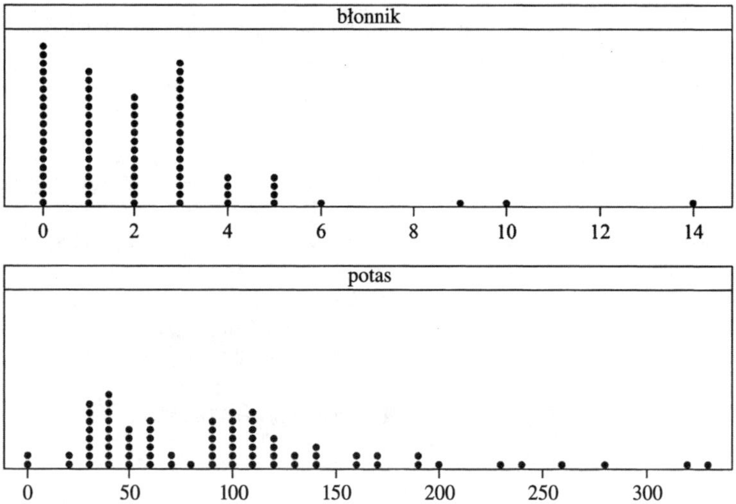

Rys. 3.11. Zmienne *błonnik* i *potas* mają inne zmienności, dlatego też przed stworzeniem komponentu zdefiniowanego przez użytkownika konieczna jest ich standaryzacja

Standaryzacja zmiennych wchodzących w skład komponentu jest konieczna, aby uniknąć sytuacji, w której większa zmienność jednej ze zmiennych zdominuje zmienność drugiej. Na przykład odchylenie standardowe zawartości błonnika dla wszystkich rodzajów płatków śniadaniowych to 2,38 grama, a odchylenie standardowe dla zawartości potasu to 71,29 miligramów. (Problem nie tkwi tutaj w różnicy w skali gramy/miligramy. Istotna jest różnica w zmienności, nawet przy odpowiednich skalach.) Na rysunku 3.11 pokazano różnice w zmienności zmiennych *błonnik* i *potas*.

Teraz możemy już przeprowadzić regresję dla wartości odżywczej na podstawie zmiennych $cukry_z$, *półka 2* i $W = (błonnik_z + potas_z)/2$ — wyniki pokazano w tab. 3.13.

Dane zawarte w tab. 3.13 sugerują, że problem współliniowści został rozwiązany — wszystkie wartości wskaźnika podbicia wariancji są bliskie 1. Zauważmy również, że wyniki regresji raczej rozczarowują gorszymi wartościami R^2, $\bar{R}^2$ i s od spodziewanych (pokazanych w tab. 3.7) z modelu $y = \beta_0 + \beta_1 \cdot cukry + \beta_2 \cdot błonnik + \beta_4 \cdot (półka\ 2) + \varepsilon$, który nawet nie zawierał zmiennej potas.

Dlaczego tak się dzieje? Problem bierze się z faktu, że zmienna *błonnik* jest bardzo dobrą zmienną objaśniającą zmienną *wartość odżywcza*, zwłaszcza w połączeniu ze zmienną *cukry* (zobaczymy to później, kiedy przeprowadzimy regresję dla najlepszych podzbiorów). Użycie tej dobrej zmiennej *błonnik* do stworzenia komponentu ze zmienną o słabszej korelacji ze zmienną *wartość odżywcza* osłabia silną zależność zmiennych *błonnik* i *wartość odżywcza* i dlatego spada efektywność modelu.

Zatem niechętnie odrzucamy model $y = \beta_0 + \beta_1 \cdot cukry + \beta_4 \cdot (półka\ 2) + \beta_5 \cdot W + \varepsilon$. Jedną z możliwych alternatyw jest zmiana wartości wag komponentu w celu zwiększenia wagi zmiennej *błonnik* względem zmiennej *potas*. Moglibyśmy na przykład użyć komponentu $W = (0{,}9 \cdot błonnik_z + 0{,}1 \cdot potas_z)/2$. Jednak wyniki regresji dla modelu nadal będą nieco gorsze niż dla modelu, który używał tylko zmiennej *błonnik*. Inne możliwości obejmują wykonanie analizy składowych głównych lub wyeliminowanie zmiennej *potas*.

Tabela 3.13. Wyniki regresji zmiennej *wartość odżywcza* względem zmiennych *cukry*, *półka 2* i komponentu *błonnik/potas*

```
The regression equation is
wartość odżywcza
= 41,7 - 10,9 cukry_z + 3,67 półka 2 + 6,97 błonnik_potas

Predictor          Coef   SE Coef       T      P  VIF
Constant        41,6642    0,9149   45,54  0,000
cukry z        -10,9149    0,8149  -13,39  0,000  1,2
półka 2           3,672     1,929    1,90  0,061  1,3
błonnik_potas    6,9722    0,8230    8,47  0,000  1,1

S = 6,56878  R-Sq = 79,0%  R-Sq(adj) = 78,1%

Analysis of Variance
Source          DF       SS      MS      F      P
Regression       3  11846,9  3949,0  91,52  0,000
Residual Error  73   3149,9    43,1
Total           76  14996,8
```

W zależności od zadania stojącego przed analitykiem, współliniowość nie musi w rzeczywistości stanowić błędu krytycznego. Weiss [5] zauważa, że współliniowość „nie wpływa niekorzystnie na możliwość przewidywania zmiennej celu za pomocą równania regresji próby". Dodaje, że współliniowość nie wpływa znacząco na estymację punktową zmiennej celu, przedziały ufności średniej wartości zmiennej celu czy przedziały predykcji. Jednak analityk danych musi mocno ograniczyć użycie współliniowego modelu tylko do szacowania i przewidywania zmiennej celu. Interpretacja modelu nie będzie właściwa, ponieważ pojedyncze współczynniki są pozbawione sensu, gdy występuje współliniowość.

3.6. Metody wyboru zmiennych objaśniających

Aby pomóc analitykowi określić, które zmienne objaśniające powinny zostać uwzględnione w modelu regresji wielokrotnej, zaproponowano wiele różnych **metod wyboru zmiennych objaśniających**, w tym (1) metodę dołączania, (2) metodę eliminacji, (3) regresję krokową i (4) metodę najlepszych podzbiorów. Metody te są w zasadzie algorytmami, które pomagają określić optymalny zbiór zmiennych objaśniających.

3.6.1. Częściowy test F

Aby omówić metody wyboru zmiennych objaśniających, musimy najpierw poznać **częściowy test** F (ang. *partial F-test*). Załóżmy, że w modelu mamy już p zmiennych, $x_1, x_2, \ldots, x_p$ i chcemy sprawdzić, czy w modelu powinna zostać uwzględniona jedna dodatkowa zmienna x^*. Przypomnijmy sobie wcześniejsze rozważania na temat sekwencyjnej sumy kwadratów. Tutaj obliczylibyśmy dodatkową (sekwencyjną) sumę kwadratów, dodając x^* do modelu, przy założeniu, że $x_1, x_2, \ldots, x_p$ zostały już uwzględnione w modelu. Oznaczmy tę wielkość jako $\mathrm{SS}_{\mathrm{extra}} = \mathrm{SS}(x^*|x_1, x_2, \ldots, x_p)$. Teraz ta dodatkowa suma kwadratów jest liczona jako różnica sumy kwadratów odchyleń regresyjnych pełnego modelu (obejmującego $x_1, x_2, \ldots, x_p$ oraz x^* i oznaczonego jako $\mathrm{SS}_{\mathrm{full}} = \mathrm{SS}(x_1, x_2, \ldots, x_p, x^*)$) i sumy kwadratów odchyleń zredukowanego modelu (obejmującego tylko $x_1, x_2, \ldots, x_p$) i oznaczonego jako $\mathrm{SS}_{\mathrm{reduced}} = \mathrm{SS}(x_1, x_2, \ldots, x_p)$. Innymi słowy,

$$\mathrm{SS}_{\mathrm{extra}} = \mathrm{SS}_{\mathrm{full}} - \mathrm{SS}_{\mathrm{reduced}},$$

czyli

$$\mathrm{SS}(x^*|x_1, x_2, \ldots, x_p) = \mathrm{SS}(x_1, x_2, \ldots, x_p, x^*) - \mathrm{SS}(x_1, x_2, \ldots, x_p).$$

Hipoteza zerowa częściowego testu F jest następująca:

- H_0 : Wartość $\mathrm{SS}_{\mathrm{extra}}$ związana ze zmienną x^* nie ma znaczącego wpływu na wielkość sumy kwadratów odchyleń regresyjnych modelu zawierającego zmienne $x_1, x_2, \ldots, x_p$, dlatego nie trzeba uwzględniać x^* w modelu.

Alternatywna hipoteza to:

- H_a : Wartość $\mathrm{SS}_{\mathrm{extra}}$ związana ze zmienną x^* ma znaczący wpływ na wielkość sumy kwadratów odchyleń regresyjnych modelu zawierającego zmienne $x_1, x_2, \ldots, x_p$, dlatego należy uwzględnić x^* w modelu.

Stastystyka dla częściowego testu F to

$$F(x^*|x_1, x_2, \ldots, x_p) = \frac{\mathrm{SS}_{\mathrm{extra}}}{\mathrm{MSE}_{\mathrm{full}}},$$

gdzie $\mathrm{MSE}_{\mathrm{full}}$ oznacza średni błąd kwadratowy dla pełnego modelu, obejmującego zmienne $x_1, x_2, \ldots, x_p$ i x^*. Statystykę taką nazywamy **częściową statystyką** F dla x^*. Jeżeli hipoteza zerowa jest prawdziwa, statystyka testu ma rozkład $F_{(1,n-p-2)}$. Zatem odrzucamy hipotezę zerową, kiedy wartość $F(x^*|x_1, x_2, \ldots, x_p)$ jest duża lub kiedy związana z nią p-wartość jest mała.

Alternatywą dla częściowego testu F jest test t. Teraz test F z 1 i $n-p-2$ stopniami swobody jest równoważny testowi t z $n-p-2$ stopniami swobody. Jest to spowodowane zależnością rozkładów: $F_{(1,n-p-2)} = (t_{n-p-2})^2$. Zatem można wykonać albo test F, albo test t. Podobnie jak w testach t opisanych wcześniej w tym rozdziale, hipotezy testu to

- $H_0 : \beta^* = 0$.
- $H_a : \beta^* \neq 0$.

Modele opisane przez te hipotezy przyjmują postać:

- $H_0 : y = \beta_0 + \beta_1 x_1 + \ldots + \beta_p x_p + \varepsilon$.
- $H_a : y = \beta_0 + \beta_1 x_1 + \ldots + \beta_p x_p + \beta^* x^* + \varepsilon$.

Dla hipotezy zerowej statystyka testu $t = b^*/s_{b^*}$ ma rozkład t z $n - p - 2$ stopniami swobody. Jeżeli p-wartość testu dwustronnego $P(|t| > t_{\mathrm{obs}})$ jest mała, to odrzucamy hipotezę zerową.

Teraz omówimy różnicę pomiędzy sekwencyjnymi sumami kwadratów a częściowymi sumami kwadratów. Sekwencyjne sumy kwadratów zostały opisane wcześniej w tym rozdziale (podrozdz. 3.4.2). Gdy zmienna jest wprowadzana do modelu, sekwencyjna suma kwadratów reprezentuje dodatkową zmienność zmiennej celu wyjaśnioną przez tę zmienną, po tym jak wyodrębniono zmienność wyjaśnianą przez wcześniej wprowadzone zmienne. Zatem w sekwencyjnej sumie kwadratów istotna jest **kolejność** wprowadzania zmiennych do modelu.

Tabela 3.14. Różnice pomiędzy sumami kwadratów — sekwencyjną i częściową

Zmienna	Sekwencyjna SS	Częściowa SS
x_1	$SS(x_1)$	$SS(x_1 \vert x_2, x_3, x_4)$
x_2	$SS(x_2 \vert x_1)$	$SS(x_2 \vert x_1, x_3, x_4)$
x_3	$SS(x_3 \vert x_1, x_2)$	$SS(x_3 \vert x_1, x_2, x_4)$
x_4	$SS(x_4 \vert x_1, x_2, x_3)$	$SS(x_4 \vert x_1, x_2, x_3)$

Z drugiej strony, kolejność nie jest istotna dla częściowej sumy kwadratów. Dla danej zmiennej częściowa suma kwadratów reprezentuje dodatkową zmienność zmiennej celu wyjaśnioną przez tę zmienną, po tym jak wyodrębniono zmienność wyjaśnianą przez wszystkie pozostałe zmienne w modelu. W tabeli 3.14 pokazano różnice pomiędzy sumami kwadratów — sekwencyjną i częściową dla modelu z czterema zmiennymi objaśniającymi x_1, x_2, x_3, x_4.

3.6.2. Metoda dołączania

Metoda dołączania (ang. *forward selection procedure*) zaczyna od modelu bez zmiennych objaśniających.

1. Jako pierwszą zmienną wprowadzoną do modelu wybierz zmienną skorelowaną w największym stopniu ze zmienną celu. (Bez utraty ogólności oznaczamy tę zmienną jako x_1.) Jeżeli wynikowy model nie jest istotny, zakończ algorytm i zgłoś, że nie ma już istotnych zmiennych objaśniających; w przeciwnym przypadku idź do kroku 2.
2. Dla każdej pozostałej zmiennej oblicz sekwencyjną statystykę F dla zmiennych już uwzględnionych w modelu. Na przykład przy pierwszym przejściu przez algorytm te sekwencyjne statystyki F to $F(x_2|x_1)$, $F(x_3|x_1)$ i $F(x_4|x_1)$. W drugim przejściu przez algorytm statystykami mogłyby być $F(x_3|x_1, x_2)$ i $F(x_4|x_1, x_2)$. Wybierz zmienną z najwyższą wartością sekwencyjnej statystyki F.
3. Dla zmiennej wybranej w kroku 2 sprawdź istotność sekwencyjnej statystyki F. Jeżeli wynikowy model nie jest istotny, zakończ i zgłoś obecny model bez dodawania tej zmiennej objaśniającej; w przeciwnym przypadku dodaj zmienną do modelu i idź do kroku 2.

3.6.3. Metoda eliminacji

Metoda eliminacji (ang. *backward elimination procedure*) zaczyna od modelu ze wszystkimi zmiennymi objaśniającymi lub wszystkimi zmiennymi ze zbioru określonego przez użytkownika.

1. Przeprowadź regresję dla pełnego modelu, czyli używając wszystkich dostępnych zmiennych. (Dla ustalenia uwagi załóżmy, że model zawiera cztery zmienne x_1, x_2, x_3, x_4.)
2. Dla każdej zmiennej w obecnym modelu oblicz częściową statystykę F. W pierwszym przejściu przez algorytm byłoby to $F(x_1|x_2, x_3, x_4)$, $F(x_2|x_1, x_3, x_4)$, $F(x_3|x_1, x_2, x_4)$ i $F(x_4|x_1, x_2, x_3)$. Wybierz zmienną z najmniejszą wartością częściowej statystyki F. Oznacz tę wartość jako $F_{\min}$.
3. Sprawdź istotność $F_{\min}$. Jeżeli statystyka $F_{\min}$ nie jest istotna, usuń zmienną związaną z $F_{\min}$ z modelu i wróć do kroku 2. Jeżeli $F_{\min}$ jest znacząca, zakończ i zgłoś otrzymany model. Jeżeli jest to pierwsze przejście przez algorytm, wynikowym modelem jest pełny model, jeżeli nie jest to pierwsze przejście przez algorytm z początkowego, to oznacza to, że z pełnego modelu usunięto jedną lub więcej zmiennych.

3.6.4. Regresja krokowa

Metoda regresji krokowej (ang. *stepwise procedure*) stanowi modyfikację metody dołączania. Zmienna, która została wprowadzona do modelu na wczesnym etapie dołączania, może okazać się nieistotna, gdy inne zmienne zostaną wprowadzone do modelu. Metoda regresji krokowej sprawdza taką możliwość, wykonując w każdym kroku częściowy test F przy użyciu częściowej sumy kwadratów dla każdej zmiennej objaśniającej znajdującej się w danej chwili w modelu. Jeżeli w modelu jest zmienna, która nie jest już istotna, to zmienna z najmniejszą wartością częściowej statystyki F powinna zostać usunięta z modelu. Procedura kończy się, gdy nie można wprowadzić lub usunąć żadnych zmiennych.

3.6.5. Metoda najlepszych podzbiorów

Dla zbioru danych, który nie ma zbyt wielu zmiennych objaśniających, **metoda najlepszych podzbiorów** (ang. *best subsets procedure*) stanowi atrakcyjną metodę wyboru zmiennych objaśniających. Jednak jeżeli jest więcej niż 30 zmiennych objaśniających, to mamy bardzo dużo kombinacji do analizy i metoda najlepszych podzbiorów staje się bardzo wolna. Algorytm postępowania w tej metodzie jest następujący:

1. Określ liczbę (k) modeli (dla każdej możliwej liczby zmiennych), które mają być zbadane, jak również maksymalną liczbę zmiennych objaśniających (p), która ma być w modelu.
2. Zbuduj wszystkie modele z jedną zmienną objaśniającą, na przykład $y = \beta_0 + \beta_1 \cdot cukry + \varepsilon$, $y = \beta_0 + \beta_2 \cdot błonnik + \varepsilon$ itd. Oblicz dla tych modeli wartości R^2, $\bar{R}^2$, statystykę C_p Mallowsa (p. poniżej) i wartość s. Na podstawie tych miar przedstawia się k najlepszych modeli.

3. Zbuduj wszystkie modele z dwoma zmiennymi objaśniającymi, na przykład, $y = \beta_0 + \beta_1 \cdot \textit{cukry} + \beta_2 \cdot \textit{błonnik} + \varepsilon$, $y = \beta_0 + \beta_1 \cdot \textit{cukry} + \beta_4 \cdot (\textit{półka 2}) + \varepsilon$ itd. Oblicz dla tych modeli wartości R^2, $\bar{R}^2$, statystykę C_p Mallowsa (p. poniżej) i wartość s. Na podstawie tych miar przedstawia się k najlepszych modeli.

Procedura jest kontynuowana, dopóki nie zostanie osiągnięta maksymalna liczba (p) zmiennych objaśniających. Analityk ma wtedy wykaz najlepszych modeli o rozmiarze $1, 2, \ldots, p$, które mają mu pomóc w wyborze najlepszego całościowego modelu.

3.6.6. Metoda wszystkich możliwych regresji

Przedstawione cztery metody wyboru zmiennych objaśniających są algorytmami optymalizacyjnymi dla dużej przestrzeni próby. Z tego powodu nie ma gwarancji, że zostanie znaleziony globalnie optymalny model, tzn. nie ma gwarancji, że algorytmy wyboru zmiennych objaśniających odkryją model z najmniejszą wartością s, najwyższą wartością $\bar{R}^2$ itd. [2, 6]. Jedyna metoda, która zapewnienia, że zostanie znaleziony absolutnie najlepszy model, to wykonanie pełnego przeglądu, czyli przeprowadzenie **wszystkich możliwych regresji**[3] (ang. *all-possible-subsets procedure*). Niestety, w zadanich eksploracji danych zwykle jest dostępnych tak dużo zmiennych objaśniających, że ta metoda jest po prostu niepraktyczna. Nie licząc modelu zerowego $y = \beta_0 + \varepsilon$, istnieje $2^p - 1$ możliwych modeli, które można zbudować dla p zmiennych objaśniających.

Dla małej liczby zmiennych objaśniających zbudowanie wszystkich możliwych modeli nie stanowi problemu. Na przykład dla $p = 5$ zmiennych objaśniających istnieje $2^5 - 1 = 31$ możliwych modeli. Jednak w miarę tego jak zaczyna rosnąć liczba zmiennych objaśniających, przestrzeń poszukiwań rośnie w sposób wykładniczy. Na przykład dla $p = 10$ zmiennych objaśniających jest $2^{10} - 1 = 1023$ możliwych modeli, a dla $p = 20$ zmiennych objaśniających jest ich już $2^{20} - 1 = 1\,048\,575$.

Zatem w większości zastosowań eksploracji danych, w których mogą być setki zmiennych objaśniających, nie ma możliwości wykorzystania metody wszystkich możliwych regresji. Dlatego analityk może zostać zmuszony do wybrania jednej z czterech metod wyboru zmiennych objaśniających omówionych powyżej. Nawet jeżeli nie ma gwarancji, że zostanie znaleziony globalnie najlepszy model, metody te zwykle dostarczają przydatnego zbioru modeli, które mogą dać dobre wyniki. Analityk może zatem przyjąć te modele jako punkt wyjścia i zastosować ulepszenia oraz modyfikacje, aby otrzymać najlepsze możliwe wyniki.

3.7. Zastosowanie metod wyboru zmiennych objaśniających

Naszym celem jest zbudowanie modelu regresji wielokrotnej dla zbioru *cereals* w celu oszacowania wartości odżywczej na podstawie poniższego zbioru możliwych zmiennych objaśniających. Chcielibyśmy otrzymać jak najbardziej zwięzły model, który jednak nie opuszcza żadnych istotnych zmiennych. Oto zbiór zmiennych:

[3]Metoda ta jest również zwana regresją z wyborem spośród wszystkich podzbiorów zmiennych objaśniających (*przyp. tłum.*).

- *kalorie* (*calories*) w porcji,
- *białka* (*protein*) w gramach,
- *tłuszcz* (*fat*) w gramach,
- *sód* (*sodium*) w miligramach,
- *błonnik* (*fiber*) w gramach,
- *węglowodany* (*carbohydrates*) w gramach,
- *cukry* (*sugars*) w gramach,
- *potas* (*potassium*) w miligramach,
- *witaminy* (*vitamins*) — procent zalecanego dziennego spożycia witamin (0%, 25% lub 100%),
- *półka 2* (*shelf 2*) — zmienna wskaźnikowa, czy płatki znajdują się na półce 2,
- *łyżki* (*cups*) — liczba łyżek w porcji,
- *waga* (*weight*) porcji.

Zmienne *łyżki* i *waga* tak naprawdę nie należą do zbioru zmiennych objaśniających z powodów, które sprawdzimy w ćwiczeniach. Jednak włączyliśmy je tutaj jako przykład zmiennych, które nie zostaną wybrane do modelu. Zastosujemy cztery metody wyboru zmiennych objaśniających opisane w podrozdz. 3.6 i porównamy modele zbudowane na podstawie każdej z nich.

3.7.1. Metoda dołączania zastosowana do zbioru danych *cereals*

W metodzie dołączania zaczynamy od modelu bez żadnych zmiennych. Następnie wybieramy zmienną najbardziej skorelowaną ze zmienną *wartość odżywcza* i jeżeli jest ona znacząca, dodajemy ją do modelu. Zmienną tą jest zmienna *cukry*, która ma najwyższy ze wszystkich zmiennych objaśniających współczynnik korelacji ($r = 0{,}762$) ze zmienną celu (*wartość odżywcza*). Następnie wykonuje się sekwencyjne testy F, takie jak $F(\textit{błonnik}|\textit{cukry})$, $F(\textit{sód}|\textit{cukry})$ itd. Okazuje się, że najwyższa sekwencyjna wartość statystyki F jest dana dla testu istotności $F(\textit{błonnik}|\textit{cukry})$, zatem zmienna *błonnik* jest drugą zmienną wprowadzaną do modelu. Jeszcze raz wykonujemy sekwencyjne testy F, takie jak $F(\textit{sód}|\textit{cukry, błonnik})$ i $F(\textit{tłuszcz}|\textit{cukry, błonnik})$. Najwyższa wartość sekwencyjnej statystyki F jest związana ze zmienną *sód*, która staje się trzecią zmienną wprowadzaną do modelu.

Procedura jest przeprowadzana dalej w ten sam sposób i są dodawane kolejne zmienne: *tłuszcz*, *białka*, *węglowodany*, *kalorie*, *witaminy* oraz *potas*. Następnie algorytm nie znajduje innych znaczących zmiennych do uwzględnienia w modelu i zostaje zakończony, przedstawiając następujący model regresji wielokrotnej dla zmiennej *wartość odżywcza*:

$$\begin{aligned} y = \beta_0 &+ \beta_1 \cdot \textit{cukry} + \beta_2 \cdot \textit{błonnik} + \beta_3 \cdot \textit{sód} \\ &+ \beta_4 \cdot \textit{tłuszcz} + \beta_5 \cdot \textit{białka} + \beta_6 \cdot \textit{węglowodany} \\ &+ \beta_7 \cdot \textit{kalorie} + \beta_8 \cdot \textit{witaminy} + \beta_9 \cdot \textit{potas} + \varepsilon. \end{aligned}$$

Oznaczmy ten model jako model A. Zauważmy, że postępując zgodnie z metodą dołączania nie wybraliśmy do modelu zmiennych: *łyżki*, *waga* i zmiennej wskaźnikowej *półka 2*. W tabeli 3.15 pokazano podsumowania dla modeli z kolejno wprowadzanymi zmiennymi (uzyskane za pomocą oprogramowania Clementine). Zauważmy, że w miarę tego, jak zmienne są dodawane do modelu, wartość $\bar{R}^2$ rośnie, a wartość standardowego błędu s maleje, co wskazuje, że wprowadzane zmienne są przydatne.

Tabela 3.15. Podsumowania modeli uzyskanych za pomocą metody dołączania

Model	R	R^2	$\bar{R}^2$	Standardowy błąd szacowania
1	0,762[a]	0,580	0,575	9,16160
2	0,899[b]	0,808	0,803	6,23743
3	0,948[c]	0,899	0,895	4,54638
4	0,981[d]	0,962	0,960	2,82604
5	0,985[e]	0,970	0,968	2,50543
6	0,987[f]	0,975	0,973	2,31269
7	0,995[g]	0,990	0,989	1,47893
8	0,998[h]	0,995	0,995	1,01477
9	0,999[i]	0,999	0,999	0,52216

[a] Zmienne objaśniające: stała, *cukry*.
[b] Zmienne objaśniające: stała, *cukry*, *błonnik*.
[c] Zmienne objaśniające: stała, *cukry*, *błonnik*, *sód*.
[d] Zmienne objaśniające: stała, *cukry*, *błonnik*, *sód*, *tłuszcz*.
[e] Zmienne objaśniające: stała, *cukry*, *błonnik*, *sód*, *tłuszcz*, *białka*.
[f] Zmienne objaśniające: stała, *cukry*, *błonnik*, *sód*, *tłuszcz*, *białka*, *węglowodany*.
[g] Zmienne objaśniające: stała, *cukry*, *błonnik*, *sód*, *tłuszcz*, *białka*, *węglowodany*, *kalorie*.
[h] Zmienne objaśniające: stała, *cukry*, *błonnik*, *sód*, *tłuszcz*, *białka*, *węglowodany*, *kalorie*, *witaminy*.
[i] Zmienne objaśniające: stała, *cukry*, *błonnik*, *sód*, *tłuszcz*, *białka*, *węglowodany*, *kalorie*, *witaminy*, *potas*.

W celu policzenia sekwencyjnych statystyk F możemy użyć informacji z tab. 3.16. Tabela przedstawia tablicę ANOVA dla pierwszych czterech modeli wybranych za pomocą metody dołączania. Model 1 oznacza model z jedną zmienną objaśniającą — *cukry*. Model 2 oznacza model ze zmiennymi objaśniającymi *cukry* i *błonnik*. Ponieważ $\mathrm{SS}_{\mathrm{extra}} = \mathrm{SS}_{\mathrm{full}} - \mathrm{SS}_{\mathrm{reduced}}$, mamy

$$\mathrm{SS}_{błonnik|cukry} = \mathrm{SS}_{cukry,błonnik} - \mathrm{SS}_{cukry}.$$

Z tabeli 3.16 mamy $\mathrm{SS}_{cukry,błonnik} = 12117{,}782$, a $\mathrm{SS}_{cukry} = 8701{,}675$, co daje nam

$$\mathrm{SS}_{błonnik|cukry} = \mathrm{SS}_{cukry,błonnik} - \mathrm{SS}_{cukry} = 12117{,}782 - 8701{,}675 = 3416{,}107.$$

Tabela 3.16. Tablice ANOVA dla pierwszych czterech modeli wybranych za pomocą metody dołączania[a]

Model	Suma kwadratów	Liczba stopni swobody	Średnie odchylenie kwadratowe	F	Istotność
1 Regresja	8701,675	1	8701,675	103,672	0,000 [b]
Błąd	6295,113	75	83,935		
Suma	14 996,788	76			
2 Regresja	12 117,782	2	6058,891	155,734	0,000 [c]
Błąd	2879,006	74	38,905		
Suma	14 996,788	76			
3 Regresja	13 487,911	3	4495,970	217,517	0,000 [d]
Błąd	1508,877	73	20,670		
Suma	14 996,788	76			
4 Regresja	14 421,759	4	3605,440	451,441	0,000 [e]
Błąd	575,030	72	7,987		
Suma	14 996,788	76			

[a] Zmienna zależna: *wartość odżywcza*.
[b] Zmienne objaśniające: stała, *cukry*.
[c] Zmienne objaśniające: stała, *cukry*, *błonnik*.
[d] Zmienne objaśniające: stała, *cukry*, *błonnik*, *sód*.
[e] Zmienne objaśniające: stała, *cukry*, *błonnik*, *sód*, *tłuszcz*.

Statystyka testu dla częściowych (lub w tym przypadku sekwencyjnych) testów F jest następująca:

$$F_{błonnik|cukry} = \frac{SS_{błonnik|cukry}}{MSE_{cukry,błonnik}}.$$

Z tabeli 3.16 mamy $MSE_{cukry,błonnik} = 38{,}905$, co daje nam

$$F_{błonnik|cukry} = \frac{SS_{błonnik|cukry}}{MSE_{cukry,błonnik}} = \frac{3416{,}107}{38{,}905} = 87{,}8.$$

Dla próby o rozmiarze 77 z $p = 2$ parametrami w modelu, ta statystyka testu ma rozkład $F_{(1,n-p-2)} = F_{(1,73)}$; p-wartość dla tej statystyki jest równa w przybliżeniu 0, a więc odrzucamy hipotezę zerową, że zmienna *błonnik* nie powinna zostać uwzględniona w modelu po zmiennej *cukry*.

3.7.2. Metoda eliminacji zastosowana do zbioru danych *cereals*

W metodzie eliminacji zaczynamy od modelu ze wszystkimi zmiennymi. Częściowa statystyka F jest wtedy obliczana dla każdej zmiennej w modelu. Przykładami mogą być $F(waga|cukry, błonnik, \ldots, łyżki)$ oraz $F(łyżki|cukry, błonnik, \ldots, waga)$. Poszukujemy zmiennej z najmniejszą wartością częściowej statystyki F — $F_{\min}$. W tym przypadku jest to *waga*. Jeżeli wartość $F_{\min}$ nie jest znacząca, co ma miejsce tutaj, zmienna jest usuwana z modelu. W następnym przejściu zmienną z najmniejszą wartością częściowej statystyki F jest zmienna *łyżki*, która również nie jest znacząca, a zatem usuwamy ją z modelu. W trzecim przejściu zmienną z najmniejszą wartością częściowej statystyki F jest zmienna wskaźnikowa *półka 2*. Jednak p-wartość związana z wartością $F_{\min}$ dla tej zmiennej nie jest dostatecznie duża, aby uzasadniać wyłączenie w modelu, zgodnie z kryterium włączenia (więcej o tym za chwilę). Dlatego algorytm kończy działanie i zwraca następujący model:

$$\begin{aligned} y = {} & \beta_0 + \beta_1 \cdot \mathit{cukry} + \beta_2 \cdot \mathit{błonnik} + \beta_3 \cdot \mathit{sód} + \beta_4 \cdot \mathit{tłuszcz} \\ & + \beta_5 \cdot \mathit{białka} + \beta_6 \cdot \mathit{węglowodany} + \beta_7 \cdot \mathit{kalorie} \\ & + \beta_8 \cdot \mathit{witaminy} + \beta_9 \cdot \mathit{potas} + \beta_{10} \cdot (\mathit{półka\ 2}) + \varepsilon. \end{aligned}$$

Oznaczmy ten model jako model B. Zauważmy, że modele wygenerowane za pomocą metody dołączania i metody eliminacji różnią się o zmienną *półka 2*, która jest włączona do modelu B (metoda eliminacji), ale nie jest włączona do modelu A (metoda dołączania). Dalej zbadamy dlaczego tak się dzieje.

Tabela 3.17. Podsumowania modeli uzyskanych za pomocą metody eliminacji

Model	R	R^2	$\bar{R}^2$	Standardowy błąd oszacowania
1	0,999[a]	0,999	0,999	0,51098
2	0,999[b]	0,999	0,999	0,50813
3	0,999[c]	0,999	0,999	0,51091

[a] Zmienne objaśniające: stała, *półka 2, tłuszcz, sód, waga, łyżki, białka, witaminy, węglowodany, błonnik, cukry, kalorie, potas*.
[b] Zmienne objaśniające: stała, *półka 2, tłuszcz, sód, łyżki, białka, witaminy, węglowodany, błonnik, cukry, kalorie, potas*.
[c] Zmienne objaśniające: stała, *półka 2, tłuszcz, sód, białka, witaminy, węglowodany, błonnik, cukry, kalorie, potas*.

W tabeli 3.17 pokazano podsumowania dla modeli, z kolejno usuwanymi nieprzydatnymi zmiennymi. Zauważmy, że w miarę usuwania zmiennych, nie ma zmian wartości $\bar{R}^2$, przynajmniej na pierwszych trzech miejscach po przecinku, podczas gdy wartość standardowego błędu jest nierozstrzygająca. Wyniki z tabeli 3.18 można wykorzystać do obliczania częściowych statystyk F. Tabela ta przedstawia tablice ANOVA dla modeli utworzonych za pomocą metody eliminacji. Model 1 oznacza model ze wszystkimi zmiennymi objaśniającymi uwzględnionymi w modelu. Model 2 to model ze wszystkimi zmiennymi objaśniającymi, oprócz zmiennej *waga*. Mamy

$$\begin{aligned} \mathrm{SS}_{\mathit{waga}|\text{wszystkie pozostałe zmienne}} &= \mathrm{SS}_{\text{wszystkie zmienne}} - \mathrm{SS}_{\text{wszystkie zmienne oprócz zmiennej } \mathit{waga}} \\ &= 14\,980{,}078 - 14\,980{,}005 = 0{,}073. \end{aligned}$$

Tabela 3.18. Tablice ANOVA dla pierwszych modeli wybranych za pomocą metody eliminacji[a]

Model	Suma kwadratów	Liczba stopni swobody	Średnie odchylenie kwadratowe	F	Istotność
1 Regresja	14 980,078	12	1248,340	4781,082	0,000 [b]
Błąd	16,710	64	0,261		
Suma	14 996,788	76			
2 Regresja	14 980,005	11	1361,819	5274,321	0,000 [c]
Błąd	16,783	65	0,258		
Suma	14 996,788	76			
3 Regresja	14 979,560	10	1497,956	5738,554	0,000 [d]
Błąd	17,228	66	0,261		
Suma	14 996,788	76			

[a] Zmienna zależna: *wartość odżywcza*.
[b] Zmienne objaśniające: stała, *półka 2, tłuszcz, sód, waga, łyżki, białka, witaminy, węglowodany, błonnik, cukry, kalorie, potas*.
[c] Zmienne objaśniające: stała, *półka 2, tłuszcz, sód, łyżki, białka, witaminy, węglowodany, błonnik, cukry, kalorie, potas*.
[d] Zmienne objaśniające: stała, *półka 2, tłuszcz, sód, białka, witaminy, węglowodany, błonnik, cukry, kalorie, potas*.

Używając informacji z tab. 3.18, obliczamy statystykę dla częściowego testu F:

$$F(waga|\text{wszystkie pozostałe zmienne}) = \frac{SS_{waga|\text{wszystkie pozostałe zmienne}}}{MSE_{\text{wszystkie zmienne}}} = \frac{0,073}{0,216} = 0,280.$$

Wartość ta leży około 40 centyla rozkładu $F_{(1,n-p-1)} = F_{(1,72)}$, co daje nam p-wartość dla tego testu hipotezy równą 0,60. Zatem nie ma podstaw do odrzucenia hipotezy zerowej, że zmienna *waga* nie powinna zostać uwzględniona w modelu. Tym samym zmienna jest eliminowana z modelu.

3.7.3. Metoda regresji krokowej zastosowana do zbioru danych *cereals*

Metoda regresji krokowej stanowi modyfikację metody dołączania, gdzie algorytm sprawdza na każdym etapie czy zmienne uwzględnione w modelu są nadal istotne. W naszym przykładzie każda zmienna, która została wprowadzona pozostaje istotna, gdy inne zmienne są również wprowadzane. Zatem wyniki dla metody regresji krokowej będą takie same, jak dla metody dołączania (model A), z takimi samymi podsumowaniami modelu (tab. 3.15).

3.7.4. Metoda najlepszych podzbiorów zastosowana do zbioru danych *cereals*

W tabeli 3.19 pokazano wyniki uzyskane za pomocą programu Minitab zgodnie z metodą najlepszych podzbiorów zastosowaną do zbioru danych *cereals*. Nazwy zmiennych objaśniających znajdują się na górze po prawej stronie (sformatowane pionowo). Każdy wiersz w tabeli reprezentuje osobny model, z zaznaczonymi za pomocą symbolu „X" zmiennymi objaśniającymi uwzględnionymi w modelu. Tak więc pierwszy model uwzględnia tylko zmienną *cukry*, drugi model uwzględnia tylko zmienną *kalorie*, trzeci model uwzględnia tylko zmienną *błonnik*, czwarty model ma dwie zmienne — *cukry* i *błonnik* itd. Dla każdego modelu pokazano cztery kryteria wyboru modelu: R^2, $\bar{R}^2$, współczynnik Mallowsa C_p oraz s.

3.8. Statystyka C_p Mallowsa

Omówimy teraz statystykę C_p, wprowadzoną przez Mallowsa [7]. Statystyka C_p przyjmuje postać

$$C_p = \frac{\mathrm{SSE}_p}{\mathrm{MSE}_{\mathrm{full}}} - [n - 2(p + 1)],$$

gdzie p oznacza liczbę zmiennych objaśniających w bieżącym (roboczym) modelu, SSE_p jest sumą kwadratów błędów w modelu z p zmiennymi objaśniającymi, a $\mathrm{MSE}_{\mathrm{full}}$ to średni błąd kwadratowy pełnego modelu, czyli modelu ze wszystkimi zmiennymi objaśniającymi. Można udowowdnić, że jeśli model dobrze pasuje, to $E(C_p) = p + 1$ (p. [2]). Zatem będziemy się spodziewać, że wartości C_p dla dobrze dopasowanego modelu nie będą dalekie od $p + 1$. Z drugiej strony, modele, które wykazują istotny brak dopasowania, przyjmują wartości C_p większe (a czasami dużo większe) od $p + 1$. Pełny model (z uwzględnionymi wszystkimi zmiennymi) zawsze ma statystykę $C_p = p + 1$, ale często nie jest to najlepszy możliwy model.

Warto naszkicować wykres wartości C_p względem liczby zmiennych objaśniających p. Wykres taki w przypadku regresji dla zbioru danych *cereals* pokazano na rys. 3.12. Aby zwiększyć czytelność, na wykresie pokazano tylko te modele, dla których wartości C_p są bliskie p. Jedną z heurystyk wyboru najlepszego modelu jest wybór modelu, dla którego wartość C_p w miarę wzrostu p zbliża się lub przekracza linię $C_p = p + 1$.

Rozważmy rysunek 3.12. Nie ma na nim punktów dla $p < 9$, ponieważ wartości C_p dla tych punktów były zbyt daleko od $C_p = p + 1$. Ogólny trend dla wartości C_p jest malejący, jeżeli p rośnie, co można zobaczyć również w tab. 3.19. Dla $p = 9$ mamy $C_p = 13$ — wartość ta nie jest zbyt daleko od linii $C_p = p + 1$, zatem możemy zapamiętać ten model jako potencjalny model kandydujący.

W końcu gdy osiągamy $p = 10$, to dla jednego z modeli mamy $C_p = 11$, która to wartość leży dokładnie na linii $C_p = p + 1$. Zatem heurystyka C_p wybiera ten model jako najlepszy. Model ten oznaczono w tab. 3.19 gwiazdką. Jego postać jest następująca:

$$\begin{aligned} y = {} & \beta_0 + \beta_1 \cdot \textit{cukry} + \beta_2 \cdot \textit{błonnik} + \beta_3 \cdot \textit{sód} + \beta_4 \cdot \textit{tłuszcz} \\ & + \beta_5 \cdot \textit{białka} + \beta_6 \cdot \textit{węglowodany} + \beta_7 \cdot \textit{kalorie} \\ & + \beta_8 \cdot \textit{witaminy} + \beta_9 \cdot \textit{potas} + \beta_{10} \cdot (\textit{półka 2}) + \varepsilon. \end{aligned}$$

Tabela 3.19. Wyniki zastosowania metody najlepszych podzbiorów do zbioru danych *cereals*[a]

Vars	R-Sq	R-Sq(adj)	Mallows C-p	s	kalorie	białka	tłuszcz	sód	błonnik	węglowodany	cukry	potas	witaminy	łyżki	waga	półka 2
1	58,0	57,5	24037,0	9,1616							X					
1	47,5	46,8	30067,7	10,244	X											
1	33,3	32,5	38211,7	11,545					X							
2	80,8	80,3	10955,5	6,2374					X		X					
2	73,8	73,1	14972,0	7,2854							X	X				
2	70,9	70,1	16623,1	7,6748	X	X										
3	89,9	89,5	5709,9	4,5464				X	X		X					
3	86,6	86,0	7635,1	5,2493			X		X		X					
3	84,7	84,0	8732,7	5,6108	X				X		X					
4	96,2	96,0	2135,3	2,8260			X	X	X		X					
4	92,7	92,3	4102,0	3,8882			X	X			X	X				
4	91,7	91,2	4718,5	4,1658				X	X	X	X					
5	97,5	97,3	1368,2	2,2958	X	X		X	X	X						
5	97,0	96,8	1641,9	2,5054		X	X	X	X		X					
5	96,7	96,4	1848,6	2,6528		X	X	X	X	X						
6	98,4	98,3	848,7	1,8441	X	X		X	X	X		X				
6	98,2	98,1	943,5	1,9376	X	X		X	X	X	X					
6	98,2	98,0	995,7	1,9872	X	X		X	X	X			X			
7	99,0	98,9	511,7	1,4722	X	X		X	X	X		X	X			
7	99,0	98,9	517,0	1,4789	X	X	X	X	X	X	X					
7	98,9	98,8	575,9	1,5525	X	X		X	X	X	X	X				
8	99,5	99,5	209,2	1,0148	X	X	X	X	X	X	X		X			
8	99,4	99,3	307,0	1,1855	X	X	X	X	X	X	X	X				
8	99,4	99,3	309,6	1,1896	X	X		X	X	X	X	X	X			
9	99,9	99,9	13,0	0,52216	X	X	X	X	X	X	X	X	X			
9	99,6	99,5	195,4	0,99173	X	X	X	X	X	X	X		X			X
9	99,6	99,5	200,9	1,0026	X	X	X	X	X	X	X		X		X	
10	**99,9**	**99,9**	**11,0**	**0,51091**	**X**	**X**	**X**	**X**	**X**	**X**	**X**	**X**	**X**			**X**
10	99,9	99,9	13,9	0,52198	X	X	X	X	X	X	X	X	X	X		
10	99,9	99,9	14,9	0,52575	X	X	X	X	X	X	X	X	X		X	
11	99,9	99,9	11,3	0,50813	X	X	X	X	X	X	X	X	X	X		X
11	99,9	99,9	12,8	0,51403	X	X	X	X	X	X	X	X	X		X	X
11	99,9	99,9	15,7	0,52549	X	X	X	X	X	X	X	X	X	X	X	
12	99,9	99,9	13,0	0,51098	X	X	X	X	X	X	X	X	X	X	X	X

[a] Najlepszy model wyróżniono pismem półgrubym.

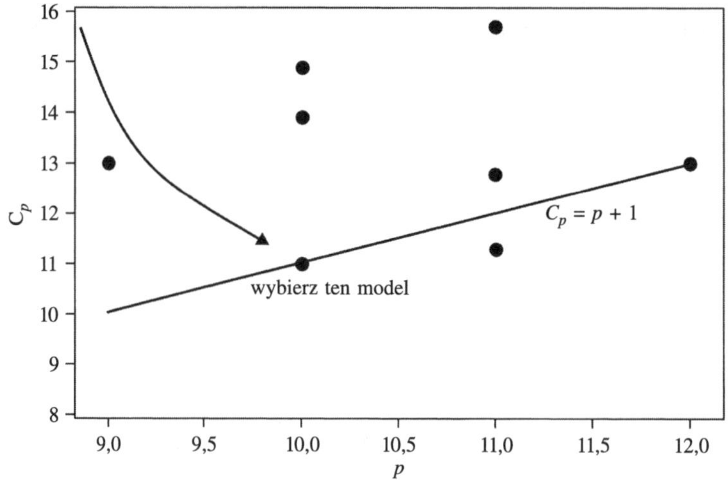

Rys. 3.12. Wykres statystyki C_p Mallowsa względem liczby zmiennych objaśniających p (pomaga w wyborze najlepszego modelu)

Jest to oczywiście model B — model wybrany za pomocą metody eliminacji. Drugi model z $p = 9$ i $C_p = 13$ jest modelem wybranym za pomocą metody dołączania i metody regresji krokowej (model A):

$$\begin{aligned} y = \beta_0 &+ \beta_1 \cdot cukry + \beta_2 \cdot błonnik + \beta_3 \cdot sód + \beta_4 \cdot tłuszcz \\ &+ \beta_5 \cdot białka + \beta_6 \cdot węglowodany + \beta_7 \cdot kalorie \\ &+ \beta_8 \cdot witaminy + \beta_9 \cdot potas + \varepsilon. \end{aligned}$$

3.9. Kryteria wyboru zmiennych

Na podstawie analizy przeprowadzonej w poprzednim podrozdziale mamy dwa potencjalne modele ubiegające się o miano najlepszego modelu, z których każdy został zgłoszony przez inną procedurę. Jedyną różnicą między tymi modelami jest obecność zmiennej wskaźnikowej *półka 2*. Zastanówmy się przez chwilę dlaczego metoda dołączania nie uwzględniła tej zmiennej, podczas gdy metoda eliminacji uwzględniła ją.

Do tej pory stosowaliśmy nieświadomie procedury wyboru zmiennych, używając domyślnych kryteriów wyboru w algorytmach. W wielu przypadkach te domyślne wartości sprawdzają się, ale analityk zawsze powinien wiedzieć na podstawie jakich wartości progowych wyeliminowano lub zatrzymano zmienne podczas procesu wyboru zmiennych. Na rysunku 3.13 przedstawiono okno dialogowe programu Clementine, w którym określa się progi wejścia i usuwania razem z domyślnymi wartościami. Zmienne zostaną dodane do modelu tylko wtedy, gdy p-wartość dla częściowego testu F jest mniejsza od wartości wejścia określonej w tym oknie dialogowym, a usunięta tylko wtedy, gdy p-wartość jest większa od określonej wartości progowej usunięcia.

Jeżeli analityk chce, aby model był bardziej zwięzły, może zadać mniejszą wartość wejścia, co sprawi, że trudniejsze będzie wyeliminowane zmiennych o wątpliwym

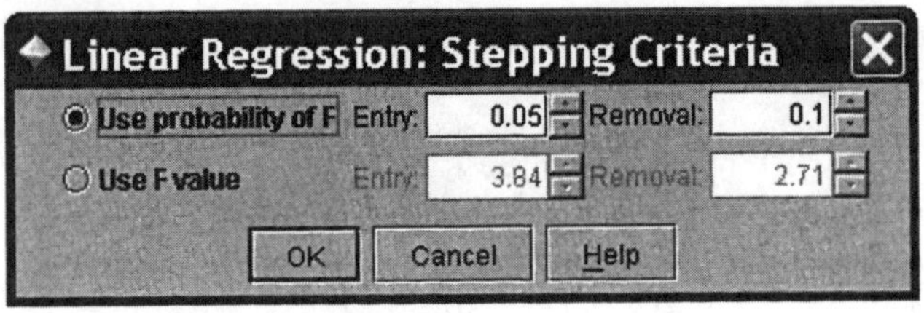

Rys. 3.13. Określanie wartości progowych wejścia i usuwania w programie Clementine

znaczeniu. Podobnie, mniejsza wartość progowa usunięcia sprawi, że łatwiejsze będzie opuszczenie zmiennych o wątpliwym znaczeniu. Z drugiej strony, jeżeli analityk chce uwzględnić więcej zmiennych, może określić wyższe wartości progowe wejścia i usunięcia. Oczywiście wartość wejścia musi być mniejsza od wartości usunięcia.

Zatem jakie znaczenie ma zmienna wskaźnikowa *półka 2* przy założeniu, że inne zmienne z tab. 3.15 są uwzględnione w modelu? W tabeli 3.20 pokazano, że p-wartość testu t dla zmiennej *półka 2* to 0,05. Wcześniej dowiedzieliśmy się, że test t i (odpowiedni) test F są równoważne. Zatem to by oznaczało, że p-wartość sekwencyjnego testu F dla włączenia zmiennej *półka 2* to 0,05.

Tabela 3.20. Istotność zmiennej wskaźnikowej *półka 2* jest na poziomie 0,05

```
The regression equation is
wartość odżywcza = 54,3 - 0,230 kalorie + 3,25 białka - 1,67 tłuszcz
        - 0,0552 sód + 3,47 błonnik + 1,16 węglowodany - 0,708 cukry
        - 0,0330 potas - 0,0496 witaminy + 0,314 półka 2

Predictor          Coef    SE Coef       T      P  VIF
Constant        54,2968     0,4488  120,99  0,000
kalorie       -0,229610   0,007845  -29,27  0,000  6,8
białka          3,24665    0,08582   37,83  0,000  2,6
tłuszcz        -1,66844    0,09650  -17,29  0,000  2,7
sód          -0,0552464  0,0008142  -67,86  0,000  1,4
błonnik         3,46905    0,07165   48,41  0,000  8,5
węglowodany     1,16030    0,03127   37,11  0,000  5,1
cukry          -0,70776    0,03343  -21,17  0,000  6,4
potas         -0,032982   0,002416  -13,65  0,000  8,6
witaminy      -0,049640   0,002940  -16,88  0,000  1,3
półka 2          0,3140     0,1573    2,00  0,050  1,4

S = 0,510915  R-Sq = 99,9%  R-Sq(adj) = 99,9%

Analysis of Variance
Source          DF       SS      MS        F      P
Regression      10  14979,6  1498,0  5738,55  0,000
Residual Error  66     17,2     0,3
Total           76  14996,8
```

Tabela 3.21. Tablice ANOVA dla modeli z i bez zmiennej *półka 2*

Model		Suma kwadratów	Liczba stopni swobody	Średnie odchylenie kwadratowe	F	Istotność
Ze zmienną *półka 2*	regresja	14 978,521	9	1664,280	6104,043	0,000
	błąd	18,268	67	0,273		
	suma	14 996,788	76			
Bez zmiennej *półka 2*	regresja	14 979,560	10	1497,956	5738,554	0,000
	błąd	17,228	66	0,261		
	suma	14 996,788	76			

Możemy sprawdzić tę p-wartość, używając bezpośrednio sekwencyjnego testu F. Z tabeli 3.21 odczytujemy, że suma kwadratów odchyleń regresyjnych dla pełnego modelu (ze zmienną *półka 2*, ale bez zmiennych *łyżki* i *waga*) jest równa 14 979,560. Również z tabeli 3.21 wiemy, że suma kwadratów odchyleń regresyjnych dla zredukowanego modelu (bez zmiennej *półka 2*) jest równa 14 978,521. Zatem mamy

$$\begin{aligned} SS_{\textit{półka 2}|\text{wszystkie pozostałe zmienne}} &= SS_{\text{wszystkie zmienne}} - SS_{\text{wszystkie zmienne oprócz zmiennej } \textit{półka 2}} \\ &= 14\,979{,}560 - 14\,978{,}521 \\ &= 1{,}039. \end{aligned}$$

Z tabeli 3.21 mamy, że $MSE_{\text{wszystkie zmienne}} = 0{,}261$. Stąd

$$\begin{aligned} &F(\textit{półka 2}|\text{wszystkie pozostałe zmienne}) \\ &\qquad = SS_{\textit{półka 2}|\text{wszystkie pozostałe zmienne}}/MSE_{\text{wszystkie zmienne}} \\ &\qquad = \frac{1{,}039}{0{,}261} = 3{,}9808. \end{aligned}$$

Wartość 3,9808 sekwencyjnej statystyki F leży na 95 centylu rozkładu $F_{(1,n-p-2)} = F_{(1,65)}$, co potwierdza, że p-wartość w przypadku uwzględnienia zmiennej wskaźnikowej *półka 2* w modelu jest równa 0,05.

Przypomnijmy, że 0,05 było domyślną wartością progową wejścia dla obydwu procedur (dołączania i eliminacji). Zatem jeżeli zwiększylibyśmy trochę wartość progową wejścia (powiedzmy do 0,051), to moglibyśmy oczekiwać, że zmienna *półka 2* zostanie uwzględniona w końcowych modelach utworzonych za pomocą obu procedur. Na rysunku 3.14 przedstawiono okno dialogowe programu Clementine, w którym można dopasować wartość progową wejścia dla algorytmu dołączania na poziomie lekko podwyższonym do 0,051. W tabeli 3.22 pokazano podsumowanie wyników modelu dla algorytmu dołączania z dopasowaną wartością progową wejścia równą 0,051. Zauważmy, że zgodnie z oczekiwaniami zmienna *półka 2* jest teraz uwzględniona jako ostatnia zmienna wprowadzona do modelu. W przeciwnym przypadku wyniki w tab. 3.22 byłyby takie same jak w tab. 3.15 (dla metody dołączania z domyślną wartością progową).

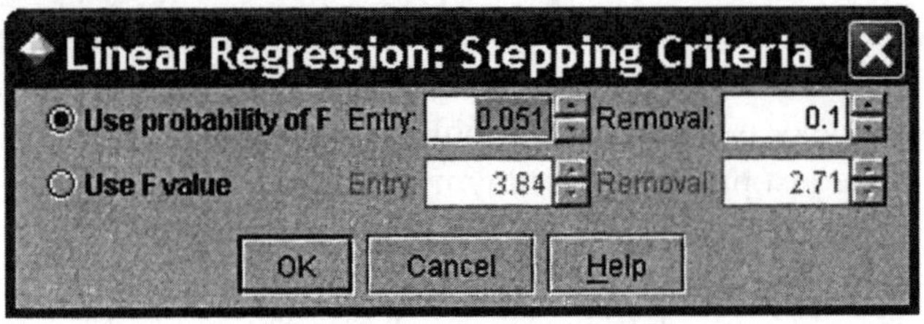

Rys. 3.14. Dopasowanie wartości progowych wejścia dla metody dołączania

Tabela 3.22. Podsumowania wyników modeli zbudowanych za pomocą metody dołączania po dopasowaniu wartości progowej wejścia i uwzględnieniu zmiennej *półka 2*

Model	R	R^2	$\bar{R}^2$	Standardowy błąd oszacowania
1	0,762[a]	0,580	0,575	9,16160
2	0,899[b]	0,808	0,803	6,23743
3	0,948[c]	0,899	0,895	4,54638
4	0,981[d]	0,962	0,960	2,82604
5	0,985[e]	0,970	0,968	2,50543
6	0,987[f]	0,975	0,973	2,31269
7	0,995[g]	0,990	0,989	1,47893
8	0,998[h]	0,995	0,995	1,01477
9	0,999[i]	0,999	0,999	0,52216
10	0,999[j]	0,999	0,999	0,51091

[a] Zmienne objaśniające: stała, *cukry*.
[b] Zmienne objaśniające: stała, *cukry*, *błonnik*.
[c] Zmienne objaśniające: stała, *cukry*, *błonnik*, *sód*.
[d] Zmienne objaśniające: stała, *cukry*, *błonnik*, *sód*, *tłuszcz*.
[e] Zmienne objaśniające: stała, *cukry*, *błonnik*, *sód*, *tłuszcz*, *białka*.
[f] Zmienne objaśniające: stała, *cukry*, *błonnik*, *sód*, *tłuszcz*, *białka*, *węglowodany*.
[g] Zmienne objaśniające: stała, *cukry*, *błonnik*, *sód*, *tłuszcz*, *białka*, *węglowodany*, *kalorie*.
[h] Zmienne objaśniające: stała, *cukry*, *błonnik*, *sód*, *tłuszcz*, *białka*, *węglowodany*, *kalorie*, *witaminy*.
[i] Zmienne objaśniające: stała, *cukry*, *błonnik*, *sód*, *tłuszcz*, *białka*, *węglowodany*, *kalorie*, *witaminy*, *potas*.
[j] Zmienne objaśniające: stała, *cukry*, *błonnik*, *sód*, *tłuszcz*, *białka*, *węglowodany*, *kalorie*, *witaminy*, *potas*, *półka 2*.

Teraz wszystkie cztery algorytmy wyboru zmiennych wskazują ten sam model jako najlepszy. Oznaczmy więc model B jako nasz model roboczy (ang. *working model*):

$$
\begin{aligned}
y = {} & \beta_0 + \beta_1 \cdot \mathit{cukry} + \beta_2 \cdot \mathit{błonnik} + \beta_3 \cdot \mathit{sód} + \beta_4 \cdot \mathit{tłuszcz} \\
& + \beta_5 \cdot \mathit{białka} + \beta_6 \cdot \mathit{węglowodany} + \beta_7 \cdot \mathit{kalorie} \\
& + \beta_8 \cdot \mathit{witaminy} + \beta_9 \cdot \mathit{potas} + \beta_{10} \cdot (\mathit{półka\ 2}) + \varepsilon.
\end{aligned}
$$

Powtórzmy raz jeszcze, że nie trzeba przedstawiać tylko jednego modelu jako ostatecznego. Można pracować nad dwoma lub trzema modelami, a wprowadzić ten model, który zapewnia największe polepszenie problemu biznesowego lub badawczego. Z drugiej strony, wygodnie jest pracować z jednym wybranym modelem roboczym, ponieważ budowa modelu w środowisku wielu zmiennych jest procesem złożonym. Zauważmy jednak, że kryteria wyboru zmiennych do „najlepszego" modelu nie rozwiązują problemu współliniowości, który nadal istnieje między zmiennymi objaśniającymi. Uważni czytelnicy dostrzegą w tab. 3.20, że wskaźniki podbicia wariancji dla czterech lub pięciu zmiennych są raczej wysokie i wymagają uwagi.

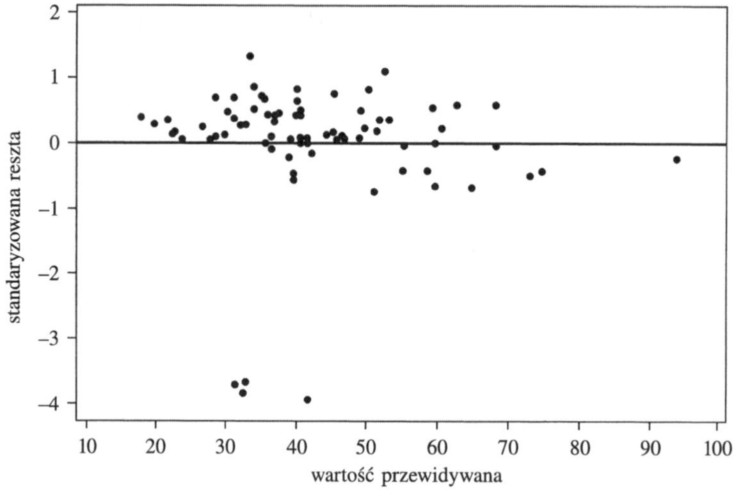

Rys. 3.15. Wykres reszt względem przewidywanych wartości ujawnia zbiór czterech punktów oddalonych

Zajmijmy się najpierw problemem tych obserwacji oddalonych w zbiorze danych, które zostały wykryte przez nasz model roboczy. Na rysunku 3.15 pokazano wykres standaryzowanych reszt względem przewidywanych wartości dla modelu roboczego. W dolnej części wykresu widać zbiór czterech obserwacji oddalonych. Wszystkie te obsewacje dotyczą płatków śniadaniowych, których wartość odżywcza jest niższa od spodziewanej przy danych wartościach zmiennych objaśniających. Te płatki śniadaniowe to:

- Rekord 46: Raisin Nut Bran,
- Rekord 52: Apple Cinnamon Cheerios,
- Rekord 55: Honey Nut Cheerios,
- Rekord 56: Oatmeal Raisin Crisp.

Nie wiemy dlaczego wartość odżywcza tych płatków śniadaniowych jest tak zaskakująco niska. Być może zawierają one inne składniki, niewymienione wśród naszych zmiennych objaśniających, które obniżają ich wartość odżywczą. Niezależnie od przyczyn, te płatki śniadaniowe pogarszają wydajność całego modelu regresji dla większości płatków ze zbioru danych i dlatego zostaną wyeliminowane.

Po usunięciu tych czterech rodzajów płatków śniadaniowych pojawiła się nowa obserwacja oddalona w zbiorze danych, co pokazano na wykresie standaryzowanych reszt

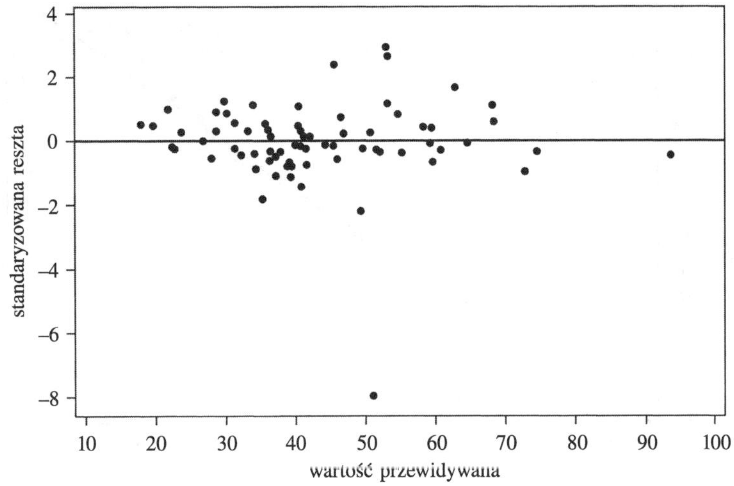

Rys. 3.16. Po usunięciu czterech punktów oddalonych pojawia się jeszcze jeden punkt oddalony

względem przewidywanych wartości na rys. 3.16. Te płatki to Quaker Oatmeal ze znaczącą wartością standaryzowanej reszty równą −7,87, co oznacza, że ich właściwa wartość odżywcza jest o 7,87 razy wartość standardowego błędu reszty mniejsza od spodziewanej przy danych wartościach zmiennych objaśniających. Dlatego wyeliminujemy ten rodzaj płatków śniadaniowych z analizy i zajmiemy się dalej pozostałymi 72 rodzajami płatków śniadaniowych.

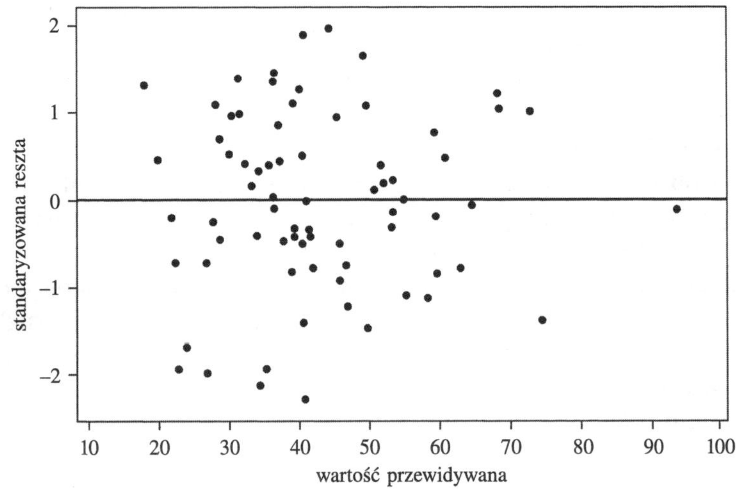

Rys. 3.17. Po wyeliminowaniu piątego punktu oddalonego otrzymujemy prawidłowy wykres standaryzowanych reszt względem wartości przewidywanych

W końcu na rys. 3.17 pokazano, że po wyeliminowaniu tej piątej obserwacji oddalonej otrzymujemy poprawny wykres standaryzowanych reszt względem wartości przewidywanych. Na wykresie nie są widoczne oczywiste układy punktów, które

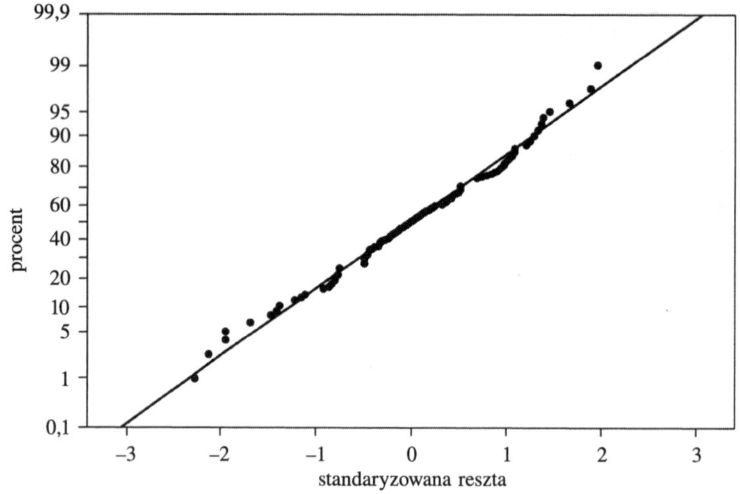

Rys. 3.18. Założenie o rozkładzie normalnym jest potwierdzone przez wykres kwantylowy dla pozostałych 72 rodzajów płatków śniadaniowych

wskazywałyby na naruszenie założeń regresji o stałej wariancji lub niezależności. Również wykres kwantylowy z rys. 3.18 potwierdza prawdziwość założenia, iż rozkład jest normalny. Dlatego poza problemem współliniowości, który nadal musimy rozwiązać, mamy poprawny model i powody do zadowolenia. Wyniki regresji dla tego modelu pokazano w tab. 3.23. Niektóre z tych wyników, jak na przykład wartość 100% dla R^2 lub $\bar{R}^2$ są dość niezwykłe. Ale bliższe oględziny wyników pokazują, że te przedstawione doskonałe wyniki są spowodowane tylko zaokrągleniami.

Z tabeli 3.23 możemy odczytać, że zarówno SSE, jak i MSE mają wartości równe 0 — jest to zgodne z idealnymi wartościami R^2 i $\bar{R}^2$. Jednak standardowy błąd oszacowania s ma wartość różną (chociaż minimalnie) od zera. Wiemy, że $s = \sqrt{\text{MSE}}$, a zatem jest prawdopodobne, że wartości 0 i 100% pokazane w tab. 3.23 są wynikiem zaokrągleń. Potwierdzają to wyniki tej samej regresji (przeprowadzonej za pomocą bardziej dokładnego programu SPSS), które pokazano w tab. 3.24.

Jest to kolejny przykład pokazujący, że wyniki obliczeń komputerowych mogą być czasami mylące, dlatego analityk danych musi rozumieć mechanizmy i zasady działania modeli statystycznych. Wyniki w tab. 3.23 sugerują, że nasz model, w pewnym sensie, jest doskonały, jednak analityk powinien wiedzieć lepiej. W tabeli 3.24 mamy podane, że właściwa wartość R^2 to

$$R^2 = \frac{\text{SSR}}{\text{SST}} = \frac{14\,450{,}67}{14\,450{,}671} = 0{,}9999999308,$$

co i tak jest niezwykle wysoką wartością. Z tabeli 3.23 odczytujemy, że zmienna wskaźnikowa *półka 2* nie jest już istotna. (Być może zmienna *półka 2* była jakoś związana z płatkami, które zostały usunięte ze zbioru danych.) Dlatego usuwamy tę zmienną z modelu i jako nowy model roboczy bierzemy model A:

$$y = \beta_0 + \beta_1 \cdot cukry + \beta_2 \cdot błonnik + \beta_3 \cdot sód$$
$$+\beta_4 \cdot tłuszcz + \beta_5 \cdot białka + \beta_6 \cdot węglowodany$$
$$+\beta_7 \cdot kalorie + \beta_8 \cdot witaminy + \beta_9 \cdot potas + \varepsilon.$$

Tabela 3.23. Wyniki regresji dla roboczego modelu B[a]

```
The regression equation is
wartość odżywcza = 54,9 - 0,223 kalorie + 3,27 białka - 1,69 tłuszcz
                   - 0,0545 sód + 3,44 błonnik + 1,09 węglowodany
                   - 0,725 cukry - 0,0340 potas
                   - 0,0512 witaminy - 0,000002 półka 2

Predictor            Coef     SE Coef           T      P   VIF
Constant          54,9271      0,0000  2014113,85  0,000
kalorie         -0,222724    0,000001  -315293,55  0,000  17,2
białka            3,27317     0,00001   639653,95  0,000   2,7
tłuszcz          -1,69140     0,00001  -226909,09  0,000   5,0
sód            -0,0544927   0,0000000 -1176223,46  0,000   1,3
błonnik           3,44348     0,00000   818194,24  0,000   9,3
węglowodany       1,09245     0,00000   330481,84  0,000  14,6
cukry           -0,724893    0,000003  -232998,09  0,000  16,7
potas          -0,0339934   0,0000001  -245597,05  0,000   9,0
witaminy       -0,0512122   0,0000002  -309676,00  0,000   1,2
półka 2       -0,00000193  0,00000908       -0,21  0,832   1,5

S = 0,0000285908 R-Sq = 100,0%  R-Sq(adj) = 100,0%

Analysis of Variance
Source          DF       SS      MS            F      P
Regression      10  14450,7  1445,1  1,76781E+12  0,000
Residual Error  61      0,0     0,0
Total           71  14450,7
```

[a] Czy osiągnęliśmy doskonałość? Nie, ponieważ wartości 100% dla R^2 i $\bar{R}^2$ są spowodowane zaokrągleniami.

Tabela 3.24. Bardziej dokładne wyniki regresji (niemal doskonałe)

	Suma kwadratów	Liczba stopni swobody	Średnie odchylenie kwadratowe	F	Istotność
Regresja	14 450,670	10	1445,067	98 000 000	0,000[a]
Błąd	0,0008957	61	0,00001468		
Suma	14 450,671	71			

[a] Zmienne opisujące: stała, *półka 2*, *tłuszcz*, *sód*, *błonnik*, *witaminy*, *cukry*, *białka*, *węglowodany*, *potas*, *kalorie*; zmienna zależna: *wartość odżywcza*.

Tabela 3.25. Wyniki regresji po opuszczeniu zmiennej wskaźnikowej *półka 2*[a]

Model	Suma kwadratów	Liczba stopni swobody	Średnie odchylenie kwadratowe	F	Istotność
1 Regresja	14 450,670	9	1605,630	100 000 000	0,000[b]
Błąd	0,0009636	62	0,00001554		
Suma	14 450,671	71			

Model	Niestandaryzowane współczynniki		Standaryzowane współczynniki			Statystyka współliniowości	
	B	błąd stand.	β	t	Istotność	tolerancja	VIF
1 (stała)	54,924	0,004		15122,123	0,000		
kalorie	−0,223	0,000	−0,311	−2287,163	0,000	0,058	17,205
białka	3,274	0,001	0,250	4639,159	0,000	0,372	2,692
tłuszcz	−1,691	0,001	−0,120	−1645,658	0,000	0,202	4,953
sód	−0,054	0,000	−0,320	−8537,817	0,000	0,764	1,310
błonnik	3,444	0,001	0,594	5930,641	0,000	0,107	9,333
węglowodany	1,093	0,000	0,301	2399,500	0,000	0,069	14,585
cukry	−0,725	0,000	−0,226	−1701,926	0,000	0,061	16,445
potas	−0,034	0,000	−0,175	−1802,578	0,000	0,114	8,774
witaminy	−0,051	0,000	−0,083	−2263,919	0,000	0,818	1,222

[a] Zmienna zależna: *wartość odżywcza*.
[b] Zmienne objaśniające: stała, *witaminy*, *tłuszcz*, *błonnik*, *cukry*, *sód*, *białka*, *węglowodany*, *potas*, *kalorie*.

W tabeli 3.25 przedstawiono wyniki regresji wielokrotnej dla modelu A. Sprawdzając model regresji (niepokazane), możemy wyciągnąć wniosek, że wyniki są do zaakceptowania i podobne do uzyskanych dla modelu B.

3.10. Zastosowanie składowych głównych jako zmiennych objaśniających

Teraz nadszedł czas, aby rozwiązać problem współliniowości wskazany przez duże wartości wskaźnika podbicia wariancji dla kilku zmiennych objaśniających. (Najpierw jednak powinniśmy uświadomić sobie, że zbiór danych *cereals* jest pod pewnym względem inny od większości zbiorów danych, które można w rzeczywistości spotkać. Wartość odżywcza jest reprezentowana przez niemal określoną funkcję różnych zmiennych objaśniających. Dlatego współczynniki błędów są tak małe, nawet wtedy, gdy pewne zmienne są współliniowe. Możemy to wytłumaczyć faktem, że jesteśmy blisko właściwych wartości zastosowanych w oficjalnie stosowanym wzorze służącym do przypisania wartości odżywczej płatkom śniadaniowym.) Następnie przejdziemy do metodologii zmniejszania wymiaru zadania, którą poznaliśmy w rozdziale 1 — analizy składowych głównych.

Zaczynamy od standaryzacji typu *z* zmiennych objaśniających modelu A. Następnie badamy strukturę korelacji standaryzowanych zmiennych, którą pokazano w tab. 3.26. W analizie składowych głównych wykorzystuje się tę strukturę standaryzowanych zmiennych, aby zidentyfikować pewną liczbę niezależnych składowych. Na wejściu mieliśmy dziewięć zmiennych, ale w wyniku chcemy mieć mniejszą liczbę ortogonalnych składowych. A zatem ile składowych powinniśmy wyodrębnić?

Tabela 3.26. Macierz korelacji, na podstawie której są budowane składowe główne

	kalorie	*białka*	*tłuszcz*	*sód*	*błonnik*	*węglowodany*	*cukry*	*potas*	*witaminy*
kalorie	1,000	0,026	0,509	0,299	−0,290	0,271	0,565	−0,068	0,268
białka	0,026	1,000	0,185	−0,002	0,516	−0,018	−0,302	0,561	0,050
tłuszcz	0,509	0,185	1,000	0,019	0,020	−0,277	0,289	0,189	−0,008
sód	0,299	−0,002	0,019	1,000	−0,061	0,320	0,047	−0,025	0,347
błonnik	−0,290	0,516	0,020	−0,061	1,000	−0,397	−0,133	0,907	−0,030
węglowodany	0,271	−0,018	−0,277	0,320	−0,397	1,000	−0,461	−0,381	0,217
cukry	0,565	−0,302	0,289	0,047	−0,133	−0,461	1,000	0,026	0,105
potas	−0,068	0,561	0,189	−0,025	0,907	−0,381	0,026	1,000	0,026
witaminy	0,268	0,050	−0,008	0,347	−0,030	0,217	0,105	0,026	1,000

1. Kryterium wartości własnej. Zgodnie z tym kryterium należy wyodrębnić składowe z wartością własną równą przynajmniej 1,0. W tabeli 3.27 pokazano, że są trzy takie składowe, a czwarta składowa ma wartość własną bliską 1,0 (równą 0,997). Zatem to kryterium zaleciłoby uwzględnienie trzech lub czterech składowych.
2. Kryterium części wariancji wyjaśnionej przez składowe główne. To kryterium nie ma konkretnej wartości progowej. Chcielibyśmy jednak wyjaśnić maksymalnie dużo zmienności przy zachowaniu stosunkowo małej liczby składowych. W tabeli 3.27 pokazano, że 82% zmienności jest wyjaśnione przez pierwsze cztery składowe, a 89% zmienności jest wyjaśnione przez pierwsze pięć składowych. Zatem to kryterium będzie sugerowało uwzględnienie czterech lub pięciu składowych.
3. Kryterium minimalnego zasobu zmienności wspólnej. To kryterium zaleca wyodrębnienie takiej liczby składowych, aby zasób zmienności wspólnej (część wariancji danej zmiennej, która jest dzielona przez inne zmienne) dla każdej ze zmiennych w modelu przekraczał pewien próg (np. 50%). W tabeli 3.28 pokazano, że zasób zmienności wspólnej dla każdej ze zmiennych jest większy od 60%, gdy zostaną wyodrębnione cztery składowe, ale zasób zmienności wspólnej dla zmiennej *vitamin-z* jest mniejszy od 50%, jeśli są wyodrębnione tylko trzy składowe. Zatem to kryterium sugeruje wyodrębnienie czterech składowych.
4. Kryterium wykresu osypiskowego. Można powiedzieć, że wykres osypiskowy na rys. 3.19 staje się płaski pomiędzy czwartą i piątą składową. Zatem to kryterium zaleca uwzględnienie czterech składowych.

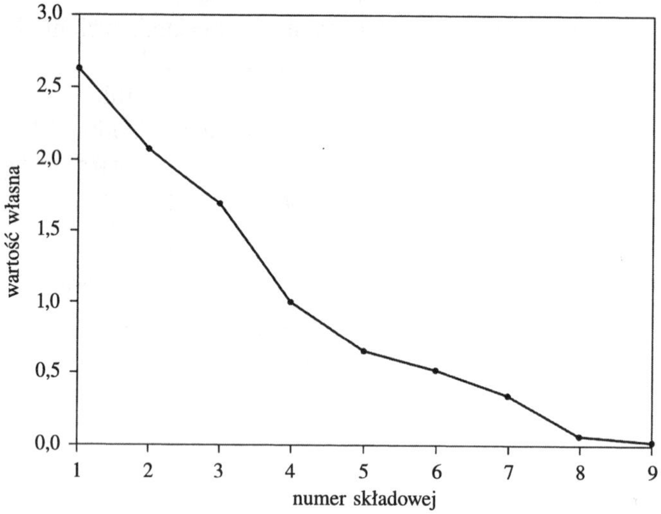

Rys. 3.19. Wykres osypiskowy może zasugerować wydobycie czterech składowych

Tabela 3.27. Wartości własne i część wariancji wyjaśniona przez dziewięć składowych

Składowa	Początkowe wartości własne		
	wartość	% wariancji	skumulowany %
1	2,634	29,269	29,269
2	2,074	23,041	52,310
3	1,689	18,766	71,077
4	0,997	11,073	82,149
5	0,653	7,253	89,402
6	0,518	5,752	95,154
7	0,352	3,916	99,070
8	0,065	0,717	99,787
9	0,019	0,213	100,000

Uwzględniając wszystkie cztery kryteria, decydujemy się na wyodrębnienie czterech składowych głównych. Używając rotacji varimax, otrzymujemy obróconą macierz składowych pokazaną w tab. 3.29 z ukrytymi (dla przejrzystości) współczynnikami o bezwzględnej wartości mniejszej od 0,4. Pobieżna charakterystyka tych składowych może być następująca:

$$\textit{składowa główna 1} = 0{,}939 \cdot \textit{potas} + 0{,}936 \cdot \textit{błonnik} + 0{,}735 \cdot \textit{białka}.$$

Jak widzieliśmy wcześniej, zmienne *błonnik* i *potas* są silnie skorelowane, a włączenie zmiennej *białka* do tej składowej pokazuje, że również ta zmienna jest z nimi skorelowa-

Tabela 3.28. Zasób zmienności wspólnej, gdy wyodrębniono trzy i cztery składowe[a]

	Wyodrębniono 3 składowe		Wyodrębniono 4 składowe	
	początkowa	wyodrębniona	początkowa	wyodrębniona
kalorie	1,000	0,835	1,000	0,893
białka	1,000	0,653	1,000	0,802
tłuszcz	1,000	0,550	1,000	0,796
sód	1,000	0,524	1,000	0,614
błonnik	1,000	0,881	1,000	0,921
węglowodany	1,000	0,815	1,000	0,885
cukry	1,000	0,803	1,000	0,910
potas	1,000	0,894	1,000	0,909
witaminy	1,000	0,442	1,000	0,665

[a] Metoda wyodrębnienia: analiza składowych głównych.

Tabela 3.29. Macierz składowych dla czterech składowych po rotacji[a]

	Składowe			
	1	2	3	4
kalorie		0,830		
białka	0,735			−0,442
tłuszcz		0,853		
sód			0,770	
błonnik	0,936			
węglowodany				−0,762
cukry		0,407		0,834
potas	0,939			
witaminy			0,812	

[a] Metoda wyodrębnienia: analiza składowych głównych; metoda rotacji: varimax z normalizacją Kaisera; zbieżność osiągnięta po siedmiu iteracjach.

na, co można odczytać z tab 3.26. Jeżeli chodzi o analizę regresyjną dla tych składowych głównych, będziemy oczekiwać, że składowa główna 1 będzie miała dodatni współczynnik regresji, ponieważ składniki te uważa się za odżywcze.

$$\textit{składowa główna 2} = 0{,}853 \cdot \textit{tłuszcz} + 0{,}830 \cdot \textit{kalorie} + 0{,}407 \cdot \textit{cukry}.$$

W tabeli 3.26 pokazano, że zmienne *tłuszcz* i *cukry* są skorelowane ze zmienną *kalorie*, co być może nie powinno dziwić. Korelacja pomiędzy tłuszczami a cukrami jest słabsza, ale nadal wystarczająca, aby algorytm przypisał te zmienne do tej samej składowej.

Będziemy oczekiwać, że korelacja pomiędzy wartością odżywczą a składową główną 2 będzie ujemna. Zatem jeżeli wartości zmiennych *tłuszcz/kalorie/cukry* będą rosły, to wartość odżywcza powinna maleć.

$$\textit{składowa główna 3} = 0{,}812 \cdot \textit{witaminy} + 0{,}770 \cdot \textit{sód}.$$

Zakładamy, że duża ilość witamin jest dobrą rzeczą, ale więcej sodu może nie być szczególnie dobre dla płatków śniadaniowych. Zatem osobie, która nie jest dietetykiem, trudno określić, jaki będzie związek między tą składową a wartością odżywczą.

$$\textit{składowa główna 4} = 0{,}834 \cdot \textit{cukry} - 0{,}762 \cdot \textit{węglowodany} - 0{,}442 \cdot \textit{białka}$$

Tutaj mamy kontrastującą składową, która przeciwstawia zmiennej *cukry* zmienne *węglowodany* i *białka*. Ponieważ zmienna *cukry* ma dodatni współczynnik, a zmienna *białka* ujemny, więc możemy oczekiwać, że ta składowa będzie miała ujemną korelację z wartością odżywczą.

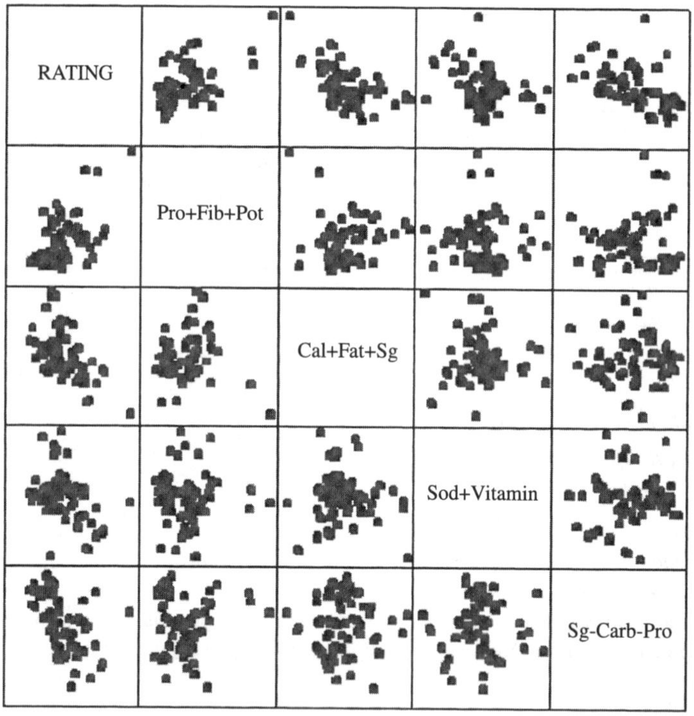

Rys. 3.20. Macierz wykresów rozrzutu wartości odżywczej względem czterech składowych głównych

Teraz, kiedy zostały wyodrębnione składowe główne, możemy w końcu przeprowadzić regresję zmiennej *wartość odżywcza* względem składowych głównych. Macierz wykresów rozrzutu wartości odżywczej i czterech składowych głównych pokazano na rys. 3.20. Pierwsza kolumna wykresów rozrzutu pokazuje zależność pomiędzy wartością odżywczą a każdą z czterech składowych głównych. Tak jak oczekiwaliśmy, korelacja

Tabela 3.30. Wyniki regresji dla modelu 1 regresji wartości odżywczej względem czterech składowych[a]

R	R^2	$\bar{R}^2$	Standardowy błąd szacowania
0,977[b]	0,954	0,951	3,1435987

	Suma kwadratów	Liczba stopni swobody	Średnie odchylenie kwadratowe	F	Istotność
Regresja	13 788,563	4	3447,141	348,823	0,000[b]
Błąd	662,108	67	9,882		
Suma	14 450,671	71			

	Niestandaryzowane współczynniki		Standaryzowane współczynniki			Statystyka współliniowości	
	B	błąd standardowy	β	t	Istotność	tolerancja	VIF
Stała	43,107	0,370		116,355	0,000		
Składowa główna 1	7,664	0,373	0,537	20,544	0,000	1,000	1,000
Składowa główna 2	−7,521	0,373	−0,527	−20,159	0,000	1,000	1,000
Składowa główna 3	−5,221	0,373	−0,366	−13,996	0,000	1,000	1,000
Składowa główna 4	−7,186	0,373	−0,504	−19,261	0,000	1,000	1,000

[a] Zmienna zależna: *wartość odżywcza*.
[b] Zmienne objaśniające: stała, *składowa główna 1*, *składowa główna 2*, *składowa główna 3*, *składowa główna 4*.

z pierwszą składową główną (*potas* + *błonnik* + *białka*) jest dodatnia. Również zgodnie z oczekiwaniami, zależność z drugą składową główną (*tłuszcz* + *kalorie* + *cukry*) jest ujemna, podobnie z czwartą składową główną (*cukry* + *węglowodany* + *białka*). Dalej, zależność z trzecią składową główną (*witaminy* + *sód*) jest również ujemna — być może z powodu szkodliwego wpływu zbyt dużej ilości sodu w diecie.

Wyniki regresji pokazano w tab. 3.30. $\bar{R}^2 = 0{,}951$, co oznacza, że te cztery składowe główne wyjaśniają w sumie ponad 95% zmienności wartości odżywczej. Wymiar przestrzeni przewidywań został zredukowany z dziewięciu zmiennych do czterech składowych. Ta redukcja wymiaru ma mały koszt — około 5% niewyjaśnionej zmienności. Zauważmy, że wartości wskaźników podbicia wariancji dla każdej składowej głównej są równe dokładnie 1,00, co jest wartością minimalną. Dzieje się tak, ponieważ składowe główne są niezależne i nieskorelowane, co pokazano w tab. 3.31. Ponieważ składowe są całkowicie nieskorelowane, nie ma zagrożenia współliniowością. Zgodnie ze wskazaniami macierzy wykresów rozrzutu, współczynnik regresji dla pierwszej składowej głównej (7,664) jest dodatni, podczas gdy pozostałe trzy są ujemne.

Tabela 3.31. Korelacja Pearsona[a]

	Składowa główna 1	Składowa główna 2	Składowa główna 3	Składowa główna 4
Składowa główna 1	1,000	0,000	0,000	0,000
Składowa główna 2	0,000	1,000	0,000	0,000
Składowa główna 3	0,000	0,000	1,000	0,000
Składowa główna 4	0,000	0,000	0,000	1,000

[a] Składowe główne są niezależne i dlatego mają zerowe wartości współczynników.

3.11. Podsumowanie

W modelu regresji wielokrotnej używa się powierzchni liniowej, takiej jak płaszczyzna lub hiperpłaszczyzna, aby przybliżyć zależności pomiędzy ciągłą zmienną odpowiedzi a zbiorem zmiennych objaśniających. W regresji wielokrotnej z m zmiennymi objaśniającymi współczynniki b_i interpretujemy w następujący sposób: „oszacowana zmiana wartości zmiennej odpowiedzi to b_i, jeżeli wartość zmiennej x_i rośnie o jedną jednostkę przy założeniu, że wszystkie pozostałe wartości zmiennych są stałe". Podczas budowy modelu, gdy nowa zmienna jest przydatna, wartość s będzie mniejsza, ale jeżeli nowa zmienna nie jest użyteczna do przewidywania zmiennej celu, wartość s może wzrosnąć. Ta cecha standardowego błędu oszacowania s sprawia, że jest on lepszym niż R^2 wskaźnikiem, czy nowa zmienna powinna zostać dodana do modelu, ponieważ R^2 zawsze rośnie po dodaniu nowej zmiennej, niezależnie od jej przydatności.

Model regresji wielokrotnej stanowi proste rozszerzenie modelu prostej regresji liniowej z analogicznymi założeniami dotyczącymi błędu losowego. W tym rozdziale omówiliśmy pięć metod wnioskowania: (1) test t dla zależności pomiędzy zmienną y a daną zmienną objaśniającą x_i z uwzględnieniem innych zmiennych objaśniających — $x_{(i)}$, gdzie $x_{(i)} = x_1, x_2, \ldots, x_{i-1}, x_{i+1}, \ldots, x_m$ oznacza zbiór wszystkich zmiennych objaśniających poza x_i, (2) test F istotności regresji, (3) przedział ufności dla nachylenia i-tej zmiennej objaśniającej, β_i, (4) przedział ufności wartości średniej zmiennej celu y dla danego zbioru wartości zmiennych objaśniających $x_1, x_2, \ldots, x_m$ i (5) przedział predykcji zmiennej celu y dla danego zbioru wartości zmiennych objaśniających $x_1, x_2, \ldots, x_m$.

Można przeprowadzić osobne testy t dla każdej zmiennej objaśniającej, np. x_1, x_2 lub x_3, badające czy istnieje liniowa zależność pomiędzy zmienną celu y a tą daną zmienną objaśniającą. Z kolei test F bada liniową zależność pomiędzy zmienną celu a zbiorem zmiennych objaśniających (np. $\{x_1, x_2, x_3\}$) rozpatrywanych jako całość. W modelu regresji można również zastosować jakościowe zmienne objaśniające jako dane wejściowe, wykorzystując w tym celu zmienne wskaźnikowe (sztuczne). Aby zmienna jakościowa z k wartościami kategorii mogła zostać użyta do celów modelowania regresji, musimy ją zamienić na $k-1$ zmiennych wskaźnikowych. Zmienna wskaźnikowa znana również jako zmienna sztuczna jest zmienną binarną, która przyjmuje wartość 1, jeżeli obserwowana wartość należy do danej kategorii, oraz przyjmuje wartość 0 w przeciwnym przypadku. Te zmienne wskaźnikowe definiują zbiór równoległych płaszczyzn (hiperpłaszczyzn). Odległość między tymi równoległymi płaszczyznami mierzona wzdłuż osi pionowej jest równa współczynnikowi dla zmiennej wskaźnikowej i reprezentuje oszacowany wpływ danej zmiennej wskaźnikowej na zmienną celu względem kategorii odniesienia.

W celu zachowania zwięzłości modelu powinniśmy znaleźć jakiś sposób, aby „ukarać” miarę R^2 w przypadku modeli, które uwzględniają nieprzydatne zmienne objaśniające. Na szczęście istnieje odpowiednia postać miary R^2, znana jako skorygowany współczynnik determinacji. Jeżeli wartość $\bar{R}^2$ jest dużo mniejsza od wartości R^2, to przynajmniej jedna zmienna w modelu może być nieistotna i analityk powinien rozważyć wyeliminowanie jej z modelu. Podczas budowy modelu regresji wielokrotnej należy używać miar $\bar{R}^2$ i s, a nie tylko R^2.

Sekwencyje sumy kwadratów jednoznacznie dzielą sumę kwadratów odchyleń regresyjnych na części, które są wyjaśniane przez daną zmienną objaśniającą po uwzględnieniu wprowadzonych wcześniej zmiennych objaśniających. Zatem wartości sekwencyjnych sum kwadratów zależą od kolejności, w której zmienne są wprowadzane do modelu.

Współliniowość oznacza sytuację, w której kilka zmiennych objaśniających jest skorelowanych ze sobą. Współliniowość prowadzi do niestabilności w przestrzeni poszukiwań, a możliwe wyniki mogą być niespójne. Duża zmienność związana ze średnią oszacowań oznacza, że dla różnych prób można otrzymać bardzo różne wartości oszacowań współczynników. Wskaźnik podbicia wariancji służy m.in. do wykrycia współliniowości. W zależności od zadania stojącego przed analitykiem, współliniowość nie musi w rzeczywistości stanowić błędu krytycznego. Nie obniża ona dokładności przewidywanych wartości zmiennej celu. Jednak analityk eksploracji danych musi ograniczyć użycie współliniowego modelu tylko do szacowania i przewidywania zmiennej celu. Interpretacja modelu nie będzie właściwa, ponieważ pojedyncze współczynniki są pozbawione sensu, gdy występuje współliniowość.

W celu określenia, które zmienne powinny zostać uwzględnione w modelu regresji wielokrotnej, zaproponowano wiele różnych metod wyboru zmiennych objaśniających, w tym (1) metodę dołączania, (2) metodę eliminacji, (3) metodę regresji krokowej i (4) metodę najlepszego podzbioru. Metoda dołączania zaczyna od modelu bez zmiennych objaśniających, a w każdym kolejnym kroku do modelu jest wprowadzana zmienna z najwyższą wartością sekwencyjnej statystyki F. Metoda eliminacji zaczyna od modelu ze wszystkimi zmiennymi i w każdym kolejnym usuwa zmienne z najmniejszymi wartościami częściowej statystyki F. Regresja krokowa stanowi modyfikację metody dołączania — pozwala na usunięcie zmiennej, która została wprowadzona do modelu na wczesnym etapie, a okazała się nieistotna. W metodzie najlepszych podzbiorów wybiera się k najlepszych modeli zawierających $1, 2, \ldots, p$ zmiennych objaśniających i przedstawia wartości R^2, $\bar{R}^2$ oraz statystykę C_p Mallowsa. Jedną z heurystyk wyboru najlepszego modelu jest wybór modelu, gdzie wartość C_p zbliża się lub przekracza linię $C_p = p + 1$ w miarę jak p rośnie.

3.12. Literatura

[1] Zbiór danych *cereals* w: Data and Story Library, `http://lib.stat.cmu.edu/DASL/`. Dostępny również na stronie internetowej `www.dataminingconsultant.com`.

[2] Norman Draper, Harry Smith, *Applied Regression Analysis*, Wiley, New York 1998.

[3] David S. Moore, George P. McCabe, *Introduction to the Practice of Statistics*, wyd. 5, W.H. Freeman, New York 2005.

[4] J. Neter, W. Wasserman, M. H. Kutner, *Applied Linear Statistical Models*, wyd. 2, Richard D. Irwin, Homewood, IL 1985.

[5] Neil A. Weiss, *Introductory Statistics*, wyd. 5, Addison-Wesley, Reading, MA 2002.

[6] David G. Kleinbaum, Lawrence L. Kupper, Keith E. Muller, *Applied Regression Analysis and Other Multivariable Methods* wyd. 2, Brooks/Cole, Monterey, CA 1998.

[7] C. L. Mallows, Some comments on C_p, *Technometrics*, Vol. 15, s. 661–675, 1973.

3.13. Ćwiczenia

Wyjaśnienie pojęć

3.1. Określ, czy poniższe stwierdzenia są prawdziwe, czy też fałszywe. Jeżeli stwierdzenie jest fałszywe, wyjaśnij dlaczego i zaproponuj jak można je zmienić, aby było prawdziwe.

a) W celu przybliżenia zależności pomiędzy zmienną celu a dwoma ciągłymi zmiennymi objaśniającymi należy użyć płaszczyzny.

b) Chociaż w regresji liniowej zmienna celu zwykle jest ciągła, to może być również jakościowa.

c) W regresji wielokrotnej z m zmiennymi objaśniającymi interpretacja współczynników b_i jest następująca: „oszacowana zmiana wartości odpowiedzi to b_i, jeżeli wartość zmiennej x_i rośnie o jedną jednostkę".

d) W regresji wielokrotnej reszta jest reprezentowana jako odległość (mierzona wzdłuż osi pionowej) pomiędzy punktem danych a płaszczyzną lub hiperpłaszczyzną regresji.

e) Kiedy do modelu dodawana jest nowa zmienna, wartość R^2 zawsze rośnie.

f) Alternatywna hipoteza testu F istotności regresji stwierdza, że wszystkie współczynniki regresji są różne od zera.

g) Standardowy błąd oszacowania służy do oceny przydatności regresji, bez odwoływania się do modelu wnioskowania (tj. założenia regresji nie muszą być spełnione).

h) W przypadku używania tylko jakościowych zmiennych jako zmiennych objaśniających należy zastosować analizę wariancji oraz nie wolno skorzystać z analizy regresji.

i) Aby zmienna jakościowa z k wartościami kategorii mogła zostać użyta do celów modelowania regresji, należy zamienić ją na k zmiennych wskaźnikowych.
j) Pierwsza sekwencyjna suma kwadratów ma wartość równą dokładnie sumie kwadratów odchyleń regresyjnych dla prostej regresji liniowej zmiennej celu względem pierwszej zmiennej objaśniającej.
k) Wskaźnik podbicia wariancji ma wartość minimalną równą 0, ale nie ma górnej granicy.
l) Zmienna, która została wprowadzona na wczesnym etapie za pomocą algorytmu dołączania, pozostanie istotna nawet po wprowadzeniu innych zmiennych do modelu.
m) Kryteria wyboru zmiennych do najlepszego modelu wyjaśniają współliniowość zmiennych objaśniających.
n) Współczynnik podbicia wariancji dla składowych głównych z rotacją varimax jest zawsze równy 1,0.

3.2. Wyjaśnij, dlaczego analitycy preferują miary s i $\bar{R}^2$ bardziej niż R^2 podczas budowy modelu.
3.3. Wyjaśnij różnicę pomiędzy testem t a testem F do oceny istotności zmiennych objaśniających.
3.4. Zbuduj zmienne wskaźnikowe dla jakościowej zmiennej *klasa*, która przyjmuje następujące cztery wartości: uczeń pierwszej klasy, uczeń drugiej klasy, uczeń przedostatniej klasy i uczeń ostatniej klasy.
3.5. Wyjaśnij graficznie i numerycznie znaczenie i interpretację współczynnika zmiennej wskaźnikowej (gdy jest ona stosowana).
3.6. Omów pojęcie poziomu istotności α. Jaką wartość powinien przyjmować? Kto powinien decydować o jego wartości? Co będzie, jeżeli obserwowana p-wartość będzie bliska α? Opisz sytuację gdy dana p-wartość będzie prowadziła do dwóch różnych wniosków dla danych dwóch wartości α.
3.7. Wyjaśnij, co oznacza kiedy $\bar{R}^2$ jest mniejsze od R^2.
3.8. Wyjaśnij różnicę między sekwencyjną sumą kwadratów a częściową sumą kwadratów? W jakich procedurach są używane te miary?
3.9. Wymień kilka wad zbioru zmiennych objaśniających z wysoką współliniowością.
3.10. Która ze statystyk informuje o obecności współliniowości w zbiorze zmiennych objaśniających? Wyjaśnij, używając wzorów, w jaki sposób działa ta statystyka. Wyjaśnij również, jaki wpływ mają duże i małe wartości tej statystyki na błąd standardowy.
3.11. Porównaj wpływ, jaki ma współliniowość na oszacowania punktu i przedziału zmiennej celu względem wartości współczynników zmiennych objaśniających.
3.12. Opisz różnice i podobieństwa pomiędzy procedurą dołączania, procedurą eliminacji i regresją krokową.
3.13. Opisz jak działa procedura najlepszych podzbiorów. Dlaczego nie jest ona zawsze stosowana?
3.14. Opisz zachowanie statystyki C_p Mallowsa oraz heurystykę wyboru najlepszego modelu.

3.15. Rozważ sytuację, kiedy w modelu regresji trzeba ograniczyć liczbę zmiennych objaśniających do mniejszej liczby niż te otrzymane przy domyślnych ustawieniach kryteriów wyboru zmiennych. W jaki sposób należy zmienić te kryteria? A w jaki sposób należy zmienić te kryteria, jeżeli liczba zmiennych ma być zwiększona?

3.16. Wyjaśnij okoliczności, w których R^2 może osiągnąć wartość 100% oraz w jaki sposób p-wartość dla dowolnej statystyki może osiągnąć wartość zerową.

Praca z danymi

3.17. Rozważ wyniki regresji wielokrotnej dla modelu 1 otrzymane za pomocą programu SSPS i pokazane w tab. 3.32 dla zbioru danych *nutrition* znajdującego się na stronie internetowej `www.dataminingconsultant.com`. Odpowiedz na następujące pytania:

a) Co jest zmienną celu? Jakie są zmienne objaśniające?

b) Jaki jest wniosek dotyczący znaczenia całkowitej regresji? Skąd to wiesz? Czy to oznacza, że wszystkie zmienne są istotne? Odpowiedź uzasadnij.

Tabela 3.32. Regresja wielokrotna zastosowana do zbioru danych *nutrition*[a]

	Suma kwadratów	Liczba stopni swobody	Średnie odchylenie kwadratowe	F	Istotność
Regresja	282 629 126,8	6	47 104 854,46	132 263,1	0,000[b]
Błąd	339 762,5	954	356,145		
Suma	282 968 889,3	960			

	Niestandaryzowane współczynniki		Standaryzowane współczynniki			Statystyka współliniowości	
	B	błąd standardowy	β	t	Istotność	tolerancja	VIF
(stała)	−0,323	0,768		−0,421	0,674		
białka	4,274	0,088	0,080	48,330	0,000	0,463	2,160
tłuszcz	8,769	0,023	0,535	375,923	0,000	0,621	1,611
cholesterol	0,006	0,007	0,001	0,897	0,370	0,535	1,868
węglowodany	3,858	0,013	0,558	293,754	0,000	0,349	2,864
żelazo	−1,584	0,304	−0,009	−5,187	0,000	0,404	2,475
sód	0,005	0,001	0,006	4,032	0,000	0,557	1,796

[a] Zmienna zależna: *kalorie*.

[b] Zmienne objaśniające: stała, *sód*, *cholesterol*, *żelazo*, *tłuszcz*, *białka*, *węglowodany*.

c) Jaki jest typowy błąd przewidywania? (Zadanie to wymaga nieco wysiłku.)
d) Ile produktów obejmuje zbiór?
e) W jaki sposób należy interpretować współczynnik wyrazu wolnego b_0? Czy jest on istotnie różny od zera? Wyjaśnij, czy ma on sens?
f) Która ze zmiennych objaśniających najprawdopodobniej nie należy do modelu? Wyjaśnij, skąd to wiesz. Jaki może być twój następny krok po otrzymaniu tego wyniku?
g) Wyjaśnij co powinno stać się z wartością R^2 w przypadku wyeliminowania zmiennej cholesterol z modelu i ponownego przeprowadzenia regresji.
h) Która zmienna objaśniająca jest ujemnie skorelowana ze zmienną celu? Wyjaśnij, skąd to wiesz.
i) Omów kwestię współliniowości. Oceń siłę dowodów na obecność współliniowości. Czy na ich podstawie można przeprowadzić analizę składowych głównych?
j) Opisz dokładnie znaczenie współczynnika dla zmiennej *sód.*
k) Załóż, że na podstawie zmiennych objaśniających zostało przewidziane, iż pewnien produkt ma o 60 kalorii mniej niż w rzeczywistości. Czy sądzisz, że jest to niezwykłe? Wyjaśnij dokładnie, w jaki sposób możesz to określić.

3.18. Rozważ wyniki regresji wielokrotnej dla modelu 1 otrzymane za pomocą programu SSPS i przedstawione w tabeli 3.33. Dodano tu trzy zmienne objaśniające: *tłuszcz nasycony*, *tłuszcz jednonienasycony* i *tłuszcz wielonienasycony*. Omów kwestię współliniowości. Oceń siłę dowodów na obecność współliniowości. Czy na ich podstawie można przeprowadzić analizę składowych głównych?

3.19. Rozważ wyniki regresji wielokrotnej dla modelu otrzymane za pomocą programu SSPS, które pokazano w tab. 3.34 dla zbioru danych *New York* znajdującego się na stronie internetowej `www.dataminingconsultant.com`. Zbiór danych zawiera informację demograficzną o zbiorze miast w stanie Nowy York. Zmienna celu *male-fem* jest liczbą mężczyzn na każde 100 kobiet. Zmienne objaśniające to procent osób poniżej 18 roku życia (*pct-U18*), procent osób między 18 a 64 rokiem życia (*pc-18-64*) i procent osób powyżej 64 roku życia (*pct-O64*) mieszkających w mieście (wszystkie wartości są wyrażone w procentach, np. 57,0), razem z całkowitą populacją miasta (*tot-pop*). Odpowiedz na poniższe pytania.
a) Zauważ, że zmienna *pct-O64* została wyeliminowana. Wyjaśnij, dlaczego ta zmienna została automatycznie usunięta z analizy przez oprogramowanie. (Wskazówka. Rozważ analogiczny przypadek użycia zbyt wielu zmiennych wskaźnikowych do opisu zmiennej jakościowej.)
b) Jaki wyciągniesz wniosek dotyczący znaczenia całkowitej regresji?
c) Jaki jest typowy błąd predykcji?
d) Ile rekordów obejmuje zbiór?
e) Która ze zmiennych objaśniających najprawdopodobniej nie należy do modelu? Wyjaśnij, skąd to wiesz. Jaki może być twój następny krok po otrzymaniu tego wyniku?
f) Wyjaśnij, co powinno stać się z wartością R^2, jeżeli zostanie pominięta zmienna *tot-pop* w modelu i jeszcze raz zostanie przeprowadzona regresja.

Tabela 3.33. Regresja wielokrotna zastosowana do zbioru danych *nutrition* (dodano 3 zmienne objaśniające)

	Niestandaryzowane współczynniki		Standaryzowane współczynniki			Statystyka współliniowości	
	B	błąd standardowy	β	t	Istotność	tolerancja	VIF
(stała)	−0,158	0,772		−0,205	0,838		
białka	4,278	0,088	0,080	48,359	0,000	0,457	2,191
tłuszcz	9,576	1,061	0,535	9,023	0,000	0,000	3379,867
cholesterol	0,01539	0,008	0,003	1,997	0,048	0,420	2,382
węglowodany	3,860	0,014	0,558	285,669	0,000	0,325	3,073
żelazo	−1,672	0,314	−0,010	−5,328	0,000	0,377	2,649
sód	0,005183	0,001	0,006	3,992	0,000	0,555	1,803
tłuszcz nasycony	−1,011	1,143	−0,020	0,884	0,377	0,002	412,066
tłuszcz jednonienasycony	−0,974	1,106	−0,025	−0,881	0,379	0,002	660,375
tłuszcz wielonienasycony	−0,600	1,111	−0,013	0,541	0,589	0,002	448,447

[a] Zmienna zależna: *kalorie*.

Tabela 3.34. Wyniki regresji dla zbioru danych *New York*

	Suma kwadratów	Liczba stopni swobody	Średnie odchylenie kwadratowe	F	Istotność
Regresja	100 298,8	3	33 432,919	44,213	0,000[b]
Błąd	594 361,3	786	756,185		
Suma	694 660,1	789			

	Niestandaryzowane współczynniki		Standaryzowane współczynniki			Statystyka współliniowość	
	B	błąd standardowy	β	t	Istotność	tolerancja	VIF
(stała)	−63,790	16,855		−0,785	0,000		
tot-pop	−0,00000190	0,000	−0,017	−8,506	0,613	1,000	1,000
pct-U18	0,660	0,249	0,105	2,657	0,008	0,700	1,428
pc-18-64	2,250	0,208	0,427	10,830	0,000	0,700	1,428

[a] Zmienna zależna: *male-fem*.
[b] Zmienne objaśniające: stała, *pc-18-64*, *tot-pop*, *pct-U18*.
[c] Zmienna opuszczona: *pct-O64*.

g) Omów kwestię współliniowości. Oceń siłę dowodów na obecność współliniowości. Czy na ich podstawie należy przeprowadzić analizę składowych głównych?
h) Wyjaśnij dokładnie znaczenie współczynnika dla zmiennej *pct-U18*. Omów, czy ma on sens.

Ćwiczenia praktyczne

3.20. W rozdziale niniejszym dokonano przypuszczenia, że powodem tego, iż zmienna *półka 2* przestała być istotna był związek tej zmiennej z płatkami śniadaniowymi, które zostały opuszczone jako obserwacje oddalone. Zbadaj, czy tak jest rzeczywiście.

3.21. Otwórz zbiór danych *nutrition* zamieszczony na stronie internetowej `www.dataminingconsultant.com`.
   a) Zbuduj najlepszy, jaki tylko możesz, model regresji wielokrotnej do przewidywania zmiennej *calories*, używając wszystkich innych zmiennych jako zmiennych objaśniających. Nie przejmuj się tym, czy współczynniki zmiennych są lub nie są stabilne.
      i) Porównaj wyniki dla procedur wyboru zmiennych: dołączania, eliminacji i regresji krokowej.
      ii) Użyj metody najlepszych podzbiorów i porównaj z poprzednimi modelami.
      iii) (Dodatkowy punkt) Napisz program, który wykona obliczenia dla wszystkich możliwych regresji. Czy algorytmy wyboru zmiennych znalazły najlepszy model?
   b) Zbuduj najlepszy, jaki tylko możesz, model regresji wielokrotnej zarówno do celów predykcji, jak i tworzenia profili indywidualnych zależności pomiędzy zmiennymi objaśniającymi i zmienną celu. Upewnij się, że uwzględniasz współliniowość.

3.22. Otwórz zbiór danych *New York* znajdujący się na stronie internetowej `www.dataminingconsultant.com`. Zbuduj najlepszy, jak tylko możesz, model regresji wielokrotnej do przewidywania liczby mężczyzn na 100 kobiet, używając wszystkich innych zmiennych jako zmiennych objaśniających.
   a) Porównaj wyniki dla procedur wyboru zmiennych: dołączania, eliminacji i regresji krokowej.
   b) Użyj metody najlepszych podzbiorów i porównaj z poprzednimi modelami.
   c) Przeprowadź wszystkie możliwe regresje. Czy algorytmy wyboru zmiennych znalazły najlepszy model?

3.23. Otwórz zbiór danych *crash* znajdujący się na stronie internetowej `www.dataminingconsultant.com`. Zbuduj najlepszy, jaki tylko możesz, model regresji wielokrotnej do przewidywania rodzaju urazów głowy, używając wszystkich innych zmiennych jako zmiennych objaśniających.
   a) Określ, które zmienne muszą zostać przekształcone w zmienne wskaźnikowe.

b) Określ, które zmienne mogą być zbędne.
c) Zbuduj dwa równoległe modele, jeden z rozwiązanym problemem współliniowości, a drugi bez uwzględnionej współliniowości. Do jakich celów można użyć każdego z modeli?

3.24. Kontynuując prace nad zbiorem danych *crash*, połącz za pomocą zdefiniowanej przez siebie funkcji cztery zmienne mierzące obrażenia w jedną zmienną. Zbuduj najlepszy, jaki tylko możesz, model regresji wielokrotnej do przewidywania stanu urazów, używając wszystkich innych zmiennych jako zmiennych objaśniających. Zbuduj dwa równoległe modele, jeden z rozwiązanym problemem współliniowości, a drugi bez uwzględnionej współliniowości. Do jakich celów można użyć każdego z modeli?

4

Regresja logistyczna

Regresja liniowa jest używana do przybliżenia zależności pomiędzy ciągłą zmienną celu a zbiorem zmiennych objaśniających. Jednak często zmienna celu jest zmienną jakościową, a nie ciągłą. W takich przypadkach regresja liniowa nie jest odpowiednia, ale analityk może zastosować analogiczny model regresji logistycznej, który pod wieloma względami jest podobny do modelu regresji liniowej. **Regresja logistyczna** (ang. *logistic regression*) jest więc jedną z metod opisu zależności pomiędzy jakościową zmienną celu a zbiorem zmiennych objaśniających. W tym rozdziale zbadamy zastosowanie regresji logistycznej do zmiennych binarnych (zero-jedynkowych) i innych zmiennych, które przyjmują tylko dwie wartości. Osoby zainteresowane zastosowaniem regresji logistycznej w odniesieniu do zmiennej celu z liczbą kategorii większą od dwóch mogą skorzystać z książki Hosmera i Lemeshowa [1]. Aby uzasadnić zastosowania regresji logistycznej oraz pokazać podobieństwa do regresji liniowej, rozważmy przykład.

4.1. Przykład prostej regresji logistycznej

Załóżmy, że lekarze są zainteresowani zbadaniem zależności pomiędzy zmienną *wiek* pacjenta (*age*) (x) i obecnością (1) lub nieobecnością (0) danej *choroby* (*disease*) (y). Dane opisujące 20 pacjentów pokazano w tab. 4.1, a wykres rozrzutu danych przedstawiono na rys. 4.1. Wykres przedstawia linię regresji najmniejszych kwadratów (linia przerywana) i linię regresji logistycznej (linia ciągła) wraz z oszacowanym błędem dla pacjenta numer 11 ($wiek = 50$, $choroba = 0$) dla obu linii. Zauważmy, że linia regresji najmniejszych kwadratów jest prosta, co oznacza, że regresja liniowa zakłada, iż zależność pomiędzy zmienną objaśniającą a zmienną celu jest liniowa. Porównaj ją z linią regresji logistycznej, która jest krzywą, co oznacza, że regresja logistyczna zakłada, iż zależność pomiędzy zmienną objaśniającą a zmienną celu jest nieliniowa. Wykres rozrzutu pokazuje wyraźnie nieciągłość zmiennej celu — jego postać powinna być ostrzeżeniem dla analityka, aby nie stosował regresji liniowej.

Rozważmy błędy predykcji dla pacjenta 11. Odległość pomiędzy punktem danych dla pacjenta 11 ($x = 50$, $y = 0$) a linią regresji liniowej (mierzona wzdłuż osi pionowej) jest zaznaczona pionową linią przerywaną, a odległość pomiędzy punktem danych a linią

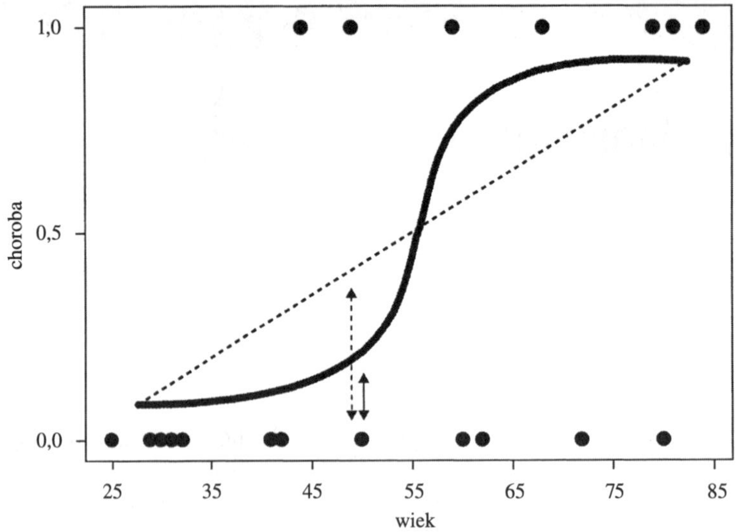

Rys. 4.1. Wykres zmiennej *choroba* względem zmiennej *wiek* z linią regresji najmniejszych kwadratów i linią regresji logistycznej

regresji logistycznej jest zaznaczona za pomocą ciągłej linii pionowej. Oczywiście odległość jest większa dla linii regresji liniowej, co oznacza, że dla pacjenta nr 11 liniowa regresja gorzej przewiduje obecność choroby niż regresja logistyczna. To spostrzeżenie jest prawdziwe dla większości innych pacjentów.

Skąd pochodzi linia regresji logistycznej? Rozważmy warunkową wartość oczekiwaną Y przy danej wartości $X = x$, oznaczaną jako $E(Y|x)$. Jest to oczekiwana wartość zmiennej celu pod warunkiem, że wartość zmiennej objaśniającej jest równa x. Przypomnijmy, że w regresji liniowej zmienna celu jest zmienną losową zdefiniowaną wzorem $Y = \beta_0 + \beta_1 x + \varepsilon$. Ponieważ błąd losowy ε ma średnią równą zeru, otrzymujemy

Tabela 4.1. Wiek 20 pacjentów razem z wskazaniem, czy cierpią na daną chorobę

Numer pacjenta	Wiek (x)	Choroba (y)	Numer pacjenta	Wiek (x)	Choroba (y)
1	25	0	11	50	0
2	29	0	12	59	1
3	30	0	13	60	0
4	31	0	14	62	0
5	32	0	15	68	1
6	41	0	16	72	0
7	41	0	17	79	1
8	42	0	18	80	0
9	44	1	19	81	1
10	49	1	20	84	1

$E(Y|x) = \beta_0 + \beta_1 x$ dla regresji liniowej, z możliwymi wartościami obejmującymi cały zbiór liczb rzeczywistych.

Dla uproszczenia oznaczmy warunkową wartość oczekiwaną $E(Y|x)$ jako $\pi(x)$. Wtedy warunkowa wartość oczekiwana dla regresji logistycznej przyjmuje inną postać niż w przypadku regresji liniowej:

$$\pi(x) = \frac{e^{\beta_0+\beta_1 x}}{1 + e^{\beta_0+\beta_1 x}}. \tag{4.1}$$

Krzywe w postaci równania (4.1) są nazywane **krzywymi sigmoidalnymi** (ang. *sigmoid curve*), ponieważ mają kształt litery S (są nieliniowe). Statystycy wybrali rozkład logistyczny, aby modelować dane z dwóch kategorii, ponieważ jest on elastyczny i łatwy do interpretacji. Wartość minimalna $\pi(x)$ jest osiągana, gdy $\lim_{a\to-\infty} e^a/(1 + e^a) = 0$, a wartość maksymalna $\pi(x)$, gdy $\lim_{a\to\infty} e^a/(1 + e^a) = 1$. Zatem $\pi(x)$ jest w postaci, która może zostać zinterpretowana jako prawdopodobieństwo z zakresu $0 \le \pi(x) \le 1$. Wartość $\pi(x)$ może więc być interpretowana jako prawdopodobieństwo, że wynik (np. obecność choroby) jest pozytywny dla rekordów z $X = x$, a wartość $1 - \pi(x)$ może być interpretowana jako prawdopodobieństwo, że wynik jest negatywny dla takich rekordów.

Model regresji liniowej zakłada, że $Y = \beta_0 + \beta_1 x + \varepsilon$, gdzie składnik błędu ε ma rozkład normalny ze średnią równą zeru i stałą wariancją. Założenia modelu dla regresji logistycznej są inne. Ponieważ zmienna celu jest binarna, błąd może przyjąć tylko jedną z dwóch form: Jeżeli $Y = 1$ (np. choroba jest obecna), co ma miejsce z prawdopodobieństwem $\pi(x)$ (prawdopodobieństwo pozytywnej odpowiedzi), to $\varepsilon = 1 - \pi(x)$, a odległość (mierzona wzdłuż osi pionowej) między punktem danych $Y = 1$ a krzywą

$$\pi(x) = \frac{e^{\beta_0+\beta_1 x}}{1 + e^{\beta_0+\beta_1 x}}$$

jest dokładnie poniżej tej krzywej dla $X = x$. Z drugiej strony, jeżeli $Y = 0$ (np. choroba nie występuje), co ma miejsce z prawdopodobieństwem $1 - \pi(x)$ (prawdopodobieństwo negatywnej odpowiedzi), to $\varepsilon = 0 - \pi(x) = -\pi(x)$, a odległość między punktem danych $Y = 0$ a krzywą $\pi(x)$ (mierzona wzdłuż osi pionowej) jest bezpośrednio powyżej tej krzywej dla $X = x$. Zatem wariancja ε to $\pi(x)[1 - \pi(x)]$, co jest wariancją dla rozkładu dwumianowego. Zakłada się, że zmienna celu w regresji logistycznej $Y = \pi(x) + \varepsilon$ ma rozkład dwumianowy z prawdopodobieństwem sukcesu $\pi(x)$.

Przydatnym przekształceniem dla regresji logistycznej jest **funkcja (transformacja) logitowa** (ang. *logit transformation*), zdefiniowana w następujący sposób:

$$g(x) = \ln \frac{\pi(x)}{1 - \pi(x)} = \beta_0 + \beta_1 x.$$

Funkcja logitowa $g(x)$ ma kilka atrakcyjnych właściwości modelu regresji liniowej, takich jak liniowość, ciągłość i zakres od minus nieskończoności do plus nieskończoności.

4.2. Estymacja największej wiarygodności

Jedną z najbardziej atrakcyjnych właściwości regresji liniowej jest to, że można otrzymać analityczną postać rozwiązania dla optymalnej wartości współczynników regresji metodą najmniejszych kwadratów. Niestety, nie istnieje taka postać analityczna rozwiązania dla oszacowania współczynników regresji logistycznej. Zatem musimy zastosować metodę **estymacji największej wiarygodności** (ang. *maximum likelihood estimation*), za pomocą której znajduje wartości parametrów o największej wiarygodności obserwowanych danych.

Funkcja wiarygodności (ang. *likelihood function*) $l(\beta|x)$ jest funkcją parametrów $\beta = \beta_0, \beta_1, \ldots, \beta_m$, która określa prawdopodobieństwo uzyskania obserwowanych danych x. Znajdując wartości $\beta = \beta_0, \beta_1, \ldots, \beta_m$, które maksymalizują $l(\beta|x)$, odkrywamy **estymatory największej wiarygodności** (ang. *maximum likelihood estimators*), czyli najbardziej wiarygodne wartości parametrów dla obserwowanych danych. W naszym przykładzie prawdopodobieństwo pozytywnej odpowiedzi dla dostępnych danych to $\pi(x) = P(Y = 1|x)$, a prawdopodobieństwo negatywnej odpowiedzi dla dostępnych danych to $1 - \pi(x) = P(Y = 0|x)$. Jak widać, obserwacje, dla których odpowiedź jest pozytywna ($X_i = x_i, Y_i = 1$) wpływają na prawdopodobieństwo $\pi(x)$, natomiast obserwacje, dla których odpowiedź jest negatywna ($X_i = x_i, Y_i = 0$) wpływają na prawdopodobieństwo $1-\pi(x)$. Zatem ponieważ $Y_i = 0$ lub $Y_i = 1$ wpływa na prawdopodbieństwo i-tej obserwacji, więc obserwację tę można wyrazić jako $[\pi(x_i)]^{y_i}[1 - \pi(x_i)]^{1-y_i}$. Założenie, że obserwacje są niezależne pozwala na zapisanie funkcji wiarygodności $l(\beta|x)$ w postaci iloczynu

$$l(\beta|x) = \prod_{i=1}^{n}[\pi(x_i)]^{y_i}[1 - \pi(x_i)]^{1-y_i}.$$

Logarytm wiarygodności $L(\beta|x) = \ln[l(\beta|x)]$ jest funkcją obliczeniowo łatwiejszą do rozwiązania:

$$L(\beta|x) = \ln[l(\beta|x)] = \sum_{i=1}^{n}\{y_i \ln[\pi(x_i)] + (1 - y_i)\ln[1 - \pi(x_i)]\}. \tag{4.2}$$

Estymatory największej wiarygodności można znaleźć, różniczkując funkcję $L(\beta|x)$ względem każdego parametru i przyrównując otrzymane wyniki do zera. Niestety, w przeciwieństwie do regresji liniowej, nie istnieją analityczne wzory rozwiązań dla tych różniczek. Dlatego należy zastosować inne metody, takie jak metoda iteracyjnie ważonych najmniejszych kwadratów (p. McCullagh i Nelder [2]).

4.3. Interpretacja wyników regresji logistycznej

Przeanalizujemy wyniki regresji logistycznej zmiennej *choroba* względem zmiennej *wiek*, pokazane w tab. 4.2. Współczynniki, czyli estymatory maksymalnej wiarygodności nieznanych parametrów β_0 i β_1, są równe $b_0 = -4{,}372$ i $b_1 = 0{,}06696$. Zatem wartość

$$\pi(x) = \frac{e^{\beta_0+\beta_1 x}}{1 + e^{\beta_0+\beta_1 x}}$$

została oszacowana jako

$$\hat{\pi}(x) = \frac{e^{\hat{g}(x)}}{1 + e^{\hat{g}(x)}} = \frac{e^{-4,372+0,06696 \cdot wiek}}{1 + e^{-4,372+0,06696 \cdot wiek}}$$

z oszacowaną funkcją logitową

$$\hat{g}(x) = -4,372 + 0,06696 \cdot wiek.$$

Równania te można wykorzystać do oszacowania prawdopodobieństwa, że pacjent jest chory na daną chorobę, jeżeli znamy jego wiek. Na przykład dla 50-letniego pacjenta mamy

$$\hat{g}(x) = -4,372 + 0,06696 \cdot 50 = -1,024$$

oraz

$$\hat{\pi}(x) = \frac{e^{\hat{g}(x)}}{1 + e^{\hat{g}(x)}} = \frac{e^{-1,024}}{1 + e^{-1,024}} = 0,26.$$

Zatem oszacowane prawdopodobieństwo, że 50-letni pacjent cierpi na tę chorobę to 26%, a oszacowane prawdopodobieństwo, że nie ma tej choroby to $100\% - 26\% = 74\%$. Z drugiej strony, dla 72-letniego pacjenta mamy

$$\hat{g}(x) = -4,372 + 0,06696 \cdot 72 = -0,449$$

oraz

$$\hat{\pi}(x) = \frac{e^{\hat{g}(x)}}{1 + e^{\hat{g}(x)}} = \frac{e^{-0,449}}{1 + e^{-0,449}} = 0,61.$$

Oszacowane prawdopodobieństwo, że 72-letni pacjent cierpi na tę chorobę to 61%, a oszacowane prawdopodobieństwo, że nie ma tej choroby to 39%.

Tabela 4.2. Wyniki regresji logistycznej zmiennej *choroba* względem zmiennej *wiek*

```
Logistic Regression Table

                                                 Odds     95% CI
Predictor      Coef   SE Coef      Z       P   Ratio  Lower  Upper
Constant     -4,372     1,966  -2,22   0,026
wiek        0,06696   0,03223   2,08   0,038    1,07   1,00   1,14

Log-Likelihood = -10,101
Test that all slopes are zero: G = 5,696, DF = 1, P-Value = 0,017
```

4.4. Wnioskowanie — czy zmienne objaśniające są istotne?

Przypomnijmy, że w prostej regresji liniowej model regresji uważaliśmy za istotny, jeżeli średnie kwadratowe odchylenie regresyjne (MSR) miało dużą wartość w porównaniu ze średnim błędem kwadratowym (MSE). Średnie kwadratowe odchylenie regresyjne opisuje jak polepszą się wyniki szacowania zmiennej celu, kiedy uwzględnimy (a nie zignorujemy) zmienną objaśniającą. Jeżeli zmienna objaśniająca jest przydatna do estymacji wartości zmiennej celu, to wartość średniego kwadratowego odchylenia regresyjnego będzie duża, wartość statystyki testu $F = \mathrm{MSR}/\mathrm{MSE}$ będzie również duża, a model regresji liniowej będziemy uważać za istotny. Znaczenie współczynników regresji logistycznej jest określane w analogiczny sposób. Badamy, czy model, który zawiera daną zmienną objaśniającą, zapewnia istotnie lepsze dopasowanie zmiennej odpowiedzi niż model, który tej zmiennej nie zawiera.

Zdefiniujmy **model nasycony** (ang. *saturated model*) jako model, który ma tyle parametrów, ile punktów danych (podobnie jak model prostej regresji liniowej dla tylko dwóch punktów danych). Oczywiście model nasycony przewiduje zmienną celu idealnie i nie ma błędu przewidywania. Możemy wtedy patrzeć na obserwowane wartości zmiennej celu jak na wartości przewidywań modelu nasyconego. Aby porównać wartości przewidywane przez nasz dopasowany model (z mniejszą liczbą parametrów od liczby punktów danych) do wartości przewidywanych przez model nasycony, używamy **odchylenia** modelu (ang. *deviance*) [2], zdefiniowanego jako:

$$\text{odchylenie } D = -2\ln\left(\frac{\text{wiarygodność dopasowanego modelu}}{\text{wiarygodność nasyconego modelu}}\right).$$

Mamy tu iloraz dwóch wiarygodności i stąd wynikowa hipoteza jest nazywana **testem stosunku wiarygodności** (ang. *likelihood ratio test*). Aby utworzyć miarę o znanym rozkładzie, musimy wziąć $-2\ln(\text{iloraz wiarygodności})$. Oznaczmy oszacowanie wartości $\pi(x_i)$ dla modelu dopasowanego jako $\hat{\pi}_i$. Wówczas korzystając z równania (4.2), otrzymujemy odchylenie modelu regresji logistycznej:

$$D = -2\ln\sum_{i=1}^{n}\left[y_i\ln\frac{\hat{\pi}_i}{y_i} + (1-y_i)\ln\frac{1-\hat{\pi}_i}{1-y_i}\right].$$

Odchylenie reprezentuje błąd występujący po uwzględnieniu zmiennych objaśniających. Odchylenie to jest analogiczne do sumy kwadratów błędów w regresji liniowej.

Procedura określająca, czy dana zmienna objaśniająca jest istotna, polega na znalezieniu odchylenia modelu bez tej zmiennej objaśniającej i odjęciu od tej wartości odchylenia modelu uwzględniającego tę zmienną. Zatem:

$$\begin{aligned} G &= \text{odchylenie (model bez zmiennej objaśniającej)} \\ &\quad - \text{odchylenie (model ze zmienną objaśniającą)} \\ &= -2\ln\left(\frac{\text{wiarygodność bez zmiennej objaśniającej}}{\text{wiarygodność ze zmienną objaśniającą}}\right). \end{aligned}$$

Niech $n_1 = \sum y_i$ i $n_0 = \sum(1-y_i)$. Wówczas w przypadku jednej tylko zmiennej objaśniającej mamy

$$G = 2\left\{\sum_{i=1}^{n}[y_i \ln \hat{\pi}_i + (1 - y_i)\ln 1 - \hat{\pi}_i] - [n_1 \ln n_1 + n_0 \ln n_0 - n\ln(n)]\right\}.$$

Zauważmy, że w tab. 4.2, dotyczącej przykładu z wykrywaniem choroby, logarytm wiarygodności jest równy $-10,101$. Zatem

$$G = 2[-10,101 - (7\ln 7 + 13\ln 13 - 20\ln 20)] = 5,696,$$

jak pokazano w tab. 4.2.

Statystyka testu G ma rozkład chi-kwadrat z 1 stopniem swobody (tj. $\chi^2_{\nu=1}$), zakładając prawdziwość hipotezy zerowej mówiącej, że $\beta_1 = 0$. Wynikową p-wartość dla tego testu hipotez wyznaczamy z nierówności $P(\chi^2_1) > G_{\text{obserwowane}}$ — w naszym przykładzie $P(\chi^2_1) > 5,696$, czyli p-wartość jest równa 0,017, co pokazano w tab. 4.2. Ta stosunkowo mała p-wartość stanowi dowód faktu, że zmienna *wiek* jest przydatna w przewidywaniu zmiennej *choroba*.

Innym testem hipotez, używanym do stwierdzenia czy dana zmienna objaśniająca jest istotna, jest **test Walda** (ang. *Wald test*) (p. np. Rao [3]). Dla hipotezy zerowej ($\beta_1 = 0$) stosunek

$$Z_{\text{Wald}} = \frac{b_1}{\text{SE}(b_1)}$$

ma rozkład standardowy normalny, gdzie SE oznacza błąd standardowy współczynnika oszacowany z danych za pomocą programu komputerowego. Tabela 4.2 zawiera współczynniki estymacji i błąd standardowy: $b_1 = 0,06696$ i $\text{SE}(b_1) = 0,03223$, co daje nam wartość

$$Z_{\text{Wald}} = \frac{0,06696}{0,03223} = 2,08,$$

która znajduje się w tab. 4.2 w kolumnie „Z" i w wierszu „wiek". Wówczas p-wartość jest równa $P(|z| > 2,08) = 0,038$. Ta p-wartość jest również stosunkowo mała, chociaż nie tak bardzo jak testu stosunku wiarygodności i dlatego zgadzamy się, że zmienna *wiek* jest istotna w przewidywaniu zmiennej *choroba*.

Możemy zbudować przedział ufności na poziomie $100(1-\alpha)\%$ dla współczynników regresji logistycznej jako:

$$b_0 \pm z \cdot \text{SE}(b_0),$$
$$b_1 \pm z \cdot \text{SE}(b_1),$$

gdzie z reprezentuje wartość krytyczną z na poziomie $100(1 - \alpha)\%$. Aby wyznaczyć przedział ufności na poziomie 95% dla nachylenia β_1, w naszym przykładzie obliczamy

$$\begin{aligned} b_1 \pm z \cdot \text{SE}(b_1) &= 0,06696 \pm 1,96 \cdot 0,03223 \\ &= 0,06696 \pm 0,06317, \end{aligned}$$

czyli przedział ten ma postać (0,00379, 0,13013).

Ponieważ wartość zero nie jest zawarta w tym przedziale, więc możemy na poziomie ufności 95% wyciągnąć wniosek, że $\beta_1 \neq 0$, a zatem zmienna *wiek* jest istotna.

Powyższe wyniki można rozszerzyć z prostego (z jedną zmienną objaśniającą) modelu regresji logistycznej na wielowymiarowy (z wieloma zmiennymi objaśniającymi) model regresji logistycznej. Zagadnienie to zostało szczegółowo omówione w książce Hosmera i Lemeshowa [1, rozdz. 2].

4.5. Interpretacja modelu regresji logistycznej

W prostej regresji liniowej współczynnik nachylenia β_1 był interpretowany jako zmiana wartości zmiennej celu, gdy wartość zmiennej objaśniającej wzrośnie o jedną jednostkę. W regresji logistycznej współczynnik ten interpretuje się analogicznie, przy czym teraz jest on współczynnikiem nachylenia funkcji logitowej. Zatem współczynnik nachylenia β_1 oznacza tu zmianę wartości funkcji logitowej, gdy wartość zmiennej objaśniającej wzrośnie o jedną jednostkę. Innymi słowy,

$$\beta_1 = g(x+1) - g(x).$$

W tym podrozdziale omówimy interpretację współczynnika β_1 prostej regresji logistycznej dla trzech przypadków: (1) zmiennej objaśniającej o dwóch wartościach, (2) zmiennej jakościowej o wielu wartościach i (3) ciągłej zmiennej objaśniającej.

Aby uprościć taką interpretację, rozważmy pojęcie **szansy** (ang. *odds*). Szansa jest zdefiniowana jako iloraz prawdopodobieństwa, że wydarzenie nastąpi przez prawdopodobieństwo, że wydarzenie nie nastąpi. Przykładowo obliczyliśmy, że oszacowane prawdopodobieństwo, iż 72-letni pacjent jest chory to 61%, a oszacowane prawdopodobieństwo, że 72-letni pacjent nie cierpi na tę chorobę to 39%. Zatem szansa dla 72-letniego pacjenta cierpiącego na chorobę jest równa $0{,}61/0{,}39 = 1{,}56$. Obliczyliśmy również, że oszacowane prawdopodobieństwa dla 50-letniego pacjenta, że jest bądź nie jest chory wynoszą odpowiednio 26% i 74%, a zatem w tym przypadku szansa jest równa $0{,}26/0{,}74 = 0{,}35$.

Zauważmy, że jeżeli jest bardziej prawdopodobne, że wydarzenie nastąpi, to wartość szansy jest większa od 1, a jeżeli jest mniej prawdopodobne, że wydarzenie nastąpi — wartość szansy jest mniejsza od 1. Natomiast w sytuacji, gdy wydarzenie nastąpi lub nie nastąpi z takim samym prawdopodobieństwem szansa jest równa dokładnie 1. Zauważmy również, że pojęcie szansy różni się od pojęcia prawdopodobieństwa, ponieważ prawdopodobieństwo przyjmuje wartości z zakresu od 0 do 1, a szansa przyjmuje wartości z zakresu od 0 do nieskończoności. Szansa określa, w jakim stopniu jest bardziej prawdopodobne, że wydarzenie nastąpi w porównaniu z tym, że ono nie nastąpi.

W binarnej regresji logistycznej ze zmienną objaśniającą o dwóch wartościach szansę, że wydarzenie nastąpi ($y = 1$) dla rekordów z wartością $x = 1$ można obliczyć jako

$$\frac{\pi(1)}{1-\pi(1)} = \frac{e^{\beta_0+\beta_1}/(1+e^{\beta_0+\beta_1})}{1/1+e^{\beta_0+\beta_1}} = e^{\beta_0+\beta_1}.$$

Odpowiednio szansa, że wydarzenie nastąpi dla rekordów z wartością $x = 0$ można obliczyć jako

$$\frac{\pi(0)}{1-\pi(0)} = \frac{e^{\beta_0}/(1+e^{\beta_0})}{1/1+e^{\beta_0}} = e^{\beta_0}.$$

Musimy jeszcze omówić pojęcie **ilorazu szans** (ang. *odds ratio*, OR), zdefiniowane jako iloraz szansy, że wydarzenie nastąpi dla rekordów z wartością $x = 1$ przez szansę, że wydarzenie nastąpi dla rekordów z wartością $x = 0$. Zatem

$$\mathrm{OR} = \frac{\pi(1)/[1-\pi(1)]}{\pi(0)/[1-\pi(0)]} = \frac{\mathrm{e}^{\beta_0+\beta_1}}{\mathrm{e}^{\beta_0}} = \mathrm{e}^{\beta_1}. \tag{4.3}$$

Iloraz szans wszedł do powszechnego użycia w środowiskach badawczych z powodu prosto wyrażonej zależności pomiędzy ilorazem szans a współczynnikiem nachylenia. Na przykład jeżeli przeprowadzono próby kliniczne i uzyskano iloraz szansy wystąpienia raka śluzówki macicy u kobiet, które kiedykolwiek stosowały zastępczą terapię estrogenową, przez szansę wystąpienia tej choroby u kobiet, które nigdy tej terapii nie stosowały, równy 5,0, to oznacza to, że jest pięć razy bardziej prawdopodobne, iż kobiety, które stosowały zastępczą terapię estrogenową zachorują na tę odmianę raka, niż kobiety, które nigdy nie stosowały tej terapii.

Ilorazu szans czasem używa się do oszacowania **ryzyka względnego** (ang. *relative risk*), zdefiniowanego jako iloraz prawdopodobieństwa, że wydarzenie nastąpi dla wartości $x = 1$ przez prawdopodobieństwo, że wydarzenie nastąpi dla wartości $x = 0$:

$$\text{ryzyko względne} = \frac{\pi(1)}{\pi(0)}.$$

Aby iloraz szans był dokładnym oszacowaniem ryzyka względnego, musi być spełniona przybliżona równość $[1-\pi(0)]/[1-\pi(1)] \approx 1$, co ma miejsce, gdy prawdopodobieństwa, że wydarzenie nastąpi są małe zarówno dla $x = 1$, jak i dla $x = 0$.

4.5.1. Interpretacja modelu dla zmiennych jakościowych o dwóch wartościach

Rozważmy zbiór danych *churn* [4], na podstawie którego chcemy przewidzieć, czy klienci zrezygnują z korzystania z usług danego operatora telefonii komórkowej i zaczną korzystać z usług innego operatora (ang. *churn* — przeniesienie, migracja). Dla tego prostego przykładu regresji logistycznej załóżmy, że jest dostępna tylko jedna zmienna objaśniająca — *poczta głosowa* (*VoiceMail Plan*). Jest to zmienna binarna (flagowa), wskazująca czy klient korzysta z tej usługi. Tabelę krzyżową (tabelę kontyngencji) zmiennej *churn* względem zmiennej *poczta głosowa* pokazano w tab. 4.3.

Funkcja wiarygodności przyjmuje postać

$$l(\beta|x) = [\pi(0)]^{403} \cdot [1-\pi(0)]^{2008} \cdot [\pi(1)]^{80} \cdot [1-\pi(1)]^{842}.$$

Zauważmy, że możemy użyć wartości z tab. 4.3, aby bezpośrednio obliczyć wartości szans i ilorazu szans.

- Szansa dla tych, którzy przenieśli się i korzystają z usługi poczta głosowa to $\pi(1)/[1-\pi(1)] = 80/842 = 0{,}0950$.
- Szansa dla tych, którzy przenieśli się i nie korzystają z usługi poczta głosowa to $\pi(0)/[1-\pi(0)] = 403/2008 = 0{,}2007$. Wówczas

$$\mathrm{OR} = \frac{\pi(1)/[1-\pi(1)]}{\pi(0)/[1-\pi(0)]} = \frac{80/842}{403/2008} = 0{,}47.$$

Tabela 4.3. Tabela krzyżowa zmiennej *churn* względem zmiennej *poczta głosowa*

	poczta głosowa = nie $x = 0$	*poczta głosowa* = tak $x = 1$	Suma
churn = fałsz $y = 0$	2008	842	2850
churn = prawda $y = 1$	403	80	483
suma	2411	922	3333

Prawdopodobieństwo przeniesienia się dla tych, którzy korzystają z poczty głosowej to tylko 47% w porównaniu do prawdopodobieństwa przeniesienia się klientów, którzy nie korzystają z poczty głosowej. Zauważmy, że iloraz szans może być również obliczony jako

$$\mathrm{OR} = \frac{\pi(1)[1-\pi(0)]}{\pi(0)[1-\pi(1)]} = \frac{80 \cdot 2008}{403 \cdot 842} = 0{,}47.$$

Regresję logistyczną można wykonać, korzystając z programu Minitab — wynik pokazano w tab. 4.4. Iloraz szans obliczony za pomocą Minitab jest równy 0,47 i jest to ta sama wartość, którą obliczyliśmy powyżej. Z równania (4.3) wiemy, że iloraz szans jest równy e^{β_1}. Sprawdzimy to, zauważając, że $b_1 = -0{,}747795$, zatem $e^{b_1} = 0{,}47$.

Ponieważ $b_0 = -1{,}60596$ i $b_1 = -0{,}747795$, więc prawdopodobieństwo przeniesienia dla klienta korzystającego ($x = 1$) lub niekorzystającego ($x = 0$) z poczty głosowej jest oszacowane jako

$$\hat{\pi}(x) = \frac{\mathrm{e}^{\hat{g}(x)}}{1+\mathrm{e}^{\hat{g}(x)}} = \frac{\mathrm{e}^{-1{,}60596+-0{,}747795x}}{1+\mathrm{e}^{-1{,}60596+-0{,}747795x}},$$

z oszacowaną funkcją logitową

$$\hat{g}(x) = -1{,}60596 + -0{,}747795x.$$

Tabela 4.4. Wyniki regresji logistycznej zmiennej *churn* względem zmiennej *poczta głosowa*

```
Logistic Regression Table
                                                    Odds    95% CI
Predictor             Coef     SE Coef       Z      P   Ratio Lower Upper
Constant          -1,60956  0,0545839 -29,42  0,000
poczta głosowa  -0,747795   0,129101   -5,79  0,000    0,47  0,37  0,61

Log-Likelihood = -1360,165
Test that all slopes are zero: G = 37,964,  DF = 1,  P-Value = 0,000
```

Korzystanie z usługi poczta głosowa chroni przed rezygnacją z usług danej firmy (za zgodą Chantal Larose)

Dla klienta korzystającego z poczty głosowej, szacujemy prawdopodobieństwo przeniesienia się:

$$\hat{g}(x) = -1{,}60596 + -0{,}747795 \cdot 1 = -2{,}3538,$$

stąd

$$\hat{\pi}(x) = \frac{e^{\hat{g}(x)}}{1 + e^{\hat{g}(x)}} = \frac{e^{-2{,}3538}}{1 + e^{-2{,}3538}} = 0{,}0868.$$

Zatem oszacowane prawdopodobieństwo, że klient, który korzysta z poczty głosowej, zrezygnuje z usług danego operatora to tylko 8,68%, co jest wartością mniejszą od prawdopodobieństwa przeniesienia się obliczonego dla całego zbioru danych i równego 14,5%. Zatem korzystanie z poczty głosowej chroni operatora przed odejściem klienta. Prawdopodobieństwo to możemy również obliczyć bezpośrednio z tab. 4.3:

$$P(churn|poczta\ głosowa) = \frac{80}{922} = 0{,}0868.$$

Dla klienta, który nie korzysta z usługi poczta głosowa, szacujemy prawdopodobieństwo przeniesienia się:

$$\hat{g}(x) = -1{,}60596 + -0{,}747795 \cdot 0 = -1{,}60596,$$

a zatem

$$\hat{\pi}(x) = \frac{e^{\hat{g}(x)}}{1 + e^{\hat{g}(x)}} = \frac{e^{-1{,}60596}}{1 + e^{-1{,}60596}} = 0{,}16715.$$

To prawdopodobieństwo jest nieco większe od prawdopodobieństwa przeniesienia się obliczonego dla całego zbioru danych i równego 14,5%, wskazując na to, że niekorzystanie z usługi poczta głosowa może sugerować, że klient zrezygnuje. To prawdopodobieństwo można również obliczyć bezpośrednio z tab. 4.3:

$$P(churn|\overline{poczta\ głosowa}) = \frac{403}{2411} = 0{,}16715.$$

Teraz przeprowadzimy test Walda, aby zbadać istotność zmiennej *poczta głosowa*. Mamy $b_1 = -0{,}747795$ i $\mathrm{SE}(b_1) = 0{,}129101$, a zatem

$$Z_{\mathrm{Wald}} = \frac{-0{,}747795}{0{,}129101} = -5{,}79,$$

co pokazano w tab. 4.4 (kolumna „Z", wiersz „poczta głosowa"). P-wartość jest równa $P(|z| > 5{,}79) \cong 0{,}000$, czyli zmienna *poczta głosowa* jest przydatna do przewidywania zmiennej *churn*.

Granice przedziału ufności na poziomie $100(1-\alpha)\%$ dla ilorazu szans można obliczyć ze wzoru

$$\exp\left[b_1 \pm z \cdot \hat{\mathrm{SE}}(b_1)\right],$$

gdzie $\exp a$ oznacza e^a. Zatem dla naszego przykładu mamy

$$\exp\left[b_1 \pm z \cdot \hat{\mathrm{SE}}(b_1)\right] = \exp(-0{,}747795 \pm 1{,}96 \cdot 0{,}129101),$$

czyli przedział ufności na poziomie 95% dla ilorazu szans to $(\mathrm{e}^{-1{,}0008}, \mathrm{e}^{-0{,}4948})$, co po obliczeniu daje $(0{,}37, 0{,}61)$ — p. tab. 4.4. Możemy więc być na 95% pewni, że iloraz szans przeniesienia się kientów korzystających z usługi poczta głosowa i tych, którzy z tej usługi nie korzystają jest z zakresu od 0,37 do 0,61. Przedział ten nie zawiera wartości $\mathrm{e}^0 = 1$, czyli zależność jest istotna na poziomie ufności 95%.

Na podstawie tab. 4.3 możemy bezpośrednio oszacować wartość błędu standardowego (p. Bishop i in. [5]). Błąd standardowy współczynnika b_1 regresji logistycznej w przypadku korzystania z poczty głosowej jest oszacowany w następujący sposób:

$$\hat{\mathrm{SE}}(b_1) = \sqrt{\frac{1}{403} + \frac{1}{2008} + \frac{1}{80} + \frac{1}{842}} = 0{,}129101.$$

W naszym przykładzie klienci korzystający z usługi poczta głosowa zostali oznaczeni w danych przez 1, natomiast klienci, którzy nie korzystają z tej usługi, zostali oznaczeni jako 0. Jest to przykład kodowania kategorii odniesienia, gdzie kategoria odniesienia oznacza kategorię oznaczoną jako 0. Ilorazy szans są zatem liczone jako porównanie klientów, którzy korzystają, względem tych, którzy nie korzystają.

W ogólnym przypadku, dla zmiennych oznaczonych a i b, a nie 0 i 1, mamy

$$\begin{aligned}\ln[\mathrm{OR}(a,b)] &= \hat{g}(x=a) - \hat{g}(x=b) = (b_0 + b_1 a) - (b_0 + b_1 b)\\ &= b_1(a-b).\end{aligned} \tag{4.4}$$

Zatem oszacowanie ilorazu szans w tym przypadku jest równe $\exp[b_1(a-b)]$, co daje e^{b_1}, gdy $a = 1$ i $b = 0$.

4.5.2. Interpretacja modelu dla zmiennych objaśniających z wieloma wartościami

Rozważmy zbiór danych *churn* [4]. Załóżmy, że przekształcamy zmienną *liczba rozmów z BOK* (ang. *CustServ Calls*) w nową zmienną — *CSC* — w następujący sposób:

- zero lub jedna rozmowa z biurem obsługi klienta: *CSC* = małe,
- dwie lub trzy rozmowy z biurem obsługi klienta: *CSC* = średnie,
- cztery lub więcej rozmów z biurem obsługi klienta: *CSC* = wysokie.

Zatem *CSC* jest zmienną objaśniającą o trzech wartościach (małe, średnie, wysokie). W jaki sposób poradzi sobie z tym regresja logistyczna? Najpierw analityk musi zakodować zbiór danych, używając zmiennych wskaźnikowych (sztucznych) i kodowania kategorii odniesienia. Załóżmy, że jako kategorię odniesienia wybraliśmy *CSC* o małej wartości. Wówczas tworzymy dwie nowe zmienne wskaźnikowe *CSC-śr* i *CSC-wys* zgodnie z regułą podaną w tab. 4.5. Każdy rekord tej tabeli ma przypisaną wartość 0 lub 1 dla każdej zmiennej *CSC-śr* i *CSC-wys*. Na przykład klient, który odbył 1 rozmowę z biurem obsługi klienta, będzie miał wartości $CSC\text{-}śr = 0$ i $CSC\text{-}wys = 0$, klient, który odbył 3 rozmowy z biurem obsługi klienta, będzie miał wartości $CSC\text{-}śr = 1$ i $CSC\text{-}wys = 0$, a klient, który odbył 7 rozmów z biurem obsługi klienta, będzie miał wartości $CSC\text{-}śr = 0$ i $CSC\text{-}wys = 1$.

Tabela 4.5. Kodowanie kategorii odniesienia dla zmiennych wskaźnikowych *CSC-śr* i *CSC-wys*

	CSC-śr	*CSC-wys*
Małe (0 lub 1 rozmowa)	0	0
Średnie (2 lub 3 rozmowy)	1	0
Wysokie ($\geq$ 4 rozmowy)	0	1

Tabela 4.6. Tabela krzyżowa zmiennej *churn* względem zmiennej *CSC*

	CSC			Suma
	małe	średnie	duże	
churn = fałsz $y = 0$	1664	1057	129	2850
churn = prawda $y = 1$	214	131	138	483
suma	1878	1188	267	3333

W tabeli 4.6 pokazano tabelę krzyżową zmiennej *churn* względem zmiennej *CSC*. Używając *CSC* o małej wartości jako kategorii odniesienia, możemy obliczyć ilorazy szans:

- dla *CSC* o średniej wartości

$$\mathrm{OR} = \frac{131 \cdot 1664}{214 \cdot 1057} = 0{,}963687 \approx 0{,}36,$$

- dla *CSC* o wysokiej wartości

$$\mathrm{OR} = \frac{138 \cdot 1664}{214 \cdot 129} = 8{,}31819 \approx 8{,}32.$$

Tabela 4.7. Wyniki regresji logistycznej dla zmiennej *churn* względem zmiennej *CSC*

```
Logistic Regression Table

                                                        Odds     95% CI
Predictor        Coef    SE Coef        Z      P    Ratio   Lower  Upper
Constant     -2,05100  0,0726213   -28,24  0,000
CSC-śr     -0,0369891   0,117701    -0,31  0,753     0,96    0,77   1,21
CSC-wys       2,11844   0,142380    14,88  0,000     8,32    6,29  11,00

Log-Likelihood = -1263,368
Test that all slopes are zero: G = 231,557,  DF = 2,  P-Value = 0,000
```

Następnie przeprowadzamy za pomocą programu Minitab regresję logistyczną — wynik pokazano w tab. 4.7.

Zauważmy, że ilorazy szans obliczone za pomocą programu Minitab mają te same wartości, które znaleźliśmy, wykonując powyższe obliczenia. Sprawdźmy jeszcze ilorazy szans podane w tab. 4.7, korzystając równania (4.3):

- dla *CSC-śr*: $\widehat{\text{OR}} = e^{b_1} = e^{-0,0369891} = 0,96$,
- dla *CSC-wys*: $\widehat{\text{OR}} = e^{b_2} = e^{2,11844} = 8,32$.

Ponieważ $b_0 = -2,051$, $b_1 = -0,0369891$ i $b_2 = 2,11844$, więc prawdopodobieństwo przeniesienia jest oszacowane jako

$$\hat{\pi}(x) = \frac{e^{\hat{g}(x)}}{1+\hat{g}(x)} = \frac{e^{-2,051-0,0369891\cdot(CSC\text{-}śr)+2,11844(CSC\text{-}wys)}}{1+e^{-2,051-0,0369891(CSC\text{-}śr)+2,11844(CSC\text{-}wys)}}$$

z oszacowaną funkcją logitową

$$\hat{g}(x) = -2,051 - 0,0369891\cdot(CSC\text{-}śr) + 2,11844\cdot(CSC\text{-}wys).$$

Dla klientów z małą liczbą rozmów z BOK szacujemy prawdopodobieństwo przeniesienia się:

$$\hat{g}(x) = -2,051 - 0,0369891\cdot 0 + 2,11844\cdot 0 = -2,051,$$

a stąd

$$\hat{\pi}(x) = \frac{e^{\hat{g}(x)}}{1+\hat{g}(x)} = \frac{e^{-2,051}}{1+e^{-2,051}} = 0,114.$$

Zatem oszacowane prawdopodobieństwo, że klient z małą liczbą rozmów z BOK przeniesie sie do innego operatora to 11,4%, co jest wartością mniejszą od prawdopodobieństwa przeniesienia się obliczonego dla całego zbioru danych i równego 14,5%. Zatem tacy klienci odchodzą rzadziej niż reszta grupy. Prawdopodobieństwo to możemy również znaleźć bezpośrednio z tab. 4.6:

$$P(churn|CSC = \text{małe}) = \frac{214}{1878} = 0,114.$$

Dla klientów ze średnią liczbą rozmów z BOK prawdopodobieństwo przeniesienia się jest oszacowane jako

$$\hat{g}(x) = -2,051 - 0,0369891\cdot 1 + 2,11844\cdot 0 = -2,088,$$

a stąd mamy

$$\hat{\pi}(x) = \frac{e^{\hat{g}(x)}}{1+\hat{g}(x)} = \frac{e^{-2,088}}{1+e^{-2,088}} = 0,110.$$

Zatem oszacowane prawdopodobieństwo, że klient ze średnią liczbą rozmów z BOK przeniesie się do innego operatora to 11,0%, co jest wartością taką samą, jak dla klientów z małą liczbą rozmów z BOK. (Analityk może rozważyć połączenie kategorii o wartościach średnie i małe dla zmiennej *CSC*.) To prawdopodobieństwo można również obliczyć bezpośrednio z tab. 4.6:

$$P(churn|CSC = \text{średnie}) = \frac{131}{1188} = 0,110.$$

Dla klientów z dużą liczbą rozmów z BOK prawdopodobieństwo przeniesienia się jest oszacowane jako

$$\hat{g}(x) = -2,051 - 0,0369891 \cdot 0 + 2,11844 \cdot 1 = 0,06744,$$

a stąd

$$\hat{\pi}(x) = \frac{e^{\hat{g}(x)}}{1+\hat{g}(x)} = \frac{e^{0,06744}}{1+e^{0,06744}} = 0,5169.$$

Zatem oszacowane prawdopodobieństwo, że klient z dużą liczbą rozmów z BOK przeniesie się do innej firmy jest dużo wyższe (51%), co jest wartością ponad trzy razy większą od prawdopodobieństwa przeniesienia się obliczonego dla całego zbioru danych. Oczywiście firma powinna wyłapywać klientów, którzy wykonali 4 lub więcej połączeń z BOK i interweniować zanim zrezygnują z usług. Prawdopodobieństwo to można obliczyć bezpośrednio na podstawie danych z tab. 4.6:

$$P(churn|CSC = \text{duże}) = \frac{138}{267} = 0,5169.$$

Stosując test Walda na istotność parametru *CSC-śr*, mamy $b_1 = -0,0369891$ oraz $\text{SE}(b_1) = 0,117701$. Zatem

$$Z_{\text{Wald}} = \frac{-0,0369891}{0,117701} = -0,31426,$$

co pokazano w tab. 4.7 (kolumna „Z”, wiersz „CSC-śr”). P-wartość to $P(|z| > 0,31426) = 0,753$, czyli zmienna nie jest istotna. Nie ma dowodu, że zmienna *CSC-śr* jest przydatna do przewidywania przeniesienia się, jeżeli kategorią odniesienia jest wartość małe dla zmiennej *CSC*. Dla parametru *CSC-wys* mamy $b_1 = 2,11844$ i $SE(b_1) = 0,142380$, a zatem

$$Z_{\text{Wald}} = \frac{2,11844}{0,142380} = 14,88,$$

co pokazano w tab. 4.7 (kolumna „Z”, wiersz „CSC-wys”). P-wartość w tym przypadku to $P(|z| > 14,88) \cong 0,000$, czyli zmienna *CSC-wys* jest przydatna do przewidywania zmiennej *churn*.

Analizując dane z tab. 4.7, można zauważyć, że ilorazy szans są takie same, jak te, które otrzymaliśmy w wyniku obliczeń bezpośrednich. Warto też zwrócić uwagę, że współczynniki regresji logistycznej dla zmiennych wskaźnikowych są równe naturalnym logarytmom odpowiednich ilorazów szans:

$$\begin{aligned} b_{CSC\text{-}\acute{s}r} &= \ln 0{,}96 \approx \ln 0{,}963687 = -0{,}0369891, \\ b_{CSC\text{-}wys} &= \ln 8{,}32 \approx \ln 8{,}31819 = 2{,}11844. \end{aligned}$$

Współczynnik ten można również otrzymać, stosując równanie (4.4):

$$\begin{aligned} \ln[\mathrm{OR}(\text{wysokie, małe})] &= \hat{g}(\text{wysokie}) - \hat{g}(\text{małe}) \\ &= [b_0 + b_1 \cdot (CSC\text{-}\acute{s}r = 0) + b_2 \cdot (CSC\text{-}wys = 1)] \\ &\quad - [b_0 + b_1 \cdot (CSC\text{-}\acute{s}r = 0) + b_2 \cdot (CSC\text{-}wys = 0)] \\ &= b_2 = 2{,}11844. \end{aligned}$$

Podobnie możemy postąpić dla zmiennej *CSC-śr*:

$$\begin{aligned} \ln[\mathrm{OR}(\text{średnie, małe})] &= \hat{g}(\text{średnie}) - \hat{g}(\text{małe}) \\ &= [b_0 + b_1 \cdot (CSC\text{-}\acute{s}r = 1) + b_2 \cdot (CSC\text{-}wys = 0)] \\ &\quad - [b_0 + b_1 \cdot (CSC\text{-}\acute{s}r = 0) + b_2 \cdot (CSC\text{-}wys = 0)] \\ &= b_1 = -0{,}0369891. \end{aligned}$$

Tak jak w przypadku zmiennej binarnej, możemy na podstawie danych z tab. 4.6 bezpośrednio oszacować standardowe błędy współczynników. Na przykład standardowy błąd oszacowania współczynnika regresji logistycznej b_1 dla zmiennej *CSC-śr* jest oszacowany jako:

$$\hat{\mathrm{SE}}(b_1) = \sqrt{\frac{1}{131} + \frac{1}{1664} + \frac{1}{214} + \frac{1}{1057}} = 0{,}117701.$$

Również podobnie jak w przypadku zmiennej binarnej, możemy obliczyć przedział ufności na poziomie $100(1-\alpha)\%$ ilorazu szans dla i-tej zmiennej w następujący sposób:

$$\exp\left[b_i \pm z \cdot \hat{\mathrm{SE}}(b_i)\right].$$

Na przykład dla ilorazu szans dla zmiennej *CSC-wys* obliczamy

$$\exp\left[b_2 \pm z \cdot \hat{\mathrm{SE}}(b_2)\right] = \exp(2{,}11844 \pm 1{,}96 \cdot 0{,}142380),$$

czyli przedział ufności na poziomie 95% dla tego ilorazu to ($e^{1,8394}$, $e^{2,3975}$), co po wykonaniu potęgowania daje (6,19, 11,0) — p. tab. 4.7. Możemy więc być na 95% pewni, że iloraz szans przeniesienia się klientów z wysoką wartością rozmów z BOK w porównaniu z klientami z małą liczbą rozmów z BOK jest zawarty w przedziale od 6,29 do 11,0. Ponieważ przedział ten nie zawiera $e^0 = 1$, zależność jest istotna na poziomie ufności 95%.

Wyznaczmy przedział ufności na poziomie 95% dla ilorazu szans dla zmiennej *CSC-śr*:

$$\exp\left[b_1 \pm z \cdot \hat{\mathrm{SE}}(b_1)\right] = \exp(-0{,}0369891 \pm 1{,}96 \cdot 0{,}117701),$$

a zatem otrzymujemy $(e^{-0,2677}, e^{0,1937})$, co po obliczeniu daje przedział $(0{,}77, 1{,}21)$ — p. tab. 4.7. Możemy więc być na 95% pewni, że iloraz szans przeniesienia się klientów ze średnią liczbą rozmów z BOK w porównaniu z klientami z małą liczbą rozmów z BOK jest zawarty w przedziale od 0,77 do 1,21. Ponieważ przedział ten zawiera $e^0 = 1$, zależność nie jest istotna na poziomie ufności 95%. Na podstawie innych czynników modelu analityk może rozważyć połączenie kategorii średnie i małe dla zmiennej *CSC* w jedną.

4.5.3. Interpretacja modelu z ciągłą zmienną objaśniającą

Nasz pierwszy przykład — przewidywanie czy pacjent cierpi na pewną chorobę na podstawie wieku, stanowił przykład użycia ciągłej zmiennej objaśniającej w regresji logistycznej. Tutaj przedstawimy inny przykład — dla zbioru danych *churn* [4]. Załóżmy, że jesteśmy zainteresowani przewidywaniem przeniesienia się klienta na podstawie pojedynczej ciągłej zmiennej, *dzień minuty* (*day mins*, całkowita liczba minut rozmów telefonicznych klienta w ciągu dnia). Najpierw rozważmy wykres rozrzutu wartości wykorzystania minut w ciągu dnia dla klientów, którzy przenoszą się i tych, którzy pozostają, pokazany na rys. 4.2. Wykres wydaje się wskazywać, że klienci przenoszący się mają nieco wyższą średnią wartość wykorzystania minut w dzień niż klienci, którzy pozostają, co oznacza, że częstsze korzystanie z telefonu może sugerować, iż klient w przyszłości zrezygnuje z usług danego operatora. Sprawdzimy to, używając wskaźników sumarycznych podanych w tab. 4.8. Średnia i pięć innych wartości podsumowania dla klientów oznaczonych jako *churn* = prawda wskazuje na częstsze użycie telefonu niż w przypadku klientów *churn* = fałsz, potwierdzając obserwację z rys. 4.2.

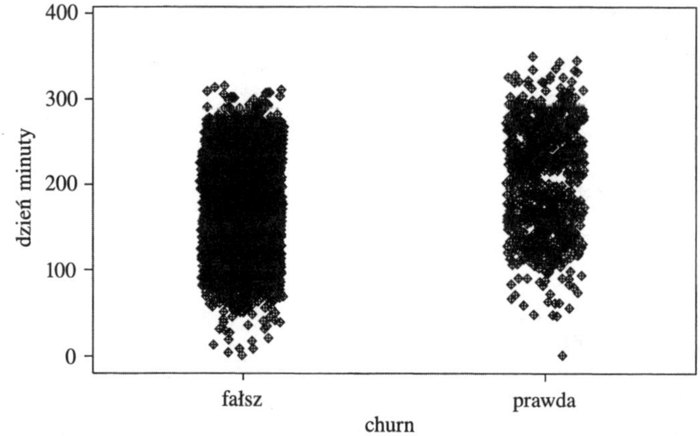

Rys. 4.2. Osoby przenoszące się mają nieco wyższą wartość średnią wykorzystania minut w ciągu dnia

Tabela 4.8. Wskaźniki sumaryczne dla zmiennej *dzień minuty* względem zmiennej *churn*

churn	*N*	Średnia	Odchylenie stand.	Min.	Q1	Mediana	Q3	Max
Fałsz	2850	175,18	50,18	0,00	142,75	177,20	210,30	315,60
Prawda	483	206,91	69,00	0,00	153,10	217,60	266,00	350,80

Czy ta różnica jest istotna? Przeprowadzono test t dla dwóch prób z hipotezą zerową, że nie ma różnicy między wartością średnią wykorzystania minut w dzień dla klientów, którzy przenoszą się, i tych, którzy pozostają. Wyniki pokazano w tab. 4.9. Wynikowa statystyka t jest równa $-9{,}68$, z p-wartością zaokrągloną do zera, wskazującą na dużą istotność wyniku. Czyli odrzucamy hipotezę zerową, że nie ma różnicy między wartością średnią wykorzystania minut w dzień dla klientów, którzy przenoszą się, i tych, którzy pozostają.

Warto tu wspomnieć o przeprowadzeniu wnioskowania dla problemów eksploracji danych lub, co więcej, dla każdego problemu, gdzie rozmiar próby jest bardzo duży. Większość testów statystycznych jest bardzo „wrażliwa" dla bardzo dużych prób — w ich wyniku odrzuca się hipotezę zerową z błahych powodów. Trzeba mieć tego świadomość, ponieważ można uznać, że wynik jest statystycznie znaczący z powodu dużego rozmiaru próby, a nie z powodu praktycznej jego istotności. Analityk powinien pamiętać o ograniczeniach i celach problemu biznesowego lub badawczego, szukając zbieżności wyników dla różnych modeli i zastosowania modelu do oryginalnego problemu.

Zauważmy, że test t nie daje nam wiedzy o tym, w jaki sposób wzrost zmiennej *dzień minuty* wpływa na szansę, że klient przeniesie się. Test t również nie dostarcza metody znalezienia na podstawie wartości zmiennej *dzień minuty* prawdopodobieństwa, że dany klient przeniesie się. Aby znaleźć te informacje, musimy przejść do regresji logistycznej, którą teraz przeprowadzimy — wyniki pokazano w tab. 4.10.

Wartość ilorazu szans dla zmiennej *dzień minuty* jest równa $\widehat{OR} = e^{b_1} = e^{0{,}0112717} = 1{,}011335 \cong 1{,}01$, co pokazano w tab. 4.10. Interpretację tej wartości omówimy nie-

Tabela 4.9. Wyniki testu t dla dwóch prób dla zmiennej *dzień minuty* względem zmiennej *churn*

```
Two-sample T for dzień minuty

Churn      N   Mean  StDev  Se Mean
False   2850  175,2   50,2     0,94
True     483  206,9   69,0      3,1

Difference = mu (False) - mu (True)
Estimate for difference: -31,7383
95% CI for difference: (-38,1752, -25,3015)
T-Test of difference = 0 (vs not =): T-Value = -9,68
                                     P-Value = 0,000 DF = 517
```

Tabels. 4.10. Wyniki regresji logistycznej zmiennej *churn* względem zmiennej *dzień minuty*

```
Logistic Regression Table
                                                        Odds      95% CI
Predictor            Coef     SE Coef         Z       P  Ratio   Lower   Upper
Constant         -3,92929    0,202822    -19,37   0,000
dzień minuty    0,0112717   0,0009750     11,56   0,000   1,01    1,01    1,01

Log-Likelihood = -1307,129
Test that all slopes are zero: G = 144,035, DF = 1, P-Value = 0,000
```

co później. W naszym przykładzie mamy $b_0 = -3{,}92929$ i $b_1 = 0{,}0112717$. Zatem prawdopodobieństwo przeniesienia się $\pi(x) = e^{\beta_0+\beta_1 x}/(1 + e^{\beta_0+\beta_1 x})$ dla klienta z daną wartością zmiennej *dzień minuty* jest oszacowane jako

$$\hat{\pi}(x) = \frac{e^{\hat{g}(x)}}{(1 + e^{\hat{g}(x)})} = \frac{e^{-3,92929+0,0112717\cdot(dzie\acute{n}\ minuty)}}{(1 + e^{-3,92929+0,0112717\cdot(dzie\acute{n}\ minuty)})}$$

z oszacowaną funkcją logitową

$$\hat{g}(x) = -3{,}92929 + 0{,}0112717 \cdot (dzie\acute{n}\ minuty).$$

Prawdopodobieństwo przeniesienia się klienta, który rozmawia (łącząc się ze swojego telefonu) przez 100 minut w ciągu dnia, możemy oszacować następująco:

$$\hat{g}(x) = -3{,}92929 + 0{,}0112717 \cdot 100 = -2{,}80212,$$

a stąd

$$\hat{\pi}(x) = \frac{e^{\hat{g}(x)}}{(1 + e^{\hat{g}(x)})} = \frac{e^{-2,80212}}{(1 + e^{-2,80212})} = 0{,}0572.$$

Zatem oszacowane prawdopodobieństwo, że klient, który rozmawia przez 100 minut w ciągu dnia, przeniesie się jest mniejsze od 6%. Jest to wartość mniejsza od prawdopodobieństwa przeniesienia się obliczonego dla całego zbioru danych i równego 14,5%, co wskazuje, że mała wartość zmiennej *dzień minuty* w jakiś sposób sprawia, że jest mniej klientów przenoszących się. Jednak dla klienta, który rozmawia przez 300 minut w ciągu dnia, mamy

$$\hat{g}(x) = -3{,}92929 + 0{,}0112717 \cdot 300 = -0{,}54778,$$

a zatem

$$\hat{\pi}(x) = \frac{e^{\hat{g}(x)}}{(1 + e^{\hat{g}(x)})} = \frac{e^{-0,54778}}{(1 + e^{-0,54778})} = 0{,}3664.$$

Oszacowane prawdopodobieństwo, że taki klient przeniesie się jest więc większe od 36%. Jest to wartość większa od prawdopodobieństwa przeniesienia się obliczonego dla całego zbioru danych i równego 14,5%, co wskazuje, że klienci często używający telefonu w dzień mają większą tendencję do przeniesienia się.

Różnica odchyleń G dla tego przykładu to

$$\begin{aligned} G &= \text{odchylenie (model bez zmiennej objaśniającej)} \\ &\quad - \text{odchylenie (model ze zmienną objaśniającą)} \\ &= -2\ln\left[\frac{\text{wiarygodność bez zmiennej objaśniającej}}{\text{wiarygodność ze zmienną objaśniającą}}\right] \\ &= 2\left\{\sum_{i=1}^{n}[y_i \ln\hat{\pi} + (1-y_i)\ln(1-\hat{\pi})] - (n_1\ln n_1 + n_0 \ln n_0 - n\ln n)\right\} \\ &= 2[-1307{,}129 - (483\ln 483 + 2850\ln 2850 - 3333\ln 3333)] = 144{,}035, \end{aligned}$$

co można odczytać z tab. 4.10. P-wartość testu χ^2 dla G, przy założeniu prawdziwości hipotezy zerowej ($\beta_1 = 0$), jest dana jako $P(\chi_1^2) > G_{\text{obserwowane}} = P(\chi_1^2) > 144{,}035 \cong 0{,}000$, jak pokazano w tab. 4.10. Zatem możemy wyciągnąć wniosek, że zmienna *dzień minuty* jest przydatna w przewidywaniu zmiennej *churn*.

Zastosujmy test Walda do sprawdzania istotności współczynnika zmiennej *dzień minuty*. Mamy $b_1 = 0{,}0112717$ oraz $\text{SE}(b_1) = 0{,}0009750$, a stąd

$$Z_{\text{Wald}} = \frac{0{,}0112717}{0{,}0009750} = 11{,}56,$$

jak pokazano w tab. 4.10. P-wartość dla $\alpha = 0{,}105$ to $P(|z| > 11{,}56) \cong 0{,}000$, czyli zmienna *minuty dzień* jest istotna w przewidywaniu zmiennej *churn*.

Analizując tabelę 4.10, można zauważyć, że współczynnik zmiennej *minuty dzień* jest równy logarytmowi naturalnemu ilorazu szans:

$$b_{minuty\ dzień} = \ln 1{,}01 \approx \ln 1{,}011335 = 0{,}0112717.$$

Współczynnik ten można również otrzymać, stosując równanie (4.4):

$$\begin{aligned} \ln[\text{OR}(minuty\ \ dzień)] &= \hat{g}(x+1) - \hat{g}(x) \\ &= [b_0 + b_1 \cdot (x+1)] - (b_0 + b_1(x)) \\ &= b_1 = 0{,}0112717. \end{aligned}$$

Wartość b_1 reprezentuje oszacowaną zmianę logarytmu ilorazu szans, jeżeli wartość zmiennej objaśniającej rośnie o jedną jednostkę. W naszym przykładzie mamy $b_1 = 0{,}0112717$, co oznacza, że dla każdej dodatkowej minuty rozmowy w dzień, która jest wykorzystana przez klienta, logarytm ilorazu szans przeniesienia klienta rośnie o 0,0112717.

Wartość ilorazu szans znalezioną powyżej, $\hat{\text{OR}} = e^{b_1} = e^{0{,}0112717} = 1{,}011335 \cong 1{,}01$, można interpretować jako szansę rezygnacji z usług operatora klienta z $x + 1$ minutami rozmów w ciągu dnia w porównaniu z klientem z x minutami rozmów w ciągu dnia. Na przykład jest około 1,01 bardziej prawdopodobne, że klient z 201 minutami będzie migrował w porównaniu z klientem z 200 minutami. Ta interpretacja o jednostkowy wzrost może mieć ograniczoną przydatność, ponieważ analityk może chcieć interpretować wyniki, używając różnej skali, takiej jak 10 minut i 60 minut lub nawet 1 sekunda. Dlatego uogólniamy interpretacje współczynników regresji logistycznej w poniższy sposób.

INTERPRETACJA WSPÓŁCZYNNIKÓW REGRESJI LOGISTYCZNEJ DLA CIĄGŁEJ ZMIENNEJ OBJAŚNIAJĄCEJ

Dla pewnej stałej c wielkość cb_1 reprezentuje oszacowaną zmianę logarytmu ilorazu szans dla wzrostu wartości zmiennej objaśniającej o c jednostek.

Wartość tę można otrzymać, podstawiając $\hat{g}(x+c) - \hat{g}(x)$ za $\hat{g}(x+1) - \hat{g}(x)$ w równaniu (4.5):

$$\hat{g}(x+c) - \hat{g}(x) = [b_0 + b_1 \cdot (x+c)] - [b_0 + b_1(x)] = cb_1.$$

Niech na przykład $c = 60$, czyli załóżmy, że chcemy znać wartość zmiany logarytmu ilorazu szans, gdy czas korzystania z telefonu w ciągu dnia wzrasta o 60 minut. Ten wzrost może zostać oszacowany jako $cb_1 = 60 \cdot 0{,}0112717 = 0{,}676309$. Rozważmy klienta A, który korzystał z telefonu w ciągu dnia o 60 minut dłużej od klienta B. Wtedy oszacujemy iloraz szans przeniesienia się klienta A w porównaniu z klientem B jako $e^{0,676309} = 1{,}97$. Zatem wzrost czasu korzystania z telefonu o 60 minut w ciągu dnia niemal podwaja szanse, że klient przeniesie się.

Podobnie jak w przypadku jakościowych zmiennych objaśniających, możemy obliczyć przedział ufności dla ilorazu szans na poziomie $100(1-\alpha)\%$ ze wzoru

$$\exp\left[b_i \pm z \cdot \hat{\mathrm{SE}}(b_i)\right].$$

Dla przykładu, obliczmy granice przedziału ufności na poziomie 95% dla ilorazu szans dla zmiennej *dzień minuty*:

$$\exp\left[b_1 \pm z \cdot \hat{\mathrm{SE}}(b_1)\right] = \exp(0{,}0112717 \pm 1{,}96 \cdot 0{,}0009750),$$

czyli przedział ufności ma postać $(e^{1,0093607}, e^{0,0131827})$, co po przeliczeniu daje $(1{,}0094,\ 1{,}0133) \cong (1{,}01,\ 1{,}01)$ — p. tab. 4.10. Jesteśmy więc na 95% pewni, że iloraz szans przeniesienia się klientów z 1 dodatkową minutą w dzień jest z zakresu od 1,0094 do 1,0133. Ponieważ przedział ten nie zawiera $e^0 = 1$, zależność jest istotna na poziomie ufności 95%.

Przedziały ufności dla ilorazu szans dla i-tej zmiennej objaśniającej możemy również znaleźć, kiedy wartość zmiennej zmienia się o c jednostek:

$$\exp\left[cb_i \pm zc \cdot \hat{\mathrm{SE}}(b_i)\right].$$

Na przykład wcześniej oszacowaliśmy wzrost ilorazu szans, gdy liczba wykorzystanych minut w dzień wzrośnie o $c = 60$, jako 1,97. Obliczamy granice przedziału ufności na poziomie 99% dla tego oszacowania:

$$\begin{aligned}\exp\left[cb_i \pm zc \cdot \hat{\mathrm{SE}}(b_i)\right] &= \exp(60 \cdot 0{,}0112717 \pm 2{,}576 \cdot 60 \cdot 0{,}0009750)\\ &= \exp(0{,}6763 \pm 0{,}1507),\end{aligned}$$

czyli przedział ten to (1,69, 2,29). Jesteśmy więc na 99% pewni, że wzrost liczby wykorzystanych minut w dzień o 60 zwiększy iloraz szans przeniesienia się o czynnik z zakresu od 1,69 do 2,29.

4.6. Założenie liniowości

Jeżeli funkcja logitowa nie jest liniowa dla ciągłej zmiennej, może powstać problem z zastosowaniem oszacowań i przedziałów ufności dla ilorazów szans. Przyczyną jest fakt, że oszacowany iloraz szans jest stały dla wszystkich wartości, które może przyjąć zmienna objaśniająca. Na przykład oszacowany iloraz szans równy 1,01 jest taki sam dla wzrostu o jedną jednostkę dla całego przedziału zmiennej *dzień minuty*, niezależnie czy jest to 23 minuta czy 32 minuta. Analogicznie w przypadku oszacowań ilorazu szans dla wzrostu o 60 minut — oszacowany iloraz szans równy 1,97 jest taki sam, niezależnie czy odnosimy się do ram czasowych 0–60 minut, czy też 55–115 minut itd.

Takie założenie stałego ilorazu szans nie zawsze ma uzasadnienie. Załóżmy, że wykonaliśmy regresję logistyczną zmiennej *churn* względem zmiennej *liczba rozmów z BOK* (która przyjmuje wartości od 0 do 9). Wyniki tej regresji pokazano w tab. 4.11. Oszacowany iloraz szans równy 1,49 wskazuje, że iloraz szans przeniesienia się rośnie o tę wielkość dla każdego wykonanego połączenia z biurem obsługi klienta. Dlatego będziemy oczekiwać, że wykres liczby rozmów z BOK z nałożoną informacją o zmiennej *churn* stworzy dość regularny schodkowy wzór. Rozważmy jednak rysunek 4.3, na którym pokazano znormalizowany histogram zmiennej *liczba rozmów z BOK* z nałożoną informacją o zmiennej *churn*. (Normalizacja powoduje, że każdy prostokąt ma tę samą długość, co zwiększa czytelność kosztem informacji o rozmiarze klasy.) Ciemniejsza część oznacza klientów, którzy przenoszą się.

Zauważmy, że nie widać tu regularnych „schodków" w miarę tego, jak przesuwamy się od strony lewej do prawej. Zamiast tego widzimy raczej nieciągłość przy czterech rozmowach z biurem obsługi klienta. Sytuację tę odkryliśmy wcześniej, kiedy wykonywaliśmy kategoryzację tej zmiennej i znaleźliśmy, że klienci, którzy przeprowadzili najwyżej trzy rozmowy z BOK mają dużo mniejsze skłonności do przeniesienia się niż

Table 4.11. Wątpliwe wyniki regresji logistycznej zmiennej *churn* względem zmiennej *liczba rozmów z BOK*

```
Logistic Regression Table

                                                          Odds     95% CI
Predictor                  Coef   SE Coef       Z      P Ratio Lower Upper
Constant               -2,49016 0,0863180 -28,85 0,000
liczba rozmów z BOK 0,396169 0,0345617  11,46 0,000  1,49  1,39  1,59

Log-Likelihood = -1313,618
Test that all slopes are zero: G = 131,058,  DF = 1,  P-Value = 0,000
```

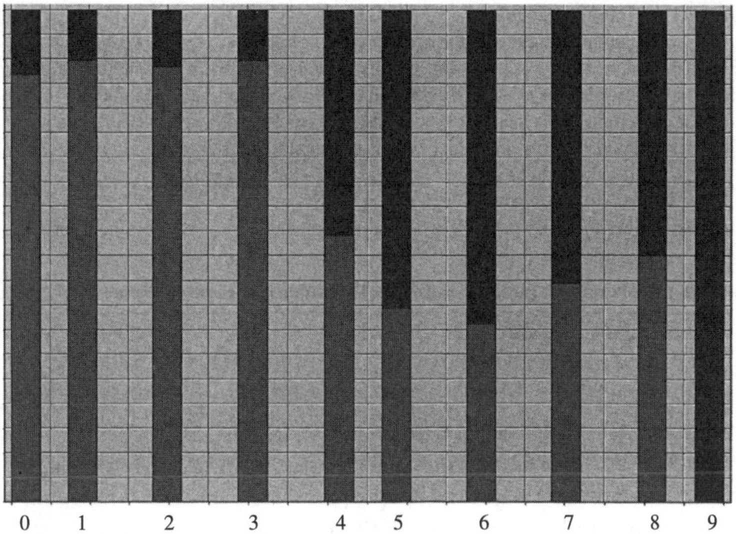

Rys. 4.3. Znormalizowany histogram zmiennej *liczba rozmów z BOK* z nałożoną informacją o zmiennej *churn*

klienci z przynajmniej czterema rozmowami z BOK. W szczególności wyniki z tab. 4.11 sugerują, że przejście z zera do jednej rozmowy z BOK zwiększa iloraz szans o czynnik 1,49. W rzeczywistości jednak tak się nie dzieje, ponieważ przenosi się mniej klientów z jedną rozmową z BOK niż kientów, którzy nie wykonali ani jednego połączenia.

Poniżej przedstawiono tabelę krzyżową dla klientów przenoszących się i tych, którzy się nie przenoszą dla 10 wartości zmiennej *liczba rozmów z BOK* razem z oszacowanym ilorazem szans dla jednego dodatkowego połączenia z BOK (tab. 4.12). Na przykład oszacowany iloraz szans dla przejścia z zera połączeń do jednego połączenia to 0,76, co oznacza, że jest mniej prawdopodobne, iż przeniosą się klienci, którzy wykonali jedno połączenie z BOK, niż to, że przeniosą się klienci, którzy takich połączeń nie mieli. Nieciągłość dla czterech rozmów jest reprezentowana przez iloraz szans równy 7,39, który oznacza, że jest więcej niż 7 razy bardziej prawdopodobne, że klient, który wykonał cztery połączenia do BOK przeniesie się w porównaniu z klientem z trzema takimi połączeniami.

Tabela 4.12. Zmienna *liczba rozmów z BOK* względem zmiennej *churn* z oszacowanymi ilorazami szans

	liczba rozmów z BOK									
	0	1	2	3	4	5	6	7	8	9
churn = fałsz	605	1059	672	358	90	26	8	4	1	0
churn = prawda	92	122	87	44	76	40	14	5	1	2
ilorazy szans		0,76	1,12	0,88	7,39	1,82	1,14	0,71	0,8	nieokreślone

Zauważmy, że wartość ilorazu szans równa 1,49 jest wynikiem niewłaściwego zastosowania regresji logistycznej i nie jest nigdzie odzwierciedlona w prawdziwych danych. Jeżeli analityk chce uwzględnić zmienną *liczba rozmów z BOK* w analizie (a powinna ona być uwzględniona), powinien uwzględnić nieliniowość poprzez użycie zmiennych wskaźnikowych (p. przykład z zmiennymi jakościowymi o wielu zmiennych) lub użycie funkcji wyższego rzędu (np. x^2, x^3, ...). Zauważmy również nieokreśloną wartość dla ilorazu szans w kolumnie 9, która zawiera komórkę z wartością zero. Poniżej omówimy problem komórek z wartością zero.

Aby pokazać inny przykład problemu nieliniowości, przejdziemy do zbioru danych *adult* [6], który otrzymano z danych pochodzących z U.S. Census Bureau. Celem jest znalezienie zbioru cech demograficznych, które mogą najlepiej wskazać, czy dana osoba osiągnęła roczny dochód powyżej 50 000 $ (zmienna *dochód* (*income*)). Ograniczymy się tylko do zmiennej *kapitał netto* (*capnet*), która jest równa różnicy zmiennych *zysk kapitału* i *strata kapitału* wyrażonej w dolarach.

Naiwne zastosowanie regresji logistycznej zmiennej *dochód* względem zmiennej *kapitał netto* daje wyniki pokazane w tab. 4.13. Z tabeli odczytujemy, że iloraz szans dla zmiennej *kapitał netto* przyjmuje wartość 1,00, z oboma końcami przedziału ufności również równymi 1,00. Czy możemy wyciągnąć wniosek, że zmienna *kapitał netto* nie jest istotna? Jeżeli tak, to w jaki sposób możemy wytłumaczyć widoczną sprzeczność z p-wartością dla istotności testu z równą w przybliżeniu zeru?

Właściwie nie ma sprzeczności. Problem tkwi w tym, że wyniki ilorazu szans są pokazane z dokładnością tylko do dwóch miejsc po przecinku. Przedział ufności na poziomie 95% z większą dokładnością ma granice:

$$\exp[b_1 \pm z \cdot \hat{\mathrm{SE}}(b_1)] = \exp(0{,}0002561 \pm 1{,}96 \cdot 0{,}0000079),$$

czyli przyjmuje postać $(e^{0,0002406}, e^{0,0002716})$, a po obliczeniu (1,000241, 1,000272). Zatem przedział ufności na poziomie 95% dla zmiennej *kapitał netto* nie zawiera zerowej wartości $e^0 = 1$, co wskazuje, że ta zmienna jest w rzeczywistości istotna. Dlaczego potrzebna jest taka dokładność? Ponieważ zmienna *kapitał netto* jest mierzona w dolarach. Jeden dodatkowy dolar zysku kapitału najprawdopodobniej nie zwiększy znacznie prawdopodobieństwa wysokiego dochodu, czyli mamy niewielką wartość, ale znaczącą dla ilorazu szans.

Table 4.13. Wątpliwe wyniki regresji logistycznej zmiennej *dochód* względem zmiennej *kapitał netto*

```
Logistic Regression Table

                                                          Odds    95% CI
Predictor             Coef    SE Coef        Z      P    Ratio  Lower Upper
Constant          -1,32926  0,0159903   -83,13  0,000
kaptiał netto    0,0002561  0,0000079    32,58  0,000     1,00   1,00  1,00

Log-Likelihood = -12727,406
Test that all slopes are zero: G = 2062,242  DF = 1,  P-Value = 0,000
```

Tabela 4.14. Dochódu dla różnych kategorii zmiennej *kapitał netto*

	Kategoria zmiennej *kapitał netto*							
Dochód	strata		zero		zysk < 3000 $		zysk ≥3000 $	
≤ 50000 $	574	49,7%	17 635	81,0%	370	100%	437	25,6%
> 50000 $	582	50,3%	4133	19,0%	0	0%	1269	74,4%
suma	1156		21 768		370		1706	

Jednak prawie 87% rekordów ma zerową wartość zmiennej *kapitał netto* (co oznacza brak przyrostu kapitału oraz brak jego straty). Jaki wpływ będzie to miało na założenie liniowości? Powyżej pokazano tabelę krzyżową dla różnych wartości dochodu względem zmiennej *kapitał netto* (tab. 4.14). Zauważmy, że wysoki dochód jest związany albo z ujemną wartością zmiennej *kapitał netto*, albo z wartością ≥ 3000 $, podczas gdy mały dochód jest związany z zerową wartością lub wartością < 3000 $. Takie zależności są niezgodne z założeniem liniowości. Dlatego wrócimy do analizy regresji logistycznej, tym razem używając zmiennej *kapitał netto* po zastosowaniu kategoryzacji pokazanej w tab. 4.14.

4.7. Problem komórek z wartością zero

Niestety stoimy teraz przed nowym problemem — obecnością komórek z wartością zero w tabeli krzyżowej. W zbiorze danych nie ma rekordów, opisujących ludzi z dochodem większym od 50 000 $ i wartością zysku netto mniejszą od 3000 $. Komórki z wartością zero wprowadzają zamęt do rozwiązania regresji logistycznej, powodując niestabilność analizy i prowadząc do możliwości uzyskania niepewnych wyników. Zamiast eliminować kategorię zysk < 3000 $, możemy spróbować połączyć kategorie lub przedefiniować, aby pozbyć się komórek z wartością zero. W tym przykładzie spróbujemy przedefiniować granice kategorii o dodatniej wartości zysku — dodatkową korzyścią z ustalenia nowych granic będzie znalezienie lepszego wyważenia rekordów w tych kategoriach.

Tabela 4.15. Dochód dla różnych kategorii *kapitału netto* — nowa kategoryzacja

	Kategoria zmiennej *kapitał netto*							
Dochód	strata		zero		zysk < 5000 $		zysk ≥5000 $	
≤ 50 000 $	574	49,7%	17 635	81,0%	685	83,0%	122	9,8%
> 50 000 $	582	50,3%	4133	19,0%	140	17,0%	1129	90,2%
suma	1156		21 768		825		1251	

Tabela 4.16. Wyniki regresji logistycznej zmiennej *dochód* względem zmiennej *kapitał netto* po kategoryzacji

Logistic Regression Table

Predictor	Coef	SE Coef	Z	P	Odds Ratio	95% CI Lower	Upper
Constant	-1,45088	0,0172818	-83,95	0,000			
kategoria kapitał netto							
zysk < 5000$	-0,136894	0,0943471	-1,45	0,147	0,87	0,72	1,05
zysk >= 5000$	3,67595	0,0968562	37,95	0,000	39,49	32,66	47,74
strata	1,46472	0,0613110	23,89	0,000	4,33	3,84	4,88

Log-Likelihood = -12156,651
Test that all slopes are zero: G = 3202,753 DF = 3, P-Value = 0,000

Nowe granice kategorii i tabela krzyżowa są pokazane w tab. 4.15. Wyniki regresji logistycznej zmiennej *dochód* względem skategoryzowanej na nowo zmiennej *kapitał netto* pokazano w tab. 4.16.

Kategoria odniesienia to zerowy zysk netto. Kategoria zysk netto $<$ 5000 \$ nie jest istotna, ponieważ stosunek wysokiego i niskiego dochodu dla tej kategorii jest podobny jak dla kategorii zerowy zysk netto, co widać w tab. 4.15. Obie kategorie — strata i zysk $\geq$ 5000 \$ są istotne, ale z różnym rzędem wielkości. Jest 4,33 razy bardziej prawdopodobne, że osoby, które stracą kapitał, będą miały wysoki dochód niż to, że osoby o zerowym zysku będą miały wysoki dochód. Jest prawie 40 razy bardziej prawdopodobne, że osoby mające 5000 \$ zysku będą miały wysoki dochód w porównaniu z osobami należącymi do kategorii odniesienia. Uzyskane wyniki wzmacniają stwierdzenie, że zależność pomiędzy zmiennymi *dochód* i *kapitał netto* jest nieliniowa oraz że naiwne wprowadzenie zmiennej *kapitał netto* do regresji logistycznej byłoby błędne.

Dla osoby wykazującej stratę kapitału netto możemy oszacować prawdopodobieństwo, że jej dochód będzie powyżej 50 000 \$. Najpierw znajdujemy funkcję logitową

$$\hat{g}(x) = -1{,}45088 + 1{,}46472 \cdot 1 = 0{,}01384,$$

a teraz prawdopodobieństwo

$$\hat{\pi}(x) = \frac{e^{\hat{g}(x)}}{1 + e^{\hat{g}(x)}} = \frac{e^{0{,}01384}}{1 + e^{0{,}01384}} = 0{,}5035.$$

Zatem prawdopodobieństwo, że osoba ze stratą kapitału ma dochód wyższy od 50 000 \$ to około 50%. Możemy również oszacować prawdopodobieństwo, że osoba wykazująca zysk netto o wysokości przynajmniej 5000 \$ ma dochód powyżej 50 000 \$. Funkcja logitowa ma wówczas postać

$$\hat{g}(x) = -1{,}45088 + 3{,}67595 \cdot 1 = 2{,}22507,$$

a prawdopodobieństwo jest równe

$$\hat{\pi}(x) = \frac{e^{\hat{g}(x)}}{1 + e^{\hat{g}(x)}} = \frac{e^{2,22507}}{1 + e^{2,22507}} = 0,9025.$$

Zauważmy, że powyższe prawdopodobieństwa można obliczyć, używając wartości z tab. 4.15. Podobne obliczenia można wykonać dla osoby z zyskiem netto mniejszym od 5000 \$. Jednak ta kategoria okazała się nieistotna. Jakie zatem powinno być nasze oszacowanie prawdopodobieństwa, że osoba z małym zyskiem netto będzie miała duży dochód?

Czy powinniśmy wykorzystać oszacowanie dokonane na podstawie danych z tabeli i regresję logistyczną (prawdopodobieństwo = 17%), nawet jeżeli ta kategoria okazała się nieistotna? Odpowiedź brzmi nie — nie dla formalnego szacowania. Użycie nieistotnych zmiennych do szacowania zwiększa szanse, że wyników szacowania nie będzie można uogólnić, a zatem przydatność regresji będzie ograniczona.

Biorąc jednak pod uwagę pewne założenia, takie jak analiza sprawdzianu krzyżowego (p. 4.10), gdzie wszystkie próby zgadzają się, że zmienna jest prawie istotna, można pozostawić adnotację, że istnieją pewne przesłanki na zatrzymanie tej zmiennej do szacowania. Jednak w ogólnym przypadku do celów szacowania i przewidywania zatrzymujemy tylko te zmienne, które są istotne. Zatem w naszym przykładzie prawdopodobieństwo, że osoba z małym zyskiem ma duży dochód oszacujemy w następujący sposób:

$$\hat{g}(x) = -1,45088,$$

a prawdopodobieństwo

$$\hat{\pi}(x) = \frac{e^{\hat{g}(x)}}{1 + e^{\hat{g}(x)}} = \frac{e^{-1,45088}}{1 + e^{-1,45088}} = 0,1899,$$

co jest równe prawdopodobieństwu, że osoba z zerowym zyskiem kapitału będzie miała duży dochód.

4.8. Wielokrotna regresja logistyczna

Dotychczas badaliśmy regresję logistyczną, używając w danej chwili tylko jednej zmiennej objaśniającej. Jednak bardzo niewiele zbiorów danych jest ograniczonych tylko do jednej zmiennej! Dlatego przechodzimy do wielokrotnej regresji logistycznej, w której używa się więcej niż jednej zmiennej objaśniającej do klasyfikacji binarnej zmiennej celu. Wracając do zbioru danych *churn* [4], zbadamy czy istnieje zależność pomiędzy zmienną *churn*, a następującym zbiorem zmiennych objaśniających:

- *plan międzynarodowy* (*international plan*) — zmienna wskaźnikowa,
- *poczta głosowa* (*voicemail plan*) — zmienna wskaźnikowa,
- *CSC-wys* (*CSC-Hi*) — zmienna wskaźnikowa informująca, czy klient ma dużo połączeń (≥ 4) z biurem obsługi klienta,
- *czas współpracy* (*account length*) — zmienna ciągła,
- *dzień minuty* (*day mins*) — zmienna ciągła,

Tabela 4.17. Wyniki wielowymiarowej regresji logistycznej zmiennej *churn* względem kilku zmiennych

Logistic Regression Table

Predictor	Coef	SE Coef	Z	P	Odds Ratio	95% CI Lower	95% CI Upper
Constant	-8,15980	0,536092	-15,22	0,000			
czas współpracy	0,0008006	0,0014408	0,56	0,578	1,00	1,00	1,00
dzień minuty	0,0134755	0,0011192	12,04	0,000	1,01	1,01	1,02
wieczór minuty	0,0073029	0,0011695	6,24	0,000	1,01	1,01	1,01
noc minuty	0,0042378	0,0011474	3,69	0,000	1,00	1,00	1,01
międzynarodowe minuty	0,0853508	0,0210217	4,06	0,000	1,09	1,05	1,13
plan międzynarodowy							
tak	2,03287	0,146894	13,84	0,000	7,64	5,73	10,18
poczta głosowa							
tak	-1,04435	0,150087	-6,96	0,000	0,35	0,26	0,47
CSC-wys							
1	2,67683	0,159224	16,81	0,000	14,54	10,64	19,86

Log-Likelihood = -1036,038
Test that all slopes are zero: G = 686,218 DF = 8, P-Value = 0,000

- *wieczór minuty* (*eve mins*) — zmienna ciągła,
- *noc minuty* (*night mins*) — zmienna ciągła,
- *międzynarodowe minuty* (*international mins*) — zmienna ciągła.

Wyniki regresji pokazano w tab. 4.17. Najpierw zauważmy, że wyniki całej regresji są istotne, o czym świadczy p-wartość zaokrąglona do zera dla statystyki G. Dlatego cały model jest przydatny do przewidywania przeniesienia się. Jednak nie wszystkie zmienne uwzględnione w modelu muszą być przydatne. Zbadajmy p-wartości dla statystyki z (Walda) dla każdej zmiennej objaśniającej. Wszystkie p-wartości (oprócz jednej) są małe, czyli niemal wszystkie zmienne należy uwzględnić w modelu (oprócz zmiennej *czas współpracy* — standaryzowanej zmiennej określającej czas korzystania z usług danego operatora). Statystyka z Walda dla zmiennej *czas współpracy* jest równa 0,56, z dużą p-wartością równą 0,578, czyli zmienna ta nie jest przydatna do klasyfikacji zmiennej *churn*. Przedział ufności na poziomie 95% dla ilorazu szans obejmuje wartość 1,0, potwierdzając wniosek, że zmienna *czas współpracy* nie należy do modelu. Dlatego wyeliminujemy tę zmienną z modelu i jeszcze raz przeprowadzimy regresję logistyczną dla pozostałych zmiennych — wyniki pokazano w tab. 4.18.

Porównując tabele 4.18 i 4.17, widzimy, że usunięcie zmiennej *czas współpracy* w niewielkim stopniu wpłynęło na wyniki analizy. Wszystkie pozostałe zmienne zostały uznane za istotne i są zatrzymane w modelu. Dodatnie współczynniki wskazują na zmienne objaśniające, dla których wzrost wartości zmiennej jest związany ze wzrostem prawdopodobieństwa przeniesienia się. Podobnie ujemne współczynniki wskazują na zmienne związane ze spadkiem prawdopodobieństwa przeniesienia się. Jednostkowy

Tabela 4.18. Wyniki wielowymiarowej regresji logistycznej po wyeliminowaniu zmiennej *czas współpracy*

```
Logistic Regression Table

                                                          Odds   95% CI
Predictor              Coef   SE Coef        Z       P  Ratio Lower Upper
Constant           -8,07374  0,512446   -15,76   0,000
dzień minuty      0,0134735  0,0011190   12,04   0,000   1,01  1,01  1,02
wieczór minuty    0,0072939  0,0011694    6,24   0,000   1,01  1,01  1,01
noc minuty        0,0042223  0,0011470    3,68   0,000   1,00  1,00  1,01
międzynarodowe
 minuty           0,0853509  0,0210212    4,06   0,000   1,09  1,05  1,13
plan międzynarodowy
 tak                2,03548  0,146822    13,86   0,000   7,66  5,74 10,21
poczta głosowa
 tak               -1,04356  0,150064    -6,95   0,000   0,35  0,26  0,47
CSC-wys
 1                  2,67697  0,159151    16,82   0,000  14,54 10,64 19,86

Log-Likelihood = -1036,192
Test that all slopes are zero: G = 685,910  DF = 7,  P-Value = 0,000
```

wzrost każdej ze zmiennych odnoszących się do wykorzystania minut wiąże się z większym prawdopodobieństwem migracji, podobnie jak przynależność do planu międzynarodowego i duża liczba połączeń z BOK. Tylko przynależność do planu poczty głosowej obniża prawdopodobieństwo przeniesienia się.

Na podstawie tab. 4.18 wyznaczamy funkcję logitową:

$$\begin{aligned}\hat{g}(x) = -8{,}07374 &+ 0{,}0134735 \cdot (\textit{dzień minuty}) + 0{,}0072939 \cdot (\textit{wieczór minuty})\\ &+ 0{,}0042223 \cdot (\textit{noc minuty}) + 0{,}0853509 \cdot (\textit{międzynarodowe minuty})\\ &+ 2{,}03548 \cdot (\textit{plan międzynarodowy} = \textit{tak}) - 1{,}04356 \cdot (\textit{poczta głosowa} = \textit{tak})\\ &+ 2{,}67697 \cdot (\textit{CSC-wys} = 1),\end{aligned}$$

gdzie zmienne *plan międzynarodowy* = *tak*, *poczta głosowa* = *tak* i *CSC-wys* = 1 są zmiennymi wskaźnikowymi (sztucznymi). Następnie używając

$$\hat{\pi}(x) = \frac{e^{\hat{g}(x)}}{1 + e^{\hat{g}(x)}},$$

możemy oszacować prawdopodobieństwo, że klient przeniesie się dla danych wartości zmiennych objaśniających. Możemy oszacować prawdopodobieństwo migracji dla następujących klientów:

1. Klient mało korzystający z telefonu, który nie skorzystał z żadnej oferty i ma małą liczbę rozmów z BOK. Ten klient ma 100 wykorzystanych minut w ciągu dnia,

wieczorem i w nocy oraz nie ma minut międzynarodowych. Funkcja logitowa to

$$\begin{aligned}\hat{g}(x) &= -8{,}07374 + 0{,}0134735 \cdot 100 + 0{,}0072939 \cdot 100 \\ &\quad + 0{,}0042223 \cdot 100 + 0{,}0853509 \cdot 0 \\ &\quad + 2{,}03548 \cdot 0 - 1{,}04356 \cdot 0 + 2{,}67697 \cdot 0 \\ &= -5{,}57477.\end{aligned}$$

Prawdopodobieństwo, że klient 1 przeniesie się jest równe

$$\hat{\pi}(x) = \frac{\mathrm{e}^{\hat{g}(x)}}{1 + e^{\hat{g}(x)}} = \frac{\mathrm{e}^{-5{,}57477}}{1 + e^{-5{,}57477}} = 0,003778$$

Zatem prawdopodobieństwo przeniesienia się klienta mało korzystającego z telefonu, który nie przystąpił do żadnego planu i ma małą liczbę rozmów z BOK, jest mniejsze od 1%.

2. Klient umiarkowanie korzystający z telefonu, który nie skorzystał z żadnej oferty i ma małą liczbę rozmów z BOK. Ten klient ma 180 wykorzystanych minut w ciągu dnia, 200 minut wieczorem i w nocy oraz 10 minut międzynarodowych (wszystkie wartości zmiennych są bliskie wartościom średnim). Funkcja logitowa to

$$\begin{aligned}\hat{g}(x) &= -8{,}07374 + 0{,}0134735 \cdot 180 + 0{,}0072939 \cdot 200 \\ &\quad + 0{,}0042223 \cdot 200 + 0{,}0853509 \cdot 10 \\ &\quad + 2{,}03548 \cdot 0 - 1{,}04356 \cdot 0 + 2{,}67697 \cdot 0 \\ &= -2{,}491761.\end{aligned}$$

Prawdopodobieństwo, że klient 2 przeniesie się jest równe

$$\hat{\pi}(x) = \frac{\mathrm{e}^{\hat{g}(x)}}{1 + \mathrm{e}^{\hat{g}(x)}} = \frac{\mathrm{e}^{-2{,}491761}}{1 + \mathrm{e}^{-2{,}491761}} = 0{,}076435,$$

czyli prawdopodobieństwo przeniesienia się klienta umiarkowanie korzystającego z telefonu, który nie przystąpił do żadnego planu i ma małą liczbę rozmów z BOK, jest mniejsze od 8%.

3. Klient dużo korzystający z telefonu, który skorzystał z usługi plan międzynarodowy, ale nie skorzystał z usługi poczta głosowa i ma dużą liczbę rozmów z BOK. Ten klient ma 300 wykorzystanych minut w ciągu dnia, wieczorem i w nocy oraz 20 minut międzynarodowych. Funkcja logitowa to

$$\begin{aligned}\hat{g}(x) &= -8{,}07374 + 0{,}0134735 \cdot 300 + 0{,}0072939 \cdot 300 \\ &\quad + 0{,}0042223 \cdot 300 + 0{,}0853509 \cdot 20 \\ &\quad + 2{,}03548 \cdot 1 - 1{,}04356 \cdot 0 + 2{,}67697 \cdot 1 \\ &= 5{,}842638.\end{aligned}$$

Zatem prawdopodobieństwo, że klient 3 przeniesie się jest równe

$$\hat{\pi}(x) = \frac{\mathrm{e}^{\hat{g}(x)}}{1 + \mathrm{e}^{\hat{g}(x)}} = \frac{\mathrm{e}^{5{,}842638}}{1 + \mathrm{e}^{5{,}842638}} = 0{,}997107.$$

Klient dużo korzystający z telefonu, który przystąpił do planu międzynarodowego, ale nie do planu poczty głosowej z dużą liczbą rozmów z BOK, ma zadziwiająco duże prawdopodobieństwo przeniesienia się — 99,71%. Firma będzie musiała interweniować w przypadku klientów tego typu jak najszybciej, aby uniknąć utraty tych klientów na rzecz innych operatorów.

4. Klient dużo korzystający z telefonu, który korzysta z poczty głosowej, ale nie skorzystał z usługi plan międzynarodowy i ma małą liczbę rozmów z BOK. Ten klient ma również 300 wykorzystanych minut w ciągu dnia, wieczorem i w nocy oraz 20 minut międzynarodowych. Funkcja logitowa to

$$\begin{aligned}\hat{g}(x) &= -8{,}07374 + 0{,}0134735 \cdot 300 + 0{,}0072939 \cdot 300 \\ &\quad + 0{,}0042223 \cdot 300 + 0{,}0853509 \cdot 20 \\ &\quad + 2{,}03548 \cdot 0 - 1{,}04356 \cdot 1 + 2{,}67697 \cdot 0 \\ &= 0{,}086628.\end{aligned}$$

Stąd prawdopodobieństwo, że klient 4 przeniesie się jest równe

$$\hat{\pi}(x) = \frac{e^{\hat{g}(x)}}{1 + e^{\hat{g}(x)}} = \frac{e^{0{,}086628}}{1 + e^{0{,}086628}} = 0{,}5216.$$

Ten typ klientów ma prawdopodobieństwo przeniesienia się ponad 50%, co jest wartością ponad trzy razy większą od 14,5% (prawdopodobieństwo przeniesienia się obliczone dla całego zbioru danych).

W przypadku danych, dla których brakuje jednej lub większej liczby wartości zmiennych wskaźnikowych, nie należy ignorować tych brakujących wartości podczas szacowania. Załóżmy na przykład, że dla klienta 4 nie mieliśmy dostępnej informacji dotyczącej przynależności do planu poczty głosowej. Jeżeli zatem zignorowalibyśmy zmienną *poczta głosowa* podczas szacowania, otrzymalibyśmy następującą funkcję logitową:

$$\begin{aligned}\hat{g}(x) &= -8{,}07374 + 0{,}0134735 \cdot 300 + 0{,}0072939 \cdot 300 \\ &\quad + 0{,}0042223 \cdot 300 + 0{,}0853509 \cdot 20 \\ &\quad + 2{,}03548 \cdot 0 + 2{,}67697 \cdot 0 \\ &= 1{,}130188.\end{aligned}$$

Zauważmy, że jest to ta sama wartość $\hat{g}(x)$, którą otrzymalibyśmy dla klienta, który nie korzysta z poczty głosowej. Oszacowanie prawdopodobieństwa przeniesienia się klienta (jeżeli nie wiemy czy należał do tego planu) przy użyciu funkcji logitowej byłoby niepoprawne. Funkcja logitowa oszacuje prawdopodobieństwo przeniesienia się klienta, który nie korzysta z usługi poczta głosowa, ale poza tym jest podobny do klienta 4:

$$\hat{\pi}(x) = \frac{e^{\hat{g}(x)}}{1 + e^{\hat{g}(x)}} = \frac{e^{1{,}130188}}{1 + e^{1{,}130188}} = 0{,}7559.$$

Taki klient miał prawdopodobieństwo migracji około 76%.

4.9. Wprowadzenie funkcji wyższego rzędu, aby uwzględnić nieliniowość

Teraz pokażemy, w jaki sposób sprawdzać założenie liniowości w regresji wielokrotnej na podstawie zbioru danych *adult* [6]. W przykładzie użyjemy tylko następujących zmiennych:

- *wiek* (*age*),
- *nauka* (*education-num*) — liczba lat nauki,
- *praca* (*hours-per-week*) — liczba godzin pracy w tygodniu,
- *kapitał netto* (*capnet*) = *zysk kapitału* (*capital gain*) – *strata kapitału* (*capital loss*),
- *stan cywilny* (*marital-status*),
- *płeć* (*sex*),
- *dochód* (*income*) — binarna zmienna celu (albo $\leq 50\,000$ \$, albo $> 50\,000$ \$).

Trzy kategorie „małżeńskie" (*Married-civ-spouse*, *Married-spouse-absent* i *Married-AF-spouse*) zmiennej *stan cywilny* w danych oryginalnych zostały połączone w jedną kategorię *żonaty/zamężna* (*married*). Znormalizowany histogram zmiennej *wiek* z nałożoną informacją o zmiennej celu *dochód* pokazano na rys. 4.4. Ciemniejsza część wskazuje na osoby o wysokim dochodzie. Oczywiście liczba takich osób wzrasta do wieku około 52, a potem zaczyna znowu maleć. To zachowanie jest nieliniowe i nie powinniśmy go naiwnie modelować jako liniowe w regresji logistycznej. Załóżmy jednak, że poszliśmy dalej i wykonaliśmy regresję logistyczną zmiennej *dochód* względem pojedynczej zmiennej objaśniającej *wiek* — wyniki pokazano w tab. 4.19.

Na podstawie tab. 4.19 odczytujemy, że zmienna objaśniająca *wiek* jest istotna z oszacowanym ilorazem szans równym 1,04. Przypomnijmy, że interpretacja ilorazu szans jest następująca: szansa wysokiego dochodu dla osoby w wieku $x+1$ jest 1,04 razy

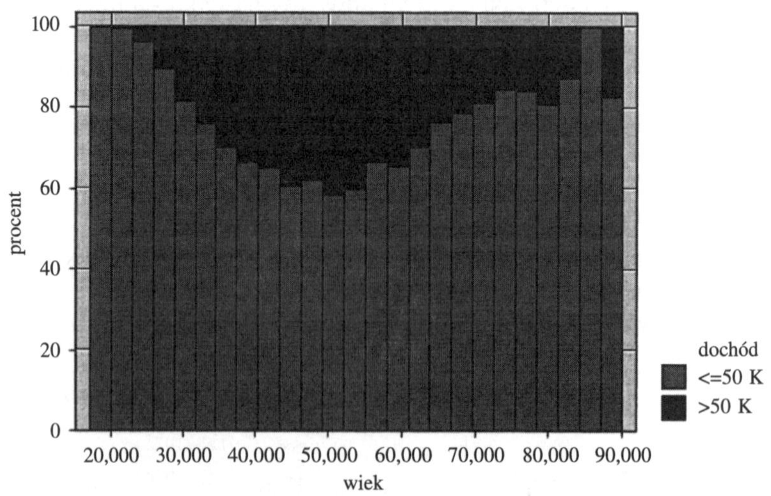

Rys. 4.4. Znormalizowany histogram zmiennej *wiek* z nałożoną informacją o zmiennej *dochód* pokazuje, że zależność jest kwadratowa

Tabela 4.19. Wyniki naiwnego zastosowania regresji logistycznej zmiennej *dochód* względem zmiennej *wiek*

Logistic Regression Table

Predictor	Coef	SE Coef	Z	P	Odds Ratio	95% CI Lower	Upper
Constant	-2,72401	0,0486021	-56,05	0,000			
wiek	0,0388221	0,0010994	35,31	0,000	1,04	1,04	1,04

większa niż dla osoby w wieku x. Teraz rozważmy tę interpretację w świetle rys. 4.4. Iloraz szans równy 1,04 jest oczywiście niewłaściwy dla podzbioru osób w wieku powyżej 50 lat. Dzieje się tak, ponieważ regresja logistyczna zakłada liniowość, podczas gdy właściwa zależność jest kwadratowa (nieliniowa). Istnieje kilka metod, za pomocą których moglibyśmy rozwiązać ten problem. Po pierwsze moglibyśmy użyć zmiennych wskaźnikowych, tak jak zrobiliśmy to wcześniej. Tutaj użyjemy zmiennej wskaźnikowej *wiek 33–65*, ze wszystkimi wartościami należącymi do przedziału wiekowego 33–65 zakodowanymi jako 1 i wszystkimi pozostałymi zakodowanymi jako 0. Uzasadnieniem zastosowania takiego kodowania jest fakt, że do tego zakresu należą wyższe dochody, co widać na rys. 4.4. Wyniki regresji logistycznej po wprowadzeniu opisanej zmiennej pokazano w tab. 4.20. Iloraz szans jest równy 5,01, a zatem jest około pięć razy bardziej prawdopodobne, że osoby pomiędzy 33 a 65 rokiem życia będą miały wysoki dochód niż osoby spoza tego przedziału.

Alternatywną metodą modelowania byłoby bezpośrednie modelowanie zachowania kwadratowej zależności poprzez wprowadzenie zmiennej $wiek^2$ (zmienna *wiek* do kwadratu). Wyniki regresji logistycznej dla takiego przypadku pokazano w tab. 4.21. Iloraz szans dla zmiennej *wiek* zwiększył się od znalezionej wcześniej wartości 1,04 do wartości 1,42. Dla zmiennej $wiek^2$ iloraz szans i końce przedziału ufności w tabeli są równe 1,00, ale tak jest z powodu zaokrągleń. Aby znaleźć dokładniejsze oszacowania ilorazu szans, skorzystajmy ze wzoru $\mathrm{OR} = \mathrm{e}^{b_2}$. Mamy $\mathrm{OR} = \mathrm{e}^{b_2} = \mathrm{e}^{-0{,}0034504} = 0{,}99656$. Końce przedziału ufności na poziomie 95% obliczamy ze wzoru

$$\exp\left[b_2 \pm z \cdot \hat{\mathrm{SE}}(b_2)\right] = \exp(-0{,}0034504 \pm 1{,}96 \cdot 0{,}0000992),$$

Tabela 4.20. Wyniki regresji logistycznej zmiennej *dochód* względem zmiennej wskaźnikowej *wiek 33–65*

Logistic Regression Table

Predictor	Coef	SE Coef	Z	P	Odds Ratio	95% CI Lower	Upper
Constant	-2,26542	0,0336811	-67,26	0,000			
wiek 33-65	1,61103	0,0379170	42,49	0,000	5,01	4,65	5,39

Table 4.21. Wyniki wprowadzenia zmiennej *wiek*^{2} do modelowania nieliniowości zmiennej *wiek*

Logistic Regression Table

Predictor	Coef	SE Coef	Z	P	Odds Ratio	95% CI Lower	Upper
Constant	-9,08016	0,194526	-46,68	0,000			
wiek	0,347807	0,0089465	38,88	0,000	1,42	1,39	1,44
wiek-kwadrat	-0,0034504	0,0000992	-34,77	0,000	1,00	1,00	1,00

a zatem przedział jest postaci $(e^{-0,003645}, e^{-0,003256})$ i po przeliczeniu $(0,9964, 0,9967)$, co zgadza się z p-wartością, że zmienna *wiek*^{2} jest istotna.

Zmienna *wiek*^{2} działa jak funkcja „kary", zmniejszając prawdopodobieństwo wysokiego dochodu dla rekordów opisujących starsze osoby. Zbadaj wpływ obu zmiennych — *wiek* i *wiek*^{2}, na oszacowanie prawdopodobieństwa posiadania dochodu wyższego od 50 000 \$ dla następujących osób: (1) osoba 30-letnia, (2) osoba 50-letnia i (3) osoba 70-letnia. Oszacowana funkcja logitowa

$$\hat{g}(x) = -9,08016 + 0,347807 \cdot wiek - 0,0034504 \cdot wiek^2$$

ma następujące wartości dla wskazanych osób:

$$(1) \quad \hat{g}(x) = -9,08016 + 0,347807 \cdot 30 - 0,0034504 \cdot 30^2 = -1,75131,$$
$$(2) \quad \hat{g}(x) = -9,08016 + 0,347807 \cdot 50 - 0,0034504 \cdot 50^2 = -0,31581,$$
$$(3) \quad \hat{g}(x) = -9,08016 + 0,347807 \cdot 70 - 0,0034504 \cdot 70^2 = -1,64063.$$

Zauważmy, że funkcja logitowa przyjmuje największą wartość dla osoby 50-letniej, co odzwierciedla zachowanie obserwowane na rys. 4.4. Oszacowane prawdopodobieństwa posiadania dochodu większego od 50 000 \$ dla podanych trzech osób to:

$$\hat{\pi}(x) = \frac{e^{\hat{g}(x)}}{1 + e^{\hat{g}(x)}},$$

$$(1) \quad \hat{\pi}(x) = \frac{e^{-1,75131}}{1 + e^{-1,75131}} = 0,1479,$$

$$(2) \quad \hat{\pi}(x) = \frac{e^{-0,31581}}{1 + e^{-0,31581}} = 0,4217,$$

$$(3) \quad \hat{\pi}(x) = \frac{e^{-1,64063}}{1 + e^{-1,64063}} = 0,1624.$$

Prawdopodobieństwa, że osoby 30-letnia, 50-letnia i 70-letnia mają dochód większy od 50 000 \$ to odpowiednio 14,79%, 42,17% i 16,24%. Wartości te można porównać z obliczonym dla całego zbioru danych prawdopodobieństwem, że dana osoba ma dochód większy od 50 000 \$, czyli $5984/25\,000 = 23,94\%$.

Jedną z zalet stosowania kwadratowego członu (razem z oryginalną zmienną), której nie ma metoda zmiennych wskaźnikowych, jest to, że ciągły człon kwadratowy może

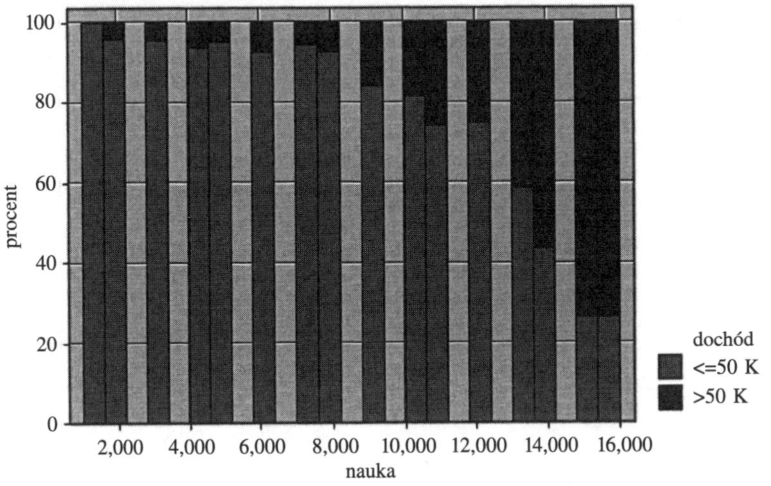

Rys. 4.5. Znormalizowany histogram zmiennej *nauka* z nałożoną informacją o zmiennej *dochód*

lepiej oszacować prawdopodobieństwa dla osób w różnym wieku. Na przykład zmienna wskaźnikowa *wiek 33–65* klasyfikuje wszystkie rekordy w dwie kategorie, zatem osoba 20-letnia jest w tej samej kategorii i model (pozostałe czynniki są stałe) daje to samo prawdopodobieństwo wysokiego dochodu zarówno dla osoby 20-letniej, jak i 32-letniej. Człon kwadratowy zapewni jednak większe prawdopodobieństwo wyższych dochodów dla osoby 32-letniej niż dla 20-letniej (p. ćwiczenia).

Zajmijmy się zmienną *nauka*, która zawiera liczbę lat nauki danej osoby. Związek pomiędzy zmiennymi *dochód* i *nauka* pokazano na rys. 4.5. Kształt pokazany na tym rysunku jest również kwadratowy, chociaż może nie aż tak wyraźny jak na rys. 4.4. W miarę tego jak rośnie liczba lat nauki, liczba osób o wysokim dochodzie również rośnie, ale nieliniowo. Do wartości około 8 wzrost ten jest powolny, a później bardziej dynamiczny. Dlatego modelowanie zależności pomiędzy dochodem a liczbą lat nauki jako funkcji liniowej byłoby błędem; należy więc wprowadzić człon kwadratowy.

Zauważmy, że dla zmiennej *wiek* współczynnik zmiennej *wiek*^{2} był ujemny, odzwierciedlając to, że osoby starsze mają mniejszy dochód. Jednak dla zmiennej *nauka* liczba osób o wysokim dochodzie jest największa w przypadku osób z najwyższym wykształceniem, zatem będziemy oczekiwać, że współczynnik zmiennej *nauka*^{2} będzie dodatni. Wyniki regresji logistycznej względem zmiennych *nauka* i *nauka*^{2} pokazano w tab. 4.22. Zgodnie z oczekiwaniami, współczynnik *nauka*^{2} jest dodatni. Zauważmy jednak, że zmienna *nauka* nie jest znacząca, ponieważ ma dużą p-wartość oraz przedział ufności zawiera wartość 1,0. Dlatego zmienną *nauka* usuwamy z analizy i prowadzimy regresję logistyczną dochodu tylko względem zmiennej *nauka*^{2}, z wynikami pokazanymi w tab. 4.23. Zmienna *nauka*^{2} jest znacząca i mamy $\mathrm{OR} = e^{b_1} = e^{0{,}0167617} = 1{,}0169$, a przedział ufności na poziomie 95% wyznaczamy ze wzoru

$$\exp\left[b_1 \pm z \cdot \hat{\mathrm{SE}}(b_1)\right] = \exp(0{,}0167617 \pm 1{,}96 \cdot 0{,}0003193),$$

czyli ma on postać $(e^{0{,}01614}, e^{0{,}01739})$, a po obliczeniu (1,01627, 1,01754).

Table 4.22. Wyniki regresji logistycznej zmiennej *dochód* względem zmiennych *nauka* i *nauka*^{2}

Logistic Regression Table

Predictor	Coef	SE Coef	Z	P	Odds Ratio	95% CI Lower	Upper
Constant	-3,10217	0,235336	-13,18	0,000			
nauka	-0,0058715	0,0443558	-0,13	0,895	0,99	0,91	1,08
nauka-kwadrat	0,0170305	0,0020557	8,28	0,000	1,02	1,01	1,02

Oszacujmy teraz prawdopodobieństwo, że osoby z następującymi liczbami lat nauki mają dochód większy od 50 000 $: (1) 12 lat nauki i (2) 16 lat nauki. Oszacowana funkcja logitowa

$$\hat{g}(x) = -3{,}1328 + 0{,}0167617 \cdot nauka^2$$

przyjmuje następujące wartości:

$$(1) \quad \hat{g}(x) = -3{,}1328 + 0{,}0167617 \cdot 12^2 = -0{,}719115,$$

$$(2) \quad \hat{g}(x) = -3{,}1328 + 0{,}0167617 \cdot 16^2 = 1{,}1582.$$

Oszacowane prawdopodobieństwo dochodu większego od 50 000 $ dla wskazanych osób to:

$$\hat{\pi}(x) = \frac{e^{\hat{g}(x)}}{1 + e^{\hat{g}(x)}},$$

$$(1) \quad \hat{\pi}(x) = \frac{e^{-0{,}719115}}{1 + e^{-0{,}719115}} = 0{,}3276,$$

$$(2) \quad \hat{\pi}(x) = \frac{e^{1{,}1582}}{1 + e^{1{,}1582}} = 0{,}7610.$$

Prawdopodobieństwa, że osoby z 12 i 16 latami nauki będą miały dochód większy od 50 000 $ to odpowiednio 32,76% i 76,10%. Najwidoczniej w tej populacji opłaca się chodzić do szkoły.

W końcu zbadajmy zmienną *praca*, która reprezentuje liczbę godzin przepracowanych w ciągu tygodnia przez daną osobę. Znormalizowany histogram dla tej zmiennej

Table 4.23. Wyniki regresji logistycznej zmiennej *dochód* względem zmiennej *nauka*^{2}

Logistic Regression Table

Predictor	Coef	SE Coef	Z	P	Odds Ratio	95% CI Lower	Upper
Constant	-3,13280	0,0431422	-72,62	0,000			
nauka-kwadrat	0,0167617	0,0003193	52,50	0,000	1,02	1,02	1,02

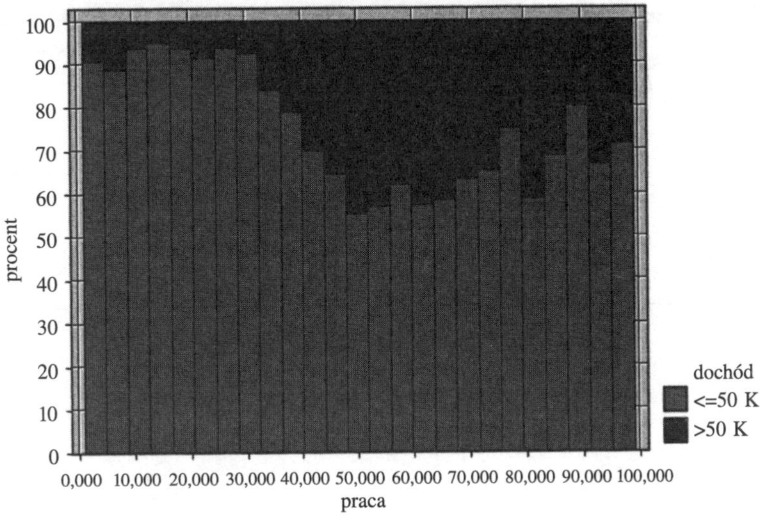

Rys. 4.6. Znormalizowany histogram zmiennej *praca* z nałożoną informacją o zmiennej *dochód*

pokazano na rysunku 4.6. Na tym rysunku na pewno zaobserwujemy nieliniowość. Kwadratowy człon wydaje się być zaznaczony dla rekordów do około 50 godzin tygodniowo. Jednak w punkcie 50 godzin tygodniowo kształt wykresu zmienia się, a cała krzywa przypomina odwróconą literę S. Taki kształt wskazuje na potrzebę zastosowania członu sześciennego, gdzie jest wprowadzany sześcian oryginalnej zmiennej. Dlatego wprowadzimy zmienną $praca^3$ i przeprowadzimy regresję logistyczną zmiennej *dochód* względem zmiennych *praca*, $praca^2$ i $praca^3$ — wyniki pokazano w tab. 4.24. Zauważmy, że oryginalna zmienna *praca* nie jest już istotna. Dlatego powtórnie przeprowadzimy analizę tylko dla zmiennych $praca^2$ i $praca^3$ (p. tab. 4.25). Obie zmienne — $praca^2$ i $praca^3$, są istotne. Analizę i interpretację tych wyników pozostawiamy jako ćwiczenia (podrozdz. 4.14).

Podsumowując wszystkie wyniki z tego podrozdziału, budujemy model regresji logistycznej do przewidywania dochodu na podstawie następujących zmiennych:

- *wiek*,
- $wiek^2$,

Table 4.24. Wyniki regresji logistycznej zmiennej *dochód* względem zmiennych *praca*, $praca^2$ i $praca^3$

Logistic Regression Table

Predictor	Coef	SE Coef	Z	P	Odds Ratio	95% CI Lower	Upper
Constant	-3,04582	0,232238	-13,12	0,000			
praca	-0,0226237	0,0155537	-1,45	0,146	0,98	0,95	1,01
praca-kwadrat	0,0026616	0,0003438	7,74	0,000	1,00	1,00	1,00
praca-sześcian	-0,0000244	0,0000024	-10,14	0,000	1,00	1,00	1,00

Table 4.25. Wyniki regresji logistycznej zmiennej *dochód* względem zmiennych $praca^2$ i $praca^3$

Logistic Regression Table

Predictor	Coef	SE Coef	Z	P	Odds Ratio	95% CI Lower	Upper
Constant	-3,37144	0,0708973	-47,55	0,000			
praca-kwadrat	0,0021793	0,0000780	27,96	0,000	1,00	1,00	1,00
praca-sześcian	-0,0000212	0,0000009	-22,64	0,000	1,00	1,00	1,00

- $nauka^2$,
- $praca^2$,
- $praca^3$,
- *kapitał netto*,
- *stan cywilny*,
- *płeć*.

Wyniki tej regresji pokazano w tab. 4.26. Ich analizę i interpretację pozostawiono jako ćwiczenie.

Table 4.26. Wyniki wielokrotnej regresji logistycznej zmiennej *dochód*

Logistic Regression Table

Predictor	Coef	SE Coef	Z	P	Odds Ratio	95% CI Lower	Upper
Constant	-11,5508	0,282276	-40,92	0,000			
wiek	0,235060	0,0115234	20,40	0,000	1,26	1,24	1,29
wiek-kwadrat	-0,0023038	0,0001253	-18,38	0,000	1,00	1,00	1,00
nauka-kwadrat	0,0163723	0,0004017	40,76	0,000	1,02	1,02	1,02
praca-kwadrat	0,0012647	0,0000888	14,25	0,000	1,00	1,00	1,00
praca-sześcian	-0,0000127	0,0000010	-12,35	0,000	1,00	1,00	1,00
kapitał netto							
zysk < 5000$	-0,189060	0,109220	-1,73	0,083	0,83	0,67	1,03
zysk >= 5000$	3,46054	0,114327	30,27	0,000	31,83	25,44	39,83
strata	1,15582	0,0793780	14,56	0,000	3,18	2,72	3,71
stan cywilny							
zamężna/żonaty	2,15226	0,0749850	28,70	0,000	8,60	7,43	9,97
panna/kawaler	-0,124760	0,0931762	-1,34	0,181	0,88	0,74	1,06
w separacji	-0,0212868	0,175555	-0,12	0,903	0,98	0,69	1,38
wdowa/wdowiec	0,372877	0,169419	2,20	0,028	1,45	1,04	2,02
płeć							
mężczyzna	0,209341	0,0554578	3,77	0,000	1,23	1,11	1,37

Log-Likehood = -8238,566

Test that all slopes are zero: G= 11039,923, DF = 13, P-Value = 0,000

4.10. Sprawdzenie modelu regresji logistycznej

Hosmer i Lebeshow [1] szczegółowo opisują ocenę dopasowania modelu regresji logistycznej, obejmującą statystykę zgodności i diagnostykę modelu. Tutaj jednak omówimy weryfikację modelu regresji logistycznej za pomocą tradycyjnej metody — używając zbioru testującego.

Nasz przykładowy zbiór uczący, składający się z 25 000 rekordów, został losowo podzielony na dwa zbiory: zbiór uczący *A* składający się z 12 450 rekordów i zbiór uczący *B* z 12 550 rekordami. Zbiór uczący *A* ma 2953 rekordów (23,72%) reprezentujących osoby z dochodami powyżej 50 000 $; zbiór uczący *B* ma 3031 (24,15%) takich rekordów. Zatem nie możemy oczekiwać, że oszacowania parametrów i ilorazy szans dla tych dwóch zbiorów danych będą dokładnie takie same.

Zastosujemy zmienne wskaźnikowe dla zmiennych *stan cywilny* i *płeć*. Kategorie odniesienia (gdzie wszystkie zmienne wskaźnikowe są równe zeru) to odpowiednio *rozwiedziona/rozwiedziony* i *kobieta*. Wyniki regresji logistycznej dla zbiorów uczących *A* i *B* pokazano odpowiednio w tab. 4.27 i 4.28. Zauważmy, że dla obu zbiorów danych wszystkie parametry są istotne (o czym świadczy *p*-wartość testu Walda), poza zmiennymi wskaźnikowymi *w separacji* i *wdowa/wdowiec* dla zmiennej *stan cywilny*. W sumie wartości współczynników są podobne do siebie, z wyjątkiem tych o dużej zmienności, tak jak dla zmiennych *mężczyzna* i *w separacji*.

Table 4.27. Wyniki regresji logistycznej dla zbioru uczącego A

Logistic Regression Table

Predictor	Coef	SE Coef	Z	P	Odds Ratio	95% CI Lower	95% CI Upper
Constant	-9,06305	0,232199	-39,03	0,000			
wiek	0,0278994	0,0023420	11,91	0,000	1,03	1,02	1,03
nauka	0,374356	0,0120668	31,02	0,000	1,45	1,42	1,49
stan cywilny							
zamężna/żonaty	2,02743	0,103258	19,63	0,000	7,59	6,20	9,30
panna/kawaler	-0,489140	0,127005	-3,85	0,000	0,61	0,48	1,79
w separacji	-0,369533	0,278258	-1,33	0,184	0,69	0,40	1,19
wdowa/wdowiec	-0,0760889	0,233292	-0,33	0,744	0,93	0,59	1,46
płeć							
mężczyzna	0,166622	0,0757310	2,20	0,028	1,18	1,02	1,37
praca	0,0309548	0,0023358	13,25	0,000	1,03	1,03	1,04
kapitał netto	0,0002292	0,0000127	17,98	0,000	1,00	1,00	1,00

Log-Likehood = -4358,063

Test that all slopes are zero: G = 4924,536, DF = 9, P-Value = 0,000

Table 4.28. Wyniki regresji logistycznej dla zbioru uczącego B

Logistic Regression Table

Predictor	Coef	SE Coef	Z	P	Odds Ratio	95% CI Lower	95% CI Upper
Constant	-8,85216	0,230298	-38,44	0,000			
wiek	0,0224645	0,0023381	9,61	0,000	1,02	1,02	1,03
nauka	0,368721	0,0121961	30,23	0,000	1,45	1,41	1,48
stan cywilny							
zamężna/żonaty	2,02076	0,100676	20,07	0,000	7,54	6,19	9,19
panna/kawaler	-0,587585	0,126032	-4,66	0,000	0,56	0,43	0,71
w separacji	0,0943940	0,222559	0,42	0,671	1,10	0,71	1,70
wdowa/wdowiec	-0,181349	0,246958	-0,73	0,463	0,83	0,51	1,35
płeć							
mężczyzna	0,311218	0,0745234	4,18	0,000	1,37	1,18	1,58
praca	0,0316433	0,0023875	13,25	0,000	1,03	1,03	1,04
kapitał netto	0,0002455	0,0000135	18,16	0,000	1,00	1,00	1,00

Log-Likehood = -4401,957
Test that all slopes are zero: G = 5071,837, DF = 9, P-Value = 0,000

Oszacowana funkcja logitowa dla zbiorów uczących A i B przyjmuje postać

$$\begin{aligned}\hat{g}_A(x) = &-9{,}06305 + 0{,}0278994 \cdot \mathit{wiek} + 0{,}374356 \cdot \mathit{nauka}\\ &+ 2{,}02743 \cdot (\mathit{zamężna/żonaty}) - 0{,}489140 \cdot (\mathit{panna/kawaler})\\ &- 0{,}369533 \cdot (\mathit{w\ separacji}) - 0{,}0760889 \cdot (\mathit{wdowa/wdowiec})\\ &+ 0{,}166622 \cdot \mathit{mężczyzna} + 0{,}0309548 \cdot \mathit{praca} + 0{,}0002292 \cdot (\mathit{kapitał\ netto}),\end{aligned}$$

$$\begin{aligned}\hat{g}_B(x) = &-8{,}85216 + 0{,}0224645 \cdot \mathit{wiek} + 0{,}368721 \cdot \mathit{nauka}\\ &+ 2{,}02076 \cdot (\mathit{zamężna/żonaty}) - 0{,}587585 \cdot (\mathit{panna/kawaler})\\ &- 0{,}094394 \cdot (\mathit{w\ separacji}) - 0{,}181349 \cdot (\mathit{wdowa/wdowiec})\\ &+ 0{,}311218 \cdot (\mathit{mężczyzna}) + 0{,}0316433 \cdot \mathit{praca} + 0{,}0002455 \cdot (\mathit{kapitał\ netto}).\end{aligned}$$

Dla każdej z tych funkcji logitowych możemy oszacować prawdopodobieństwo dochodu powyżej 50 000 \$ każdej z następujących osób: (1) 50-letni żonaty mężczyzna, który uczył się przez 20 lat, pracuje 40 godzin tygodniowo i ma zysk kapitału netto równy 500 \$, (2) 50-letni żonaty mężczyzna, który uczył się przez 16 lat, pracuje 40 godzin tygodniowo i ma zysk kapitału netto równy 500 \$ oraz (3) 35-letnia rozwiedziona kobieta, która uczyła się przez 12 lat, pracuje 30 godzin tygodniowo i nie ma zysku ani straty kapitału netto.

1. W przypadku 50-letniego żonatego mężczyzny, który uczył się przez 20 lat, pracuje 40 godzin tygodniowo i ma zysk kapitału netto równy 500 \$ mamy następujące wartości funkcji logitowych dla zbiorów uczących A i B:

$$\begin{aligned}
\hat{g}_A(x) &= -9{,}06305 + 0{,}0278994 \cdot 50 + 0{,}374356 \cdot 20 \\
&\quad + 2{,}02743 \cdot 1 - 0{,}489140 \cdot 0 \\
&\quad - 0{,}369533 \cdot 0 - 0{,}0760889 \cdot 0 + 0{,}166622 \cdot 1 \\
&\quad + 0{,}0309548 \cdot 40 + 0{,}0002292 \cdot 500 \\
&= 3{,}365884, \\
\hat{g}_B(x) &= -8{,}85216 + 0{,}0224645 \cdot 50 + 0{,}368721 \cdot 20 \\
&\quad + 2{,}02076 \cdot 1 - 0{,}587585 \cdot 0 \\
&\quad - 0{,}094394 \cdot 0 - 0{,}181349 \cdot 0 + 0{,}311218 \cdot 1 \\
&\quad + 0{,}0316433 \cdot 40 + 0{,}0002455 \cdot 500 \\
&= 3{,}365945.
\end{aligned}$$

Zatem oszacowane prawdopodobieństwo osiągnięcia dochodu powyżej 50 000 $ przez takie osoby dla każdego zbioru danych to

$$\begin{aligned}
\hat{\pi}_A(x) &= \frac{e^{\hat{g}(x)}}{1 + e^{\hat{g}(x)}} = \frac{e^{3,365884}}{1 + e^{3,365884}} = 0{,}966621, \\
\hat{\pi}_B(x) &= \frac{e^{\hat{g}(x)}}{1 + e^{\hat{g}(x)}} = \frac{e^{3,365945}}{1 + e^{3,365945}} = 0{,}966623.
\end{aligned}$$

Oszacowane prawdopodobieństwo, że 50-letni żonaty mężczyzna, który uczył się przez 20 lat, pracuje 40 godzin tygodniowo i ma zysk kapitału netto równy 500 $, będzie miał dochód większy od 50 000 $ to 96,66% dla obu zbiorów danych, z różnicą pomiędzy nimi równą tylko 0,000002. Podobieństwo tych oszacowań prawdopodobieństw stanowi silną weryfikację regresji logistycznej. Niestety szacowania te nie są prawdziwe, ponieważ są wynikiem ekstrapolacji dla zmiennej reprezentującej liczbę lat nauki, której maksymalna wartość w tym zbiorze danych to tylko 16 lat. Dlatego na ogół nie należy stosować takich oszacowań, a w szczególności nie powinny one zostać użyte do weryfikacji modelu.

2. W przypadku 50-letniego żonatego mężczyzny, który uczył się przez 16 lat, pracuje 40 godzin tygodniowo i ma zysk kapitału netto równy 500 $ wartości funkcji logitowych to:

$$\begin{aligned}
\hat{g}_A(x) &= -9{,}06305 + 0{,}0278994 \cdot 50 + 0{,}374356 \cdot 16 \\
&\quad + 2{,}02743 \cdot 1 \quad 0{,}489140 \cdot 0 \\
&\quad - 0{,}369533 \cdot 0 - 0{,}0760889 \cdot 0 + 0{,}166622 \cdot 1 \\
&\quad + 0{,}0309548 \cdot 40 + 0{,}0002292 \cdot 500 \\
&= 1{,}86846, \\
\hat{g}_B(x) &= -8{,}85216 + 0{,}0224645 \cdot 50 + 0{,}368721 \cdot 16 \\
&\quad + 2{,}02076 \cdot 1 - 0{,}587585 \cdot 0 \\
&\quad - 0{,}094394 \cdot 0 - 0{,}181349 \cdot 0 + 0{,}311218 \cdot 1 \\
&\quad + 0{,}0316433 \cdot 40 + 0{,}0002455 \cdot 500 \\
&= 1{,}891061.
\end{aligned}$$

Zatem oszacowane prawdopodobieństwo dochodu powyżej 50 000 \$ dla 50-letniego żonatego mężczyzny, który uczył się przez 16 lat, pracuje 40 godzin tygodniowo i ma zysk kapitału netto równy 500 \$ dla obu zbiorów danych to

$$\hat{\pi}_A(x) = \frac{e^{\hat{g}(x)}}{1 + e^{\hat{g}(x)}} = \frac{e^{1,86846}}{1 + e^{1,86846}} = 0,8663,$$

$$\hat{\pi}_B(x) = \frac{e^{\hat{g}(x)}}{1 + e^{\hat{g}(x)}} = \frac{e^{1,891061}}{1 + e^{1,891061}} = 0,8689.$$

Oszacowane prawdopodobieństwo, że taka osoba ma dochód większy od 50 000 \$, obliczone na podstawie obu zbiorów danych to około 87%. Pomiędzy szacowaniami jest różnica tylko 0,0026, co można uznać za małą wartość, chociaż oczywiście to, co uważamy za małą wartość zależy od danego problemu badawczego i innych czynników.

3. W przypadku 35-letniej rozwiedzionej kobiety, która uczyła się przez 12 lat, pracuje 30 godzin tygodniowo i nie ma zysku ani straty kapitału netto mamy następujące wartości funkcji logitowych:

$$\begin{aligned}\hat{g}_A(x) &= -9,06305 + 0,0278994 \cdot 35 + 0,374356 \cdot 12 \\ &\quad + 2,02743 \cdot 0 - 0,489140 \cdot 0 \\ &\quad - 0,369533 \cdot 0 - 0,0760889 \cdot 0 + 0,166622 \cdot 0 \\ &\quad + 0,0309548 \cdot 30 + 0,0002292 \cdot 0 \\ &= -2,66566, \\ \hat{g}_B(x) &= -8,85216 + 0,0224645 \cdot 35 + 0,368721 \cdot 12 \\ &\quad + 2,02076 \cdot 0 - 0,587585 \cdot 0 \\ &\quad - 0,094394 \cdot 0 - 0,181349 \cdot 0 + 0,311218 \cdot 0 \\ &\quad + 0,0316433 \cdot 30 + 0,0002455 \cdot 0 \\ &= -2,69195.\end{aligned}$$

Dlatego dla każdego zbioru danych oszacowane prawdopodobieństwa zysku powyżej 50 000 \$ dla takiej osoby to

$$\hat{\pi}_A(x) = \frac{e^{\hat{g}(x)}}{1 + e^{\hat{g}(x)}} = \frac{e^{-2,66566}}{1 + e^{-2,66566}} = 0,06503,$$

$$\hat{\pi}_B(x) = \frac{e^{\hat{g}(x)}}{1 + e^{\hat{g}(x)}} = \frac{e^{-2,69195}}{1 + e^{-2,69195}} = 0,06345.$$

Oszacowane prawdopodobieństwo, że 35-letnia rozwiedziona kobieta, która uczyła się przez 12 lat, pracuje 30 godzin tygodniowo i nie ma zysku ani straty kapitału netto, będzie miała dochód powyżej 50 000 \$, obliczone na podstawie obu zbiorów danych, jest z zakresu od 6,3 do 6,5%. Pomiędzy oszacowaniami punktowymi jest różnica tylko 0,00158, co jest wartością nieco lepszą (tj. mniejszą) niż oszacowania dla 50-letniego mężczyzny.

4.11. WEKA — praktyczna analiza za pomocą regresji logistycznej

W rozważanym w tym podrozdziale ćwiczeniu model regresji logistycznej jest budowany za pomocą klasy Logistic programu WEKA. Jako danych wejściowych użyjemy zmodyfikowanej wersji zbioru danych *cereals* [7], w którym pole RATING (wartość odżywcza) zostało zdyskretyzowane poprzez odwzorowanie rekordów z wartościami większymi od 42 jako „High" (wysoka), podczas gdy mniejsze od 42 lub równe tej wartości będą oznaczone jako „Low" (niska). W ten sposób nasz model zostanie wykorzystany w celu klasyfikacji płatków śniadaniowych na takie, które mają wysoką lub niską wartość odżywczą. Zbiór danych składa się z trzech numerycznych zmiennych objaśniających: PROTEIN (białka), SODIUM (sód) i FIBER (błonnik).

Tabela 4.29. Plik *cereals-trains.arff* zawierający zbiór uczący

```
@relation cereals-train.arff

@attribute PROTEIN numeric
@attribute SODIUM numeric
@attribute FIBER numeric
@attribute RATING {High, Low}

@data
3,200,3.000000,High
3,230,3.000000,High
3,200,3.000000,High
3,0,4.000000,High
4,150,2.000000,High
3,0,3.000000,High
4,260,9.000000,High
3,140,3.000000,High
2,0,3.000000,High
2,0,2.000000,High
3,80,1.000000,High
2,200,4.000000,High
2,180,1.500000,Low
4,150,3.000000,Low
2,140,2.000000,Low
4,95,3.000000,Low
1,220,0.000000,Low
2,180,0.000000,Low
3,140,4.000000,Low
4,170,2.000000,Low
2,200,1.000000,Low
3,250,1.500000,Low
2,200,1.000000,Low
1,140,0.000000,Low
```

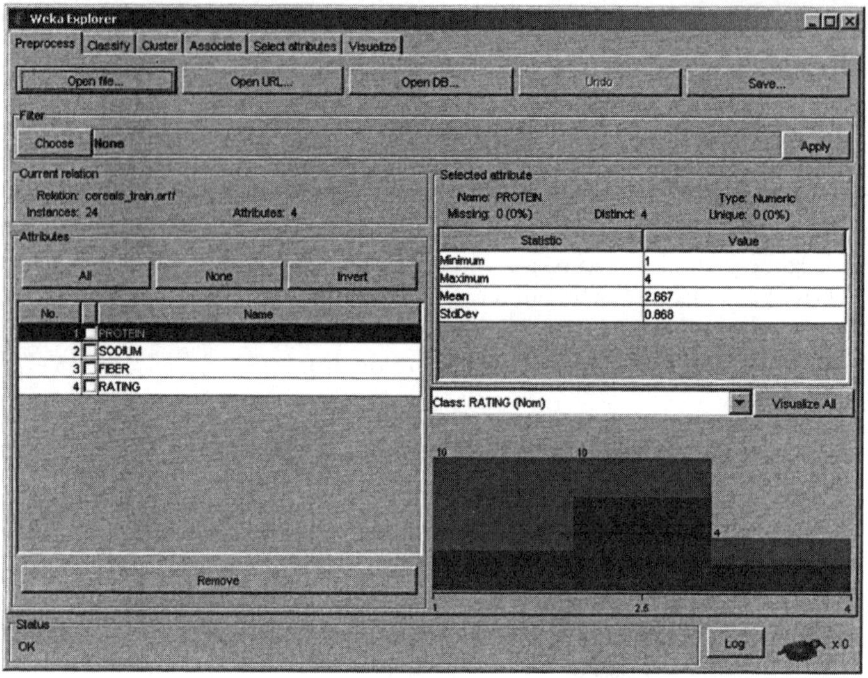

Rys. 4.7. Okno eksploracji WEKA — zakładka wstępnego przetworzenia

Zbiór danych został podzielony na osobne pliki zawierające zbiory uczący i testujący. Plik zawierający zbiór testujący, *cereals-train.arff*, składa się z 24 rekordów i jest użyty do nauczenia naszego modelu regresji logistycznej. Plik jest wyważony — połowa rekordów przyjmuje wartość „High", a druga połowa przyjmuje wartość „Low". Średnie wartości dla zmiennych objaśniających PROTEIN, SODIUM i FIBER są równe odpowiednio 2,667, 146,875 i 2,458. Cały plik zawierający zbiór uczący jest pokazany w tab. 4.29.

Pliki zawierające zbiory testujący i uczący są w formacie ARFF, który jest standardową reprezentacją rekordów i atrybutów znalezionych w zbiorze danych dla programu WEKA. Słowo kluczowe *relation* poprzedza nazwę pliku, następnie znajduje się blok definiujący każdy atrybut (*attribute*) w zbiorze danych. Zauważmy, że trzy zmienne opisujące są zdefiniowane jako numeryczne (*numeric*), podczas gdy zmienna celu RATING jest jakościowa. Blok danych *data* wymienia każdy rekord w nowej linii, które odpowiadają poszczególnym płatkom śniadaniowym. Na przykład pierwsza linia w bloku danych opisuje płatki śniadaniowe, które mają 3 gramy białka (PROTEIN = 3,0), 200 miligramów sodu (SODIUM = 200), 3 gramy błonnika (FIBER = 3,0) i wysoką wartość odżywczą (RATING = High).

Załadujmy plik zawierający zbiór uczący i zbudujmy model:

1. Otwórz okno *Explorer* programu WEKA.
2. Na zakładce *Preprocess* (wstępne przetworzenie) kliknij *Open file* (otwórz plik) i określ ścieżkę do pliku wejściowego *cereals-train.arff*.

Tabela 4.30. Współczynniki regresji logistycznej

```
Zmienna         Współczynnik
          1          -0,0423
          2          -0,0107
          3           0,9476
Przecięcie           -0,5478

Ilorazy szans...
Zmienna                OR
          1           0,9586
          2           0,9893
          3           2,5795
```

Okno *Explorer* programu WEKA pokazuje kilka charakterystyk pliku uczącego, co pokazano na rys. 4.7. Trzy zmienne objaśniające i zmienną klasy pokazano w ramce *Attributes* (atrybuty, po lewej stronie). Statystyki dla zmiennej PROTEIN, obejmujące zakres (1–4), średnią (2,667) i odchylenie standardowe (0,868) pokazano w ramce *Selected attribute* (wybrany atrybut, po prawej stronie). Ramka *Status* na dole okna informuje, że plik został poprawnie wczytany przez program WEKA.

1. Wybierz zakładkę *Classify* (klasyfikuj).
2. Wewnątrz ramki *Classifier* (klasyfikator) naciśnij przycisk *Choose* (wybierz).
3. Wybierz *Classifiers* (klasyfikatory) → *Functions* (funkcje) → *Logistic* (logistyczna) w hierarchii nawigacji.
4. W naszym doświadczeniu modelowania mamy osobne zbiory uczący i testujący, dlatego wewnątrz ramki *Test options* (opcje testowe) wybierz opcję *Use training set* (użyj zbioru uczącego).
5. Naciśnij *Start*, aby zbudować model.

WEKA buduje model regresji logistycznej i pokazuje wyniki w oknie *Classifier output* (wynik klasyfikacji). Chociaż wyniki (niepokazane) wskazują, że dokładność klasyfikacji modelu, mierzona względem zbioru uczącego, to 75% (18/24), to jednak jesteśmy zainteresowani zastosowaniem modelu do klasyfikacji nieznanych danych ze zbioru testującego. Iloraz szans i wartości współczynników regresji β_0, β_1, β_2 i β_3 są również podawane przez model, co pokazano w tab. 4.30.

1. Wewnątrz ramki *Test options* (opcje testowe) wybierz *Supplied test set* (dostarczony zbiór testujący). Naciśnij *Set* (ustaw).
2. Określ ścieżkę dostępu do pliku testowego *cereals-test.arff*.
3. Naciśnij przycisk *More options* (więcej opcji).
4. Wybierz *Output text predictors on the test set* (pokaż przewidywania dla zbioru testującego) i wybierz *OK*.
5. Wewnątrz *Result list* (lista wyników) wybierz z listy *Logistic model* (model logistyczny), naciskając prawym przyciskiem myszy. Następnie wybierz *Re-evaluate model on the current test set* (powtórnie oceń model na obecnym pliku testującym).

Table 4.31. Przewidywania dla zbioru testującego regresji logistycznej

```
=== Przewidywania dla zbioru testującego ===

inst#,   actual,   predicted,   error,   probability   distribution
    1    1:High      2:Low        +         0,433          *0,567
    2    1:High      2:Low        +         0,357          *0,643
    3    1:High      1:High                *0,586           0,414
    4    1:High      1:High                *0,578           0,422
    5    2:Low       2:Low                  0,431          *0,569
    6    2:Low       2:Low                  0,075          *0,925
    7    2:Low       2:Low                  0,251          *0,749
    8    2:Low       1:High       +        *0,860           0,140
```

Znowu wyniki są prezentowane w oknie *Classifier output* (wynik klasyfikacji), jednak teraz wyniki pokazują, że model regresji logistycznej sklasyfikował poprawnie 62,5% (5/8) rekordów zbioru testującego. Dodatkowo model podaje właściwe przewidywania i prawdopodobieństwa, dla których sklasyfikował każdy rekord — p. tab. 4.31. Na przykład, pierwszy przypadek jest przewidziany (sklasyfikowany) niepoprawnie jako „Low" z prawdopodobieństwem 0,567. Symbol plus (+) w kolumnie „error" wskazuje, że ta klasyfikacja jest niewłaściwa zgodnie z kryterium maksymalnego prawdopodobieństwa (*0,567). Obliczymy teraz oszacowaną funkcję logitową $\hat{g}(x)$ dla tego przypadku zgodnie ze współczynnikami pokazanymi w tabeli 4.30. Jednak najpierw zbadamy plik zawierający dane testujące *cereals-test.arff* i ustalimy, że pierwszy rekord zawiera następujące pary atrybut–wartość: PROTEIN = 4,0, SODIUM = 135, FIBER = 2,0, i RATING = High. Dlatego też oszacowana wartość funkcji logitowej jest równa

$$\hat{g}(x) = -0{,}5478 - 0{,}0423 \cdot 4 - 0{,}0107 \cdot 135 + 0{,}9476 \cdot 2 = -0{,}2663,$$

a stąd

$$\hat{\pi}(x) = \frac{\mathrm{e}^{-0{,}2663}}{1 + \mathrm{e}^{-0{,}2663}} = 0{,}43382.$$

Zatem oszacowane prawdopodobieństwo, że płatki śniadaniowe z 4 gramami białka, 135 miligramami sodu i 2 gramami błonnika mają dużą wartość odżywczą jest równe około 43,4%. Zauważmy, że program WEKA podaje to samo prawdopodobieństwo (poza drobnymi zaokrągleniami) dla pierwszego przypadku w tab. 4.31. Otrzymujemy więc, że model szacuje prawdopodobieństwo niskiej wartości odżywczej dla tych płatków jako $1 - \hat{\pi} = 56{,}6\%$. Dlatego na podstawie powyższego prawdopodobieństwa stwierdzamy, że model niewłaściwie klasyfikuje rekord jako „Low".

W tabeli 4.30 pokazano również ilorazy szans dla trzech ciągłych zmiennych objaśniających. Na przykład iloraz szans dla zmiennej PROTEIN to $\widehat{\mathrm{OR}} = \mathrm{e}^{b_1} = \mathrm{e}^{-0{,}0423} = 0{,}9586$. Jest to interpretowane jako szansa wysokiej wartości odżywczej dla płatków z $x + 1$ gramami białka w porównaniu z płatkami śniadaniowymi z x gramami białka.

4.12. Podsumowanie

Regresja liniowa jest używana do przybliżenia zależności pomiędzy ciągłą zmienną celu a zbiorem zmiennych objaśniających. Natomiast regresja logistyczna jest metodą opisu zależności pomiędzy jakościową zmienną celu a zbiorem zmiennych objaśniających.

Regresja logistyczna zakłada, że zależność pomiędzy zmienną objaśniającą a zmienną celu jest nieliniowa. W regresji liniowej zmienna celu jest zmienną losową zdefiniowaną jako $Y = \beta_0 + \beta_1 x + \varepsilon$ z warunkową wartością oczekiwaną $\pi(x) = E(Y|x) = \beta_0 + \beta_1 x$.

Warunkowa wartość oczekiwana regresji logistycznej przyjmuje inną postać niż w przypadku regresji liniowej, mianowicie

$$\pi(x) = \frac{\mathrm{e}^{\beta_0+\beta_1 x}}{1 + \mathrm{e}^{\beta_0+\beta_1 x}}.$$

Krzywe w tej postaci są nazywane krzywymi sigmoidalnymi, ponieważ mają kształt litery S (są nieliniowe). Wartość minimalna $\pi(x)$ jest osiągana, gdy $\lim_{a\to-\infty} \mathrm{e}^a/(1+\mathrm{e}^a) = 0$, a wartość maksymalna $\pi(x)$, gdy $\lim_{a\to\infty} \mathrm{e}^a/(1+\mathrm{e}^a) = 1$. Zatem wartość $\pi(x)$ może być interpretowana jako prawdopodobieństwo, że wynik jest pozytywny dla rekordów z $X = x$, a wartość $1 - \pi(x)$ może być interpretowana jako prawdopodobieństwo, że wynik jest negatywny dla takich rekordów. Wariancja ε to $\pi(x)[1-\pi(x)]$, co jest wariancją dla rozkładu dwumianowego, a zmienna celu regresji logistycznej $Y = \pi(x) + \varepsilon$ ma rozkład dwumianowy z prawdopodobieństwem sukcesu $\pi(x)$. Transformacja logitowa jest zdefiniowana w następujący sposób:

$$g(x) = \ln\frac{\pi(x)}{1-\pi(x)} = \beta_0 + \beta_1 x.$$

Nie istnieje postać analityczna rozwiązania dla oszacowania współczynników regresji logistycznej. Zatem musimy zastosować metodę estymacji największej wiarygodności, za pomocą której znajduje się oszacowanie parametrów o największej wiarygodności obserwowanych danych.

Model nasycony to model, który ma tyle parametrów, ile punktów danych (podobnie jak model prostej regresji liniowej dla tylko dwóch punktów danych). Możemy wtedy patrzeć na obserwowane wartości zmiennej celu jak na wartości przewidywań nieznanego modelu nasyconego. Aby porównać wartości przewidywane przez nasz dopasowany model (z mniejszą liczbą parametrów niż punktów danych) do wartości przewidywanych przez model nasycony, używamy odchylenia modelu:

$$\text{odchylenie } D = -2\ln\left(\frac{\text{wiarygodność dopasowanego modelu}}{\text{wiarygodność nasyconego modelu}}\right).$$

Wynikowa hipoteza jest nazywana testem stosunku wiarygodności.

Odchylenie reprezentuje błąd występujący po uwzględnieniu zmiennych objaśniających. Odchylenie to jest analogiczne do sumy kwadratów błędów w regresji liniowej. Aby określić, czy dana zmienna objaśniająca jest istotna, należy znaleźć odchylenie modelu bez tej zmiennej objaśniającej i odjąć od tej wartości odchylenie modelu uwzględniającego tę zmienną, czyli:

$$\begin{aligned}G &= \text{odchylenie (model bez zmiennej objaśniającej)}\\&\quad - \text{odchylenie (model ze zmienną objaśniającą)}\\&= -2\ln\left(\frac{\text{wiarygodność bez zmiennej objaśniającej}}{\text{wiarygodność ze zmienną objaśniającą}}\right).\end{aligned}$$

Statystyka testu G ma rozkład chi-kwadrat z 1 stopniem swobody (tj. $\chi^2_{\nu=1}$), zakładając prawdziwość hipotezy zerowej, mówiącej że $\beta_1 = 0$. Szansa jest zdefiniowana jako iloraz prawdopodobieństwa, że wydarzenie nastąpi przez prawdopodobieństwo, że wydarzenie nie nastąpi. Iloraz szans jest zdefiniowany jako iloraz szansy, że wydarzenie nastąpi dla rekordów z wartością $x = 1$ przez szansę, że wydarzenie nastąpi dla rekordów z wartością $x = 0$. Zwykle iloraz szans jest równy e^{β_1}. Iloraz szans jest czasem używany do oszacowania ryzyka względnego, zdefiniowanego jako iloraz prawdopodobieństwa, że wydarzenie nastąpi dla wartości $x = 1$ przez prawdopodobieństwo, że wydarzenie nastąpi dla wartości $x = 0$.

Współczynnik nachylenia β_1 może być interpretowany jako zmiana wartości funkcji logitowej, jeżeli wartość zmiennej objaśniającej rośnie o jedną jednostkę, $\beta_1 = g(x + 1) - g(x)$. Współczynnik b_1 reprezentuje oszacowaną zmianę logarytmu ilorazu szans, jeżeli wartość zmiennej objaśniającej rośnie o jedną jednostkę. W ogólności, dla pewnej stałej c wielkość cb_1 reprezentuje oszacowaną zmianę logarytmu ilorazu szans w przypadku wzrostu wartości o c jednostek zmiennej objaśniającej.

Komórki z wartością zero wprowadzają zamęt do rozwiązania regresji logistycznej, powodując niestabilność analizy i prowadząc do możliwości uzyskania niepewnych wyników. Zamiast eliminować kategorię przyjmującą wartość zero, możemy spróbować połączyć ją z inną kategorią lub przedefiniować, aby pozbyć się komórek z wartością zero. Wyniki regresji logistycznej powinny zostać zawsze sprawdzone przy użyciu oceny dopasowania modelu regresji logistycznej (obejmującej statystykę zgodności i diagnostykę modelu pokazaną u Hosmera i Lebeshowa [1]) lub za pomocą tradycyjnej metody eksploracji danych — metody zbioru testującego.

4.13. Literatura

[1] D. W. Hosmer, S. Lemeshow, *Applied Logistic Regression*, wyd. 2, Wiley, New York 2000.

[2] P. McCullagh, J. A. Nelder, *Generalized Linear Models*, wyd. 2, Chapman & Hall, London 1989.

[3] C. R. Rao, *Linear Statistical Inference and Its Application*, wyd. 2, Wiley, New York 1973.

[4] Zbiór danych *churn* w: C. L. Blake, C. J. Merz, UCI Repository of Machine Learning Databases, `http://www.ics.uci.edu/~mlearn/MLRepository.html`, University of California, Department of Information and Computer Science, Irvine, CA 1998. Dostępny również na stronie internetowej `www.dataminingconsultant.com`.

[5] Y. M. M. Bishop, S. E. Feinberg, P. Holland, *Discrete Multivariate Analysis: Theory and Practice*, MIT Press, Cambridge, MA 1975.

[6] Zbiór danych *adult* w: C. L. Blake, C. J. Merz, UCI Repository of Machine Learning Databases, `http://www.ics.uci.edu/~mlearn/MLRepository.html`, University of California, Department of Information and Computer Science, Irvine, CA, 1998. Dostępny również na stronie internetowej `www.dataminingconsultant.com`.

[7] Zbiór danych *cereals* w: Data and Story Library, `http://lib.stat.cmu.edu//DASL/`. Dostępny również na stronie internetowej `www.dataminingconsultant.com`.

[8] Zbiór danych *breast cancer*, opracowany przez dr. Wiliama H. Wohlberga, University of Wisconsin Hospitals, Madison, WI; cytowany w: O. L. Mangasarin, W. H. Wohlberg, Cancer diagnosis via linear programming, *SIAM News*, Vol. 23, No. 5, September 1990.

[9] Zbiór danych *German*, opracowany przez prof. dr. Hansa Hofmanna, University of Hamburg, Germany. Dostępny na stronach „Datasets from UCI", w Silicon Graphics, Inc., `http://www.sgi.com/tech/mlc/db/`. Dostępny również na stronie internetowej `www.dataminingconsultant.com`.

4.14. Ćwiczenia

Wyjaśnienie pojęć

4.1. Powiedz, czy następujące stwierdzenie jest prawdziwe, czy też fałszywe. Jeżeli stwierdzenie jest fałszywe, wyjaśnij dlaczego i zaproponuj, jak można je zmienić, aby było prawdziwe.

a) Regresja logistyczna jest metodą opisu zależności pomiędzy jakościową zmienną celu a zbiorem jakościowych zmiennych objaśniających.
b) Regresja logistyczna zakłada, że zależność pomiędzy zmienną objaśniającą a zmienną celu jest nieliniowa.
c) Wartość $\pi(x)$ można interpretować jako prawdopodobieństwo.
d) Model regresji logistycznej zakłada, że błąd losowy ε ma rozkład normalny ze średnią równą zcru i stałą wariancją.
e) W regresji logistycznej, można otrzymać analityczne rozwiązanie dla optymalnej wartości współczynników regresji.
f) Model nasycony idealnie przewiduje wartości zmiennej celu.
g) Odchylenie reprezentuje całą zmienność zmiennej celu.
h) Do zakodowania zmiennej objaśniającej o trzech wartościach wystarczają tylko dwie zmienne wskaźnikowe.
i) Test t jest metodą znalezienia prawdopodobieństw zmiennej celu.
j) Interpretacja współczynnika regresji logistycznej może być rozszerzona z przyrostu o jedną jednostkę na przyrost o dowolną wielkość.
k) Oszacowany iloraz szans jest stały w zakresie zmiennej objaśniającej.

4.2. Wyprowadź wzór funkcji logitowej $g(x) = \beta_0 + \beta_1 x$, używając do tego celu tylko kartki i długopisu.
4.3. Wyjaśnij, co oznacza estymacja największej wiarygodności i opisz estymatory największej wiarygodności.
4.4. Wyjaśnij, w jaki sposób możemy interpretować w regresji logistycznej współczynnik nachylenia β_1 i jego oszacowanie b_1. Wyjaśnienie uzupełnij przynajmniej dwoma przykładami — używając zarówno jakościowej, jak i ciągłej zmiennej objaśniającej.
4.5. Co to są szanse? Jaka jest różnica pomiędzy szansą a prawdopodobieństwem?
4.6. Podaj definicję ilorazu szans? Jaka jest zależność pomiędzy ilorazem szans a współczynnikiem nachylenia β_1? Dla jakich wielkości można użyć ilorazu szans jako szacowania?
4.7. Opisz, w jaki sposób można określić statystyczne znaczenie ilorazu szans za pomocą przedziału ufności.
4.8. Co powinien zrobić analityk, jeżeli różnica pomiędzy daną zmienną wskaźnikową a kategorią odniesienia nie jest istotna?
4.9. Omów rolę wnioskowania statystycznego w związku z dużymi rozmiarami próby występującymi w zadaniach eksploracji danych.
4.10. Omów założenie, że iloraz szans jest stały w zakresie zmiennej objaśniającej dla różnych typów zależności pomiędzy zmienną objaśniającą a zmienną odpowiedzi. Pokaż przykłady, kiedy to założenie nie jest odzwierciedlone w danych.
4.11. Omów zastosowanie zmiennych objaśniających, które okazały się nieznaczące podczas szacowania zmiennej celu. Kiedy użycie takich zmiennych jest właściwe? Dlaczego nie będzie ono zawsze właściwe?
4.12. Wyjaśnij, dlaczego nie należy eliminować danych, dla których brakuje jednej lub więcej zmiennych wskaźnikowych podczas szacowania. Powiedz, co można zrobić w takim przypadku.

Praca z danymi

4.13. Wynik regresji logistycznej pokazany w tab. 4.32 dotyczy zbioru danych *breast cancer* [8]. Dziesięć numerycznych zmiennych objaśniających użyto do przewidywania wystąpienia złośliwego raka piersi (class = 1) w odróżnieniu od łagodnego raka piersi (class = 0).

a) Jaka jest wartość różnicy odchyleń? Czy całkowita regresja logistyczna jest znacząca? Skąd to wiesz? Co to znaczy, że całkowita regresja logistyczna jest znacząca?
b) Bez odwoływania się do statystycznej istotności, wyraź postać funkcji logitowej.
c) Która zmienna wydaje się nie być znaczącą zmienną objaśniającą dla typu raka piersi. Na jakiej podstawie możesz to stwierdzić?
d) Czy zmienne, wymienione w punkcie (c) powinny zostać użyte do przewidywania typu raka piersi dla nowego nieznanego zbioru danych?

Table 4.32. Wyniki regresji logistycznej dla zbioru danych *breast cancer*

Logistic Regression Table

Predictor	Coef	SE Coef	Z	P	Odds Ratio
Constant	-10,1039	1,17490	-8,60	0,000	
Clump Thickness	0,535014	0,142018	3,77	0,000	1,71
Cell Size Uniformity	-0,0062797	0,209079	-0,03	0,976	0,99
Cell Shape Uniformity	0,322706	0,230602	1,40	0,162	1,38
Marginal Adhesion	0,330637	0,123451	2,68	0,007	1,39
Single Epithelial Cell Size	0,0966354	0,156593	0,62	0,537	1,10
Bare Nuclei	0,383025	0,0938437	4,08	0,000	1,47
Bland Chromatin	0,447188	0,171383	2,61	0,009	1,56
Normal Nucleoli	0,213031	0,112874	1,89	0,059	1,24
Mitoses	0,524836	0,328777	1,63	0,104	1,71

Log-Likehood = -51,444
Test that all slopes are zero: G = 781,462, DF = 9, P-Value = 0,000

e) Omów, jak należy traktować zmienne z p-wartościami około 0,05, 0,10 lub 0,15.
f) Wyjaśnij, co będzie się działo z różnicą odchyleń, jeżeli powtórnie zbudowalibyśmy model po opuszczeniu nieistotnych zmiennych. Skorzystaj z analogii do przypadku regresji liniowej.

4.14. Rozważ ponownie przeprowadzoną regresję logistyczną dla zbioru danych *breast cancer* — tym razem opuszczono zmienne *cell size uniformity* i *single epithelical cell size*, ale zostały zatrzymane wszystkie pozostałe zmienne. Wyniki tej regresji logistycznej pokazano w tab. 4.33.
a) Wyjaśnij, dlaczego różnica odchyleń jest mniejsza, ale tylko nieco mniejsza.
b) Czy opuściłeś zmienną *cell shape uniformity* w ćwiczeniu 4.13? Czy dziwi cię, że zmienna jest teraz znaczącą zmienną objaśniającą? Omów znaczenie zatrzymania zmiennych, które są na granicy istotności na wczesnych etapach budowy modelu.
c) Przyjmij poziom istotności równy 0,11. Wyraź funkcję logitową dla wszystkich istotnych zmiennych.
d) Znajdź prawdopodobieństwo, że rak jest złośliwy przy założeniu, że:
(i) Wszystkie zmienne objaśniające przyjmują wartości minimalne (1).
(ii) Wszystkie zmienne objaśniające przyjmują umiarkowane wartości (5).
(iii) Wszystkie zmienne objaśniające przyjmują wartości maksymalne (10).
e) Oblicz przedziały ufności na poziomie 95% dla następujących współczynników zmiennych objaśniających:

Tabela 4.33. Wyniki regresji logistycznej dla zbioru danych *breast cancer* po opuszczeniu zmiennych *cell size uniformity* i *single epithelical cell size*

```
Logistic Regression Table

                                                             Odds     95% CI
Predictor                 Coef    SE Coef       Z       P  Ratio  Lower Upper
Constant              -9,98278    1,12607   -8,87   0,000
Clump Thickness       0,534002   0,140788    3,97   0,000   1,71   1,29  2,25
Cell Shape            0,345286   0,171640    2,01   0,044   1,41   1,01  1,98
Uniformity
Marginal Adhesion     0,342491   0,119217    2,87   0,004   1,41   1,11  1,78
Bare Nuclei           0,388296  0,0935616    4,15   0,000   1,47   1,23  1,77
Bland Chromatin       0,461943   0,168195    2,75   0,006   1,59   1,14  2,21
Normal Nucleoli       0,226055   0,110970    2,04   0,042   1,25   1,01  1,56
Mitoses               0,531192   0,324454    1,64   0,102   1,70   0,90  3,21

Log-Likehood = -51,633
Test taht all slopes are zero: G = 781,083, DF = 7, P-Value = 0,000
```

(i) *Clump thickness.*

(ii) *Mitoses.*

Skomentuj przedział ufności, na podstawie którego określa się istotność współczynnika zmiennej *mitoses.*

f) Zinterpretuj wartości współczynników dla następujących zmiennych objaśniających:

(i) *Bland chromatin.*

(ii) *Normal nucleoli.*

Ćwiczenia praktyczne

4.15. Otwórz zbiór danych *adult*, który jest dostępny na stronie internetowej `www.dataminingconsultant.com`. Zbuduj model regresji logistycznej przedstawiony w tekście ze zmienną *wiek*^{2} i zmienną wskaźnikową *wiek* 33–65.

a) Potwierdź, że kwadratowa składowa zapewnia wyższe oszacowanie prawdopodobieństwa wysokiego dochodu osoby 32-letniej niż osoby 20-letniej.

b) Zanalizuj i zinterpretuj wyniki z tab. 4.25.

(i) Znajdź postać oszacowania funkcji logitowej.

(ii) Znajdź prawdopodobieństwo wysokiego dochodu dla osoby, która pracuje 30, 40, 50 i 60 godzin tygodniowo.

(iii) Zbuduj i zinterpretuj przedziały ufności na poziomie 95% dla każdej zmiennej.

c) Rozważ wyniki z tab. 4.26. Zbuduj model regresji logistycznej, który daje takie wyniki.

(i) Kategorie, które nie są istotne, połącz z kategorią odniesienia. (Co zrobisz z kategorią, która ma p-wartość równą 0,083?)

(ii) Powtórnie przeprowadź regresję logistyczną dla tych połączonych kategorii.

d) Na podstawie wyników powtórnie przeprowadzonej regresji.

(i) Znajdź postać oszacowania funkcji logitowej.

(ii) Zbuduj i zinterpretuj przedziały ufności na poziomie 95% dla współczynników zmiennych *wiek, mężczyzna* i $nauka^2$. Sprawdź, czy te zmienne objaśniające należą do modelu.

(iii) Znajdź prawdopodobieństwo wysokiego dochodu dla: (1) 20-letniej panny, która uczyła się 12 lat, pracuje 20 godzin tygodniowo i nie ma zysku ani straty kapitału netto oraz (2) 50-letniego żonatego mężczyzny, który uczył się 16 lat, pracuje 40 godzin tygodniowo i ma zysk kapitału równy 6000 $.

4.16. Otwórz zbiór danych *German* [9], który jest dostępny na stronie internetowej `www.dataminingconsultant.com`. Zbiór danych składa się z 20 zmiennych objaśniających, zarówno ciągłych, jak i jakościowych oraz pojedynczej zmiennej celu, która wskazuje czy dany rekord reprezentuje osobę o małym, czy dużym ryzyku kredytowym. Zmienne objaśniające są następujące (wielkości wyrażono w niemieckich markach):

- *stan istniejącego rachunku bieżącego* (*status of existing checking account*),
- *długość w miesiącach* (*duration in months*),
- *historia kredytowa* (*credit history*),
- *cel pożyczki* (*loan purpose*),
- *suma kredytu* (*credit amount*),
- *konto oszczędnościowe/bony oszczędnościowe* (*saving account/bonds*),
- *data zatrudnienia* (*presently employed since*),
- *spłata jako procent dostępnego dochodu* (*payment as percentage of disposable income*),
- *stan cywilny i płeć* (*personal status and gender*),
- *inni dłużnicy/poręczyciele* (*other debtors/guarantors*),
- *data zamieszkania* (*present residence since*),
- *nieruchomości* (*property*),
- *wiek* (*age*),
- *inne systemy sprzedaży ratalnej* (*other installment plans*),
- *mieszkanie* (*housing*),
- *liczba zaciągniętych kredytów w tym banku* (*number of existing credits in this bank*),
- *praca* (*job*),
- *liczba osób na utrzymaniu* (*number of people being liable to provide maintenance for*),

- *telefon* (*telephone*),
- *obcokrajowiec* (*foreign worker*).

Więcej informacji o tym zbiorze danych jest dostępnych na stronie internetowej `www.dataminingconsultant.com`. Zbuduj najlepszy, jaki potrafisz, model regresji logistycznej, używając możliwie dużo metod, które poznałeś w tym rozdziale. Zapewnij solidną interpretację dla tego modelu, obejmującą wyjaśnienie utworzonych zmiennych, zmiennych wskaźnikowych itd.

4.17. Otwórz zbiór danych *breast cancer* [8]. Dla każdej istotnej zmiennej objaśniającej zbadaj, czy spełnione jest założenie liniowości. Jeżeli nie, popraw, używając metod omówionych w tym rozdziale.

4.18. Przypomnij sobie przykład regresji logistycznej programu WEKA do klasyfikacji płatków śniadaniowych jako mających wysoką lub niską wartość odżywczą. Oblicz prawdopodobieństwo dla czwartego rekordu ze zbioru testującego, że jest sklasyfikowany jako niska wartość odżywcza i wysoka wartość odżywcza. Czy twoje prawdopodobieństwo zgadza się z obliczonym przez program WEKA?

5

Naiwna estymacja bayesowska i sieci bayesowskie

5.1. Podejście bayesowskie

W dziedzinie statystyki są dwa główne podejścia do prawdopodobieństwa. Na większości kursów ze statystyki na poziomie podstawowym prawdopodobieństwo jest przedstawiane zgodnie z **podejściem częstościowym** (**klasycznym**). W podejściu tym parametry populacji są ustalonymi stałymi, których wartości są nieznane. Te parametry prawdopodobieństwa są zdefiniowane jako względne częstości różnych kategorii, gdzie eksperyment jest powtarzany nieskończenie dużą liczbę razy. Na przykład, jeżeli rzucimy idealną monetą 10 razy, zaobserwowanie 80% orłów nie będzie niezwykłe, ale jeżeli rzucimy taką monetą 10 bilionów razy, możemy być niemal pewni, że proporcja orłów będzie bliska 50%. Jest to zachowanie długofalowe, które określa prawdopodobieństwo w podejściu częstościowym.

Jednak są sytuacje, w których klasyczna definicja prawdopodobieństwa nie jest jasna. Na przykład, jakie jest prawdopodobieństwo, że terroryści zdetonują tzw. brudną bombę w Nowym Jorku? Ponieważ takie zdarzenie nigdy nie nastąpiło, więc trudno sobie wyobrazić, jakie mogą być następstwa tak straszliwego eksperymentu. W podejściu częstościowym do prawdopodobieństwa parametry są stałe, a losowość zależy od danych. Dane traktujemy jak losową próbkę z danego rozkładu z nieznanymi, ale stałymi parametrami.

Podejście bayesowskie do prawdopodobieństwa opiera się na innych założeniach. W statystyce bayesowskiej parametry traktuje się jak zmienne losowe, a danc uznajc się za znane (ustalone). Na podstawie danych analitycy wnioskują o prawdopodobnych wartościach parametru.

Niech θ reprezentuje parametry nieznanego rozkładu. Analiza bayesowska wymaga uzyskania pierwszego rozkładu dla θ, nazywanego **rozkładem *a priori*** (ang. *prior distribution*), $p(\theta)$. Za pomocą tego rozkładu modeluje się istniejącą, o ile jest dostępna, wiedzę ekspercką dotyczącą rozkładu θ. Na przykład eksperci modelujący zjawisko przeniesienia się klientów do innego operatora mogą mieć świadomość, że jeżeli liczba rozmów klienta z biurem obsługi klienta przekroczy pewną progową wartość, to może to oznaczać duże prawdopodobieństwo odejścia klienta. Wiedza ta może zostać wydobyta w formie założeń dotyczących rozkładu połączeń z biurem obsługi klienta, w tym war-

Rys. 5.1. Wielebny Thomas Bayes (1702–1761)

tości średniej i odchylenia standardowego. Jeżeli wiedza ekspercka dotycząca rozkładu *a priori* nie jest dostępna, „analityk bayesowski" może założyć **nieinformacyjny rozkład *a priori*** * (ang. *noninformative prior*), który przypisuje równe prawdopodobieństwo wszystkim wartościom parametru. Na przykład prawdopodobieństwo *a priori* przeniesienia się klientów lub nie można ustalić na poziomie 0,5. (Zauważmy, że jeżeli to założenie nie wydaje się rozsądne, to należy wykorzystać własną wiedzę ekspercką do modelowania zjawiska przenoszenia się klientów.) Ponieważ jednak w dziedzinie eksploracji danych często spotyka się olbrzymie zbiory danych, więc rozkład *a priori* powinien zostać zdominowany przez przytłaczającą ilość informacji, którą można znaleźć w obserwowanych danych.

Gdy tylko dane zostaną zaobserwowane, informacja *a priori* o rozkładzie θ może zostać uaktualniona poprzez uwzględnienie informacji o θ zawartej w obserwowanych danych. Ta modyfikacja prowadzi do **rozkładu *a posteriori*** (ang. *posterior distribution*), $p(\theta|\mathbf{X})$, gdzie $\mathbf{X}$ reprezentuje cały zbiór danych. Uaktualnianie wiedzy o θ z rozkładu *a priori* do rozkładu *a posteriori* zostało po raz pierwszy przeprowadzone przez wielebnego Thomasa Bayesa (rys. 5.1) w jego książce *Essay Towards Solving a Problem in the Doctrine of Chances* [1], wydanej po śmierci autora w 1763 roku.

Rozkład *a posteriori* wyrażamy wzorem

$$p(\theta|\mathbf{X}) = \frac{p(\mathbf{X}|\theta)\,p(\theta)}{p(\mathbf{X})},$$

gdzie $p(\mathbf{X}|\theta)$ reprezentuje funkcję wiarygodności, $p(\theta)$ to rozkład *a priori*, a $p(\mathbf{X})$ jest czynnikiem normalizującym nazywanym **rozkładem brzegowym** (ang. *marginal distribution*) danych. Ponieważ rozkład *a posteriori* jest rozkładem, a nie pojedynczą wartością, więc możemy sprawdzić możliwe statystyki tego rozkładu, którym jesteśmy zainteresowani, takie jak pierwszy kwartyl czy odchylenie przeciętne. Często jako estymator wybiera się modę rozkładu *a posteriori*, czyli wartość θ, która maksymalizuje $p(\theta|\mathbf{X})$ — tę metodę estymacji nazywamy **metodą maksymalnego *a posteriori*** lub

*Zwany też minimalnym lub obiektywnym rozkładem *a priori* (*przyp. tłum.*).

estymatorem MAP (ang. *maximum a posteriori* (MAP) *method*). Dla nieinformacyjnych rozkładów *a priori* estymacja metodą maksymalnego *a posteriori* oraz estymacja metodą największej wiarygodności często się pokrywają, gdyż dane określają rozkład *a priori*. Funkcja wiarygodności $p(\mathbf{X}|\theta)$ stanowi następstwo założenia, że obserwacje są niezależne i jednakowo rozłożone zgodnie z danym rozkładem $f(X|\theta)$, tak więc $p(\mathbf{X}|\theta) = \Pi_{i=1}^{n} f(X|\theta)$.

Czynnik normalizujący $p(\mathbf{X})$ na ogół jest stały dla danego zbioru danych i modelu, zatem rozkład *a posteriori* możemy wyrazić jako: $p(\theta|\mathbf{X}) \propto p(\mathbf{X}|\theta)p(\theta)$. Rozkład *a posteriori* θ jest więc proporcjonalny do iloczynu funkcji wiarygodności i rozkładu *a priori*. Dlatego w sytuacji, kiedy jest dostępnych dużo informacji pochodzących z funkcji wiarygodności, tak jak w przypadku większości zastosowań eksploracji danych, funkcja wiarygodności zdominuje rozkład *a priori*.

Krytyka konstrukcji bayesowskiej skupia się na dwóch możliwych wadach. Po pierwsze, definicja rozkładu *a priori* może być subiektywna, tzn. dwóch różnych ekspertów z dziedziny może zaproponować dwa różne rozkłady *a priori*, które prawdopodobnie wpłyną na wyniki w postaci dwóch różnych rozkładów *a posteriori*. Rozwiązaniem tego problemu jest (1) zastosowanie nieinformacyjnego rozkładu *a priori*, jeżeli wybór rozkładu *a priori* jest kontrowersyjny i (2) zastosowanie dużej ilości danych, tak by ograniczyć względne znaczenie rozkładu *a priori*. Jeżeli jest to niemożliwe, można przeanalizować model z różnymi rozkładami *a priori*, sprawdzić dopasowanie modelu i jego efektywność, a następnie wybrać lepszy model. Czy przedstawienie więcej niż jednego modelu jest złe?

Drugi zarzut jest następujący: obliczenia bayesowskie są trudne do wykonania w terminologii eksploracji danych dla większości interesujących problemów, ponieważ to podejście źle „znosi” kwestię skalowania. „Przekleństwo” wymiarowości bardzo źle oddziałuje na analizę bayesowską, ponieważ czynnik normalizujący wymaga całkowania (lub sumowania) po wszystkich możliwych wartościach wektora parametrów, co może być niemożliwe do obliczenia, gdy stosujemy wzory w sposób bezpośredni. Jednak wprowadzenie metod łańcuchów Markowa Monte Carlo (MCMC), takich jak próbnik Gibbsa i algorytm Metropolisa, rozszerzyło zakres problemów i wymiarów, które można rozwiązywać za pomocą analizy bayesowskiej.

5.2. Klasyfikacja maksymalnego *a posteriori*

Jak mamy znaleźć estymator θ metodą maksymalnego *a posteriori*? Poszukujemy wartości θ, która zmaksymalizuje funkcję $p(\theta|\mathbf{X})$ — ta wartość jest wyrażona w postaci $\theta_{\text{MAP}} = \arg\max_\theta p(\theta|\mathbf{X})$, ponieważ jest to argument (wartość), który maksymalizuje $p(\theta|\mathbf{X})$ dla wszystkich θ. Stosując wzór na rozkład *a posteriori*, mamy

$$\theta_{\text{MAP}} = \arg\max_\theta \frac{p(\mathbf{X}|\theta)p(\theta)}{p(\mathbf{X})} = \arg\max_\theta p(\mathbf{X}|\theta)p(\theta), \tag{5.1}$$

gdyż $p(\mathbf{X})$ nie zawiera składnika θ. Bayesowska klasyfikacja metodą maksymalnego *a posteriori* jest optymalna, tzn. osiąga minimalny współczynnik błędu dla wszystkich możliwych klasyfikatorów [2, s. 174]. Otrzymane wzory zastosujemy do podzbioru zbioru danych *churn* [3] tak, aby znaleźć maksymalny estymator *a posteriori* zmiennej *churn* dla tego podzbioru.

Najpierw jednak wyprowadzimy twierdzenie Bayesa dla prostych zdarzeń. Niech A i B będą zdarzeniami w przestrzeni prób. **Prawdopodobieństwo warunkowe** $P(A|B)$ jest określone jako

$$P(A|B) = \frac{P(A \cap B)}{P(B)} = \frac{\text{liczba wyników zarówno w } A \text{, jak i w } B}{\text{liczba wyników w } B}.$$

Również $P(B|A) = P(A \cap B)/P(A)$. Przekształcając ten wzór, otrzymujemy wzór na przecięcie zdarzeń $P(A \cap B) = P(B|A)P(A)$ i po podstawieniu mamy

$$P(A|B) = \frac{P(B|A)P(A)}{P(B)}, \tag{5.2}$$

co jest tezą twierdzenia Bayesa dla prostych zdarzeń.

Ograniczymy nasz przykład tylko do dwóch jakościowych zmiennych objaśniających — *plan międzynarodowy* i *poczta głosowa* oraz jakościowej zmiennej celu *churn*. Problem biznesowy polega na klasyfikacji nowych rekordów jako klientów, którzy przenoszą się lub nie, na podstawie istniejącego w zbiorze uczącym związku pomiędzy zmienną *churn* a dwoma zmiennymi opisującymi. Zastanówmy się, w jaki sposób sformułować problem klasyfikacji zmiennej *churn* (p. [4]) zgodnie z terminologią bayesowską przedstawioną powyżej. Niech wektor parametrów θ reprezentuje binarną zmienną *churn* przyjmującą dwie wartości — *prawda* i *fałsz*. Dla uproszczenia oznaczmy θ przez C (od *churn*). Macierz $\mathbf{X}$ wymiaru 3333×2 składa się z 3333 rekordów w zbiorze danych, każdy z dwoma polami zawierającymi *tak* lub *nie* dla każdej z dwóch zmiennych objaśniających.

Zatem równanie (5.1) można wyrazić jako

$$\theta_{\mathrm{MAP}} = C_{\mathrm{MAP}} = \arg\max_{C} p(I \cap V|C)p(C), \tag{5.3}$$

gdzie I reprezentuje zmienną *plan międzynarodowy*, a V reprezentuje zmienną *poczta głosowa*. Wprowadźmy następujące oznaczenia:

- I oznacza *plan międzynarodowy = tak*,
- $\bar{I}$ oznacza *plan międzynarodowy = nie*,
- V oznacza *poczta głosowa = tak*,
- $\bar{V}$ oznacza *poczta głosowa = nie*,
- C oznacza *churn = prawda*,
- $\bar{C}$ oznacza *churn = fałsz*.

Przykładowo, dla nowego rekordu zawierającego $(I \cap V)$ musimy obliczyć następujące prawdopodobieństwa, korzystając z równania (5.3):

- dla klientów, którzy podjęli decyzję o przeniesieniu się

$$P(\textit{plan międzynarodowy} = \textit{tak}, \textit{poczta głosowa} = \textit{tak}|\textit{churn} = \textit{prawda})$$
$$\cdot P(\textit{churn} = \textit{prawda}) = P(I \cap V|C)P(C),$$

Tabela 5.1. Brzegowe i warunkowe prawdopodobieństwa dla zbioru danych *churn*

	Liczność	Liczność	Prawdopodobieństwo
plan międzynarodowy	nie	tak	$P(I) = \frac{323}{323+3010} = 0{,}0969$
	3010	323	
poczta głosowa	nie	tak	$P(V) = \frac{922}{922+2411} = 0{,}2766$
	2411	922	
churn	nie	tak	$P(C) = \frac{483}{483+2850} = 0{,}1449$
	2850	483	
plan międzynarodowy	nie	tak	$P(I\vert\bar{C}) = \frac{186}{186+2664} = 0{,}0653$
przy założeniu *churn = fałsz*	2664	186	
poczta głosowa	nie	tak	$P(V\vert\bar{C}) = \frac{842}{842+2008} = 0{,}2954$
przy założeniu *churn = fałsz*	2008	842	
plan międzynarodowy	nie	tak	$P(I\vert C) = \frac{137}{137+346} = 0{,}2836$
przy założeniu *churn = prawda*	346	137	
poczta głosowa	nie	tak	$P(V\vert\bar{C}) = \frac{80}{80+403} = 0{,}1656$
przy założeniu *churn = prawda*	403	80	

- dla klientów, którzy podjęli decyzję, że pozostaną

$$P(\textit{plan międzynarodowy} = \textit{tak}, \textit{poczta głosowa} = \textit{tak}|\textit{churn} = \textit{fałsz})\, P(\textit{churn} = \textit{fałsz}) = P(I \cap V|\bar{C})P(\bar{C}).$$

Określmy, która wartość zmiennej *churn* ma większe prawdopodobieństwo i wybierzmy tę wartość jako C_{MAP} (estymator MAP dla zmiennej *churn*).

Zaczynamy od znalezienia szeregu brzegowych i warunkowych prawdopodobieństw (zebranych w tab. 5.1), których użyjemy do zbudowania estymatorów MAP. Ponieważ możemy sprawdzić cały zbiór uczący 3333 rekordów, więc możemy obliczyć prawdopodobieństwa *a posteriori* bezpośrednio, tak jak pokazano w tabeli 5.2.

Zauważmy, że używając prawdopodobieństw z tab. 5.1 i 5.2, możemy łatwo znaleźć dopełnienia tych prawdopodobieństw (odejmując dane prawdopodobieństwo od 1). Aby nasza analiza była kompletna, pokazujemy te dopełnienia prawdopodobieństw w tabe-

Tabela 5.2. Prawdopodobieństwa *a posteriori* dla uczącego zbioru danych *churn*

	Liczność	Liczność	Prawdopodobieństwo
churn = prawda przy założeniu	prawda	fałsz	$P(C\vert I) = \frac{137}{137+186} = 0{,}4241$
plan międzynarodowy = tak	186	137	
churn = prawda przy założeniu	prawda	fałsz	$P(C\vert V) = \frac{80}{80+842} = 0{,}0868$
poczta głosowa = tak	842	80	

Tabela 5.3. Dopełnienia prawdopodobieństw dla zbioru uczącego *churn*

$P(\bar{I}) = 1 - P(I) = 1 - 0{,}0969 = 0{,}9031$	$P(\bar{V}) = 1 - 0{,}2766 = 0{,}7234$
$P(\bar{C}) = 1 - 0{,}1449 = 0{,}8551$	$P(\bar{I}\mid\bar{C}) = 1 - 0{,}0653 = 0{,}9347$
$P(\bar{V}\mid\bar{C}) = 1 - 0{,}2954 = 0{,}7046$	$P(\bar{I}\mid C) = 1 - 0{,}2836 = 0{,}7164$
$P(\bar{V}\mid C) = 1 - 0{,}1656 = 0{,}8344$	$P(\bar{C}\mid I) = 1 - 0{,}4241 = 0{,}5759$
$P(\bar{C}\mid V) = 1 - 0{,}0868 = 0{,}9132$	

li 5.3. Sprawdźmy twierdzenie Bayesa dla tego zbioru danych, używając prawdopodobieństw z tab. 5.1:

$$P(C\mid V) = \frac{P(V\mid C)P(C)}{P(V)} = \frac{0{,}1656 \cdot 0{,}1449}{0{,}2766} = 0{,}0868,$$

co jest wartością dla prawdopodobieństwa *a posteriori* przedstawioną w tab. 5.2.

Nadal jednak nie jesteśmy w stanie obliczyć wartości estymatora MAP dla zmiennej *churn*. Musimy najpierw znaleźć **łączne prawdopodobieństwa warunkowe** (ang. *joint conditional probabilities*) w postaci $P(I, V\mid C)$. W celu uzyskania informacji o tych łącznych prawdopodobieństwach warunkowych skorzystaliśmy z opcji programu Clementine. W tabeli 5.4 pokazano te prawdopodobieństwa. Teraz możemy znaleźć estymator MAP dla zmiennej *churn* dla czterech kombinacji zmiennych *plan międzynarodowy* i *poczta głosowa*, używając równania (5.3):

$$\theta_{\text{MAP}} = C_{\text{MAP}} = \arg\max_{C} p(I, V\mid C)p(C).$$

Załóżmy, że mamy nowy rekord, dotyczący klienta, który korzysta z usług plan międzynarodowy i poczta głosowa. Czy oczekujemy, że ten nowy klient przeniesie się, czy też nie? Czyli jaka będzie wartość estymatora MAP zmiennej *churn* dla tego nowego klienta? Zastosujmy równanie (5.3) dla każdego przypadku: przeniesienia się oraz pozostania, i wybierzmy tę klasyfikację, która zapewnia większą wartość prawdopodobieństwa.

Zatem dla klientów, którzy podjęli decyzję o przeniesieniu się mamy

$$\begin{aligned} &P(\textit{plan międzynarodowy} = \textit{tak}, \textit{poczta głosowa} = \textit{tak}\mid \textit{churn} = \textit{prawda}) \\ &\qquad\qquad\qquad\qquad \cdot P(\textit{churn} = \textit{prawda}) \\ &= P(I \cap V\mid C)P(C) = 0{,}0745 \cdot 0{,}1449 = 0{,}0108, \end{aligned}$$

a dla klientów, którzy zdecydowali się pozostać

$$\begin{aligned} &P(\textit{plan międzynarodowy} = \textit{tak}, \textit{poczta głosowa} = \textit{tak}\mid \textit{churn} = \textit{fałsz})P(\textit{churn} = \textit{fałsz}) \\ &= P(I \cap V\mid\bar{C})P(\bar{C}) = 0{,}0196 \cdot 0{,}8551 = 0{,}0167. \end{aligned}$$

Ponieważ 0,0167 dla *churn* = *fałsz* jest wartością maksymalną dla powyższych dwóch przypadków, więc estymatorem MAP zmiennej *churn* dla takiego nowego klienta jest *churn* = *fałsz*. Dla klientów, którzy korzystają z obu rodzajów usług, estymator MAP *churn* = *fałsz* jest naszą prognozą, czyli będziemy oczekiwać, że tacy klienci nie podejmą decyzji o przeniesieniu się.

Tabela 5.4. Łączne prawdopodobieństwa warunkowe dla zbioru uczącego *churn*

		churn				*churn*	
		fałsz	*prawda*			*fałsz*	*prawda*
$I \cap V$	nie	2794	447	$I \cap \bar{V}$	nie	2720	382
	tak	56	36		tak	130	101
$p(I \cap V \mid C) = 36/(36+447) = 0{,}0745$				$p(I \cap \bar{V} \mid C) = 101/(101+382) = 0{,}2091$			
$p(I \cap V \mid \bar{C}) = 56/(56+2794) = 0{,}0196$				$p(I \cap \bar{V} \mid \bar{C}) = 130/(130+2720) = 0{,}0456$			
$\bar{I} \cap V$	nie	2064	439	$\bar{I} \cap \bar{V}$	nie	972	181
	tak	786	44		tak	1878	302
$p(\bar{I} \cap V \mid C) = 44/(44+439) = 0{,}0911$				$p(\bar{I} \cap \bar{V} \mid C) = 302/(302+181) = 0{,}6253$			
$p(\bar{I} \cap V \mid \bar{C}) = 786/(786+2064) = 0{,}2758$				$p(\bar{I} \cap \bar{V} \mid \bar{C}) = 1878/(1878+972) = 0{,}6589$			

Załóżmy, że nowy klient korzystał z usługi plan międzynarodowy, ale nie korzystał z poczty głosowej. Wówczas

$$P(I \cap \bar{V} \mid C) P(C) = 0{,}2091 \cdot 0{,}1449 = 0{,}0303$$

oraz

$$P(I \cap \bar{V} \mid \bar{C}) P(\bar{C}) = 0{,}0456 \cdot 0{,}8551 = 0{,}0390,$$

a zatem $\theta_{\text{MAP}} = C_{\text{MAP}}$ to *churn* = *fałsz*.

Co by było, gdyby nowy klient skorzystał z usługi poczta głosowa, ale nie korzystał z planu międzynarodowego? Wówczas

$$P(\bar{I} \cap V \mid C) P(C) = 0{,}0911 \cdot 0{,}1449 = 0{,}0132$$

oraz

$$P(\bar{I} \cap V \mid \bar{C}) P(\bar{C}) = 0{,}2758 \cdot 0{,}8551 = 0{,}2358.$$

Tutaj również $\theta_{\text{MAP}} = C_{\text{MAP}}$ to *churn* = *fałsz*.

W końcu załóżmy, że nowy klient nie skorzystał ani z planu międzynarodowego, ani poczty głosowej. Wówczas

$$P(\bar{I} \cap \bar{V} \mid C) P(C) = 0{,}6253 \cdot 0{,}1449 = 0{,}0906$$

oraz

$$P(\bar{I} \cap \bar{V} \mid \bar{C}) P(\bar{C}) = 0{,}6589 \cdot 0{,}8551 = 0{,}5634.$$

i znowu $\theta_{\text{MAP}} = C_{\text{MAP}}$ to *churn* = *fałsz*.

5.2.1. Iloraz szans *a posteriori*

Estymator MAP zmiennej *churn* to *fałsz* dla każdej kombinacji korzystania i niekorzystania z usług plan międzynarodowy oraz poczta głosowa. Ten wynik nie wydaje się bardzo pomocny, ponieważ przewidujemy ten sam rezultat dla wszystkich klientów, niezależnie od tego, z jakich usług korzystają. Jednak nie wszystkie klasyfikacje mają takie samo uzasadnienie w danych. Rozważymy teraz uzasadnienie każdego przypadku — pomoże nam w tym **iloraz szans *a posteriori*** (ang. *posterior odds ratio*). Iloraz szans *a posteriori* reprezentuje stopień uzasadnienia na rzecz każdej klasyfikacji i jest obliczany w następujący sposób:

ILORAZ SZANS *A POSTERIORI*

$$\frac{p(\theta_c|\mathbf{X})}{p(\bar{\theta}_c|\mathbf{X})} = \frac{p(\theta_c|\mathbf{X})p(\theta_c)}{p(\bar{\theta}_c|\mathbf{X})p(\bar{\theta}_c)},$$

gdzie θ_c reprezentuje konkretną klasyfikację nieznanej zmiennej celu.

Wartość ilorazu szans *a posteriori* równa dokładnie 1,0 będzie oznaczać, że informacja z rozkładu *a posteriori* w równym stopniu „wspiera" obie klasyfikacje, co oznacza, że kombinacja informacji z danych i rozkład *a priori* nie faworyzują żadnej kategorii. Wartość większa od 1,0 wskazuje, że rozkład *a posteriori* faworyzuje pozytywną klasyfikację, podczas gdy wartość mniejsza od 1,0 stanowi argument przeciwko pozytywnej klasyfikacji (np. *churn* = *prawda*). Wartość ilorazu szans *a posteriori* może być interpretowana jako przybliżenie stosunku pozytywnej klasyfikacji do klasyfikacji negatywnej.

W naszym przykładzie iloraz szans *a posteriori* dla nowych klientów, którzy korzystają z obu usług to

$$\frac{P(I \cap V|C)P(C)}{P(I \cap V|\bar{C})P(\bar{C})} = \frac{0{,}0108}{0{,}0168} = 0{,}6467,$$

co oznacza, że uzasadnienie z rozkładu *a posteriori* klasyfikacji *churn* = *prawda* względem klasyfikacji *churn* = *fałsz* dla tego klienta jest na poziomie 64,67%.

Dla nowego klienta, który korzysta tylko z usługi plan międzynarodowy, iloraz szans *a posteriori* to

$$\frac{P(I \cap \bar{V}|C)P(C)}{P(I \cap \bar{V}|\bar{C})P(\bar{C})} = \frac{0{,}0303}{0{,}0390} = 0{,}7769,$$

czyli uzasadnienie z rozkładu *a posteriori* klasyfikacji *churn* = *prawda* względem klasyfikacji *churn* = *fałsz* dla takiego klienta jest na poziomie 77,69%.

Nowi klienci, którzy korzystają tylko z usługi poczta głosowa, mają wartość ilorazu szans *a posteriori* równą

$$\frac{P(\bar{I} \cap V|C)P(C)}{P(\bar{I} \cap V|\bar{C})P(\bar{C})} = \frac{0{,}0132}{0{,}2358} = 0{,}0560,$$

a zatem uzasadnienie z rozkładu *a posteriori* klasyfikacji *churn* = *prawda* względem klasyfikacji *churn* = *fałsz* dla tych klientów jest na poziomie zaledwie 5,6%.

W końcu dla klientów, którzy nie korzystają z żadnej z tych usług, iloraz szans *a posteriori* to

$$\frac{P(\bar{I} \cap \bar{V}|C)P(C)}{P(\bar{I} \cap \bar{V}|\bar{C})P(\bar{C})} = \frac{0{,}0906}{0{,}5634} = 0{,}1608,$$

co oznacza, że uzasadnienie z rozkładu *a posteriori* klasyfikacji *churn* = *prawda* względem klasyfikacji *churn* = *fałsz* dla tych klientów jest na poziomie 16,08%.

Widzimy więc, że chociaż klasyfikacja MAP to *churn* = *fałsz* w każdym przypadku, to „przekonanie o prawdziwości" klasyfikacji znacznie się waha, z uzasadnieniem klasyfikacji *churn* = *prawda* sięgającym od 5,6% aż do 77,69% względem klasyfikacji *churn* = *fałsz*. Dla klientów, którzy korzystają z planu międzynarodowego uzasadnienie, że klient zdecyduje się na przeniesienie jest dużo większe. W rzeczywistości z powyższych obliczeń wynika, że łączne warunkowe prawdopodobieństwa dla klientów, którzy korzystają z planu międzynarodowego (i którzy korzystają lub nie korzystają z poczty głosowej) faworyzuje klasyfikację *churn* = *prawda*, mimo że klasyfikacja MAP okazała się być *churn* = *fałsz* (tylko dlatego, że w zbiorze danych jest przewaga liczebna rekordów reprezentujących osoby, które nie zdecydowały się na przeniesienie, 85,51% do 14,49% klientów przenoszących się). Zatem iloraz szans *a posteriori* pozwala nam na ocenę siły uzasadnienia dla naszych klasyfikacji MAP. Ocena ta jest bardziej pomocna dla analityka niż zwykła decyzja tak lub nie.

5.2.2. Równoważenie danych

Ponieważ na decyzję klasyfikacyjną wpływała przewaga liczebna tych klientów w zbiorze danych, którzy nie zdecydowali się na przeniesienie, więc możemy zastanowić się, jakie wyniki byśmy otrzymali, gdybyśmy zrównoważyli zbiór danych. Niektóre algorytmy eksploracji danych działają najlepiej, kiedy stosunek częstości klas (kategorii) zmiennej celu nie jest bardzo duży lub bardzo mały. Rozważmy przykład zadania polegającego na wykrywaniu oszustw w transakcjach dokonywanych za pomocą kart kredytowych. Załóżmy, że transakcji nieuczciwych jest tak mało, że algorytm mógłby po prostu zignorować takie transakcje i klasyfikować wszystkie transakcje jako uczciwe oraz mieć poprawność 99,99%. Dlatego używa się metod próbkowania zrównoważonego do redukcji dysproporcji pomiędzy klasami zmiennej celu występującymi w zbiorze uczącym. W naszym przykładzie wykrywania nieuczciwych transakcji zbiór uczący danych mógłby zawierać (1) wszystkie transakcje nieuczciwe i (2) tylko mały procent (powiedzmy 1%) transakcji, które nie były oszustwem. Można by wtedy zastosować technikę **próbkowania warstwowego** (ang. *stratified sampling*), która najpierw dzieli transakcje względem klasy (oszustwo), następnie wybiera wszystkie rekordy, reprezentujące oszustwa i losową próbkę 1% rekordów reprezentujących uczciwe transakcje. Mniej pożądane podejście to takie, które zwiększa proporcję nieuczciwych transakcji poprzez ich „klonowanie", czyli wypełnianie bazy danych kopiami istniejących rekordów, reprezentujących oszustwa. Jest to równoznaczne z tworzeniem danych i przejawia tendencję do powiększania losowych wartości atrybutu. („O rety, czy 30% naszych nieuczciwych transakcji naprawdę jest zawieranych podczas pełni księżyca?")

W naszym przykładzie mamy 14,49% rekordów reprezentujących klientów, którzy przenieśli się, co może wydawać się nieco niezwykłe, chociaż można też uważać inaczej. Niemniej zrównoważmy dane tak, aby około 25% rekordów stanowili klienci, którzy zdecydowali się na przeniesienie. Możemy tego dokonać jeżeli (1) wybierzemy wszystkie rekordy *churn = prawda* i (2) wybierzemy losową próbkę 50% z naszych rekordów *churn = fałsz*. Ponieważ oryginalny zbiór danych miał 483 rekordy reprezentujące przenoszących się klientów i 2850 rekordy klientów, którzy nie przenosili się, więc ta procedura równoważenia zapewni nam 483/(483 + 1425) = 25,3% rekordów *churn = prawda*, tak jak chcieliśmy. Dwie wady równoważenia danych to (1) zrównoważony zbiór danych nie będzie miał dokładnie takiego samego charakteru, jak zbiór oryginalny oraz (2) tracimy dużo danych (np. usuwamy 1425 rekordów *churn = fałsz*), co jest wielką szkodą.

Ponieważ niektóre zmienne objaśniające są bardziej skorelowane ze zmienną celu niż inne, charakter zrównoważonego zbioru danych zmieni się. Załóżmy na przykład, że klienci, którzy przenoszą się mają wyższe wartości zmiennej *dzień minuty* niż ci, którzy pozostają. Zatem gdy zrównoważamy zbiór danych, całkowita średnia zmiennej *dzień minuty* wzrośnie, gdyż wyeliminowaliśmy dużo rekordów reprezentujących klientów, którzy nie przenoszą się. Tutaj średnia wartość zmiennej *dzień minuty* wzrosła z 179,775 do 183,206 po zrównoważeniu (niepokazane), ponieważ równoważenie wyeliminowało połowę rekordów nieprzenoszących się klientów, dla których wartości zmiennej *dzień minuty* były niższe. Takich zmian nie da się uniknąć podczas równoważenia zbioru danych. Zatem bezpośrednie, ogólne porównania zbiorów danych oryginalnego i zrównważonego są bezcelowe, gdyż zmiany w charakterze danych są nieuniknione. Pomijając jednak te nieuniknione zmiany oraz to, że losowe próbkowanie ma tendencję do ochrony przed systematycznymi odchyleniami, analityk danych powinien sprawdzić, czy zrównoważony zbiór danych w sposób systematyczny nie różni się zbytnio od oryginalnego

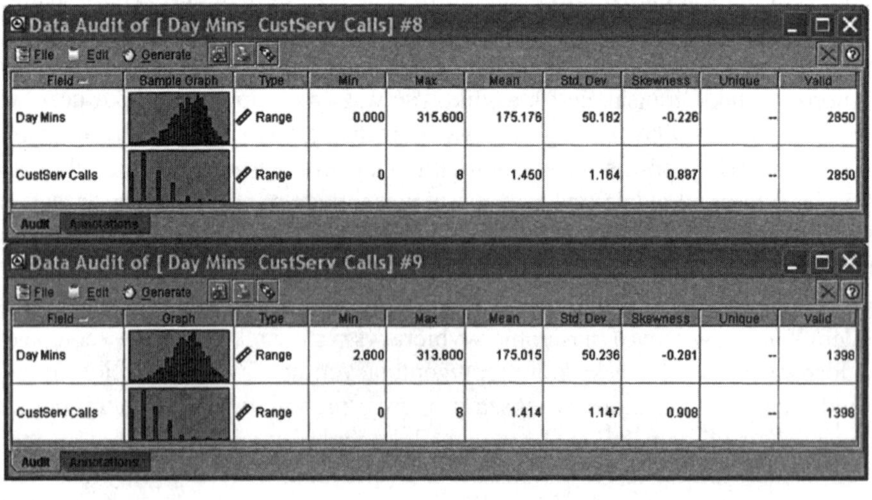

Rys. 5.2. Porównanie graficzne/statystyczne zmiennych *dzień minuty* i *rozmowy z BOK* tylko dla klientów, którzy nie przenoszą się (oryginalny zbiór danych jest na górze)

zbioru danych. Można to zrobić, sprawdzając wykresy i statystyczne podsumowania oryginalnego i zrównoważonego zbioru danych, podzielonego na podzbiory według przynależności do klasy zmiennej celu. Oczywiście rekordy klientów, którzy przenieśli się są dla obu zbiorów identyczne, dlatego możemy od razu przejść do sprawdzenia rekordów klientów, którzy pozostali.

Na rysunku 5.2 przedstawiono porównanie rekordów oryginalnego zbioru danych i zrównoważonego zbioru danych dla zmiennych *dzień minuty* i *rozmowy z BOK* w przypadku klientów, którzy nie przenieśli się. Na rysunku 5.3 przedstawiono rozkłady dla rekordów osób korzystających z usług plan międzynarodowy i poczta głosowa dla oryginalnego i zrównoważonego zbioru danych. Nie wydaje się, aby istniało jakieś systematyczne odchylenie. Jeżeli takie odchylenia zostałyby odkryte, to należy powtórzyć równoważenie. Gdy analityk jest przekonany o istnieniu odchyleń, można zastosować miary sprawdzianu krzyżowego. Przykładowo tworzy się kilka razy losowo wybrane zrównoważone zbiory danych i uśrednia się wyniki. Zatem używając zrównoważonego zbioru danych *churn*, raz jeszcze obliczamy estymator MAP zmiennej *churn* dla wymienionych czterech typów klientów. Uaktualnione prawdopodobieństwo przeniesienia się to

$$P(C_{\text{bal}}) = \frac{483}{483 + 1425} = 0{,}2531,$$

a dla pozostania

$$P(\bar{C}_{\text{bal}}) = 1 - 0{,}2531 = 0{,}7469.$$

Dla nowych klientów, którzy korzystają z usług plan międzynarodowy i poczta głosowa, mamy

$$P(I \cap V|C_{\text{bal}})P(C_{\text{bal}}) = 0{,}0745 \cdot 0{,}2531 = 0{,}0189$$

oraz

$$P(I \cap V|\bar{C}_{\text{bal}})P(\bar{C}_{\text{bal}}) = 0{,}0196 \cdot 0{,}7469 = 0{,}0146.$$

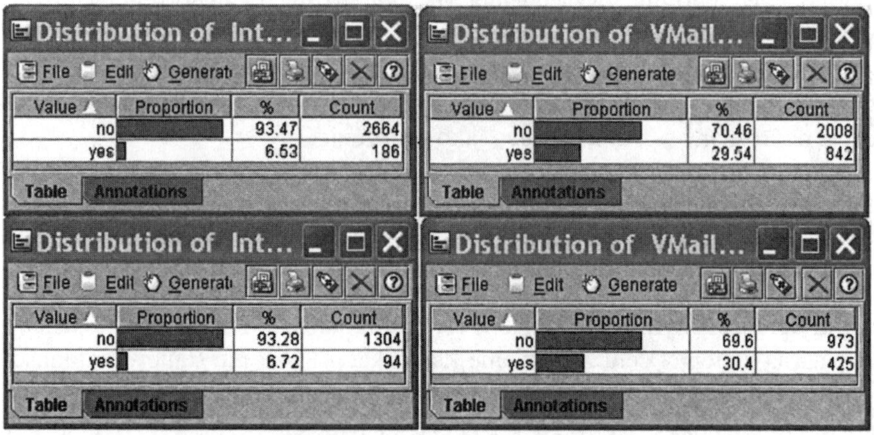

Rys. 5.3. Rozkład klientów, którzy korzystają z usług plan międzynarodowy (po lewej) i poczta głosowa (po prawej) dla oryginalnego zbioru danych (na górze) i dla zrównoważonego zbioru danych (na dole)

Zatem po zrównoważeniu maksymalnym estymatorem *a posteriori* zmiennej *churn* jest $churn = prawda$, gdyż 0,0189 jest większą wartością. Równoważenie zmieniło wynik klasyfikacji dla tej kategorii klientów.

Dla klientów, którzy korzystają tylko z planu międzynarodowego, mamy

$$P(I \cap \bar{V}|C_{\text{bal}})P(C_{\text{bal}}) = 0{,}2091 \cdot 0{,}2531 = 0{,}0529$$

oraz

$$P(I \cap \bar{V}|\bar{C}_{\text{bal}})P(\bar{C}_{\text{bal}}) = 0{,}0456 \cdot 0{,}7469 = 0{,}0341.$$

Estymator C_{MAP} to $churn = prawda$, ponieważ 0,0529 jest większą wartością. Równoważenie zmieniło klasyfikację dla tej kategorii klientów.

Dla nowych klientów, którzy korzystają tylko z poczty głosowej, mamy

$$P(\bar{I} \cap V|C_{\text{bal}})P(C_{\text{bal}}) = 0{,}9011 \cdot 0{,}2531 = 0{,}0231$$

oraz

$$P(\bar{I} \cap V|\bar{C}_{\text{bal}})P(\bar{C}_{\text{bal}}) = 0{,}2758 \cdot 0{,}7469 = 0{,}2060.$$

Estymator MAP nie zmienił się w porównaniu z oryginalnym C_{MAP} $churn = fałsz$ dla klientów, którzy korzystają tylko z usługi poczta głosowa.

W końcu dla nowych klientów, którzy nie korzystają z żadnej z wymienionych usług

$$P(\bar{I} \cap \bar{V}|C_{\text{bal}})P(C_{\text{bal}}) = 0{,}6253 \cdot 0{,}2531 = 0{,}1583$$

oraz

$$P(\bar{I} \cap \bar{V}|\bar{C}_{\text{bal}})P(\bar{C}_{\text{bal}}) = 0{,}6589 \cdot 0{,}7469 = 0{,}4921.$$

I tym razem estymator MAP nie zmienił się w porównaniu z oryginalnym C_{MAP} $churn = fałsz$ dla klientów, którzy nie korzystają z podanych usług.

W oryginalnych danych estymatorem MAP był $churn = fałsz$ dla wszystkich klientów, co było odkryciem o ograniczonych możliwościach wykorzystania. Zrównoważenie zbioru danych dało inne oszacowania MAP dla różnych kategorii nowych klientów, zapewniając wytyczne z prostymi i możliwymi do uwzględnienia wynikami. Możemy oczywiście kontynuować analizę i obliczyć iloraz szans *a posteriori* dla każdej z tych decyzji, o ile jesteśmy zainteresowani oceną siły uzasadnienia tych klasyfikacji. Czytelnik będzie poproszony o zrobienie tego jako ćwiczenie.

5.3. Naiwny klasyfikator bayesowski

W naszym uproszczonym przykładzie z dwoma binarnymi zmiennymi objaśniającymi i jedną binarną zmienną celu znalezienie klasyfikacji MAP nie stanowi trudności obliczeniowych. Jednak Hand i inni [5, s. 354] stwierdzają, że na ogół liczba prawdopodobieństw, które należy obliczyć, aby znaleźć klasyfikację MAP, jest rzędu k^m, gdzie k jest liczbą klas zmiennej celu, a m jest liczbą zmiennych objaśniających. W omawianym przykładzie mieliśmy $k = 2$ klasy zmiennej *churn* i $m = 2$ zmienne objaśniające, co oznacza, że musieliśmy znaleźć 4 wartości prawdopodobieństw, aby otrzymać decyzję klasyfikacyjną (np. $P(I \cap V|C)$, $P(C)$, $P(I \cap V|\bar{C})$, $P(\bar{C})$).

Załóżmy, że chcemy przewidzieć stan cywilny ($k = 5$: panna/kawaler, żona/mąż, rozwiedziona/rozwiedziony, wdowa/wdowiec, w separacji) ludzi na podstawie zbioru $m = 10$ demograficznych zmiennych objaśniających. Wtedy całkowita liczba prawdopodobieństw, które należy obliczyć, byłaby $k^m = 5^{10} = 9\,765\,625$. Zauważmy, że każda z tych 9 765 625 wartości jest obliczana na podstawie częstości względnych odpowiednich komórek w 10-wymiarowej tabeli. Zakładając, że mamy minimum 10 rekordów dla każdej komórki do oszacowania częstości względnych i przy niezwykłym założeniu, że rekordy są rozłożone równomiernie w tabeli, potrzebne by było minimum 100 milionów rekordów.

Klasyfikacja MAP jest więc niepraktyczna do bezpośredniego zastosowania do wszystkich interesujących, rzeczywistych scenariuszy eksploracji danych. Co można zrobić? Klasyfikacja MAP wymaga, abyśmy znaleźli

$$\arg\max_{\theta} p(\mathbf{X}|\theta)p(\theta) = \arg\max_{\theta} p(X_1 = x_1, X_2 = x_2, \ldots, X_m = x_m|\theta)p(\theta).$$

Problemem nie jest obliczenie $p(\theta)$, które ma zwykle małą liczbę klas. Problemem jest raczej wymiarowość, tzn. znalezienie $p(X_1 = x_1, X_2 = x_2, \ldots, X_m = x_m|\theta)$ dla wszystkich możliwych kombinacji zmiennych objaśniających X. To tutaj przestrzeń poszukiwania rozszerza się, a zatem jeżeli jest sposób na ograniczenie przestrzeni poszukiwań, to musi być on znaleziony właśnie w tym miejscu analizy.

A oto rozwiązanie: Załóżmy, że przyjmujemy upraszczające założenie, iż zmienne objaśniające są warunkowo niezależne przy danej wartości zmiennej celu (np. *churn* = *fałsz*). Dwa zdarzenia A i B nazywamy **warunkowo niezależnymi**, jeżeli dla danego zdarzenia C zachodzi $p(A \cap B|C) = p(A|C)p(B|C)$. Na przykład warunkowa niezależność dla klientów, którzy przenoszą się, oznacza że korzystanie z jednej z dwóch usług (I lub V) nie wpływa na prawdopodobieństwo korzystania z drugiej z tych usług. Podobnie rzecz ma się dla klientów, którzy nie przenoszą się.

Ogólnie założenie warunkowej niezależności można wyrazić następująco:

$$p(X_1 = x_1, X_2 = x_2, \ldots, X_m = x_m|\theta) = \prod_{i=1}^{m} p(X_i = x_i|\theta).$$

Naiwny klasyfikator Bayesa (NB) przyjmuje postać

$$\theta_{\mathrm{NB}} = \arg\max_{\theta} \prod_{i=1}^{m} p(X_i = x_i|\theta)p(\theta).$$

Kiedy założenie o warunkowej niezależności jest prawdziwe, naiwna klasyfikacja Bayesa daje takie same wyniki, jak klasyfikacja MAP. Dlatego zbadamy, czy założenie warunkowej niezależności jest spełnione w przykładzie zbioru danych *churn* (p. tab. 5.5). Zauważmy, że w każdym przypadku przybliżenie dla klientów, którzy nie przenoszą się jest klika razy lepsze niż dla klientów, którzy przenoszą się. To może wskazywać, że założenie o warunkowej niezależności jest najlepiej uzasadnione dla często występujących kategorii, co jest kolejnym argumentem za przeprowadzeniem równoważania, kiedy jest to konieczne.

Tabela 5.5. Sprawdzenie założenia warunkowej niezależności dla zbioru danych *churn*

$(I \cap V)\|C$	$(I \cap \bar{V})\|C$
$p(I \cap V\|C) = 0{,}0745$ $p(I\|C)p(V\|C) = 0{,}2836 \cdot 0{,}1656 = 0{,}0470$ Różnica $= \|0{,}0745 - 0{,}0470\| = 0{,}0275$	$p(I \cap \bar{V}\|C) = 0{,}2091$ $p(I\|C)p(\bar{V}\|C) = 0{,}2836 \cdot 0{,}8344 = 0{,}2366$ Różnica $= \|0{,}2091 - 0{,}2366\| = 0{,}0275$
$(I \cap V)\|\bar{C}$	$(I \cap \bar{V})\|\bar{C}$
$p(I \cap V\|\bar{C}) = 0{,}0196$ $p(I\|\bar{C})p(V\|\bar{C}) = 0{,}0653 \cdot 0{,}2954 = 0{,}0193$ Różnica $= \|0{,}0196 - 0{,}0193\| = 0{,}0003$	$p(I \cap \bar{V}\|\bar{C}) = 0{,}0456$ $p(I\|\bar{C})p(\bar{V}\|\bar{C}) = 0{,}0653 \cdot 0{,}7046 = 0{,}0460$ Różnica $= \|0{,}0456 - 0{,}0460\| = 0{,}0004$
$(\bar{I} \cap V)\|C$	$(\bar{I} \cap \bar{V})\|C$
$p(\bar{I} \cap V\|C) = 0{,}0911$ $p(\bar{I}\|C)p(V\|C) = 0{,}7164 \cdot 0{,}1656 = 0{,}1186$ Różnica $= \|0{,}0911 - 0{,}1186\| = 0{,}0275$	$p(\bar{I} \cap \bar{V}\|C) = 0{,}6253$ $p(\bar{I}\|C)p(\bar{V}\|C) = 0{,}7164 \cdot 0{,}8344 = 0{,}5978$ Różnica $= \|0{,}6253 - 0{,}5978\| = 0{,}0275$
$(\bar{I} \cap V)\|\bar{C}$	$(\bar{I} \cap \bar{V})\|\bar{C}$
$p(\bar{I} \cap V\|\bar{C}) = 0{,}2758$ $p(\bar{I}\|\bar{C})p(V\|\bar{C}) = 0{,}9347 \cdot 0{,}2954 = 0{,}2761$ Różnica $= \|0{,}2758 - 0{,}2761\| = 0{,}0003$	$p(\bar{I} \cap \bar{V}\|\bar{C}) = 0{,}6589$ $p(\bar{I}\|\bar{C})p(\bar{V}\|\bar{C}) = 0{,}9347 \cdot 0{,}7046 = 0{,}6586$ Różnica $= \|0{,}6589 - 0{,}6586\| = 0{,}0003$

Teraz przechodzimy do obliczenia wartości naiwnego klasyfikatora Bayesa dla zbioru danych *churn*. Dla nowych klientów, którzy korzystają z obu usług i przenoszą się

$$p(I|C)p(V|C)p(C) = 0{,}0470 \cdot 0{,}1449 = 0{,}0068,$$

a dla tych, którzy nie przenoszą się

$$p(I|\bar{C})p(V|\bar{C})p(\bar{C}) = 0{,}0193 \cdot 0{,}8551 = 0{,}0165.$$

Naiwna klasyfikacja Bayesa dla nowych klientów, którzy korzystają z obu usług, to *churn* = *fałsz*, gdyż 0,0165 jest większą z tych dwóch wartości. Okazało się (tak samo jak dla klasyfikacji MAP), że dla wszystkich czterech przypadków naiwna klasyfikacja Bayesa daje wynik *churn* = *fałsz*. Również po zrównoważeniu 25,31%–74,69%, nowi klienci, którzy korzystają z planu międzynarodowego zostali zaklasyfikowani przez naiwny algorytm Bayesa do grupy przenoszących się, niezależnie od tego, czy korzystają z poczty głosowej (tak samo jak w przypadku klasyfikatora MAP). Te wyniki pozostawiamy czytelnikowi do sprawdzenia w ramach ćwiczeń.

Kiedy jest stosowana naiwna klasyfikacja Bayesa, potrzeba dużo mniejszej liczby prawdopodobieństw, które należy oszacować — tylko $k \cdot m$ wartości, zamiast k^m dla klasyfikatora MAP (jedynie liczba zmiennych objaśniających razy liczba rozróżnialnych wartości zmiennych celu). W przykładzie ze stanem cywilnym, gdzie mieliśmy $k = 5$ rozróżnialnych stanów cywilnych i $m = 10$ zmiennych objaśniających, będziemy musieli obliczyć tylko $k \cdot m = 5 \cdot 10 = 50$ wartości, a nie 9,7 miliona wymaganych dla klasyfikatora MAP. Przy założeniu minimum 10 rekordów na komórkę będzie to oznaczać, że potrzebujemy tylko 500 rekordów, w porównaniu z prawie 100 milionami obliczonymi wcześniej. Oczywiście w przypadkach, gdy założenie o warunkowej niezależności jest prawdziwe, mamy bardzo uproszczoną sytuację. Ponadto w przypadkach tego typu naiwna klasyfikacja Bayesa jest również optymalna w sensie minimalizowania współczynnika błędu dla wszystkich klasyfikatorów, ponieważ wtedy klasyfikacja ta pokrywa się z klasyfikacją MAP. W praktyce odejście od założenia warunkowej niezależności wpływa na pogarszanie wyników naiwnego klasyfikatora Bayesa.

Obliczmy wartość logarytmu ilorazu szans *a posteriori*, który reprezentuje intuicyjną miarę uzasadnienia, jaką każda zmienna wnosi do decyzji klasyfikacyjnej. Iloraz szans *a posteriori* przyjmuje postać

$$\frac{p(\theta_c|\mathbf{X})}{p(\bar{\theta}_c|\mathbf{X})} = \frac{p(\mathbf{X}|\theta_c)p(\theta_c)}{p(\mathbf{X}|\bar{\theta}_c)p(\bar{\theta}_c)} = \frac{p(X_1 = x_1, X_2 = x_2, \ldots, X_m = x_m|\theta)p(\theta_c)}{p(X_1 = x_1, X_2 = x_2, \ldots, X_m = x_m|\bar{\theta})p(\bar{\theta}_c)}.$$

Iloraz szans *a posteriori* dla naiwnego klasyfikatora Bayesa to

$$\text{założenie o warunkowej niezależności} = \frac{\prod_{i=1}^{m} p(X_i = x_i|\theta)p(\theta_c)}{\prod_{i=1}^{m} p(X_i = x_i|\bar{\theta})p(\bar{\theta}_c)}.$$

Zajmijmy się logarytmem ilorazu szans *a posteriori*. Ponieważ logarytm ilorazu jest sumą logarytmów, mamy

$$\begin{aligned}
&\log \frac{\prod_{i=1}^{m} p(X_i = x_i|\theta)p(\theta_c)}{\prod_{i=1}^{m} p(X_i = x_i|\bar{\theta})p(\bar{\theta}_c)} \\
&= \log\left(\prod_{i=1}^{m} p(X_i = x_i|\theta)\right) + \log p(\theta_c) - \log\left(\prod_{i=1}^{m} p(X_i = x_i|\bar{\theta})\right) + \log p(\bar{\theta}_c) \\
&= \log \frac{p(\theta_c)}{p(\bar{\theta}_c)} + \sum_{i=1}^{m} \log \frac{p(X_i = x_i|\theta)}{p(X_i = x_i|\bar{\theta})}.
\end{aligned}$$

Ta postać logarytmu ilorazu szans *a posteriori* jest przydatna z punktu widzenia interpretacji, ponieważ każdy składnik

$$\log \frac{p(X_i = x_i|\theta)}{p(X_i = x_i|\bar{\theta})}$$

odnosi się do dodawanego przez każdy atrybut wkładu (dodatniego lub ujemnego). Dla przykładu rozważmy logarytm ilorazu szans *a posteriori* dla nowego klienta, który korzysta zarówno z usługi plan międzynarodowy, jak i usługi poczta głosowa. Wtedy dla planu międzynarodowego mamy

$$\log \frac{p(I|C)}{p(I|\bar{C})} = \log \frac{0{,}2836}{0{,}0653} = 0{,}6378,$$

a dla poczty głosowej

$$\log \frac{p(V|C)}{p(V|\bar{C})} = \log \frac{0{,}1656}{0{,}2954} = -0{,}2514.$$

Zatem widzimy, że korzystanie z usługi plan międzynarodowy wpływa pozytywnie na prawdopodobieństwo, że klient przeniesie się, podczas gdy korzystanie z usługi poczta głosowa zmniejsza prawdopodobieństwo przeniesienia się. Te odkrycia zgadzają się z wynikami uzyskanymi w poprzednim tomie [4].

Założenia o warunkowej niezależności nie należy przyjmować „w ciemno", ponieważ skorelowane zmienne objaśniające naruszają to założenie. Na przykład podczas oceny ryzyka, że kredyt nie zostanie spłacony, całkowity majątek i roczny dochód będą najprawdopodobniej skorelowane. Jednak w naiwnym algorytmie Bayesa dla każdej klasyfikacji (domyślnej oraz niedomyślnej) przyjmuje się, że całkowity majątek i roczny dochód są niezależne i nieskorelowane. Oczywiście ostrożna praktyka eksploracji danych i tak obejmuje zajmowanie się skorelowanymi zmiennymi na etapie eksploracyjnej analizy danych (ang. *Exploratory Data Analysis*, EDA), ponieważ korelacja może spowodować, że kilka różnych metod może dać fałszywe wyniki. Aby uporać się ze skorelowanymi zmiennymi, można zastosować analizę składowych głównych. Inną opcją jest zbudowanie liniowej kombinacji małego zbioru silnie skorelowanych zmiennych zdefiniowanych przez użytkownika (p. rozdz. 1).

Jak zobaczyliśmy w rozdziale 4, komórka z zerową wartością może sprawiać trudności podczas analizy. A jaki będzie wynik estymacji metodą naiwnej klasyfikacji Bayesa, jeśli dana komórka (kombinacja wartości atrybutów) ma wartość zero? Przykładowo: z 483 klientów, którzy przenieśli się, 80 skorzystało z usługi poczta głosowa, czyli $p(V|C) = 80/483 = 0{,}1656$. Jednak jeśli założymy, że żaden z klientów, którzy przenieśli się, nie korzystał z poczty głosowej, to $p(V|C) = 0/483 = 0{,}0$. Z założenia o warunkowej niezależności obliczamy prawdopodobieństwo jako iloczyn brzegowych prawdopodobieństw, więc zerowa wartość dla $p(V|C)$ zdominuje wynik, co stanowi duży problem w analizie.

Ponieważ wzór na obliczenie prawdopodobieństwa za pomocą naiwnego algorytmu Bayesa zawiera czynnik $\prod_{i=1}^{m} p(X_i = x_i|\theta)$, pojedyncze zerowe prawdopodobieństwo w tym iloczynie zdominuje iloczyn i będzie on równy zeru, co również spowoduje, że $\prod_{i=1}^{m} p(X_i = x_i|\theta)p(\theta)$ będzie równy zeru. W ten sposób zostanie wyeliminowana klasa $churn = prawda$ z rozważań dla dalszych prawdopodobieństw dotyczących korzystania z poczty głosowej. Aby uniknąć tego problemu, zakładamy dodatkową liczbę „wirtualnych" próbek, co zapewnia następujący poprawiony estymator prawdopodobieństwa dla komórek z wartością zero:

Poprawiony estymator prawdopodobieństwa dla komórek z wartością zero

$$\frac{n_c + n_{\text{equiv}}\,p}{n + n_{\text{equiv}}},$$

gdzie n reprezentuje całkowitą liczbę rekordów dla tej klasy celu, n_c jest liczbą rekordów, które również mają wartość atrybutu zgodną z zainteresowaniem, p jest oszacowaniem prawdopodobieństwa *a priori*, a n_{equiv} jest stałą reprezentującą **rozmiar próby równoważnej** (ang. *equivalent sample size*).

Stała n_{equiv} (dodatkowa liczba wirtualnych próbek), używana do znalezienia poprawionego prawdopodobieństwa, określa siłę poprawy. W przypadku braku innych informacji estymator prawdopodobieństwa *a priori* p może być przypisany jako nieinformacyjny równomierny rozkład *a priori* $p = 1/k$, gdzie k jest liczbą klas zmiennej celu. Zatem n_{equiv} dodatkowych próbek, rozłożonych zgodnie z prawdopodobieństwem p, bierze udział w obliczaniu prawdopodobieństwa. W naszym przykładzie mamy $n = 483$, $n_c = 0$ i $p = 1/2$. Wybraliśmy $n_{\mathrm{equiv}} = 1$, aby zminimalizować skutki interwencji. Poprawiony estymator prawdopodobieństwa $p(V|C)$ dla komórki z wartością zero to

$$\frac{n_c + n_{\mathrm{equiv}} p}{n + n_{\mathrm{equiv}}} = \frac{0 + 1 \cdot \frac{1}{2}}{483 + 1} = 0{,}0010.$$

5.3.1. Numeryczne zmienne objaśniające

Klasyfikacja Bayesowska może zostać rozszerzona z jakościowych zmiennych objaśniających na ciągłe zmienne objaśniające, pod warunkiem, że znamy odpowiednie rozkłady prawdopodobieństw. Załóżmy, że oprócz zmiennych *plan międzynarodowy* i *poczta głosowa* mamy również zmienną *całkowite minuty* (całkowita liczba minut wykorzystanych przez użytkownika telefonu komórkowego) razem z informacją, że rozkład tej zmiennej jest normalny dla obu grup klientów (przenoszących się i pozostających). Średnia zmiennej *całkowite minuty* dla klientów, którzy przenoszą się, jest równa $\mu_{churn} = 635$ minut, z odchyleniem standardowym $\sigma_{churn} = 111$ minut. Średnia zmiennej *całkowite minuty* dla klientów, którzy pozostają, jest równa $\mu_{nonchurn} = 585$ minut, z odchyleniem standardowym $\sigma_{nonchurn} = 84$ minut. Zatem zmienna *całkowite minuty* dla klientów, którzy przenoszą się, ma rozkład $N(635, 111)$, a dla klientów, którzy pozostają, ma rozkład $N(585, 84)$.

Niech T_{churn} oznacza zmienną losową *całkowite minuty* dla klientów przenoszących się. Wówczas

$$\begin{aligned} p(T_{churn} = t) &\cong f_{T|C} \\ &= \frac{1}{\sqrt{2\pi}\sigma_{churn}} \exp\left[\frac{-1}{2\sigma^2_{churn}}(T_{churn} - \mu_{churn})^2\right] \\ &= \frac{1}{\sqrt{2\pi} \cdot 111} \exp\left[\frac{-1}{2 \cdot 111^2}(T_{churn} - 635)^2\right] \end{aligned}$$

z analogiczną postacią dla klientów, którzy pozostają. (Tutaj $\exp y$ oznacza e^y. Również $f_{T|C}(t)$ zastępuje $p(T = t|C)$, ponieważ dla ciągłych zmiennych losowych mamy $p(T = t) = 0, \forall t$.)

Załóżmy, że chcemy dokonać klasyfikacji nowych klientów, którzy dla zmiennej *całkowite minuty* mają wartość 800 i korzystają z obu usług (plan międzynarodowy i poczta głosowa), za pomocą naiwnej klasyfikacji Bayesa. Dla tych, którzy przenoszą się, mamy

$$p(I \cap V \cap T = 800|C)P(C) = P(I|C)P(V|C)f_{T|C}(800)P(C)$$
$$= 0{,}2836 \cdot 0{,}1656 \cdot 0{,}001191 \cdot 0{,}1449 = 0{,}000008105,$$

a dla klientów, którzy pozostają

$$p(I \cap V \cap T = 800|\bar{C})P(\bar{C}) = P(I|\bar{C})P(V|\bar{C})f_{T|\bar{C}}(800)P(\bar{C})$$
$$= 0{,}0653 \cdot 0{,}2954 \cdot 0{,}0001795 \cdot 0{,}8551 = 0{,}000002961.$$

Zatem naiwna klasyfikacja Bayesa dla nowych klientów, którzy mają dla zmiennej *całkowite minuty* wartość 800 i korzystają z obu usług, to *churn* = *prawda* z iloczynem szans *a posteriori*

$$\frac{0{,}000008105}{0{,}000002961} = 2{,}74.$$

Innymi słowy, dodatkowa informacja, że nowy klient miał dla zmiennej *całkowite minuty* wartość 800 była wystarczająca, aby odwrócić klasyfikację z *churn* = *fałsz* (poprzednio bez zmiennej *całkowite minuty*) na *churn* = *prawda*. Dzieje się tak z powodu nieco częstszego używania telefonu komórkowego przez grupę klientów przenoszących się, z większą wartością średnią zmiennej *całkowite minuty*.

Normalności nie powinno się zakładać bez wyraźnego uzasadnienia. Czy możemy uznać rys. 5.4 za dostateczny dowód normalności naszych rozkładów? Nie. Histogram na rys. 5.4 reprezentuje zbiór wszystkich klientów, którzy przenoszą się i pozostają, a nie oddzielne rozkłady dla każdej klasy, jaką będziemy się zajmować. Dlatego rysunek 5.4 nie stanowi dowodu na poparcie naszego założenia.

Rozważmy rysunek 5.5 — porównanie wykresów punktowych dwóch rozkładów za pomocą programu Minitab. Natychmiast możemy zobaczyć, że rzeczywiście jest dużo więcej rekordów dla klientów, którzy pozostają, niż dla tych, którzy przenoszą się.

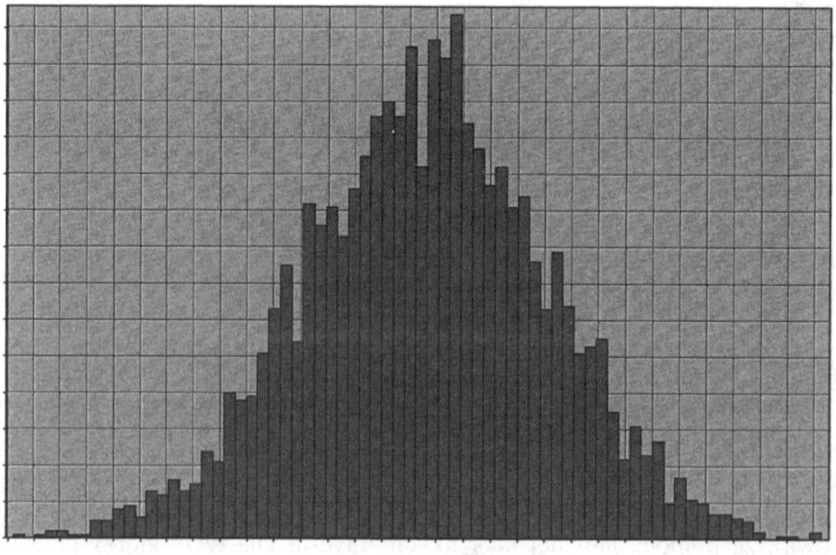

Rys. 5.4. Histogram zmiennej *całkowite minuty* dla klientów przenoszących się i pozostających

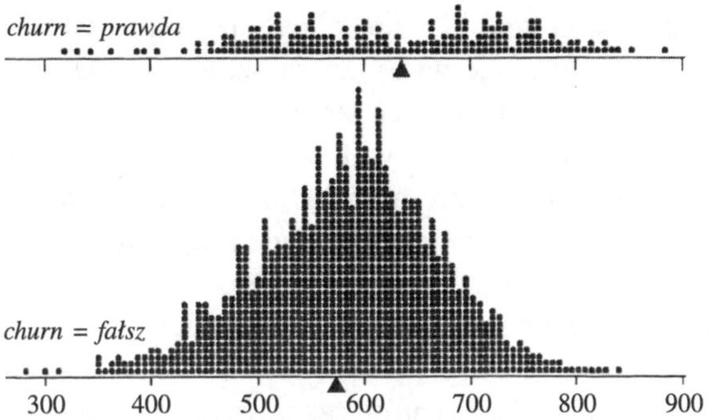

Rys. 5.5. Porównanie wykresów punktowych dla zmiennej *całkowite minuty* w przypadku klientów, którzy przenoszą się i klientów, którzy pozostają

Zauważamy również, że wartość punktu równoważenia (średnia oznaczona za pomocą trójkąta) dla klientów przenoszących się jest większa niż dla tych, którzy pozostają, co potwierdza powyższe statystyki. W końcu zauważamy, że założenie normalności dla klientów, którzy pozostają jest „solidne", podczas gdy założenie normalności dla klientów przenoszących się wygląda nieco wątpliwie.

Dla dwóch właśnie opisanych rozkładów utworzono wykresy kwantylowe pokazane na rys. 5.6. Na wykresie kwantylowym nie powinno być systematycznego odchylenia od liniowości, w przeciwnym bowiem przypadku założenie normalności stoi pod znakiem zapytania. Na rysunku 5.6 szare punkty reprezentują zmienną *całkowite minuty* dla klientów, którzy przenoszą się, a czarne punkty reprezentują zmienną *całkowite minuty* dla klientów, którzy pozostają. Zauważmy, że większość czarnych punktów leży niemalże idealnie na linii prostej, co jest potwierdzeniem, że założenie normalności jest prawdziwe dla zmiennej *całkowite minuty* dla klientów nieprzenoszących się. Jednak

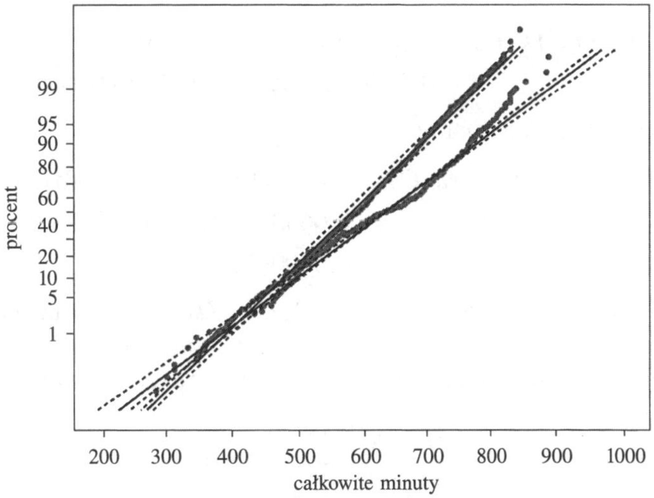

Rys. 5.6. Wykresy kwantylowe dla zmiennej *całkowite minuty* dla klientów, którzy przenoszą się i klientów, którzy pozostają

wydaje się, że istnieje małe systematyczne odchylenie wśród szarych punktów w kształcie odwróconej litery S, wskazując na to, że założenie normalności dla zmiennej *całkowite minuty* dla klientów przenoszących się nie jest spełnione. Ponieważ to założenie nie jest spełnione, więc końcowy użytkownik powinien być tego świadomy przy wszystkich kolejnych wnioskowaniach, które uwzględniają to założenie. Na przykład naiwny klasyfikator Bayesa $churn = prawda$ może (ale nie musi) być prawdziwy, a użytkownik końcowy powinien zostać poinformowany o tej niepewności.

Często rozkład nienormalny może zostać przekształcony na normalny za pomocą, na przykład, transformacji Boxa–Coxa $T(y) = (y^\lambda - 1)/\lambda$. Jednak rysunek 5.5 pokazuje, że zmienna *całkowite minuty* dla klientów przenoszących się wygląda jak mieszanina dwóch rozkładów normalnych, która okazuje się odporna na monotoniczną transformację dążącą do normalności. Idea z mieszaniną jest intrygująca i wymaga dalszych badań. Transformacje danych były omówione dokładnie w rozdz. 2 i 3.

Można zignorować założenie normalności i pracować bezpośrednio na obserwowanych empirycznych rozkładach zmiennej *całkowite minuty* dla klientów przenoszących się i nieprzenoszących się. Jesteśmy zainteresowani porównaniem $p(T = 800)$ dla każdego rozkładu. Dlaczego nie oszacować $p(798 \leq T \leq 802)$ bezpośrednio dla każdego rozkładu? Okazuje się, że trzech spośród wszystkich klientów przenoszących się ma całkowite zużycie minut pomiędzy 798 a 802, w porównaniu z jednym klientem z grupy tych, którzy nie przenoszą się. Zatem oszacowane prawdopodobieństwo dla klientów przenoszących się byłoby równe

$$p(T = 800|C) \cong \frac{3}{483} = 0{,}006211,$$

a dla pozostających

$$p(T = 800|\bar{C}) \cong \frac{1}{2850} = 0{,}0003509.$$

W celu znalezienia naiwnego klasyfikatora Bayesa dla klientów przenoszących się mamy

$$\begin{aligned} p(I \cap V \cap T = 800|C)P(C) &= P(I|C)P(V|C)\hat{f}_{T|C}(800)P(C) \\ &= 0{,}2836 \cdot 0{,}1656 \cdot 0{,}006211 \cdot 0{,}1449 = 0{,}00004227, \end{aligned}$$

a dla klientów pozostających mamy

$$\begin{aligned} p(I \cap V \cap T = 800|\bar{C})P(\bar{C}) &= P(I|\bar{C})P(V|\bar{C})\hat{f}_{T|\bar{C}}(800)P(\bar{C}) \\ &= 0{,}0653 \cdot 0{,}2954 \cdot 0{,}0003509 \cdot 0{,}8551 \\ &= 0{,}000005788. \end{aligned}$$

(Tutaj $\hat{f}_{T|C}(800)$ reprezentuje estymator $f_{T|C}(800)$.) Zatem ponownie naiwna klasyfikacja Bayesa dla nowych klientów, którzy mieli wartość zmiennej *całkowite minuty* równą 800 i korzystali z obu usług to $churn = prawda$; tym razem iloczyn szans *a posteriori* jest równy

$$\frac{0{,}00004227}{0{,}000005788} = 7{,}30.$$

Dowód ten w dużym stopniu potwierdza, że klasyfikacja to $churn = prawda$ dla tych klientów i nie musimy się martwić o założenia normalności.

Metoda oszacowania empirycznego prawdopodobieństwa pokazana tutaj powinna zostać potwierdzona dla pewnego marginesu błędu. Powyżej znaleźliśmy liczbę rekordów z marginesem błędu dwóch minut ($798 \leq T \leq 802$). Czytelnik może sprawdzić, że jest osiem rekordów dla klientów, którzy przenieśli się, i trzy dla tych, którzy pozostali i mieli od 798 do 802 minut rozmów w ciągu dnia. Zatem przybliżony stosunek 3:1 rekordów reprezentujących klientów przenoszących się do rekordów reprezentujących klientów pozostających w obszarze rozkładu wydaje się dość stabilny.

5.4. WEKA — praktyczna analiza zastosowania naiwnego Bayesa

Zajmiemy się przykładem, w którym naiwny klasyfikator Bayesa w programie WEKA jest użyty do klasyfikacji małego zbioru recenzji filmów jako pozytywne (*pos*) lub negatywne (*neg*) — zbioru danych *movies*. Najpierw teksty 20 prawdziwych recenzji zostały przetworzone w celu utworzenia pliku uczącego zawierającego trzy binarne atrybuty i zmienną celu. Plik ten będzie używany do uczenia naszego modelu naiwnego Bayesa i zawiera zbiór 20 przykładowych recenzji, gdzie 10 recenzji należy do klasy *pos* (pozytywna), a pozostałe 10 recenzji ma wartość klasy *neg* (negatywna). Podobnie został utworzony drugi plik do testowania naszego modelu. W tym przypadku plik *movies_test.arff* zawiera tylko cztery przykłady recenzji, z których dwie są pozytywne, a dwie są negatywne.

Podczas wstępnego przetwarzania rdzenie słów (w szczególności rdzenie przymiotników) wydobyto z recenzji i została utworzona lista przymiotników. Z listy tej wybrano trzy najczęściej występujące przymiotniki i utworzono zbiór atrybutów użyty w każdym przypadku recenzji. Dokładniej, każdy przypadek jest reprezentowany jako binarny wektor o długości 3, gdzie wartość każdego atrybutu to 1 (gdy recenzja zawiera dany przymiotnik) lub 0 (gdy recenzja nie zawiera danego przymiotnika). Zbiór uczący oparty na pliku *movies_train.arff* przedstawiono w tab. 5.6.

Wszystkie atrybuty w pliku ARFF są symboliczne i przyjmują jedną z dwóch wartości — dane wejściowe to „0" lub „1", a zmienna celu CLASS to „pos" lub „neg". Blok *data* wymienia każdy przypadek, który odpowiada poszczególnym rekordom recenzji filmów. Na przykład trzeci wiersz w tym bloku danych odpowiada recenzji, w której $more = 1$ (bardziej), $much = 1$ (wiele), $other = 0$ (inny) i CLASS = neg.

Teraz wczytamy plik uczący i zbudujemy model klasyfikacyjny naiwnego Bayesa.

1. Otwórz okno *Explorer* systemu WEKA.
2. Wybierz zakładkę *Preprocess* (wstępne przetworzenie) i kliknij na *Open file* (otwórz plik), a następnie określ ścieżkę dostępu do pliku *movies_train.arff*.
3. Wybierz zakładkę *Classify* (klasyfikuj).
4. Wewnątrz ramki *Classifier* (klasyfikator) naciśnij przycisk *Choose* (wybierz).
5. Wybierz *Classifiers* (klasyfikatory) → *Bayes* → *Naive Bayes* w hierarchii nawigacji.
6. W podanym przykładzie modelowania są osobne zbiory uczący i testujący, dlatego wewnątrz ramki *Test options* (opcje testowe) wybierz opcję *Use training set* (użyj zbioru testującego).

Tabela 5.6. Pilk uczący *movies_train.arff*

```
@relation movies_train.arff

@attribute more                    {0, 1}
@attribute much                    {0, 1}
@attribute other                   {0, 1}
@attribute CLASS                   {neg, pos}

@data
1, 0, 0, neg
1, 1, 0, neg
1, 1, 0, neg
0, 1, 1, neg
1, 1, 1, neg
1, 1, 0, neg
1, 0, 0, neg
1, 0, 1, neg
1, 1, 1, neg
1, 1, 1, neg
1, 1, 1, pos
1, 0, 1, pos
1, 1, 1, pos
1, 1, 1, pos
1, 0, 0, pos
1, 1, 0, pos
0, 1, 1, pos
1, 0, 1, pos
0, 0, 0, pos
1, 1, 1, pos
```

7. Naciśnij *Start*, aby zbudować model.

Po wykonaniu powyższych poleceń w programie WEKA jest tworzony model naiwnego Bayesa, którego wyniki są pokazane w oknie *Classifier output* (wynik klasyfikacji) — p. rys. 5.7. Uzyskane wyniki wskazują, że dokładność klasyfikacji modelu, mierzona na zbiorze uczącym, to 65% (13/20).

Teraz nasz model zostanie oceniony na podstawie nieznanych danych ze zbioru testującego *movies_test.arff*.

1. Wewnątrz ramki *Test options* (opcje testowe) wybierz *Supplied test set* (dostarczony zbiór testujący). Naciśnij *Set* (ustaw).
2. Określ ścieżkę dostępu do pliku testowego *movies_test.arff*.
3. Wewnątrz *Result list* (lista wyników) naciśnij prawym przyciskiem myszy na pozycji model naiwnego Bayesa i wybierz *Re-evaluate model on the current test set* (powtórnie oceń model na obecnym pliku testującym).

Okazuje się, ku naszemu zdziwieniu, że otrzymany model naiwnego Bayesa poprawnie sklasyfikował wszystkie cztery recenzje filmów ze zbioru testującego, co widać w oknie *Explorer* po wykonaniu wymieniomych czynności. Chociaż wyniki te są zachę-

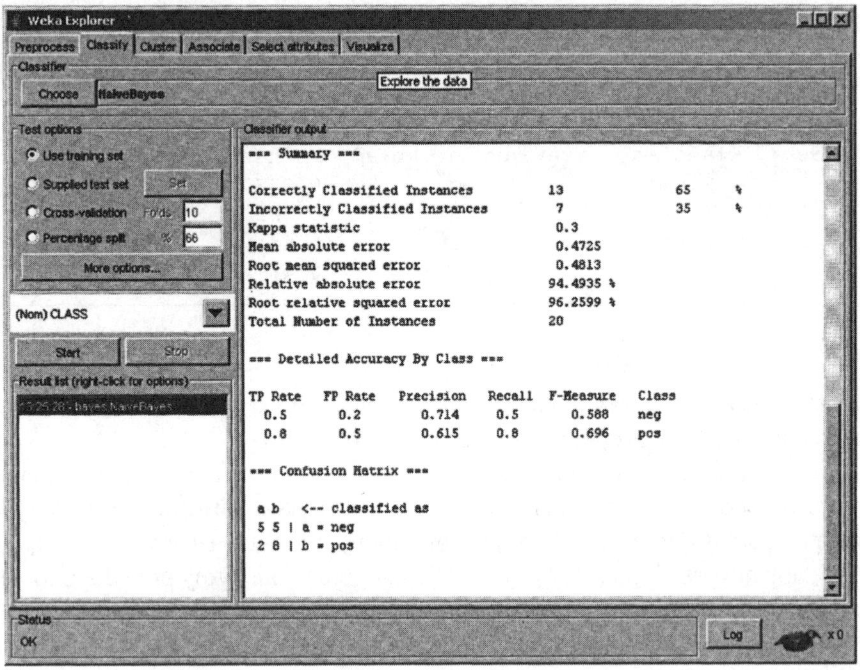

Rys. 5.7. Okno *Explorer* programu WEKA — wyniki uczenia algorytmem naiwnym Bayesa

cające, w rzeczywistości zbiór uczący ma zbyt mało atrybutów i przykładów, które należałoby rozważać w praktyce. Chcąc lepiej poznać naiwny klasyfikator Bayesa, będziemy kontynuować naszą analizę. Zbadajmy w jaki sposób za pomocą naiwnego Bayesa podjęto decyzję, aby sklasyfikować poprawnie cztery rekordy w zbiorze uczącym. Najpierw jednak sprawdźmy prawdopodobieństwa znalezione przez naiwny klasyfikator Bayesa.

1. Wewnątrz ramki *Test options* (opcje testowe) wybierz przycisk *More options* (więcej opcji).
2. Wybierz *Output text predictors on the test set* (pokaż przewidywania dla zbioru testującego) i wybierz *OK*.
3. Powtórz procedurę, aby ocenić model na zbiorze testującym poprzez naciśnięcie prawym przyciskiem myszy na pozycji model naiwnego Bayesa, a następnie wybierz *Re-evaluate model on the current test set* (powtórnie oceń model na obecnym pliku testującym).

Oprócz wyników klasyfikacji, które obserwowaliśmy, teraz model naiwnego Bayesa przedstawia właściwe prawdopodobieństwa, których użył do klasyfikacji jako „pos” lub „neg” dla każdej recenzji ze zbioru testującego. Na przykład w tab. 5.7 pokazano, że naiwny Bayes sklasyfikował czwarty przykład ze zbioru testującego jako „pos” z prawdopodobieństwem równym 0,6. W tabeli 5.8 są obliczone warunkowe prawdopodobieństwa, które odpowiadają danym znajdującym się w pliku *movies_train.arff*, np. przy założeniu, że recenzja jest negatywna, warunkowe prawdopodobieństwo wystąpienia słowa *more* to $p(more = 1|\text{CLASS} = neg) = 9/10$. Dodatkowo wiemy, że praw-

Table 5.7. Przewidywania naiwnego Bayesa na zbiorze testującym

```
=== Przewidywania na zbiorze testującym ===

przypadek#, właściwa, przewidywana, błąd, rozkłady prawdopodobieństwa
       1     1:neg          1:neg        *0,533            0,467
       2     1:neg          1:neg        *0,533            0,467
       3     2:pos          2:pos         0,444           *0,556
       4     2:pos          2:pos         0,4             *0,6
```

dopodobieństwa *a priori* $p(\text{CLASS} = pos) = p(\text{CLASS} = neg) = 10/20 = 0{,}5$. Ta wartość odpowiada wyważeniu zbioru uczącego 50%–50%.

Przypomnijmy sobie opisaną wcześniej w tym rozdziale metodę poprawiania oszacowań prawdopodobieństwa w celu uniknięcia komórek z wartością zero. W tym konkretnym przypadku poprawy dokonuje sam naiwny algorytm Bayesa, gdzie $n_{\text{equiv}} = 2$ i $p = 0{,}5$, aby utworzyć $(n_c+1)/(n+2)$. Dlatego teraz obliczymy prawdopodobieństwo przynależności do klas „pos" i „neg" dla czwartej recenzji ze zbioru testującego:

$$
\begin{aligned}
&\prod_{i=1}^{3} p(X_i = x_i \,|\, \text{CLASS} = pos)p(\text{CLASS} = pos) \\
&= \frac{8+1}{10+2} \cdot \frac{4+1}{10+2} \cdot \frac{7+1}{10+2} \cdot 0{,}5 \\
&= \frac{9}{12} \cdot \frac{5}{12} \cdot \frac{8}{12} \cdot 0{,}5 \approx 0{,}1042,
\end{aligned}
$$

$$
\begin{aligned}
&\prod_{i=1}^{3} p(X_i = x_i \,|\, \text{CLASS} = neg)p(\text{CLASS} = neg) \\
&= \frac{9+1}{10+2} \cdot \frac{3+1}{10+2} \cdot \frac{5+1}{10+2} \cdot 0{,}5 \\
&= \frac{10}{12} \cdot \frac{4}{12} \cdot \frac{6}{12} \cdot 0{,}5 \approx 0{,}0694.
\end{aligned}
$$

Tabela 5.8. Warunkowe prawdopodobieństwa otrzymane na podstawie pliku *movies_training.arff*

	More		Much		Other	
	1	0	1	0	1	0
neg	9/10	1/10	7/10	3/10	5/10	5/10
pos	8/10	2/10	6/10	4/10	7/10	3/10

W końcu normalizujemy prawdopodobieństwa i określamy

$$p(pos) = \frac{0,1042}{0,1042 + 0,0694} \approx 0,6002,$$

$$p(neg) = \frac{0,0694}{0,1042 + 0,0694} \approx 0,3998.$$

Tutaj recenzja jest zaklasyfikowana jako pozytywna z prawdopodobieństwem 0,60. Otrzymane wyniki pokrywają się z tymi przedstawionymi przez system WEKA w tab. 5.7, która również zaklasyfikowała recenzję jako pozytywną. W rzeczywistości nasze ręcznie obliczone prawdopodobieństwa pokrywają się z tymi obliczonymi za pomocą programu WEKA. Chociaż zbiór danych użyty w tym przykładzie jest raczej mały, jednak dobrze pokazuje zastosowanie naiwnej klasyfikacji Bayesa w systemie WEKA, gdy używane są osobne pliki uczący i testujący. Co ważniejsze, poprzez obliczenie prawdopodobieństw, które prowadzą do rzeczywistej klasyfikacji modelu, wzrosło nasze ogólne zrozumienie algorytmu.

5.5. Sieci przekonań Bayesa

Naiwna klasyfikacja Bayesa zakłada, że atrybuty są warunkowo niezależne dla danej wartości zmiennej celu. To założenie może w rzeczywistości być zbyt silne dla środowisk, w których istnieją pewne zależności pomiędzy zmiennymi objaśniającymi. **Sieci przekonań Bayesa** (ang. *Bayesian belief networks*, BBNs) umożliwiają określenie łącznych warunkowych niezależności dla podzbioru zmiennych. Sieci przekonań Bayesa, nazywane również **sieciami przekonań** lub **sieciami bayesowskimi** (ang. *Bayesian networks* lub *Bayes nets*), przyjmują postać skierowanego, acyklicznego grafu, gdzie **skierowany** oznacza, że wszystkie krawędzie są skierowane tylko w jednym kierunku, a **acykliczny** oznacza, że żaden z kolejnych wierzchołków nie tworzy cyklu (skierowanego) z dowolnym poprzednikiem.

Przykład sieci Bayesa jako skierowanego acyklicznego grafu pokazano na rys. 5.8. Wierzchołki reprezentują zmienne, a krawędzie reprezentują (skierowane) zależności pomiędzy zmiennymi. Ogólnie węzeł A jest **rodzicem** lub **poprzednikiem** wierzchołka X, a wierzchołek X jest **potomkiem** lub **następnikiem** węzła A, jeżeli istnieje bezpośrednia krawędź z wierzchołka A do wierzchołka X. Wewnętrzny związek pomiędzy zmiennymi w sieci Bayesa jest następujący:

- Każda zmienna (reprezentowana przez wierzchołek) w sieci Bayesa jest warunkowo niezależna od zmiennych reprezentowanych przez wierzchołki, które nie są potomkami w sieci dla danego poprzednika.

Zatem mamy

$$p(X_1 = x_1, X_2 = x_2, \ldots, X_m = x_m) = \prod_{i=1}^{m} p(X_i = x_i | rodzice(X_i)). \tag{5.4}$$

Zauważmy, że prawdopodobieństwo pojawienia się wierzchołka potomnego zależy tylko od jego rodziców.

5.5.1. Przykład zakupów odzieży

Aby przedstawić sieci Bayesa, użyjemy przykładu zakupów odzieży, zilustrowanego przez sieć Bayesa na rys. 5.8. Załóżmy, że przedsiębiorca ma dwa sklepy odzieżowe — jeden w Nowym Jorku, a drugi w Los Angeles, każdy działający przez cały rok. Handlowiec jest zainteresowany prawdopodobieństwami sprzedaży trzech danych artykułów odzieżowych: ciepłych płaszczy, eleganckich koszul i bermudów. Interesują go również informacje dotyczące wagi tkaniny, z której są uszyte ubrania (lekka, średnia lub ciężka) i kolor kupowanego ubrania (jasny, naturalny, ciemny). Aby zbudować sieć Bayesa, należy uwzględnić dwa podstawowe elementy: (1) zależności pomiędzy rozpatrywanymi zmiennymi i (2) stowarzyszoną z danym wierzchołkiem tabelę „lokalnych" prawdopodobieństw.

Przedsiębiorca ma pięć zmiennych: *pora roku*, *miejsce*, *zakupione ubranie*, *waga tkaniny* i *kolor*. Jakie są zależności pomiędzy tymi zmiennymi? Na przykład, czy

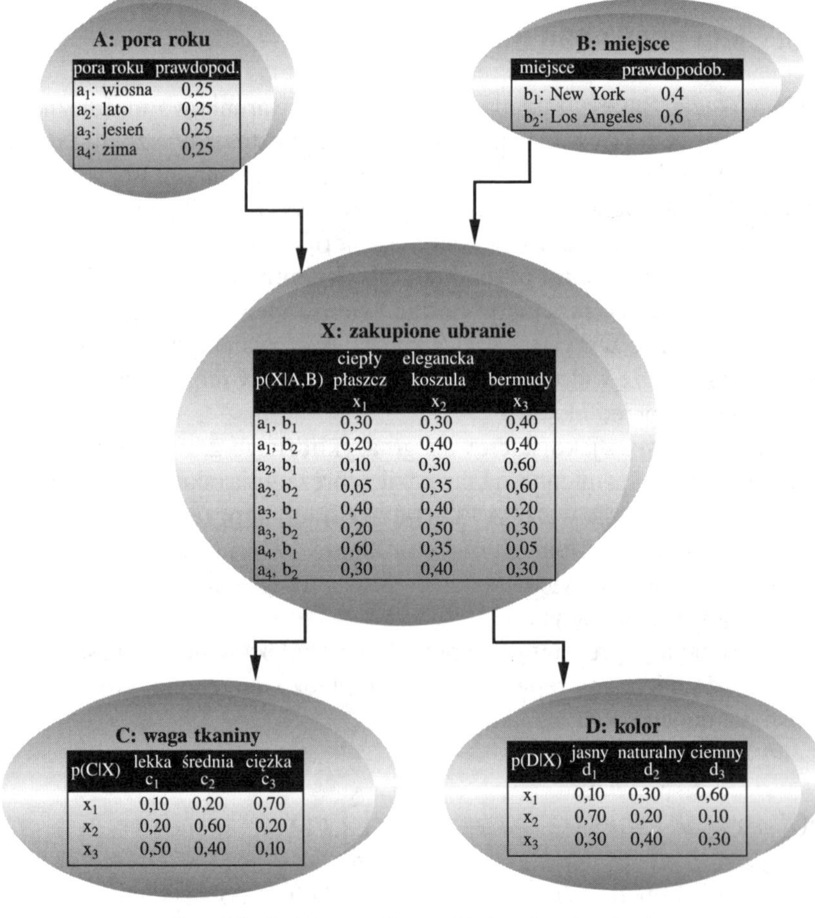

Rys. 5.8. Sieć Bayesa dla przykładu zakupów ubrań

Sieć Bayesa pomaga określić prawdopodobieństwa zakupów (za zgodą Chantal Larose)

pora roku zależy od *koloru* kupowanych ubrań? Z pewnością nie, ponieważ zakupienie przez klienta jasnych rzeczy nie oznacza, że jest wiosna, choć klient może sobie tak życzyć.

W rzeczywistości *pora roku* nie zależy od żadnej innej zmiennej, zatem umieszczamy wierzchołek dla zmiennej *pora roku* na górze sieci Bayesa, co właśnie oznacza, że zmienna ta nie zależy od innych zmiennych. Podobnie *miejsce* nie zależy od innych zmiennych i dlatego jest umieszczone na górze sieci. Ponieważ *waga tkaniny* i *kolor* nie są znane, dopóki artykuł nie zostanie kupiony, wierzchołek *zakupione ubranie* jest umiejscowiony jako następny w sieci, z krawędziami do wierzchołków *waga tkaniny* i *kolor*.

Drugim elementem uwzględnianym przy budowie sieci Bayesa jest określenie wszystkich wartości w tabelach prawdopodobieństw warunkowych stowarzyszonych w każdym węzłem. Wartości prawdopodobieństw w tabeli stowarzyszonej z wierzchołkiem *pora roku* wskazują, że sprzedaż ubrań dla tych dwóch sklepów jest jednakowa dla czterech pór roku. Wartości prawdopodobieństwa w tabeli prawdopodobieństw stowarzyszonej z wierzchołkiem *miejsce* pokazują, że 60% zakupów jest dokonywanych w sklepie w Los Angeles i 40% w sklepie w Nowym Jorku. Zauważmy, że te dwie tabele nie pokazują warunkowych prawdopodobieństw, ponieważ wierzchołki są na górze sieci.

Określenie prawdopodobieństw z tabeli stowarzyszonej z wierzchołkiem *zakupione ubranie* wymaga uwzględnienia zależności od wierzchołków będących rodzicami. W tym celu należy wykorzystać wiedzę ekspercką lub częstości względne (niepokazane). Zauważmy, że prawdopodobieństwa w każdym rzędzie sumują się do 1. Weźmy dla przykładu czwarty wiersz tabeli zakupione ubranie, gdzie pokazano prawdopodobieństwa warunkowe zakupów ubrań latem w sklepie w Los Angeles. Prawdopodobieństwa zakupu ciepłego płaszcza, eleganckiej koszuli i bermudów są równe odpowiednio 0,05, 0,35 i 0,60. Siódmy rząd reprezentuje prawdopodobieństwa zakupu ubrań zimą w sklepie w Nowym Jorku. Prawdopodobieństwa zakupu ciepłego płaszcza, eleganckiej koszuli i bermudów są równe odpowiednio 0,60, 0,35 i 0,05.

Dla danego rodzaju zakupionego ubrania należy określić prawdopodobieństwa w tabelach stowarzyszonych z węzłami *waga tkaniny* i *kolor*. Prawdopodobieństwa, że ciepły płaszcz jest zrobiony z tkaniny lekkiej, średniej i ciężkiej są równe odpowiednio 0,10, 0,20 i 0,70. Prawdopodobieństwa, że elegancka koszula ma jasny, neutralny lub ciemny kolor są równe odpowiednio 0,70, 0,20 i 0,10. Zauważmy, że zmienne *waga tkaniny* lub *kolor* zależą tylko od zmiennej *zakupione ubrania*, a nie zależą od zmiennych *miejsce* czy *pora roku*. Innymi słowy, zmienna *kolor* jest warunkowo niezależna od zmiennej *miejsce* przy danym rodzaju zakupionego ubrania. Jest to przykład warunkowej niezależności, którą można znaleźć w tej sieci Bayesa. A oto kilka kolejnych:

- *Kolor* jest warunkowo niezależny od *pory roku* przy danym rodzaju zakupionego ubrania.
- *Kolor* jest warunkowo niezależny od *wagi tkaniny* przy danym rodzaju zakupionego ubrania.
- *Waga tkaniny* jest warunkowo niezależna od *koloru* przy danym rodzaju zakupionego ubrania.
- *Waga tkaniny* jest warunkowo niezależna od *miejsca* przy danym rodzaju zakupionego ubrania.
- *Waga tkaniny* jest warunkowo niezależna od *pory roku* przy danym rodzaju zakupionego ubrania.
- Zauważmy, że moglibyśmy powiedzieć, iż *pora roku* jest warunkowo niezależna od *miejsca* przy danych rodzicach. Ponieważ jednak zmienna *pora roku* nie ma rodziców w sieci Bayesa, oznacza to, że zmienne *pora roku* i *miejsce* są (bezwarunkowo) niezależne.

Należy zachować dużą ostrożność, wstawiając krawędzie do sieci Bayesa, ponieważ reprezentują one silne zapewnienia o warunkowej niezależności.

5.5.2. Zastosowanie sieci Bayesa do znalezienia prawdopodobieństw

Załóżmy, że chcielibyśmy znaleźć prawdopodobieństwo, że bermudy z lekkiej tkaniny w naturalnym kolorze zostały sprzedane w Nowym Jorku w zimie. Używając równania (5.4), możemy wyrazić prawdopodobieństwo, którego szukamy jako

$$\begin{aligned}
&p(A = a_4, B = b_2, C = c_1, D = d_2, X = x_3)\\
&\quad = p(A = a_4)p(B = b_2)p(X = x_3|A = a_4 \cap B = b_2)p(C = c_1|X = x_3)\\
&\qquad p(D = d_2|X = x_3)p(A = a_4, B = b_1, C = c_1, D = d_2, X = x_3)\\
&\quad = p(A = a_4)p(B = b_2)p(X = x_3|A = a_4 \cap B = b_2)p(C = c_1|X = x_3)\\
&\qquad p(D = d_2|X = x_3)\\
&\quad = p(\mathit{pora\ roku} = \mathit{zima})p(\mathit{miejsce} = \mathit{Nowy\ Jork})\\
&\qquad \cdot p(\mathit{ubranie} = \mathit{bermudy}|\mathit{pora\ roku} = \mathit{zima\ i\ miejsce} = \mathit{Nowy\ Jork})\\
&\qquad \cdot p(\mathit{waga\ tkaniny} = \mathit{lekka}|\mathit{ubranie} = \mathit{bermudy})\\
&\qquad \cdot p(\mathit{kolor} = \mathit{neutralny}|\mathit{ubranie} = \mathit{bermudy})\\
&\quad = 0{,}25 \cdot 0{,}4 \cdot 0{,}05 \cdot 0{,}5 \cdot 0{,}40 = 0{,}001.
\end{aligned}$$

Najwyraźniej nie ma dużego zapotrzebowania na bermudy z lekkiej tkaniny o neutralnym kolorze w zimie w Nowym Jorku.

Analogicznie można znaleźć prawdopodobieństwa dla dowolnej kombinacji *pory roku, miejsca, zakupionego ubrania, wagi tkaniny* i *koloru*. Używając struktury sieci Bayesa, możemy również obliczyć prawdopodobieństwa *a priori* dla każdego wierzchołka. Na przykład prawdopodobieństwo *a priori* dla ciepłych płaszczy jest obliczane w następujący sposób:

$$\begin{aligned} p(płaszcz) &= p(X = x_1) \\ &= p(X|x_1|A = a_1 \cap B = b_1)p(A = a_1 \cap B = b_1) \\ &\quad + p(X|x_1|A = a_1 \cap B = b_2)p(A = a_1 \cap B = b_2) \\ &\quad + p(X|x_1|A = a_2 \cap B = b_1)p(A = a_2 \cap B = b_1) \\ &\quad + p(X|x_1|A = a_2 \cap B = b_2)p(A = a_2 \cap B = b_2) \\ &\quad + p(X|x_1|A = a_3 \cap B = b_1)p(A = a_3 \cap B = b_1) \\ &\quad + p(X|x_1|A = a_3 \cap B = b_2)p(A = a_3 \cap B = b_2) \\ &\quad + p(X|x_1|A = a_4 \cap B = b_1)p(A = a_4 \cap B = b_1) \\ &\quad + p(X|x_1|A = a_4 \cap B = b_2)p(A = a_4 \cap B = b_2) \\ &= 0,30 \cdot 0,10 + 0,20 \cdot 0,15 + 0,10 \cdot 0,10 + 0,05 \cdot 0,15 \\ &\quad + 0,40 \cdot 0,10 + 0,20 \cdot 0,15 + 0,60 \cdot 0,10 + 0,30 \cdot 0,15 \\ &= 0,2525. \end{aligned}$$

Zatem prawdopodobieństwo *a priori* zakupu ciepłego płaszcza jest równe 0,2525. Zauważmy, że wykorzystaliśmy informację, iż zmienne *pora roku* i *miejsce* są niezależne, zatem $p(A \cap B) = p(A)p(B)$. Na przykład prawdopodobieństwo, że zakup został zrobiony wiosną w Nowym Jorku to

$$p(A = a_1 \cap B = b_1) = p(A = a_1)p(B = b_1) = 0,25 \cdot 0,4 = 0,10.$$

Można znaleźć również prawdopodobieństwa *a posteriori*. Na przykład

$$p(zima|płaszcz) = \frac{p(zima \cap płaszcz)}{p(płaszcz)}.$$

Aby znaleźć $p(zima \cap płaszcz)$, musimy najpierw znaleźć $p(zima \cap Nowy\ Jork \cap płaszcz)$ i $p(zima \cap Los\ Angeles \cap płaszcz)$. Używając struktury warunkowej niezależności w sieci Bayesa z rys. 5.8, mamy

$$\begin{aligned} p(zima \cap Nowy\ Jork \cap płaszcz) &= p(zima)p(Nowy\ Jork)p(płaszcz|zima \cap Nowy\ Jork) \\ &= 0,25 \cdot 0,4 \cdot 0,6 = 0,06, \\ p(zima \cap Los\ Angeles \cap płaszcz) &= p(zima)p(Los\ Angeles) \\ &\quad \cdot p(płaszcz|zima \cap Los\ Angeles) \\ &= 0,25 \cdot 0,6 \cdot 0,3 = 0,045. \end{aligned}$$

Zatem

$$p(zima \cap płaszcz) = 0{,}06 + 0{,}045 = 0{,}105,$$

a stąd

$$p(zima|płaszcz) = \frac{p(zima \cap płaszcz)}{p(płaszcz)} = \frac{0{,}105}{0{,}2525} = 0{,}4158.$$

Sieć Bayesa zapewnia klasyfikację z najwyższym prawdopodobieństwem *a posteriori* pomiędzy $p(zima|płaszcz)$, $p(wiosna|płaszcz)$, $p(lato|płaszcz)$ orax $p(jesień|płaszcz)$ (p. ćwiczenia).

Sieć Bayesa reprezentuje łączny rozkład prawdopodobieństwa dla danego zbioru zmiennych. Co to jest łączny rozkład prawdopodobieństwa? Niech $X_1, X_2, \ldots, X_m$ będą zbiorem m zmiennych losowych, z każdą zmienną losową X_i określoną na przestrzeni S_{X_i}. Na przykład zmienna losowa X jest określona na przestrzeni S_X, gdzie S_X jest przestrzenią liczb rzeczywistych. Łączna przestrzeń $X_1, X_2, \ldots, X_m$ jest określona jako iloczyn wektorowy $S_{X_1} \times S_{X_2} \times \ldots \times S_{X_m}$, czyli każda łączna obserwacja jest wektorem o długości m obserwowanych wartości $\langle x_1, x_2, \ldots, x_m \rangle$. Rozkład tych obserwacji w łącznej przestrzeni jest nazywany łącznym rozkładem prawdopodobieństwa.

Sieć Bayesa reprezentuje łączny rozkład prawdopodobieństwa poprzez zapewnienie (1) określonego zbioru przypuszczeń dotyczących warunkowej niezależności zmiennych i (2) tablic prawdopodobieństwa warunkowego stowarzyszonych z każdym wierzchołkiem (zmienną) przy ustalonych bezpośrednich poprzednikach. Dla każdej zmiennej mamy obie te informacje. Dla podzbioru zmiennych $X_1, X_2, \ldots, X_m$ łączne prawdopodobieństwo można obliczyć ze wzoru

$$p(X_1 = x_1, X_2 = x_2, \ldots, X_m = x_m) = \prod_{i=1}^{m} p(X_i = x_i|rodzice(X_i)),$$

gdzie $rodzice(X_i)$ definiujemy jako zbiór bezpośrednich poprzedników X_i w sieci. Prawdopodobieństwa $p(X_i = x_i|rodzice(X_i))$ i $p(X_i = \bar{x}_i|rodzice(X_i))$ są prawdopodobieństwami, które zostały określone w tablicy prawdopodobieństw związanych z wierzchołkiem X_i.

W jaki sposób przebiega uczenie w sieci Bayesa? Kiedy znana jest struktura sieci i wszystkie wartości pól są obserwowane, uczenie w sieci Bayesa jest proste. Lokalne (dla określonego wierzchołka) tablice prawdopodobieństw są w pełni określone i każde prawdopodobieństwo łączne *a priori* oraz *a posteriori* może zostać obliczone. Jednak kiedy pewne wartości pól są ukryte lub nieznane, musimy przejść do innych metod, w celu wypełnienia wszystkich komórek w lokalnej tablicy prawdopodobieństw. W tym modelu nieznane komórki w tablicy prawdopodobieństw mogą być uważane za nieznane wagi i dlatego w celu znalezienia optymalnego zbioru wag (wartości prawdopodobieństw) dla dostępnych danych można zastosować metody spadku gradientu, podobne do tych stosowanych w przypadku uczenia sieci neuronowych (np. Larose [4, rozdz. 7] i Mitchell [2, rozdz. 4]).

Sieci Bayesa zostały na początku zaprojektowane, aby służyć pomocą ekspertom dziedzinowym do graficznego określenia struktury warunkowej niezależności pomiędzy zmiennymi. Jednak analitycy mogą również próbować dostrzec nieznaną strukturę sieci Bayesa, badając relacje zależności i niezależności pomiędzy obserwowanymi wartościami zmiennych. Sprites i in. [7] oraz Ramoni i Sebastiani [8] omawiają bardziej szczegółowo tematykę uczenia sieci Bayesa, zarówno pod względem struktury, jak i ich zawartości.

5.6. WEKA — praktyczna analiza z użyciem klasyfikatora sieci Bayesa

Powróćmy do zbioru danych *movies* (recenzje filmów) — tym razem wyniki klasyfikacji będziemy analizować za pomocą klasyfikatora sieci Bayesa zaimplementowanego w środowisku WEKA. Podobnie jak w naszym ostatnim eksperymencie, 20 przykładów recenzji z pliku *movies_train.arff* zostało użytych do uczenia naszego modelu, podczas gdy testowanie odbywa się przy użyciu 4 recenzji z pliku *movies_test.arff*. Zacznijmy od wczytania pliku uczącego.

1. W oknie *Explorer* programu WEKA naciśnij przycisk *Open file* (otwórz plik).
2. Określ ścieżkę dostępu do pliku uczącego *movies_train.arff*.
3. Po wykonaniu kroków 1 i 2, okno *Explorer* wygląda podobnie do tego z rys. 5.9 — widać, że plik *movies_train.arff* zawiera 20 przykładów z czterema atrybutami, a zmienna CLASS jest określona jako zmienna celu zbioru danych.
4. Wybierz zakładkę *Classify* (klasyfikuj).
5. Wewnątrz ramki *Classifier* (klasyfikator) naciśnij przycisk *Choose* (wybierz).
6. Wybierz *Classifiers* (klasyfikatory) ⟶ *Bayes* ⟶ *Bayes Net* (sieć Bayesa) w hierarchii nawigacji.
7. Wewnątrz ramki *Test options* (opcje testowe) wybierz *Supplied training set* (dostarczony zbiór testujący).
8. Naciśnij *Start*.

Wyniki wykonania powyższych poleceń są wyświetlane w oknie wyników klasyfikatora. Dokładność klasyfikacji dla sieci Bayesa to 65% (13/20), co jest identyczne z wynikiem dla naiwnej klasyfikacji Bayesa. Oceńmy nasz model klasyfikacji, używając danych z pliku *movies_test.arff* oraz obliczmy prawdopodobieństwa, z którymi sieć Bayesa klasyfikuje te przypadki.

1. Wewnątrz ramki *Test options* (opcje testowe) wybierz *Supplied test set* (dostarczony zbiór testujący). Naciśnij *Set* (ustaw).
2. Naciśnij przycisk *Open file* (otwórz plik) i określ ścieżkę dostępu do pliku testującego *movies_test.arff*.
3. Wewnątrz ramki *Test options* (opcje testowe) naciśnij przycisk *More options* (więcej opcji).
4. Wybierz *Output text predictions on the test set* (pokaż przewidywania dla zbioru testującego). Wybierz *OK*.
5. Wewnątrz *Result list* (lista wyników) naciśnij prawym przyciskiem myszy na pozycji model sieci Bayesa i wybierz *Re-evaluate model on current test* (powtórnie oceń model na obecnym pliku testującym).

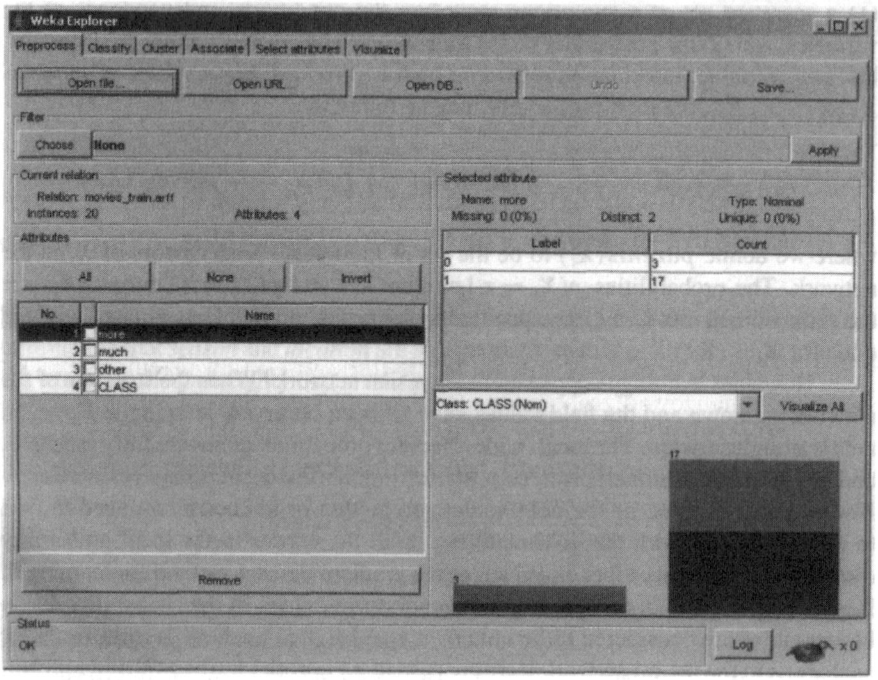

Rys. 5.9. Okno *Explorer* programu WEKA — zakładka wstępnego przetworzenia

Teraz przewidywania dla każdego przykładu, w tym związane z nimi prawdopodobieństwa, są pokazane w oknie wyników. Sieć Bayesa poprawnie sklasyfikowała trzeci przykład jako „pos", z prawdopodobieństwem 0,5777, jak pokazano w tab. 5.9. Sprawdźmy, w jaki sposób za pomocą sieci Bayesa została podjęta decyzja klasyfikacyjna dla tego przykładu. Najpierw jednak przypomnijmy sobie zbiór danych użyty do zbudowania modelu (tab. 5.6). Na jego podstawie można obliczyć prawdopodobieństwa *a priori* dla atrybutów *more*, *much* i *other*, np. $p(more = 1) = 17/20$, a $p(more = 0) = 3/20$. Dodatkowo, w celu uniknięcia komórek z wartością prawdopodobieństwa równą zero, sieci Bayesa używają prostej metody estymacji, która dodaje 0,5 do każdej wartości w liczniku komórki. Używając tej informacji, prawdopodobieństwa *a priori* z tabeli dla trzech wierzchołków będących rodzicami w sieci pokazano w tab. 5.10.

Table 5.9. Przewidywania sieci Bayesa na zbiorze testującym

```
=== Przewidywania na zbiorze testującym ===
przypadek#, właściwa, przewidywana, błąd, rozkłady prawdopodobieństwa
       1       1:neg         1:neg          *0,521        0,479
       1       1:neg         1:neg          *0,521        0,479
       1       2:neg         2:neg           0,423       *0,577
       1       2:neg         2:neg           0,389       *0,611
```

Tabela 5.10. Prawdopodobieństwa *a priori* otrzymane dla danych z pliku *movies_training.arff*

More		Much		Other	
1	0	1	0	1	0
17,5/20	3,5/20	13,5/20	7,5/20	12,5/20	8,5/20

Teraz, zgodnie z modelem zbudowanym ze zbioru uczącego, obliczamy prawdopodobieństwo klasyfikacji trzeciego rekordu ze zbioru testującego jako „pos", używając wzoru

$$\begin{aligned} &p(more = 0, much = 0, other = 0,\ \mathrm{CLASS} = pos) \\ &\quad = p(more = 0)p(much = 0)p(other = 0)p(\mathrm{CLASS} = pos|more = 0) \\ &\quad\quad \cdot p(\mathrm{CLASS} = pos|much = 0)p(\mathrm{CLASS} = pos|other = 0). \end{aligned}$$

Jak wspomniano powyżej, w metodzie sieci Bayesa do liczników ułamków w komórkach tabel prawdopodobieństwa warunkowego dodaje się 0,5, aby zapobiec wystąpieniu zerowego prawdopodobieństwa. Na przykład warunkowe prawdopodobieństwo $p(\mathrm{CLASS} = pos|more = 0) = 2/10$ staje się $2{,}5/10$. Dlatego dla danych wartości *more*, *much* i *other* znalezione w trzecim przykładzie prawdopodobieństwo pozytywnej klasyfikacji jest obliczane w następujący sposób:

$$\begin{aligned} &p(more = 0, much = 0, other = 0,\ \mathrm{CLASS} = pos) \\ &= \frac{3{,}5}{20} \cdot \frac{7{,}5}{20} \cdot \frac{8{,}5}{20} \cdot \frac{2{,}5}{10} \cdot \frac{4{,}5}{10} \cdot \frac{3{,}5}{10} \\ &= 0{,}175 \cdot 0{,}375 \cdot 0{,}425 \cdot 0{,}25 \cdot 0{,}45 \cdot 0{,}35 \approx 0{,}001098. \end{aligned}$$

Podobnie jest obliczane prawdopodobieństwo negatywnej klasyfikacji:

$$\begin{aligned} &p(more = 0, much = 0, other = 0,\ \mathrm{CLASS} = neg) \\ &= \frac{3{,}5}{20} \cdot \frac{7{,}5}{20} \cdot \frac{8{,}5}{20} \cdot \frac{1{,}5}{10} \cdot \frac{3{,}5}{10} \cdot \frac{5{,}5}{10} \\ &= 0{,}175 \cdot 0{,}375 \cdot 0{,}425 \cdot 0{,}15 \cdot 0{,}35 \cdot 0{,}55 \approx 0{,}000805. \end{aligned}$$

Naszym ostatnim krokiem jest normalizacja prawdopodobieństw:

$$p(pos) = \frac{0{,}001098}{0{,}001098 + 0{,}000805} \approx 0{,}57698,$$

$$p(neg) = \frac{0{,}000805}{0{,}001098 + 0{,}000805} \approx 0{,}42302.$$

Na podstawie wykonanych obliczeń stwierdzamy, że zgodnie z modelem sieci Bayesa zbudowanym na podstawie zbioru uczącego trzeci przypadek został sklasyfikowany jako pozytywny z prawdopodobieństwem 0,577. Raz jeszcze nasze ręcznie obliczone prawdopodobieństwa zgadzają się z tymi obliczonymi przez model z programu WEKA, co pokazano w tab. 5.9. Oczywiście nasze wyniki wskazują, że ręczne obliczanie wartości prawdopodobieństwa dla sieci o umiarkowanym rozmiarze jest nietrywialnym zadaniem.

5.7. Podsumowanie

W statystyce bayesowskiej parametry traktuje się jako zmienne losowe, a dane uznaje się za znane. Na podstawie danych analitycy wnioskują o prawdopodobnych wartościach parametru. Niech θ reprezentuje parametry z nieznanego rozkładu. Analiza bayesowska wymaga uzyskania pierwszego rozkładu dla θ, nazwanego rozkładem *a priori*, $p(\theta)$. W dziedzinie eksploracji danych często spotyka się olbrzymie zbiory danych, dlatego rozkład *a priori* powinien zostać zdominowany przez przytłaczającą ilość informacji znalezioną w obserwowanych danych.

Po zaobserwowaniu danych, informacja *a priori* o rozkładzie θ może zostać uaktualniona poprzez uwzględnienie informacji o θ zawartej w obserwowanych danych. Ta modyfikacja prowadzi do rozkładu *a posteriori*, $p(\theta|\mathbf{X})$, gdzie **X** reprezentuje cały zbiór danych. Rozkład *a posteriori* θ dla danych jest proporcjonalny do iloczynu funkcji wiarygodności i rozkładu *a priori*.

Popularną metodą estymacji jest wybór mody rozkładu *a posteriori*, czyli wartości θ, która maksymalizuje $p(\theta|\mathbf{X})$ jako estymator — w tym przypadku tę metodę estymacji nazywamy metodą maksymalnego *a posteriori* (MAP). Klasyfikacja bayesowska MAP jest optymalna, tzn. osiąga minimalny współczynnik błędu dla wszystkich możliwych klasyfikatorów. Klasyfikator MAP może zostać wyrażony jako $\theta_{\mathrm{MAP}} = \arg\max_\theta p(\mathbf{X}|\theta)p(\theta)$. Twierdzenie Bayesa można zapisać jako

$$P(A|B) = \frac{P(B|A)P(A)}{P(B)},$$

gdzie A i B są zdarzeniami.

Iloraz szans *a posteriori* reprezentuje miarę uzasadnienia na rzecz każdej klasyfikacji i jest obliczany w następujący sposób:

$$\frac{p(\theta_c|\mathbf{X})}{p(\bar{\theta}_c|\mathbf{X})} = \frac{p(\theta_c|\mathbf{X})p(\theta_c)}{p(\bar{\theta}_c|\mathbf{X})p(\bar{\theta}_c)},$$

gdzie θ_c reprezentuje konkretną klasyfikację nieznanej zmiennej celu. Wartość większa od 1,0 wskazuje, że rozkład *a posteriori* faworyzuje pozytywną klasyfikację, podczas gdy wartość mniejsza od 1,0 stanowi argument przeciwko pozytywnej klasyfikacji (np. *churn* = *prawda*). Wartość ilorazu szans *a posteriori* może być interpretowana jako przybliżenie stosunku pozytywnej klasyfikacji do klasyfikacji negatywnej.

Ogólnie liczba prawdopodobieństw, które należy obliczyć, aby znaleźć klasyfikację MAP, jest rzędu k^m, gdzie k jest liczbą klas zmiennej celu, a m jest liczbą zmiennych objaśniających. Jednak możemy przyjąć upraszczające założenie, że zmienne objaśniające są warunkowo niezależne przy danej wartości zmiennej celu. Mówi się, że dwa zdarzenia A i B są warunkowo niezależne, jeżeli dla danego zdarzenia C, $p(A \cap B|C) = p(A|C)P(B|C)$. Naiwny klasyfikator Bayesa przyjmuje postać

$$\theta_{\text{NB}} = \arg\max_{\theta} \prod_{i=1}^{m} p(X_i = x_i|\theta)p(\theta).$$

Kiedy założenie o warunkowej niezależności jest prawdziwe, naiwna klasyfikacja Bayesa daje takie same wyniki, jak klasyfikacja MAP. Kiedy stosowany jest naiwny algorytm Bayesa jest wymagana dużo mniejsza liczba prawdopodobieństw, które należy oszacować — tylko $k \cdot m$ wartości, zamiast k^m dla klasyfikatora MAP (jedynie liczba zmiennych objaśniających razy liczba rozróżnialnych wartości zmiennych celu). Klasyfikacja bayesowska może być rozszerzona ze zmiennych objaśniających jakościowych na zmienne ciągłe, pod warunkiem, że znamy odpowiednie rozkłady prawdopodobieństw.

Sieci przekonań Bayesa umożliwiają określenie łącznych warunkowych niezależności dla podzbioru zmiennych. Sieci przekonań Bayesa, nazywane również sieciami przekonań lub sieciami bayesowskimi, przyjmują postać skierowanego, acyklicznego grafu, gdzie skierowany oznacza, że wszystkie krawędzie są skierowane tylko w jednym kierunku, a acykliczny oznacza, że żaden z wierzchołków nie tworzy cyklu (skierowanego) z dowolnym poprzednikiem. Wierzchołki reprezentują zmienne, a krawędzie reprezentują (skierowane) zależności pomiędzy zmiennymi.

Węzeł A jest rodzicem lub bezpośrednim poprzednikiem wierzchołka X, a wierzchołek X jest potomkiem lub następnikiem węzła A, jeżeli istnieje bezpośrednia krawędź z wierzchołka A do wierzchołka X. Wewnętrzny związek pomiędzy zmiennymi w sieci Bayesa jest następujący: Każda zmienna w sieci Bayesa jest warunkowo niezależna od zmiennych reprezentowanych przez wierzchołki, które nie są potomkami w sieci dla danych rodziców. Sieć Bayesa reprezentuje łączny rozkład prawdopodobieństwa poprzez zapewnienie (1) określonego zbioru przypuszczeń dotyczących warunkowej niezależności zmiennych i (2) tablic prawdopodobieństw stowarzyszonych z każdym wierzchołkiem (zmienną) przy określonych ich bezpośrednich poprzednikach. Dla każdej zmiennej mamy dostępne obie te informacje.

5.8. Literatura

[1] Thomas Bayes, Essay towards solving a problem in the doctrine of chances, *Philosophical Transactions of the Royal Society of London*, 1763.

[2] Tom Mitchell, *Machine Learning* WCB-McGraw-Hill, Boston 1997.

[3] Zbiór danych *churn* w: C. L. Blake, C. J. Merz, UCI Repository of Machine Learning of California, Department of Information and Computer Science, Irvine, CA 1998. Dostępny również na stronie internetowej `www.dataminingconsultant.com.`

[4] Daniel Larose, *Discovering Knowledge in Data: An Introduction to Data Mining*, Wiley, Hoboken, NJ, 2005; tłum. pol. *Odkrywanie wiedzy z danych. Wprowadzenie do eksploracji danych*, WN PWN, Warszawa 2006.

[5] David Hand, Heikki Mannila, Padhraic Smyth, *Principles of Data Mining*, MIT Press, Cambridge, MA 2001; tłum. pol. *Eksploracja danych*, WNT, Warszawa 2005.

[6] Stuart Russel, John Binder, Daphne Koller, Keiji Kanazawa, Local learning in probabilistic networks with hidden variables, *Proceedings of the 14th International Joint Conference on Artificial Intelligence*, s. 1146–1152, Morgan Kaufmann, San Francisco, CA 1995.

[7] Peter Sprites, Clark Glymour, Richard Scheines, *Causation, Prediction, and Search*, Springer-Verlag, New York 1993.

[8] Marco Ramoni, Paola Sebastiani, Bayesian methods, w: Michael Berthold, David J. Hand, red., *Intelligent Data Analysis*, Springer-Verlag, Berlin 1999.

[9] Zbiór danych *breast cancer* opracowany przez dr. Wiliama H. Wohlberga, University of Wisconsin Hospitals, Madison, WI; cytowany w: O. L. Mangasarin, W. H. Wohlberg, Cancer diagnosis via linear programming, *SIAM News*, Vol. 23, No. 5, September 1990.

5.9. Ćwiczenia

Wyjaśnienie pojęć

5.1. Opisz różnice pomiędzy podejściem częstościowym a bayesowskim do prawdopodobieństwa.

5.2. Wyjaśnij różnice pomiędzy rozkładem *a priori* a rozkładem *a posteriori*.

5.3. Dlaczego w większości zastosowań eksploracji danych będziemy oczekiwać, że maksymalny estymator *a posteriori* będzie zbliżony do maksymalnego estymatora wiarygodności?

5.4. Opisz własnymi słowami klasyfikację maksymalnego *a posteriori*.

5.5. Wyjaśnij interpretację ilorazu szans *a posteriori*. Dlaczego jest on potrzebny?

5.6. Wyjaśnij pojęcie równoważenia zbioru danych oraz kiedy i dlaczego równoważenie jest potrzebne. Opisz dwie techniki służące do otrzymywania zrównoważonego zbioru danych i wyjaśnij, dlaczego jedna z metod jest preferowana.

5.7. Wyjaśnij, dlaczego nie można uniknąć zmiany (nawet niewielkiej) charakteru zbioru danych, kiedy stosujemy równoważenie.

5.8. Wyjaśnij, dlaczego klasyfikacja MAP jest niepraktyczna do bezpośredniego zastosowania do dowolnego, interesującego rzeczywistego problemu eksploracji danych.

5.9. Co to jest warunkowa niezależność? Podaj przykłady zdarzeń, które są warunkowo niezależne i takich, które nie są warunkowo niezależne.

5.10. Kiedy klasyfikacja naiwnego Bayesa jest taka sama jak klasyfikacja MAP? Co to znaczy dla klasyfikatora naiwnego Bayesa w terminologii optymalności?

5.11. Wyjaśnij, dlaczego logarytm ilorazu szans *a posteriori* jest przydatny. Podaj przykład.

5.12. Używając pojęcia rozkładu, opisz proces stosowania ciągłych zmiennych objaśniających w klasyfikacji bayesowskiej.
5.13. (*Dodatkowy punkt*) Podaj, na czym polega wspomniana w tekście idea mieszaniny dla ciągłych zmiennych objaśniających.
5.14. Przeanalizuj pracę z rozkładami doświadczalnymi. Opisz, w jaki sposób mogą zostać użyte do oszacowania prawdziwych prawdopodobieństw.
5.15. Wyjaśnij różnice założeń pomiędzy naiwną klasyfikacją Bayesa a sieciami Bayesa.
5.16. Opisz wewnętrzny związek pomiędzy zmiennymi w sieci Bayesa.
5.17. Jakie są dwa główne aspekty podczas budowy sieci Bayesa.

Praca z danymi

5.18. Używając zrównoważonego zbioru danych, oblicz iloczyn szans *a posteriori* dla każdej kombinacji korzystania z usług plan międzynarodowy i poczta głosowa.
5.19. Używając równoważenia 25,31%/74,69%, oblicz klasyfikację naiwnego Bayesa dla wszystkich czterech kombinacji korzystania z usług plan międzynarodowy i poczta głosowa.
5.20. Sprawdź wyniki empirycznego rozkładu klientów przenoszących się i pozostających, którzy mają 800 minut rozmów w ciągu dnia z pewnym marginesem błędu.
5.21. Znajdź naiwny klasyfikator Bayesa dla następujących klientów:
   a) niekorzystających z żadnej z usług i z 400 minutami w dzień,
   b) korzystających tylko z usługi plan międzynarodowy i z 400 minutami w dzień,
   c) korzystających z obu usług i z 400 minutami w dzień,
   d) korzystających z obu usług i z zerowymi minutami (skomentuj).
   Użyj empirycznego rozkładu, tam gdzie jest to konieczne.
5.22. Oblicz klasyfikator MAP dla zmiennej *pora roku*, przy założeniu, że zakupiony został ciepły płaszcz (przykład zakupu ubrania z p. 5.5.1).
5.23. Wróć do przykładu naiwnej klasyfikacji Bayesa w programie WEKA. Oblicz prawdopodobieństwo, że pierwszy przypadek z pliku *movies_test.arff* należy do klasy „pos" i należy do klasy „neg". Czy twoje obliczenia zgadzają się z wykonanymi za pomocą programu WEKA prowadzącymi do negatywnej klasyfikacji?
5.24. Oblicz prawdopodobieństwa, dla których model sieci Bayesa klasyfikuje czwarty przypadek z pliku danych testujących *movies_test.arff*. Czy twoje obliczenia skutkują pozytywną klasyfikacją, tak jak to zgłosił system WEKA?

Ćwiczenia praktyczne

5.25. Otwórz zbiór danych *breast cancer* [9]. Dziesięć numerycznych zmiennych objaśniających jest użytych do określenia klasy złośliwego raka piersi (klasa = 1), w przeciwieństwie do łagodnego raka piersi (klasa = 0).
   a) Rozważ użycie tylko dwóch zmiennych objaśniających, *mitoses* i *clump thickness* do przewidywania rodzaju raka. Skategoryzuj wartości zmiennej *mitoses* jako: Low = 1, High = 2 do 10. Skategoryzuj wartości zmiennej *clump thick-*

ness jako: Low = 1 do 5, High = 6 do 10. Usuń oryginalne zmienne i użyj zmiennych skategoryzowanych.

b) Znajdź prawdopodobieństwa *a priori* dla wszystkich zmiennych objaśniających i zmiennej celu. Znajdź prawdopodobieństwa dopełnień dla każdej z nich.

c) Znajdź warunkowe prawdopodobieństwa dla wszystkich zmiennych objaśniających, przy założeniu, że rak jest złośliwy. Następnie znajdź warunkowe prawdopodobieństwo dla wszystkich zmiennych objaśniających, przy założeniu, że rak jest łagodny.

d) Znajdź prawdopodobieństwo *a posteriori* tego, że rak jest złośliwy, przy założeniu, że wartość zmiennej *mitoses* jest (i) duża (High) i (ii) mała (Low).

e) Znajdź prawdopodobieństwo *a posteriori* tego, że rak jest złośliwy przy założeniu, że wartośćć zmiennej *clump thickness* jest (i) duża i (ii) mała.

f) Zbuduj łączne prawdopodobieństwa warunkowe (jak w tab. 5.4).

g) Używając swoich wyników z punktu f), znajdź klasyfikację maksymalnego *a posteriori* rodzaju raka dla każdej z następujących kombinacji:

(i) *mitoses* = mała i *clump thickness* = mała,

(ii) *mitoses* = mała i *clump thickness* = duża,

(iii) *mitoses* = duża i *clump thickness* = mała,

(iv) *mitoses* = duża i *clump thickness* = duża.

h) Dla każdej kombinacji z punktu g) znajdź iloraz szans *a posteriori*.

i) (*Dodatkowe*) Oceń istotność założenia warunkowej niezależności, używając obliczeń podobnych do tych z tab. 5.5.

j) Znajdź naiwną klasyfikację Bayesa dla każdej kombinacji z punktu g).

k) Dla każdej zmiennej objaśniającej, znajdź logarytm ilorazu szans *a posteriori* oraz wyjaśnij udział tej zmiennej w prawdopodobieństwie tego, że rak jest złośliwy.

6

Algorytmy genetyczne

6.1. Wprowadzenie do algorytmów genetycznych

Algorytmy genetyczne[1] (ang. *genetic algorithms*, GA) stanowią próbę naśladowania obliczeniowego procesów, poprzez które działa selekcja naturalna (dobór naturalny), i zastosowania ich w celu rozwiązywania problemów biznesowych i badawczych. Algorytmy genetyczne zaproponowane w latach 60. i 70. przez Johna Hollanda [1] stanowią szkielet do badań mechanizmów zainspirowanych biologią, takich jak selekcja osobników, reprodukcja, mutacja i krzyżowanie informacji genetycznej. W świecie naturalnym ograniczenia i naciski danego środowiska zmuszają poszczególne gatunki (i poszczególne osobniki z tych gatunków) do rywalizacji w produkowaniu najlepiej przystosowanego potomka. W świecie algorytmów genetycznych porównuje się miary przystosowania różnych możliwych rozwiązań i najlepiej przystosowane dopuszczalne rozwiązania ewoluują do stworzenia jeszcze lepiej przystosowanych (lepszych) rozwiązań.

Jak można było się spodziewać, dziedzina algorytmów genetycznych zapożyczyła w znacznej mierze słownictwo z terminologii genetycznej (biologicznej). Każda komórka naszego ciała zawiera ten sam zestaw **chromosomów**, czyli łańcuchów DNA. Każdy chromosom może zostać podzielony na **geny**, które są blokami łańcucha DNA przeznaczonymi do zakodowania pewnej cechy, takiej jak kolor oczu. Dana wartość genu (np. brązowe oczy) to **allel**. Każdy gen znajduje się na określonej pozycji w chromosomie — miejsce to nazywamy **locus**[2]. **Rekombinacja** lub **krzyżowanie** następuje podczas reprodukcji, kiedy jest tworzony nowy chromosom jako kombinacja cech chromosomów obojga rodziców. **Mutacja**, czyli zamiana pojedynczych genów w chromosomie potomka, może następować losowo i ma miejsce stosunkowo rzadko. U każdego potomka ocenia się **przystosowanie** nazywane również **dopasowaniem** lub **oceną** według zdolności do życia (dostateczne długie życie do reprodukcji) lub według płodności.

W dziedzinie algorytmów genetycznych chromosom jest jednym z możliwych rozwiązań problemu, gen jest pojedynczym bitem lub cyfrą możliwego rozwiązania,

[1] Algorytmy genetyczne należą do szerszej klasy algorytmów ewolucyjnych, p. literatura uzupełniająca, np. Michalewicz (*przyp. tłum.*).

[2] Liczba mnoga to loci (*przyp. tłum.*).

allel jest daną wartością bitu lub cyfry (np. 0 dla rozwiązań kodowanych binarnie, 7 dla rozwiązań w zbiorze liczb rzeczywistych). Przypomnijmy, że liczby binarne mają podstawę 2, tak więc pierwsze miejsce „dziesiętne" reprezentuje „jeden", drugie oznacza „dwa", trzecie reprezentuje „cztery", czwarte oznacza „osiem" itd. Zatem ciąg binarny 10101010 przedstawia w notacji dziesiętnej liczbę

$$1 \cdot 128 + 0 \cdot 64 + 1 \cdot 32 + 0 \cdot 16 + 1 \cdot 8 + 0 \cdot 4 + 1 \cdot 2 + 0 \cdot 1 = 170.$$

Algorytmy genetyczne używają trzech operatorów genetycznych:

1. **Selekcja.** Operator selekcji wybiera chromosomy do reprodukcji. Za pomocą funkcji przystosowania (p. dalej) ocenia się każdy z chromosomów (możliwe rozwiązanie), a im chromosom jest bardziej przystosowany, tym jest bardziej prawdopodobne, że zostanie wybrany do tworzenia nowych osobników.
2. **Krzyżowanie.** Operator krzyżowania wykonuje rekombinację, tworząc dwa nowe osobniki potomne przez losowy wybór pozycji i wymianę podsekwencji pomiędzy dwoma chromosomami wybranymi w czasie selekcji, znajdujących się na lewo i na prawo od danej pozycji. Na przykład w reprezentacji binarnej dwa łańcuchy 11111111 i 00000000 mogłyby zostać skrzyżowane na szóstej pozycji i utworzyć dwa nowe osobniki potomne 11111000 oraz 00000111. To krzyżowanie nazywamy **krzyżowaniem jednopunktowym**.
3. **Mutacja.** Operator mutacji losowo zmienia bity lub cyfry na danej pozycji w chromosomie — zwykle jednak z bardzo małym prawdopodobieństwem. Na przykład po krzyżowaniu łańcuch potomny 11111000 mógłby zostać zmutowany na pozycji drugiej, dając 10111000. Mutacja wprowadza nową informację do populacji i zapobiega przed zbyt szybką zbieżnością do lokalnego optimun.

Większość algorytmów genetycznych działa poprzez wielokrotne uaktualnianie zbioru możliwych rozwiązań, nazywanego **populacją**. Każdy członek populacji jest oceniany pod względem przystosowania w każdym cyklu. Nowa populacja zastępuje starą populację za pomocą powyższych operatorów, z najbardziej przystosowanymi osobnikami wybranymi do reprodukcji lub sklonowania. **Funkcja przystosowania** (nazywana też funkcją dopasowania lub oceny) $f(x)$ jest funkcją rzeczywistą, działającą na chromosomie (możliwym rozwiązaniu), a nie na genie, zatem x w $f(x)$ odnosi się do wartości numerycznej reprezentowanej przez chromosom podczas obliczania wartości przystosowania.

6.2. Podstawowy szkielet algorytmu genetycznego

Poniższy podstawowy zarys algorytmu genetycznego zaczerpnięto z interesującej książki M. Mitchell *An Introduction to Genetic Algorithms* [2].

- *Krok 0*: **Inicjalizacja.** Zakłada się, że dane są zakodowane w ciągach bitów (jedynek i zer). Określ **prawdopodobieństwo krzyżowania** (ang. *crossover probability* lub *crossover rate*) p_c i **prawdopodobieństwo mutacji** (ang. *mutation probability* lub *mutation rate*) p_m. Zwykle p_c przyjmuje dużą wartość (np. 0,7), a p_m jest małą liczbą (np. 0,001).

- *Krok 1*: Utwórz początkową populację składającą się ze zbioru n chromosomów, każdy o długości l.
- *Krok 2*: Dla każdego chromosomu z tej populacji oblicz wartość przystosowania $f(x)$.
- *Krok 3*: Powtarzaj następujące kroki, dopóki nie powstanie n potomków.

– *Krok 3a*: **Selekcja.** Wykorzystując wartości funkcji przystosowania $f(x)$ z kroku 2, każdemu chromosomowi przypisz prawdopodobieństwo selekcji, tak by chromosomy z większą wartością funkcji przystosowania miały większe prawdopodobieństwo selekcji. Najczęściej spotykaną metodą określenia tych prawdopodobieństw jest **metoda ruletki** (ang. *roulette wheel method*). Dla każdego chromosomu x_i oblicz część przystosowania tego chromosomu względem sumy wartości przystosowania dla wszystkich chromosomów z populacji, czyli oblicz $f(x_i)/\sum_i f(x_i)$ i przypisz tę wartość prawdopodobieństwu wyboru tego chromosomu jako rodzica. (Każdy chromosom ma zatem przypisany wycinek koła ruletki, obracanego w celu wyboru rodziców.) Następnie na podstawie tych prawdopodobieństw wybierz parę chromosomów jako rodziców. Pozwól, aby każdy chromosom mógł kilkakrotnie zostać wybrany na rodzica. Pozwolenie chromosomowi na utworzenie pary z samym sobą utworzy kopie tego chromosomu w nowym pokoleniu. Jeżeli analityk obawia się zbyt szybkiego zbiegania rozwiązań do lokalnego optimum, to wtedy takie pary nie powinny być dopuszczane.

– *Krok 3b*: **Krzyżowanie.** Wybierz losowo pozycję (**punkt krzyżowania**, ang. *crossover point*), gdzie ma nastąpić krzyżowanie. Następnie z prawdopodobieństwem p_c wykonaj krzyżowanie pary chromosomów–rodziców wybranych w kroku 3a, otrzymując parę potomków. Jeżeli krzyżowanie nie następuje, utwórz dwie dokładne kopie rodziców, które przejdą do następnej populacji.

– *Krok 3c*: **Mutacja.** Z prawdopodobieństwem p_m wykonaj mutację dla każdego z dwóch potomków na każdej pozycji. Uzyskane chromosomy są dołączane do nowej populacji. Jeżeli n jest nieparzyste, a utworzono o jednego potomka za dużo, usuń losowo jeden z nowych chromosomów.

- *Krok 4*: Nowa populacja chromosomów staje się **populacją bieżącą** (ang. *current population*).
- *Krok 5*: Sprawdź, czy został spełniony warunek zatrzymania. Na przykład czy zmiana średniej wartości przystosowania z pokolenia na pokolenie jest bardzo mała? Jeżeli osiągnięto zbieżność, to zakończ i zwróć wyniki. W przeciwnym przypadku przejdź do kroku 2.

Każdy cykl tego algorytmu jest nazywany **generacją** lub **pokoleniem** (ang. *generation*) — większość zastosowań algorytmu genetycznego ma od 50 do 500 generacji w celu osiągnięcia zbieżności. Mitchell [2] sugeruje, aby badacze kilkakrotnie uruchamiali algorytm z różnymi ziarnami losowymi i przedstawili statystyki oceny modelu (np. najlepsze całkowite dopasowanie) uśrednione po kilku różnych przebiegach.

6.3. Prosty przykład działania algorytmu genetycznego

Przeanalizujmy prosty przykład działania algorytmu genetycznego. Załóżmy, że naszym zadaniem jest znalezienie maksymalnej wartości rozkładu normalnego o średniej $\mu = 16$ i odchyleniu standardowym $\sigma = 4$ (rys. 6.1). Chcemy więc znaleźć maksymalną wartość funkcji

$$f(x) = \frac{1}{\sqrt{2\pi}\sigma} \exp\left(\frac{-1}{2\sigma^2}(X-\mu)^2\right) = \frac{1}{\sqrt{2\pi}\cdot 4} \exp\left(\frac{-1}{2\cdot 4^2}(X-16)^2\right).$$

Pozwólmy, aby zmienna X przyjmowała tylko wartości określone przez pięć pierwszych cyfr binarnych, czyli od 00000 do 11111 lub od 0 do 31 w systemie dziesiętnym.

Pierwsza iteracja

- *Krok 0*: Inicjalizacja. Określamy prawdopodobieństwo krzyżowania jako $p_c = 0{,}75$ i prawdopodobieństwo mutacji jako $p_m = 0{,}002$.
- *Krok 1*: Naszą populację będzie tworzyć zbiór czterech chromosomów wylosowanych z przedziału od 00000 do 11111. Zatem $n = 4$ i $l = 5$. Wylosowaliśmy następujące chromosomy: 00100 (odpowiadająca mu wartość liczbowa to 4), 01001 (9), 11011 (27) oraz 11111 (31).
- *Krok 2*: Wartość przystosowania $f(x)$ jest obliczana dla każdego chromosomu z populacji (tab. 6.1).
- *Krok 3*: Powtarzaj następujące kroki, dopóki nie powstanie n potomków.
  – *Krok 3a*: Selekcja. Suma wartości przystosowania jest równa

$$\sum_i f(x_i) = 0{,}001108 + 0{,}021569 + 0{,}002273 + 0{,}000088 = 0{,}025038.$$

Wtedy prawdopodobieństwo, że każdy z naszych czterech chromosomów zostanie wybrany jako rodzic obliczamy jako iloraz jego wartości $f(x)$ przez sumę 0,025038 — wyniki również pokazano w tab. 6.1. Oczywiście chromosom 01001 dostanie bardzo duży wycinek z koła ruletki! Rozpoczyna się proces selekcji. Załóżmy, że chromosomy 01001 i 11011 zostały wybrane jako pierwsza para rodziców, ponieważ są to chromosomy z najwyższą wartością przystosowania.

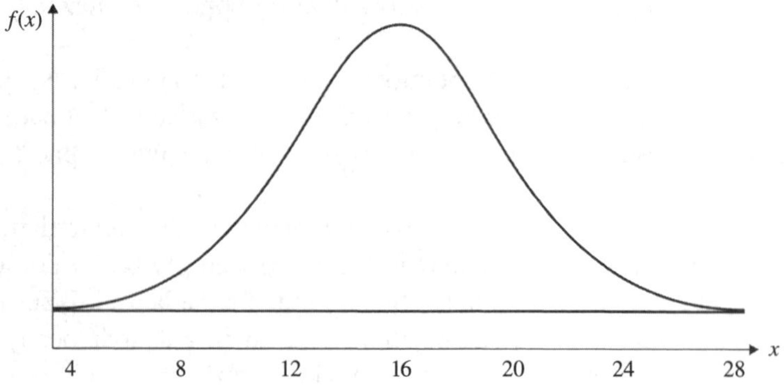

Rys. 6.1. Znajdź wartość maksymalną dla rozkładu $N(16, 4)$

Tabela 6.1. Przystosowanie i prawdopodobieństwo selekcji dla każdego chromosomu

Chromosom	Wartość dziesiętna	Dopasowanie	Prawdopodobieństwo selekcji
00100	4	0,001108	0,04425
01001	9	0,021569	0,86145
11011	27	0,002273	0,09078
11111	31	0,000088	0,00351

– *Krok 3b*: Krzyżowanie. Punkt krzyżowania został wylosowany na pozycji drugiej. Załóżmy, że duże prawdopodobieństwo krzyżowania $p_c = 0,75$ prowadzi do wykonania krzyżowania pomiędzy 01001 i 11011 na drugiej pozycji, co pokazano na rys. 6.2. Zauważmy, że łańcuchy zostały podzielone pomiędzy pierwszym a drugim bitem. Każdy z potomków dostaje po jednym fragmencie od każdego z rodziców. Zatem dwa chromosomy utworzone w nowym pokoleniu to 01011 (11) i 11001 (25).

– *Krok 3c*: Mutacja. Z powodu małego prawdopodobieństwa mutacji załóżmy, że żaden z genów nie został zmutowany. Mamy teraz dwa chromosomy w nowej populacji. Potrzebujemy dwóch kolejnych, zatem wracamy do kroku 3a.

– *Krok 3a*: Selekcja. Załóżmy, że tym razem chromosomy 01001 (9) i 00100 (4) zostały wybrane za pomocą metody ruletki.

– *Krok 3b*: Krzyżowanie. Tym razem załóżmy, że krzyżowanie nie następuje. Zatem klony tych chromosomów stają się członkami nowej populacji (01001 i 00100). Mamy teraz $n = 4$ członków nowej populacji.

- *Krok 4:* Nowa populacja chromosomów staje się populacją bieżącą.
- *Krok 5:* Wracamy do kroku 2.

Druga iteracja

- *Krok 2*: Przystosowanie $f(x)$ jest obliczane dla każdego chromosomu z populacji (tab. 6.2).

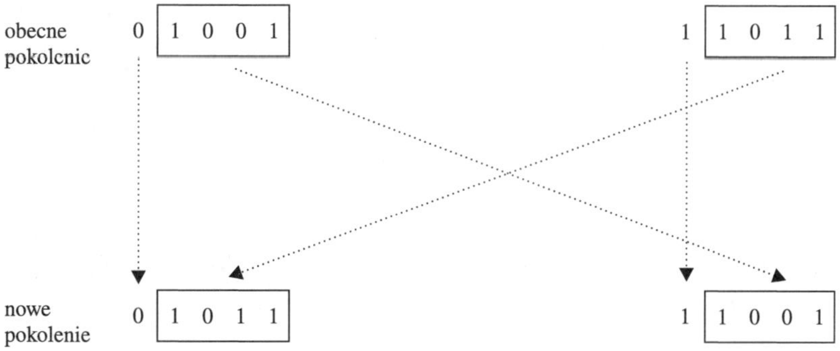

Rys. 6.2. Krzyżowanie na pozycji drugiej dla pierwszych dwojga rodziców

Tabela 6.2. Dopasowanie i prawdopodobieństwo selekcji w drugim pokoleniu

Chromosom	Wartość dziesiętna	Dopasowanie	Prawdopodobieństwo selekcji
00100	4	0,001108	0,014527
01001	9	0,021569	0,282783
01011	11	0,045662	0,598657
11001	25	0,007935	0,104033

– *Krok 3a*: Selekcja. Suma wartości funkcji przystosowania w drugim pokoleniu jest równa $\sum_i f(x_i) = 0{,}076274$, co oznacza, że średnia wartość przystosowania chromosomów w drugim pokoleniu jest trzy razy większa w porównaniu z wartością średnią dla pierwszego pokolenia. Prawdopodobieństwa selekcji zostały obliczone i są pokazane w tab. 6.2.

Czytelnik zostanie poproszony o dokończenie tego przykładu w ćwiczeniach.

6.4. Modyfikacje i rozszerzenia — selekcja

Dobierając operator selekcji, analityk musi być ostrożny, aby utrzymać w równowadze przystosowanie i różnorodność. Jeżeli przystosowanie jest faworyzowane względem różnorodności, to zbiór dobrze przystosowanych, ale częściowo optymalnych chromosomów zdominuje populację, ograniczając możliwości algorytmu genetycznego do znalezienia globalnego optimum. Jeżeli różnorodność jest faworyzowana względem przystosowania, to zbieżność modelu będzie zbyt wolna. W powyższym przykładzie w pierwszym pokoleniu jeden chromosom 01001 (9) zdominował miarę przystosowania z ponad 86% prawdopodobieństwem wyboru. Jest to przykład **nacisku selektywnego**[3] (ang. *selection pressure*) i możliwego zjawiska **stłoczenia** (ang. *crowding*) w algorytmach genetycznych, kiedy to jeden chromosom, dużo lepiej przystosowany niż inne, tworzy zbyt wiele klonów i podobnych kopii siebie w przyszłych pokoleniach. Stłoczenie zmniejsza zdolność algorytmu genetycznego do przeszukiwania nowych regionów w przestrzeni poszukiwań poprzez redukcję różnorodności populacji.

Istnieje wiele metod eliminujących problem stłoczenia. De Jong [3] sugerował, że nowe chromosomy powinny zastępować osobniki najbardziej podobne do siebie w populacji bieżącej. Goldberg i Richardson [4] przyjęli **funkcję podziału przystosowania** (ang. *fitness-sharing function*), która zmniejszała przystosowanie danego chromosomu, gdy w populacji były podobne osobniki, a zmniejszenie było tym większe, im większe było podobieństwo. Zatem różnorodność była nagradzana.

[3] Mówimy, że algorytm charakteryzuje się dużym naciskiem selektywnym, gdy wartość oczekiwana liczby kopii lepszego osobnika jest większa od wartości oczekiwanej liczby kopii gorszego osobnika (*przyp. tłum.*).

Zmiana zasad łączenia w pary może również zostać użyta do zwiększenia różnorodności populacji. Deb i Goldberg [5] pokazali, że jeżeli połączą się dwa dostatecznie podobne chromosomy, to utworzą się rozłączne „grupy połączeń" (ang. *mating groups*). Grupy te cechuje mała wariacja wewnątrz grupy i duża wariacja pomiędzy grupami. Z drugiej strony Eshelman [6] i Eshelman oraz Schaffer [7] badali strategię odwrotną, w której nie pozwalano łączyć się podobnym chromosomom. W wyniku otrzymano dużą zmienność w populacji jako całości.

Metoda **skalowania typu sigma** (ang. *sigma scaling*), zaproponowana przez Forresta [8], utrzymuje nacisk selektywny na stosunkowo stałym poziomie poprzez skalowanie przystosowania chromosomu za pomocą odchylenia standardowego wartości przystosowania. Jeżeli pojedynczy chromosom dominuje na początku działania algorytmu, zmienność przystosowania również będzie duża, a skalowanie przez dużą wartość zmienności zmniejszy dominację. Później, w trakcie działania algorytmu, kiedy populacje są już bardziej jednorodne, skalowanie przez mniejszą wartość pozwoli, aby dobrze przystosowane chromosomy rozmnażały się. Wartość funkcji dopasowania po skalowaniu typu sigma jest następująca:

$$f_{\text{sigma scaled}}(x) = 1 + \frac{f(x) - \mu_f}{\sigma_f},$$

gdzie μ_f i σ_f oznaczają odpowiednio średnią wartość przystosowania i odchylenie standardowe wartości funkcji przystosowania w bieżącej populacji.

Selekcja Boltzmana (ang. *Boltzmann selection*) zmienia nacisk selektywny w zależności od numeru pokolenia, używając parametru temperatura (T). Początkowo korzystniejsze może być posiadanie mniejszej wartości nacisku selektywnego (wysoka temperatura), co pozwala mniej przystosowanym chromosomom na reprodukcję w podobnej ilości jak osobnikom bardziej przystosowanym i przez to zachowanie szerszej przestrzeni poszukiwań. Wzrastająca wraz z działaniem algorytmu wartość nacisku selektywnego pomoże algorytmowi genetycznemu szybciej zbiegać do rozwiązania optymalnego, a przy odrobinie szczęścia do globalnego optimum. Zatem wartość parametru temperatura jest stopniowo obniżana. Przeskalowana wartość przystosowania chromosomu jest tu wyrażona wzorem:

$$f_{\text{Boltzmann}}(x) = \frac{\exp(f(x)/T)}{\text{średnia}[\exp(f(x)/T)]}.$$

Gdy temperatura spada, różnica pomiędzy przystosowaniem osobników dobrze i słabo przystosowanych rośnie.

Elitaryzm[4] (ang. *elitism*), zaproponowany przez De Jonga [3], odnosi się do warunku selekcji, który wymaga, aby algorytm genetyczny zachował pewną liczbę najbardziej przystosowanych chromosomów z danego pokolenia do następnego i chronił je przed zniszczeniem przez krzyżowanie czy mutację lub przed niemożnością reprodukcji. Mitchell [2], Haupt i Haupt [9] oraz inni pokazali, że elitaryzm znacznie poprawia działanie algorytmów genetycznych.

---

[4]Lub strategia elitarna (ang. *elitist strategy*) (*przyp. tłum.*).

Selekcja rankingowa (ang. *rank selection*) ustawia chromosomy w kolejności od najlepszych do najgorszych, w zależności od wartości ich funkcji przystosowania. Szeregowanie zabezpiecza przed naciskiem selektywnym obecnym w metodach proporcjonalnych, ale również ignoruje różnice pomiędzy wartościami przystosowania chromosomów. Szeregowanie nie uwzględnia różnorodności i zapewnia umiarkowane poprawienie miary przystosowania, ponieważ prawdopodobieństwo selekcji pomiędzy chromosomami z pozycji k i $k + 1$ jest takie samo, niezależnie od różnicy wartości przystosowania.

Selekcja turniejowa (ang. *tournament ranking*) jest obliczeniowo bardziej efektywna od selekcji rankingowej, zachowując umiarkowany nacisk selektywny selekcji rankingowej. W selekcji turniejowej dwa chromosomy są wybierane losowo z populacji (ze zwracaniem). Niech c będzie stałą wybraną przez użytkownika, gdzie c jest liczbą z przedziału od 0 do 1 (np. 0,67). Losowana jest liczba r, $0 \leq r \leq 1$. Jeżeli $r < c$, to chromosom o większej wartości funkcji przystosowania jest wybierany jako rodzic, w przeciwnym przypadku rodzicem będzie chromosom o mniejszej wartości funkcji przystosowania.

6.5. Modyfikacje i rozszerzenia — krzyżowanie

6.5.1. Krzyżowanie wielopunktowe

Operator krzyżowania jednopunktowego, który przedstawiliśmy tutaj w skrócie, ma wadę znaną jako **obciążenie pozycyjne** (ang. *positional bias*), które oznacza, że działanie algorytmu genetycznego zależy (w pewnym stopniu) od kolejności występowania zmiennych w chromosomie. Geny z pozycji 1 i 2 będą często po krzyżowaniu razem tylko dlatego, że są blisko siebie, podczas gdy geny z pozycji 1 i 7 rzadko po krzyżowaniu będą razem. Jeżeli taka kolejność genów odzwierciedla naturalną relację pomiędzy danymi i zmiennymi, to wtedy obciążenie pozycyjne nie stanowi problemu, jednak jest to stosunkowo rzadkie. Aby wyeliminować opisaną sytuację, wykonuje się **krzyżowanie wielopunktowe** (ang. *multipoint crossover*). Najpierw losowo jest wybierany zbiór punktów krzyżowych i chromosomy–rodzice są dzielone w tych punktach. Następnie w celu wygenerowania potomków ponownie łączy się segmenty, zamieniając rodziców, tak jak pokazano na rys. 6.3.

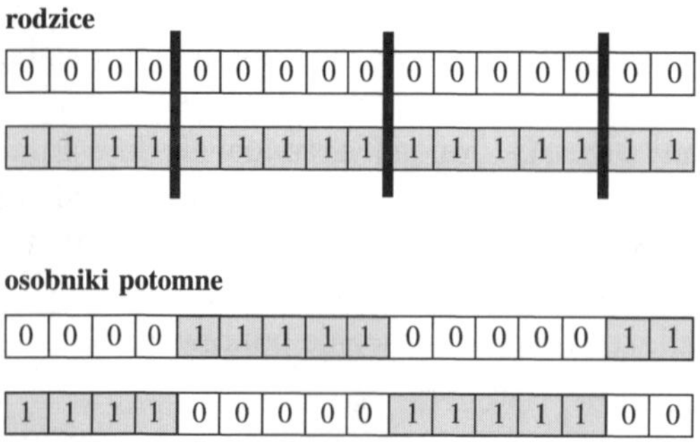

Rys. 6.3. Krzyżowanie wielopunktowe

6.5.2. Krzyżowanie równomierne

Innym, alternatywnym operatorem krzyżowania jest **krzyżowanie równomierne** (ang. *uniform crossover*), nazywane też **krzyżowaniem jednolitym** lub **jednostajnym**. W krzyżowaniu równomiernym pierwszy potomek jest tworzony w ten sposób, że każdy gen pochodzi od jednego z rodziców z prawdopodobieństwem 50%. Drugi potomek jest odwrotnością pierwszego potomka. Zaletą krzyżowania równomiernego jest to, że geny są dziedziczone niezależnie od pozycji.Krzyżowanie równomierne pokazano na rys. 6.4. Operator krzyżowania równomiernego można zmodyfikować, tak by prawdopodobieństwa zależały od wartości funkcji przystosowania odpowiednich rodziców.

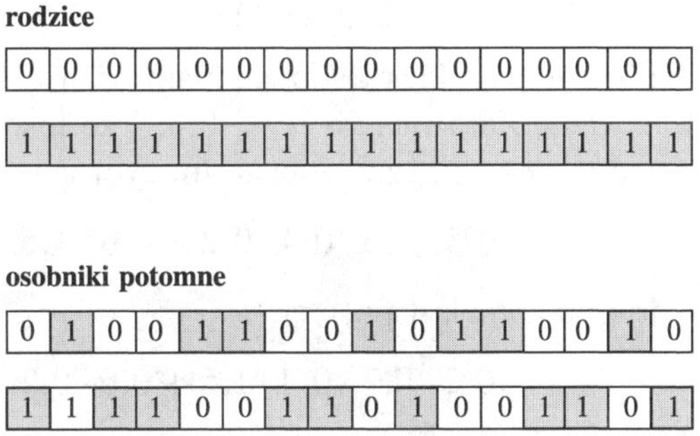

Rys. 6.4. Krzyżowanie równomierne

Eiben i Smith [10] omawiają rolę krzyżowania i mutacji oraz współpracy i współzawodnictwa pomiędzy nimi odnośnie przestrzeni poszukiwań. Opisują oni krzyżowanie jako **eksplorujące** — odkrywające nowe, obiecujące regiony w przestrzeni poszukiwań poprzez wykonywanie dużych skoków do regionów pomiędzy obszarami dwóch rodziców. Natomiast mutację traktują jako **eksploatującą** — optymalizującą obecną informację wewnątrz już odkrytego obiecującego regionu, tworzącego małe losowe odchylenia i dlatego potomek nie różni się bardzo od rodziców. Krzyżowanie i mutacja uzupełniają się wzajemnie — tylko krzyżowanie może połączyć informację od obojga rodziców i tylko mutacja może wprowadzić całkowicie nową informację.

6.6. Algorytm genetyczny dla zmiennych rzeczywistych

Oryginalna konstrukcja algorytmu genetycznego została zaproponowana dla danych zakodowanych binarnie, gdyż operacje krzyżowania i mutacji w sposób naturalny dobrze działają na takich danych. Jednak większość danych do eksploracji danych jest w formie liczb rzeczywistych, podawanych często z dokładnością do wielu cyfr po przecinku. Niektórzy analitycy próbowali przedstawić liczby rzeczywiste (ciągłe) w postaci binarnej. Okazuje się, że wyrażenie danych rzeczywistych w postaci binarnej spowoduje utratę informacji ze względu na pogorszenie dokładności w związku z zaokrąglaniem do najbliższej cyfry binarnej. Aby uniknąć straty dokładności, każdy chromosom binarny musiałby być dłuższy, a dodanie cyfr z pewnością niekorzystnie wpłynie na szybkość działania algorytmu. Dlatego zostały zbadane metody zastosowania danych rzeczywistych bezpośrednio do algorytmu genetycznego. Eiben i Smith [10] proponują poniższe metody wykonywania operacji krzyżowania.

Pojedyncze krzyżowanie arytmetyczne lub **uśredniające** (ang. *single arithmetic crossover*).

Załóżmy, że mamy dwoje rodziców $\langle x_1, x_2, \ldots, x_n \rangle$ i $\langle y_1, y_2, \ldots, y_n \rangle$. Wybierzmy losowo gen na pozycji k. Pierwszy z potomków przyjmie postać

$$\langle x_1, x_2, \ldots, \alpha y_k + (1-\alpha)x_k, \ldots, x_n \rangle ,$$

a drugi z potomków przyjmie postać

$$\langle y_1, y_2, \ldots, \alpha x_k + (1-\alpha)y_k, \ldots, y_n \rangle ,$$

dla $0 \leq \alpha \leq 1$. Przykładowo, mamy danych rodziców $\langle 0{,}5,\ 1{,}0,\ 1{,}5,\ 2{,}0 \rangle$ i $\langle 0{,}2,\ 0{,}7,\ 0{,}2,\ 0{,}7 \rangle$. Załóżmy, że $\alpha = 0{,}4$, i że losowo wybraliśmy trzeci gen. Zatem efektem pojedynczego krzyżowania arytmetycznego będzie pierwszy potomek w postaci

$$\langle 0{,}5,\ 1{,}0,\ 0{,}4 \cdot 0{,}2 + 0{,}6 \cdot 1{,}5,\ 2{,}0 \rangle = \langle 0{,}5,\ 1{,}0,\ 0{,}98,\ 2{,}0 \rangle ,$$

a drugi potomek w postaci

$$\langle 0{,}2,\ 0{,}7,\ 0{,}4 \cdot 1{,}5 + 0{,}6 \cdot 0{,}2,\ 0{,}7 \rangle = \langle 0{,}2,\ 0{,}7,\ 0{,}72,\ 0{,}7 \rangle .$$

Proste krzyżowanie arytmetyczne lub **uśredniające** (ang. *simple arithmetic crossover*)

Załóżmy, że mamy dwoje rodziców $\langle x_1, x_2, \ldots, x_n \rangle$ i $\langle y_1, y_2, \ldots, y_n \rangle$. Wybieramy losowo gen na pozycji k i uśredniamy wartości genów na tej pozycji oraz na kolejnych pozycjach. A więc pierwszy z potomków przyjmie postać

$$\langle x_1, x_2, \ldots, \alpha y_k + (1-\alpha)x_k, \ldots, \alpha y_n + (1-\alpha)x_n \rangle ,$$

a drugi z potomków przyjmie postać

$$\langle y_1, y_2, \ldots, \alpha x_k + (1-\alpha)y_k, \ldots, \alpha x_n + (1-\alpha)y_n \rangle ,$$

dla $0 \leq \alpha \leq 1$. Na przykład mamy danych rodziców $\langle 0{,}5,\ 1{,}0,\ 1{,}5,\ 2{,}0 \rangle$ i $\langle 0{,}2,\ 0{,}7,\ 0{,}2,\ 0{,}7 \rangle$. Załóżmy, że $\alpha = 0{,}4$ i że losowo wybraliśmy trzeci gen. Zatem efektem prostego krzyżowania arytmetycznego będzie pierwszy potomek w postaci

$$\langle 0{,}5,\ 1{,}0,\ 0{,}4 \cdot 0{,}2 + 0{,}6 \cdot 1{,}5,\ 0{,}4 \cdot 0{,}7 + 0{,}6 \cdot 2{,}0 \rangle = \langle 0{,}5,\ 1{,}0,\ 0{,}98,\ 1{,}48 \rangle ,$$

a drugi potomek w postaci

$$\langle 0{,}2,\ 0{,}7,\ 0{,}4 \cdot 1{,}5 + 0{,}6 \cdot 0{,}2,\ 0{,}4 \cdot 2{,}0 + 0{,}6 \cdot 0{,}7 \rangle = \langle 0{,}2,\ 0{,}7,\ 0{,}72,\ 1{,}22 \rangle .$$

Pełne krzyżowanie arytmetyczne lub uśredniające (ang. *whole arithmetic crossover*)

Załóżmy, że mamy dwoje rodziców $\langle x_1, x_2, \ldots, x_n \rangle$ i $\langle y_1, y_2, \ldots, y_n \rangle$. Wykonujemy opisane w p. 6.6.2 uśrednienie na każdej pozycji wektora dla każdego rodzica. Obliczenie wektorów osobników potomnych jest pozostawione jako ćwiczenie. Zauważmy, że w każdej z podanych technik krzyżowania arytmetycznego geny są wartościami pośrednimi pomiędzy wartościami rodziców, z $\alpha = 0{,}5$ tworzącym średnią z wartości rodziców.

Krzyżowanie dyskretne (ang. *discrete crossover*)

Tutaj każdy gen w chromosomie potomka jest wybrany z jednorodnym prawdopodobieństwem jako gen od jednego albo drugiego chromosomu rodzicielskiego. Na przykład mamy danych rodziców $\langle 0{,}5,\ 1{,}0,\ 1{,}5,\ 2{,}0\rangle$ i $\langle 0{,}2,\ 0{,}7,\ 0{,}2,\ 0{,}7\rangle$. Jeden z możliwych osobników potomnych to $\langle 0{,}2,\ 0{,}7,\ 1{,}5,\ 0{,}7\rangle$, z trzecim genem pochodzącym bezpośrednio od pierwszego rodzica i pozostałymi pochodzącymi od drugiego rodzica.

Mutacja oparta na rozkładzie normalnym (ang. *normally distributed mutation*)

W celu uniknięcia zbyt szybkiej zbieżności do lokalnego optimum, do każdej zmiennej można dodać wartość losowego szumu o rozkładzie normalnym. Rozkład powinien być normalny o średniej równej zeru i odchyleniu standardowym σ, które to kontroluje wielkość zmiany (ponieważ najczęściej wartość losowego szumu będzie różniła się co najwyżej o wartość σ od wartości oryginalnej). Jeżeli wynikowa wartość po mutacji leży poza dopuszczalnym zasięgiem, to powinna zostać zmieniona, tak by należała do przedziału dopuszczalnego. Jeżeli wszystkie zmienne są mutowane, to oczywiście w tym przypadku $p_m = 1$. Załóżmy na przykład, że rozkład mutacji jest normalny $(\mu = 0,\ \sigma = 0{,}1)$ i chcemy zmutować potomka z przykładu krzyżowania dyskretnego, czyli $\langle 0{,}2,\ 0{,}7,\ 1{,}5,\ 0{,}7\rangle$. Załóżmy, że cztery losowe szumy wygenerowane z tego rozkładu to 0,05, $-0{,}17$, $-0{,}03$ i 0,08. Zatem chromosom potomka przyjmie postać $\langle 0{,}2 + 0{,}05,\ 0{,}7 - 0{,}17,\ 1{,}5 - 0{,}03,\ 0{,}7 + 0{,}08\rangle = \langle 0{,}25,\ 0{,}53,\ 1{,}47,\ 0{,}78\rangle$.

6.7. Zastosowanie algorytmów genetycznych do uczenia sieci neuronowych

Sieć neuronowa składa się z warstwowej, jednokierunkowej, całkowicie połączonej (pełnej) sieci sztucznych neuronów (węzłów). Sieci neuronowe są używane do klasyfikacji lub szacowania. Więcej o topologii sieci neuronowych i ich działaniu można znaleźć w pracach Mitchella [11], Fausetta [12], Haykina [13], Larose'a [14] czy Redda i Marksa [15]. Na rysunku 6.5 przedstawiono podstawowy schemat prostej sieci neuronowej. Sieć jednokierunkowa oznacza, że przepływ następuje tylko w jednym kierunku oraz nie występują pętle ani cykle. Sieć neuronowa składa się z dwóch lub większej liczby warstw — większość sieci neuronowych składa się z trzech warstw: **warstwy wejściowej**, **warstwy ukrytej** i **warstwy wyjściowej**. Może być więcej niż jedna warstwa ukryta, chociaż większość sieci posiada tylko jedną, która jest wystarczająca w przypadku większości zastosowań. Sieć neuronowa jest **całkowicie połączona**, co oznacza, że każdy neuron z danej warstwy jest połączony z każdym neuronem w warstwie następnej, ale nie jest połączony z innymi węzłami z tej samej warstwy. Każde połączenie pomiędzy neuronami ma przypisaną wagę (np. W_{1A}). Początkowo wagi te są losowo wybranymi liczbami z przedziału od 0 do 1.

W jaki sposób sieci neuronowe się uczą? Sieci neuronowe wykorzystują metody uczenia nadzorowanego, które wymagają dużego zbioru uczącego kompletnych rekordów oraz zmiennej celu. Ponieważ każda obserwacja ze zbioru uczącego jest przetwarzana przez sieć, więc wartość wyjściowa jest tworzona w węźle wyjściowym (przy

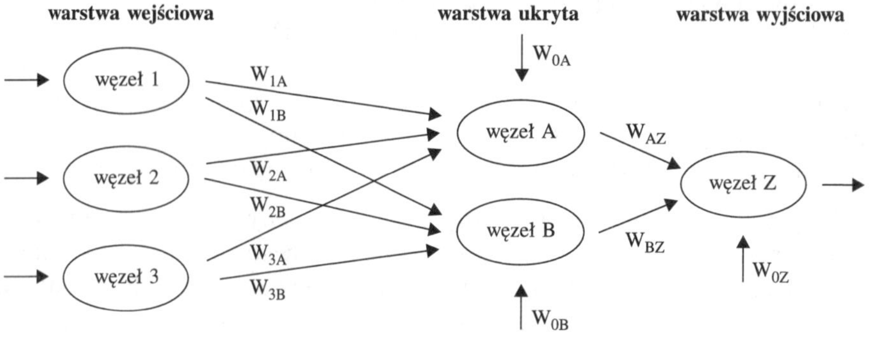

Rys. 6.5. Prosta sieć neuronowa

założeniu, że mamy tylko jeden węzeł wyjściowy). Ta wartość wyjściowa jest następnie porównywana z oczekiwaną wartością zmiennej celu dla obserwacji z tego zbioru uczącego i jest obliczany błąd (wartość oczekiwana – wartość wyjściowa). Ten błąd przewidywania jest analogiczny do reszt w modelach regresji. Aby zmierzyć jak dobrze przewidywania pokrywają się z oczekiwanymi wartościami, większość sieci neuronowych używa sumy kwadratów błędu:

$$\text{SSE} = \sum_{\text{rekordy}} \sum_{\text{neurony wyjściowe}} (\text{wartość oczekiwana} - \text{wartość wyjściowa})^2,$$

gdzie są zsumowane błędy przewidywania podniesione do kwadratu ze wszystkich neuronów wyjściowych i wszystkich rekordów ze zbioru uczącego.

Należy zatem tak dobrać zbiór wag modelu, aby zminimalizować wartość SSE. W ten sposób wagi są podobne do parametrów w modelu regresji. „Prawdziwe" wartości wag, które minimalizują SSE są nieznane, a naszym zadaniem jest ich oszacowanie dla znanych danych. Jednak z powodu nieliniowej natury funkcji sigmoidalnych wbudowanych w sieć, nie istnieje analityczna forma rozwiązania zadania minimalizacji SSE, tak jak to było w przypadku regresji najmniejszych kwadratów. Większość sieci neuronowych używa więc **propagacji wstecznej** (ang. *back-propagation*) — metody optymalizacji spadku gradientu w celu znalezienia wag, które minimalizują wartość SSE. Za pomocą propagacji wstecznej analizuje się błąd przewidywania (wartość oczekiwana – wartość wyjściowa) dla danego rekordu i, przechodząc wstecz, przypisuje się różnym połączeniom częściową „odpowiedzialność" za powstanie błędu. Wagi tych połączeń są następnie dopasowywane, aby zmniejszyć błąd, wykorzystując spadek gradientu.

Ponieważ poszukiwanie najlepszego zestawu wag sieci neuronowej jest zadaniem optymalizacyjnym, więc doskonale nadają się do tego celu algorytmy genetyczne. Wadą algorytmu propagacji wstecznej jest „utykanie" w minimum lokalnym (gdyż wytycza on pojedynczą drogę w przestrzeni poszukiwań) i to, że algorytm ten wymaga liczenia pochodnych lub informacji o gradiencie dla każdej wagi. Dodatkowo Unnikrishnan i in. [16] stwierdzają, że niewłaściwy wybór początkowych wag w algorytmie propagacji wstecznej opóźnia zbieżność. Z drugiej strony, algorytmy genetyczne wykonują globalne poszukiwania, ograniczając prawdopodobieństwo utknięcia w minimum lokalnym, chociaż oczywiście nie ma gwarancji, że algorytm znajdzie globalne minimum. Algo-

Tabela 6.3. Chromosom reprezentujący wagi sieci neuronowych z rys. 6.5

W_{1A}	W_{1B}	W_{2A}	W_{2B}	W_{3A}	W_{3B}	W_{0A}	W_{0B}	W_{AZ}	W_{BZ}	W_{0Z}

rytm genetyczny nie wymaga liczenia pochodnych ani informacji o gradiencie. Jednak w przypadku sieci neuronowych wykorzystujących algorytmy genetyczne do znalezienia wag sam proces nauki wymaga więcej czasu niż w przypadku tradycyjnych sieci neuronowych wykorzystujących propagację wsteczną.

Algorytmy genetyczne stosują inną strategię poszukiwań niż propagacja wsteczna. Metodologia spadku gradientu w propagacji wstecznej przesuwa rozwiązanie z jednego wektora do innego wektora, który jest podobny. Metodologia poszukiwania algorytmu genetycznego może jednak przesuwać możliwe rozwiązanie dużo bardziej, tworząc chromosom potomny, który może być całkowicie różny od każdego z rodziców. To zachowanie zmniejsza prawdopodobieństwo, że algorytm genetyczny utknie w minimum lokalnym.

Huang i in. [17] stosują sieć neuronową zoptymalizowaną za pomocą algorytmu genetycznego do wykrywania finansowych zagrożeń dla towarzystw ubezpieczeń na życie. Unnikrishnan i in. [16] użyli algorytmu genetycznego do zoptymalizowania wag sieci neuronowej, która została zastosowana do modelowania trójwymiarowego ultradźwiękowego systemu naprowadzania. Wagi tej sieci neuronowej są zapisane w postaci chromosomu, podobnego do chromosomu przedstawionego tab. 6.3 dla wag sieci neuronowych z rys. 6.5. Otrzymany chromosom miał 51 wag, odzwierciedlając topologię 5–4–4–3 z pięcioma neuronami wejściowymi, czterema neuronami w każdej z dwóch warstw ukrytych i trzema neuronami wyjściowymi. Autorzy zwracają uwagę na długość chromosomu jako przyczynę otrzymywania lepszych wyników w przypadku tego modelu niż w przypadku sieci neuronowej uczonej metodą propagacji wstecznej i tradycyjnego modelu liniowego.

Montana i Davis [18] dają przykład zastosowania algorytmów genetycznych do optymalizacji wag sieci neuronowych (zaadaptowany tutaj z Mitchella [2]). Ich zadaniem badawczym była klasyfikacja podwodnych dźwiękowych spektrogramów (ang. *lofargrams*) jako interesujące lub nieinteresujące. Ich sieć neuronowa miała topologię 4–7–10–1, co daje w sumie 126 wag w chromosomie. Użyta funkcja przystosowania była zwykłą miarą sieci neuronowych

$$\mathrm{SSE} = \sum_{\text{rekordy}} \sum_{\text{neurony wyjściowe}} (\text{wartość oczekiwana} - \text{wartość wyjściowa})^2,$$

a dopasowywane wagi są reprezentowane przez geny w chromosomie.

Tabela 6.4. Wagi sieci neuronowej pokazujące wyniki krzyżowania

	W_{1A}	W_{1B}	W_{2A}	W_{2B}	W_{3A}	W_{3B}	W_{0A}	W_{0B}	W_{AZ}	W_{BZ}	W_{0Z}
Rodzic 1	0,1	−0,2	0,7	−0,6	0,4	0,9	−0,1	0,3	−0,5	0,8	−0,2
Rodzic 2	0,2	−0,4	0,5	−0,5	0,3	0,7	−0,2	0,1	−0,6	0,9	−0,3
Potomek	0,1	−0,4	0,7	−0,5	0,4	0,7	−0,1	0,1	−0,6	0,9	−0,3

Tabela 6.5. Wagi przed mutacją i po mutacji

	w_{1A}	w_{1B}	w_{2A}	w_{2B}	w_{3A}	w_{3B}	w_{0A}	w_{0B}	w_{AZ}	w_{BZ}	w_{0Z}
Przed	0,1	−0,4	0,7	−0,5	0,4	0,7	−0,1	0,1	−0,6	0,9	−0,3
Szum	brak	−0,05	brak	−0,07	brak	0,02	brak	brak	brak	brak	brak
Po	0,1	−0,45	0,7	−0,57	0,4	0,72	−0,1	0,1	−0,6	0,9	−0,3

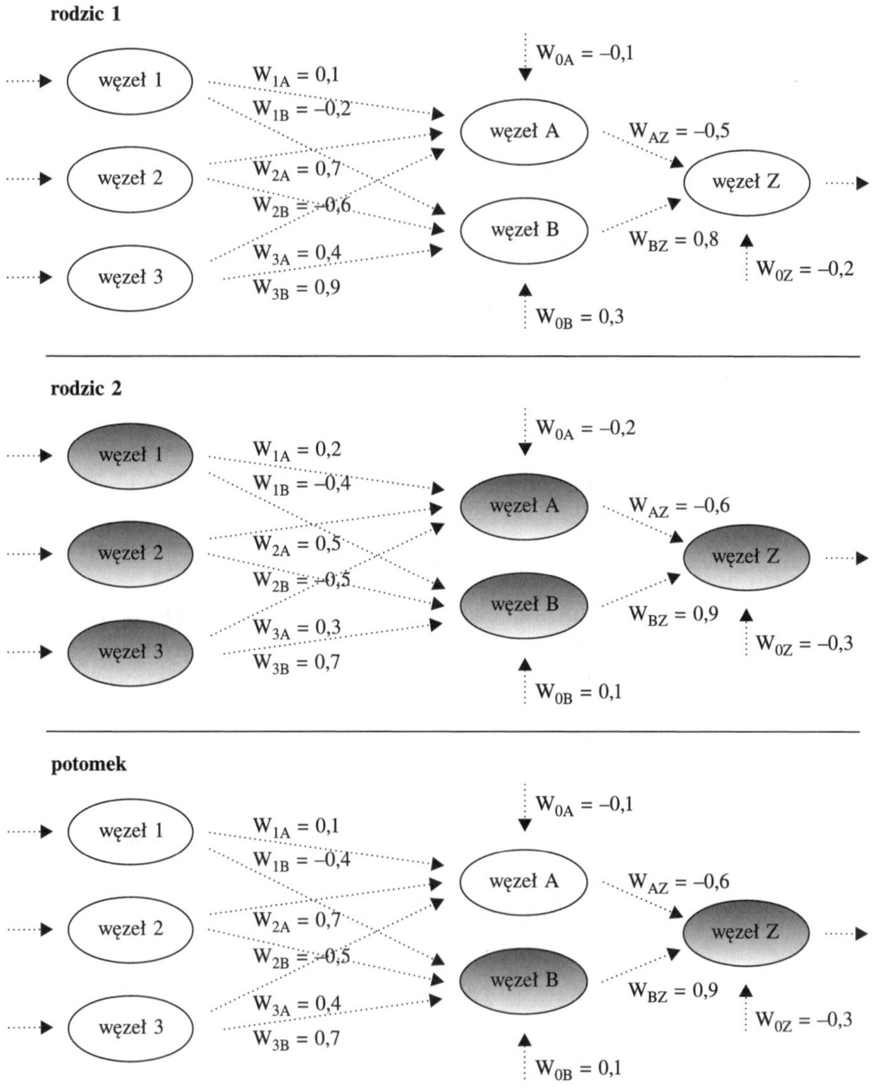

Rys. 6.6. Krzyżowanie wag sieci neuronowej

Jako operatora krzyżowania użyli zmodyfikowanego krzyżowania dyskretnego — dla każdego neuronu (który nie jest wejściem) rodzic jest wybierany losowo, a dochodzące połączenia są przekopiowywane do tego danego neuronu w chromosomie potomnym. Zatem dla każdej pary rodziców tworzony jest tylko jeden potomek. Jako operatora mutacji użyli losowego szumu, podobnego do mutacji opartej na rozkładzie normalnym (p. 6.6.5). Ponieważ wagi sieci neuronowej są ograniczone do przedziału od -1 do 1, więc po zastosowaniu mutacji należy sprawdzić, czy wartości wynikowych wag nie wychodzą poza ten zakres.

Zmodyfikowane krzyżowanie dyskretne przedstawiono w tab. 6.4 i na rys. 6.6. W tym przykładzie wagi dochodzące do neuronu A pochodzą od rodzica 1, a wagi dochodzące do neuronów B i Z pochodzą od rodzica 2 (obszary zacienione). Mutacja losowego szumu jest pokazana w tab. 6.5 i na rys. 6.7. W tym przykładzie mutację zastosowano do wag dochodzących do neuronu B tylko dla potomka powstałego w wyniku krzyżowania. Nowe wagi nie są zbyt odległe od starych wag. Sieć neuronowa zbudowana na podstawie algorytmu genetycznego Montany i Davisa uzyskała lepsze wyniki od sieci neuronowej uczonej algorytmem propagacji wstecznej, pomimo 126 wag w chromosomie.

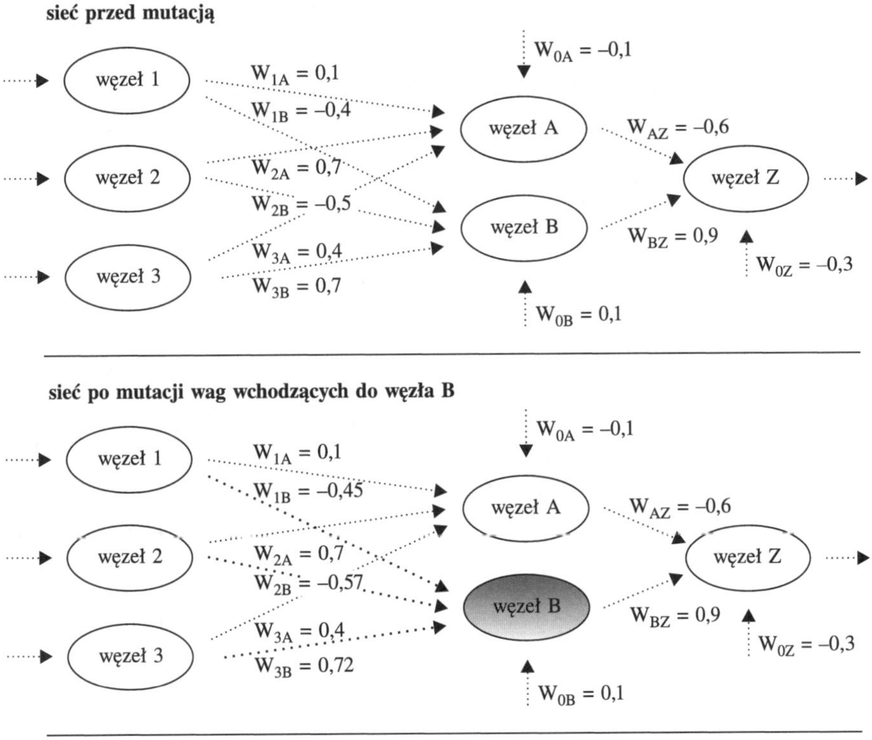

Rys. 6.7. Mutacja wag sieci neuronowej

6.8. WEKA — praktyczna analiza użycia algorytmów genetycznych

W poniższym ćwiczeniu badamy zastosowanie algorytmu *Genetic Search* (przeszukiwanie genetyczne) programu WEKA w celu optymalizacji (wyboru) podzbioru danych wejściowych użytych do klasyfikacji pacjentów z łagodną albo złośliwą formą nowotworu piersi. Plik wejściowy *breast-cancer.arff* użyty w tym doświadczeniu pochodzi z bazy danych Wisconsin Breast Cancer Database [19]. Plik *breast-cancer.arff* zawiera 683 rekordy po usunięciu 16 rekordów zawierających jedną lub więcej brakujących wartości. Dodatkowo zawiera dziewięć danych numerycznych (atrybut *kod próbki* został usunięty) i zmienną celu *class*, która przyjmuje wartości 2 (łagodny) i 4 (złośliwy). W tabeli 6.6 pokazano nagłówek pliku typu ARFF i pierwsze 10 przypadków z pliku *breast-cancer.arff*.

Wczytujemy dane wejściowe i zapoznajemy się z rozkładem zmiennej *class*.

1. Otwórz okno *Explorer* programu WEKA.
2. Wybierz zakładkę *Preprocess* (wstępne przetworzenie) i kliknij na *Open file* (otwórz plik), a następnie określ ścieżkę dostępu do pliku wejściowego *breast-cancer.arff*.
3. Wewnątrz ramki *Attributes* (atrybuty) (na dole po lewej stronie) zaznacz atrybut *class* z listy atrybutów.

Tabela 6.6. Plik wejściowy dotyczący nowotworu piersi *breast-cancer.arff*

```
@relation breast-cancer.arff

@attribute clump-thickness      numeric
@attribute uniform-cell-size    numeric
@attribute uniform-cell-shape   numeric
@attribute marg-adhesion        numeric
@attribute single-cell-size     numeric
@attribute bare-nuclei          numeric
@attribute bland-chromatin      numeric
@attribute normal-nucleoli      numeric
@attribute mitoses              numeric
@attribute class                {2,4}

@data
5,1,1,1,2,1,3,1,1,2
5,4,4,5,7,10,3,2,1,2
3,1,1,1,2,2,3,1,1,2
6,8,8,1,3,4,3,7,1,2
4,1,1,3,2,1,3,1,1,2
8,10,10,8,7,10,9,7,1,4
1,1,1,1,2,10,3,1,1,2
2,1,2,1,2,1,3,1,1,2
2,1,1,1,2,1,1,1,5,2
4,2,1,1,2,1,2,1,1,2
...
```

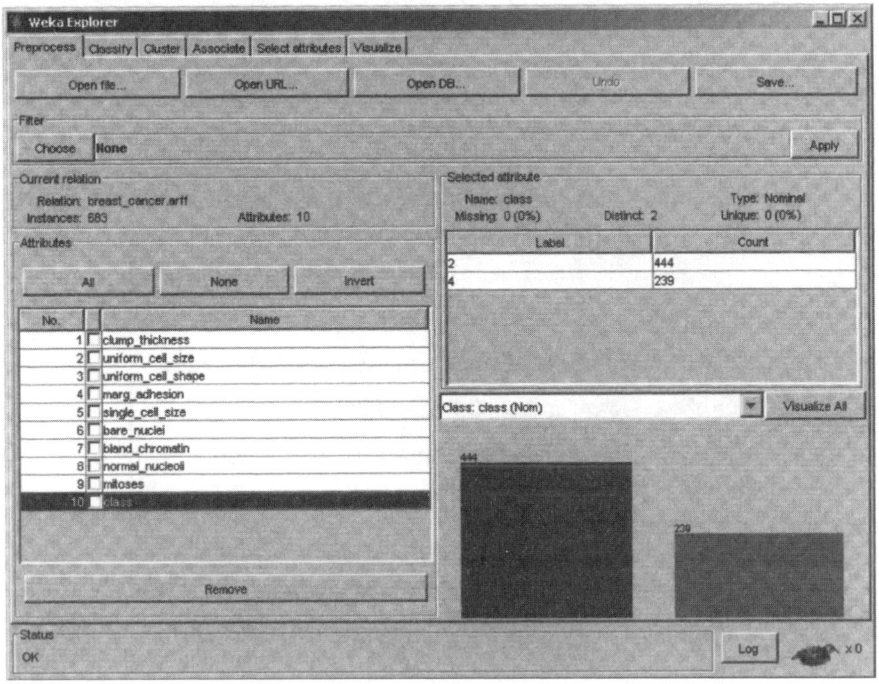

Rys. 6.8. Okno *Explorer* programu WEKA — rozkład zmiennej *class*

Zakładka *Preprocess* wyświetla rozkład dla atrybutu *class* i wskazuje, że 65% (444/683) rekordów ma wartość 2 (łagodny), podczas gdy pozostałe 35% (239/683) ma wartość 4 (złośliwy), jak pokazano na rys. 6.8.

Teraz ustalmy punkt odniesienia i sklasyfikujmy rekordy za pomocą naiwnego algorytmu Bayesa z 10-krotnym sprawdzianem krzyżowym, gdzie wszystkie dziewięć atrybutów są danymi wejściowymi klasyfikatora.

1. Wybierz zakładkę *Classify* (klasyfikuj).
2. Wewnątrz ramki *Classifier* (klasyfikator) naciśnij przycisk *Choose* (wybierz).
3. Wybierz *Classifiers* (klasyfikatory) → *Bayes* → *Naive Bayes* w hierarchii nawigacji.
4. Zauważ, że w programie WEKA domyślnie jest ustawiony *Cross-validation* (sprawdzian krzyżowy) wewnątrz ramki *Test options* (opcje testowe). Będziemy używać tej opcji w naszym eksperymencie, gdyż mamy tylko jeden plik danych.
5. Naciśnij *Start*.

Wyniki w oknie *Classifier output* (wyniki klasyfikacji) pokazują, że naiwny algorytm Bayesa osiągnął robiącą wrażenie 96,34% (658/683) dokładność klasyfikacji. To zostawia oczywiście mało miejsca na poprawę. Czy każdy z dziewięciu atrybutów w równym stopniu jest ważny w zadaniu klasyfikacji? Czy istnieje może podzbiór dziewięciu atrybutów, który jeżeli będzie wybrany jako dane wejściowe dla naiwnego algorytmu Bayesa, to będzie prowadził do poprawy dokładności klasyfikacji?

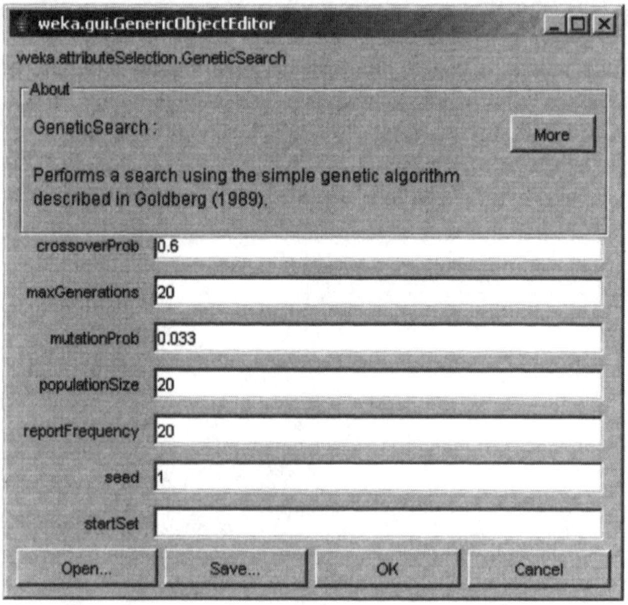

Rys. 6.9. Okno poszukiwań genetycznych (*Genetic Search*)

Zanim udzielimy odpowiedzi na te pytania, wyjaśnijmy podejście do wyboru atrybutów stosowane w programie WEKA. Nie jest niczym niezwykłym, że w rzeczywistych bazach danych jest wiele nieistotnych, zbędnych lub zaszumionych atrybutów, które ostatecznie przyczyniają się do zmniejszenia dokładności klasyfikacji. Usuwanie nieistotnych atrybutów często prowadzi do poprawy dokładności klasyfikacji. Filtr nadzorowanego wyboru atrybutów systemu WEKA pozwala określić kombinację metod oceny i poszukiwania, których celem jest określenie przydatnego podzbioru atrybutów wejściowych do algorytmu uczącego.

WEKA zawiera klasę *Genetic Search* z domyślnymi opcjami, które obejmują rozmiar populacji $n = 20$ chromosomów, prawdopodobieństwo krzyżowania $p_c = 0{,}6$ i prawdopodobieństwo mutacji $p_m = 0{,}033$. Na rysunku 6.9 pokazano domyślne wartości opcji dostępne w okienku *Genetic Search.* Agorytm *Genetic Search* tworzy początkowy zbiór 20 chromosomów, co zostało określone poniżej. Pojedynczy chromosom w populacji początkowej może składać się z podzbioru atrybutów

1	4	6	7	9

gdzie każdy z pięciu genów reprezentuje indeks atrybutu. Pierwszy gen w naszym przykładowym chromosomie oznacza atrybut *clump-thickness*, który ma w indeksie pozycję 1. W badanej konfiguracji metoda oceny *WrapperSubsetEval* jest funkcją przystosowania $f(x)$ i oblicza wartość przystosowania dla każdego chromosomu.

Metoda *WrapperSubsetEval* ocenia każdy podzbiór atrybutów (chromosom) zgodnie z określonym schematem uczenia. W poniższym schemacie wybierzemy metodę naiwnego Bayesa. W ten sposób użyteczność chromosomu zostanie określona jako

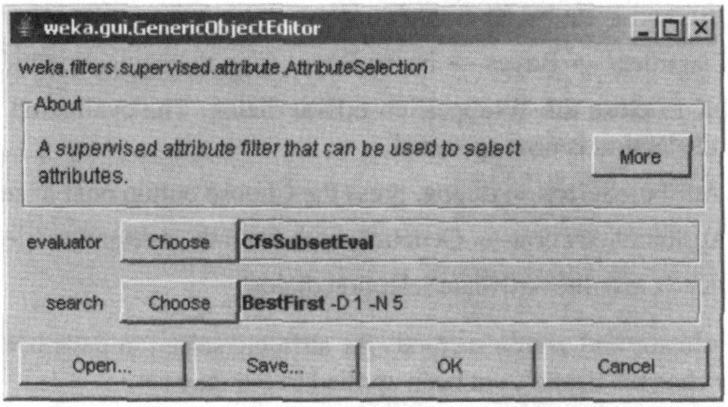

Rys. 6.10. Okno wyboru atrybutów

miara dokładności klasyfikacji przez naiwny algorytm Bayesa. Innymi słowy, chromosomy, które prowadzą do uzyskania wyższej dokładności klasyfikacji, są ważniejsze i otrzymują większą wartość przystosowania.

Teraz zastosujmy klasę *Genetic Search* programu WEKA do naszego zbioru atrybutów. Aby wykonać to zadanie, musimy najpierw określić funkcję oceny i opcje poszukiwań dla wyboru atrybutów.

1. Wybierz zakładkę *Preprocess* (wstępne przetworzenie).
2. Wewnątrz ramki *Filter* (filtr) naciśnij przycisk *Choose* (wybierz).
3. Wybierz *Filters* (filtry) → *Supervised* (nadzorowane) → *Attribute* (atrybuty) → *AttributeSelection* (wybór atrybutów) w hierarchii nawigacji. Jako wynik jest pokazany tekst „*AttributeSelection* ...” (wybór atrybutów), który pojawia się obok guzika *Choose* (wybierz).
4. Teraz naciśnij na tekst „*AttributeSelection...*” (wybór atrybutów).

Okno *AttributeSelection* (wybór atrybutów) pojawia się jak pokazano na rys. 6.10, gdzie są wyświetlone domyślne metody oceny (*evaluator*) i poszukiwania (*search*). Wbierzmy nowe metody oceny i poszukiwania:

1. Obok napisu *evaluator* (metoda oceny) naciśnij przycisk *Choose* (wybierz).
2. Wybierz *AttributeSelection* (wybór atrybutów) → *WrapperSubsetEval* w hierarchii nawigacji.
3. Naciśnij na tekst „*WrapperSubsetEval*” obok przycisku wyboru metody oceny. Pojawi się okno *WrapperSubsetEval* (rys. 6.11). Domyślnie program WEKA wybiera klasyfikator *ZeroR*.
4. Wewnątrz ramki *Classifier* (klasyfikator) naciśnij przycisk *Choose* (wybierz).
5. Wybierz *Classifiers* (klasyfikatory) → *Bayes* → *Naive Bayes* w hierarchii nawigacji.
6. Naciśnij *OK*, aby zamknąć okno *WrapperSubsetEval*. Metoda oceny dla wyboru atrybutu jest teraz określona.
7. W oknie *AttributeSelection* (wybór atrybutów) obok napisu *searcher* (metoda wyszukiwania) naciśnij przycisk *Choose* (wybierz).
8. Wybierz *AttributeSelection* (wybór atrybutów) → *GeneticSearch* (przeszukiwanie genetyczne) w hierarchii nawigacji.

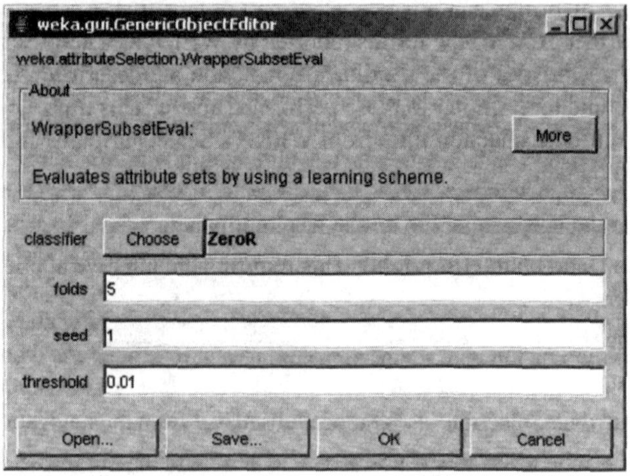

Rys. 6.11. Okno opcji W*rapperSubsetEval*

9. Naciśnij *OK*, aby zamknąć okno *AttributeSelection* (wybór atrybutów).

Metody oceny i wyszukiwania zostały określone, jednak zmiany te nie zostały jeszcze zastosowane do naszego zbioru danych, a więc:

10. Naciśnij przycisk *Apply* (zastosuj) w prawej części okna *Explorer*.

Po wstępnym przetworzeniu polecenia system WEKA uaktualnia wyniki w oknie *Explorer*. Nowa lista w ramce *Attributes* zawiera siedem atrybutów (zmiennych objaśniających) — dwa atrybuty, *single-cell-size* i *mitoses*, zostały usunięte z listy atrybutów. Ponownie sklasyfikujmy rekordy za pomocą algorytmu naiwnego Bayesa z 10-krotnym sprawdzianem krzyżowym (tym razem tylko siedem atrybutów stanowi dane wejściowe dla klasyfikatora).

1. Wybierz zakładkę *Classify* (klasyfikuj).
2. Wewnątrz ramki *Classifier* (klasyfikator) naciśnij przycisk *Choose* (wybierz).
3. Wybierz *Classifiers* (klasyfikatory) → *Bayes* → *Naive Bayes* w hierarchii nawigacji.
4. Wybrany jest sprawdzian krzyżowy.
5. Naciśnij *Start*.

Teraz algorytm naiwnego Bayesa ma dokładność klasyfikacji 96,78% (661/683), co wskazuje, że drugi model uzyskał lepsze wyniki o prawie 0,5% (96,78% w porównaniu z 96,34%). Czyli dokładność klasyfikacji wzrosła, gdy liczba atrybutów będących danymi wejściowymi zmniejszyła się z dziewięciu do siedmiu. Chociaż te wyniki nie pokazują zasadniczej poprawy dokładności, ten prosty przykład pokazał w jaki sposób algorytm *Genetic Search* systemu WEKA może posłużyć do wyboru atrybutów.

Przeanalizujmy dalej wyniki otrzymane za pomocą algorytmu *Genetic Search* programu WEKA, gdzie jest opisana charakterystyka populacji będącej kandydatem. Poniższe procedury powinny wyglądać podobnie do tych wykonanych powyżej. Tym razem jednak wywołamy filtr wyboru z zakładki *Select attributes* (wybierz atrybuty) systemu WEKA, który zapewni szczegółowe wyniki.

1. Wróć do zakładki *Preprocess* (wstępne przetworzenie) w oknie *Explorer*.
2. Naciśnij przycisk *Undo* (cofnij) (po prawej stronie na górze) — zostaną usunięte filtry, które wcześniej zastosowaliśmy do zbioru danych.
3. Wybierz zakładkę *Select attributes* (wybierz atrybuty) w oknie *Explorer*.
4. Wewnątrz ramki *Attribute Evaluator* (ocena atrybutów) naciśnij przycisk *Choose* (wybierz).
5. Wybierz *AttributeSelection* (wybór atrybutów) → *WrapperSubsetEval* w hierarchii nawigacji.
6. Naciśnij na tekst „*WrapperSubsetEval...*", aby otworzyć okno *WrapperSubsetEval*.
7. Obok napisu *Classifier* (klasyfikator) naciśnij przycisk *Choose* (wybierz).
8. Wybierz *Classifiers* (klasyfikatory) → *Bayes* → *Naive Bayes* w hierarchii nawigacji. Metoda oceny dla wyboru atrybutu jest teraz określona.
9. Wywnątrz ramki *Search Method* (metoda wyszukiwania) naciśnij przycisk *Choose* (wybierz).
10. Wybierz *AttributeSelection* (wybór atrybutów) → *GeneticSearch* (przeszukiwanie genetyczne) w hierarchii nawigacji.

Teraz są określone metody oceny i wyszukiwania. Poniżej ramki *Attribute Selection Mode* (tryb wyboru atrybutów) w programie WEKA domyślnie jest określone użycie całego zbioru uczącego. Naciśnij przycisk *Start* aby wybrać atrybuty. System WEKA pokazuje wyniki w oknie *Attribute selection* (wybór atrybutów) — wybrane atrybuty pokazano w tab. 6.7.

Jak można się było spodziewać jest to ta sama lista atrybutów, które otrzymaliśmy wcześniej za pomocą metody selekcji atrybutów. Innymi słowy, atrybuty *single-cell-size* i *mitoses* nie znajdują się w podzbiorze atrybutów. Domyślne wartości opcji dla metody *Genetic Search* są określone jako *report frequency* = 20 i *max generations* = 20, co powoduje, że w programie WEKA są wyświetlane informacje o pierwszej i ostatniej populacji. Przykładową charakterystykę początkowej populacji dla 20 chromosomów pokazano w tab. 6.8.

W tabeli 6.8 każdy podzbiór jest chromosomem, a „merit" oznacza wartość przystosowania otrzymaną za pomocą algorytmu naiwnego Bayesa, która jest równa odpowiedniej wartości miary błędu klasyfikacji. Na przykład rozważmy chromosom {4, 6, 7, 9}

Tabela 6.7. Atrybuty wybrane za pomocą metody wyboru atrybutów

```
Wybrane atrybuty:    1,2,3,4,6,7,8 : 7
                     clump-thickness
                     uniform-cell-size
                     uniform-cell-shape
                     marg-adhesion
                     bare-nuclei
                     bland-chromatin
                     normal-nucleoli
```

Tabela 6.8. Charakterystyka początkowej populacji otrzymana za pomocą metody *Genetic Search*

```
Początkowa populacja
merit          scaled    subset
0,053          0,05777   4 6 7 9
0,04978        0,06014   1 2 3 4 7 9
0,03807        0,06873   1 2 3 4 6 9
0,05564        0,05584   6 7 8
0,13177        0         8
0,03953        0,06765   2 3 5 6 7 8
0,0448         0,06379   2 6 7
0,09048        0,03028   5 8
0,07028        0,0451    2
0,04275        0,06529   1 6 8 9
0,04187        0,06593   3 4 5 6 7 8
0,04275        0,06529   2 4 6 7 8
0,08492        0,03436   4 5
0,0612         0,05176   2 4 7
0,03865        0,0683    1 2 4 6 7 9
0,03807        0,06873   1 3 4 6 9
0,04275        0,06529   3 6 7 8 9
0,05329        0,05756   2 4 8
0,05271        0,05799   1 4 7 8
0,04275        0,06529   3 6 7 8 9
```

z wartością przystosowania 0,053 – ta wartość odpowiada[5] błędowi klasyfikacji algorytmu naiwnego Bayesa z pięciokrotnym sprawdzianem krzyżowym, gdy chromosom {4, 6, 7, 9} był określony na wejściu.

W kolumnie „scaled" przedstawiono przeskalowaną wartość przystosowania każdego chromosomu, przy czym w programie WEKA używa się techniki skalowania liniowego, aby przeskalować wartości. Z definicji oryginalna wartość przystosowania i przeskalowana wartość przystosowania są liniowo zależne $f' = af + b$, gdzie f' i f są odpowiednio przeskalowaną i oryginalną wartością przystosowania. Stałe a i b są wybierane tak, aby $f'_{\text{arg}} = f_{\text{arg}}$ i $f'_{\max} = C_{\text{mult}} f'_{\text{arg}}$. Stała C_{mult} jest oczekiwaną liczbą kopii najlepiej przystosowanego osobnika w populacji i dla małych populacji jest ona z zakresu[6] od 1,2 do 2,0.

Dlatego obliczając średnie wartości przystosowania pokazane w tab. 6.8, otrzymujemy $f_{\text{arg}} = 0{,}055753$ i $f'_{\text{arg}} = 0{,}055755$, co zgadza się z regułą, zgodnie z którą wybierane są parametry a i b. Ponieważ wartość C_{mult} jest opcją ustaloną przez system WEKA, więc wartości przystosowania z ostatnich dwóch wierszy z tab. 6.8 wybrano do rozwiązania równań na a i b, zgodnie z relacją $f' = a \cdot f + b$:

[5]Właściwie ta wartość może się nieznacznie różnić, z powodu wartości progowej opcji *WrapperSubsetEval*.

[6]WEKA ustala tę wartość wewnętrznie.

$$0{,}05799 = 0{,}05271a + b,$$
$$0{,}06529 = 0{,}04275a + b.$$

Podstawiając drugie równanie do pierwszego, otrzymujemy

$$-0{,}0073 = 0{,}00996a,$$
$$a = -\frac{0{,}0073}{0{,}00996} = -0{,}73293, \qquad b = 0{,}096623.$$

Użyjemy definicji $f'_{\text{max}} = C_{\text{mult}} f_{\text{arg}}$, aby określić

$$C_{\text{mult}} = \frac{f'_{\text{max}}}{f_{\text{arg}}} = \frac{0{,}06873}{0{,}055753} = 1{,}23.$$

W końcu zauważmy, że piąty wiersz w tab. 6.8 zawiera wartość $f' = 0$. Oryginalna wartość przystosowania równa $0{,}13177$ odpowiada największej wartości błędu klasyfikacji w populacji utworzonej przez chromosom $\{8\}$ i w efekcie f' jest odwzorowane na wartość zero, aby uniknąć chromosomów z ujemną wartością przystosowania.

W naszym ćwiczeniu przeanalizowaliśmy prosty przykład klasyfikacji, gdzie wykorzystano metodę *Genetic Search* w celu znalezienia podzbioru atrybutów, który poprawia dokładność klasyfikacji algorytmu naiwnego Bayesa w porównaniu do klasyfikacji, gdy używane są wszystkie atrybuty. Chociaż pierwotnie mieliśmy tylko dziewięć atrybutów, to jednak oznaczało to $2^9 - 1 = 511$ możliwych podzbiorów atrybutów, które mogą zostać danymi wejściowymi dla klasyfikatora. Wyobraźmy sobie budowanie modelu klasyfikacji ze zbioru składającego się ze 100 atrybutów. Byłoby wtedy $2^{100} - 1 = 1{,}27 \cdot 10^{30}$ możliwych podzbiorów atrybutów, z których można wybrać. W takich sytuacjach metody przeszukiwania genetycznego mogą okazać się pomocne w określeniu przydatnego podzbioru atrybutów.

6.9. Podsumowanie

Algorytmy genetyczne zaproponowane w latach 60. i 70. przez Johna Hollanda próbują obliczeniowo naśladować procesy, poprzez które działa selekcja naturalna. Algorytmy genetyczne stanowią szkielet do badań mechanizmów zainspirowanych biologią, takich jak selekcja osobników, reprodukcja, mutacja i krzyżowanie informacji genetycznej. Algorytmy genetyczne wykorzystują trzy operatory: selekcję, krzyżowanie i mutację. Operator selekcji dotyczy wyboru chromosomów, które będą reprodukowane. Za pomocą funkcji przystosowania ocenia się tu każdy chromosom (możliwe rozwiązanie) i im lepiej chromosom jest przystosowany, tym ma większe szanse, że zostanie wybrany do reprodukcji. Operator krzyżowania wykonuje rekombinację, tworząc dwa nowe osobniki potomne przez losowy wybór pozycji i wymianę podsekwencji będących na prawo i na lewo do wybranej pozycji pomiędzy dwoma chromosomami wybranymi podczas selekcji. Operator mutacji losowo zmienia bity lub cyfry na pojedynczej pozycji w chromosomie — zwykle jednak z bardzo małym prawdopodobieństwem. Mutacja wprowadza nową informację do populacji i chroni przed zbyt szybką zbieżnością do lokalnego optimum.

Każdy członek populacji możliwych rozwiązań jest oceniany pod względem przystosowania w każdym cyklu. Nowa populacja zastępuje wtedy starą populację za pomocą powyższych operatorów, z najbardziej przystosowanymi osobnikami wybranymi do reprodukcji lub klonowania. Przystosowanie jest mierzone za pomocą funkcji przystosowania $f(x)$ — funkcji rzeczywistej działającej na chromosomach (możliwych rozwiązaniach). Jeśli chodzi o operator selekcji, analityk powinien być ostrożny, aby utrzymać w równowadze przystosowanie i różnorodność. Jeżeli przystosowanie jest faworyzowane względem różnorodności, to zbiór dobrze przystosowanych, ale częściowo optymalnych chromosomów zdominuje populację, ograniczając możliwości algorytmu genetycznego do znalezienia globalnego optimum. Jeżeli różnorodność jest faworyzowana względem przystosowania, to zbieżność modelu będzie zbyt wolna.

Stłoczenie ma miejsce, gdy jeden chromosom, który jest dużo lepiej przystosowany od innych, zaczyna reprodukować się, tworząc zbyt wiele klonów lub podobnych kopii siebie w przyszłych pokoleniach. Stłoczenie niekorzystnie wpływa na zdolność algorytmu genetycznego do poszukiwania nowych regionów w przestrzeni poszukiwań poprzez redukcję różnorodności populacji. Istnieje wiele dostępnych technik eliminujących problem stłoczenia.

Krzyżowanie jednopunktowe ma wadę zwaną obciążeniem pozycyjnym, co oznacza, że wynik działania algorytmu genetycznego częściowo zależy od porządku, w którym zmienne występują w chromosomie. Można wówczas zastosować krzyżowanie wielopunktowe lub krzyżowanie równomierne, które nie mają tej wady.

Oryginalny schemat algorytmu genetycznego został zaproponowany dla danych kodowanych binarnie, gdyż operacje krzyżowania i mutacji w sposób naturalny dobrze działają na takich danych. Jednak większość danych do eksploracji danych jest w formie liczb rzeczywistych, podawanych często z dokładnością wielu cyfr po przecinku. Eiben i Smith [10] zaproponowali następujące metody wykonania krzyżowania i mutacji na ciągłych danych: pojedyncze krzyżowanie arytmetyczne, proste krzyżowanie arytmetyczne, pełne krzyżowanie arytmetyczne, krzyżowanie dyskretne oraz mutacja oparta na rozkładzie normalnym.

Algorytmów genetycznych często używa się do wykonywania optymalizacji wewnątrz sieci neuronowych, jako alternatywy wobec metody propagacji wstecznej. Algorytmy genetyczne mają mniejszą tendencję do „utykania" w minimum lokalnym niż algorytmy propagacji wstecznej.

6.10. Literatura

[1] John Holland, *Adaptation in Natural and Artificial Systems*, University of Michigan Press, Ann Arbon, MI 1995; wyd. MIT Press, Cambridge, MA 1992.

[2] Melanie Mitchell, *An Introduction to Genetic Algorithms*, MIT Press, Cambridge, MA 2002; wyd. 1 w roku 1996.

[3] Kenneth De Jong, An analysis of the behavior of a class of genetic adaptive systems, praca doktorska, University of Michigan, Ann Arbor, MI 1975.

[4] David Goldberg, Jon Richardson, Genetic algorithms with sharing for multi-modal function optimization, w: J. Greffenstette, red., *Genetic Algorithms and Their Applications: Proceedings of the 2nd International Conference on Genetic Algorithms*, Lawrence Erlbaum Associates, Hillsdale, NJ 1987.

[5] Kalyanmoy Deb, David Goldberg, An investigation of niche and species formation in genetic function optimization, w: J. Greffenstette, red., *Proceedings of the 3rd International Conference on Genetic Algorithms*, Morgan Kaufmann, San Francisco, CA 1989.

[6] Larry Eschelman, The CHC adaptive search algorithm: how to have safe search when engaging in nontradicional genetic recombination, w: G. Rawlins, red., *Foundations of Genetic Algorithms*, Morgan Kaufmann, San Francisco, CA 1991.

[7] Larry Eshelman, J. David Schaffer, Preventing premature convergence in genetic algorithms by preventing incest, w: R. Belew, L. Booker, red., *Proceedings of the 4th International Conference on Genetic Algorithms*, Morgan Kaufmann, San Francisco, CA 1991.

[8] Stephanie Forrest, Scaling fitnesses in the genetic algorithm, w: Documentation for PRISONERS DILEMMA and NORMS Programs that Use the Genetic Algorithm, praca nieopublikowana, 1985.

[9] Randy Haupt, Sue Ellen Haupt, *Practical Genetic Algorithms*, Wiley, New York 1998.

[10] A. E. Eiben, Jim Smith, *Introduction to Evolutionary Computing*, Springer-Verlag, Berlin 2003.

[11] Tom Mitchell, *Machine Learning*, WCB-McGraw-Hill, Boston 1997.

[12] Laurene Fausett, *Fundamentals of Neural Networks*, Prentice Hall, Englewood cliffs, NJ 1994.

[13] Simon Haykin, *Neural Networks: A Comprehensive Foundation*, Prentice Hall, Englewood cliffs, NJ 1990.

[14] Daniel Larose, *Discovering Knowledge in Data: An Introduction to Data Mining*, Wiley, Hoboken, NJ 2005.

[15] Russel D. Reed, Robert J. Marks II, *Neural Smithing: Supervised Learning in Feedforward Artificial Neural Networks*, MIT Press, Cambridge, MA 1999.

[16] Nishant Unnikrishnan, Ajay Mahajan, Tsuchin Chu, Intelligent system modeling of a three-dimensional ultrasonic positioning system using neural networks and genetic algorithms, w: *Proceedings of the Institution for Mechanical Engineers*, Vol. 217, Part I, *Journal of Systems and Control Engineering*, 2003.

[17] Chin-Sheng Huang, Robert Dorsey, Mary Ann Boose, Life insurer financial distress prediction: a neural network model, *Journal of Insurance Regulation*, Vol. 13, No. 2, Winter 1994.

[18] David Montana, Lawrence Davis, Traning feedforward networks using genetic algorithms, w: *Proceedings of the International Joint Conference on Artificial Intelligence*, Morgan Kaufmann, San Francisco, CA 1989.

[19] Zbiór danych *breast cancer*, opracowany przez dr. Williama H. Wolberga, University of Wisconsin Hospitals, Madison, WI, otrzymany 8 stycznia 1991.

6.11. Ćwiczenia

Wyjaśnienie pojęć

6.1. Połącz każde z następujących pojęć dotyczących algorytmów genetycznych z definicją lub opisem.

Pojęcie	Definicja
a) Selekcja	Jedno z możliwych rozwiązań problemu.
b) Pokolenie	Skaluje wartość przystosowania chromosomu przez odchylenie standardowe i przez to utrzymuje stały nacisk selektywny.
c) Stłoczenie	Operator określający, który chromosom zostanie rodzicem.
d) Krzyżowanie	Geny z sąsiadujących pozycji są często krzyżowane razem, wpływając na działanie algorytmu genetycznego.
e) Chromosom	Operator, który wprowadza nową informację do populacji, zapobiegając przed przedwczesną zbieżnością.
f) Obciążenie pozycyjne	Jednokierunkowa, pełna, wielowarstwowa sieć.
g) Krzyżowanie równomierne	Cykl w algorytmie genetycznym.
h) Mutacja	Pewien szczególnie dobrze przystosowany chromosom tworzy zbyt dużo klonów lub podobnych kopii siebie, przez co redukuje różnorodność populacji.
i) Skalowanie sigma	Rodzaj selekcji, który wymaga, aby algorytm genetyczny zachował pewną liczbę najbardziej przystosowanych chromosomów z pokolenia na pokolenie.
j) Gen	Operator wykonujący rekombinację, w wyniku której są tworzone dwa nowe osobniki potomne łączące geny rodziców.
k) Elitaryzm	Każdy gen pochodzi od jednego z rodziców z 50% prawdopodobieństwem.
l) Sieć neuronowa	Pojedynczy bit możliwego rozwiązania.

6.2. Omów, dlaczego podczas wykorzystywania operatora selekcji należy ostrożnie podchodzić do utrzymania równowagi między przystosowaniem a różnorodnością. Opisz zagrożenia przecenienia każdego z nich.

6.3. Porównaj wady i zalety użycia propagacji wstecznej i algorytmu genetycznego do optymalizacji w sieci neuronowej.

Praca z danymi

6.4. Dokończ przykład z tekstu (podrozdz. 6.3), w którym przystosowanie jest określone za pomocą rozkładu $N(16, 4)$. Kontynuuj do końca trzeciej iteracji. Nie wykonuj mutacji i wykonaj krzyżowanie tylko raz (w drugiej iteracji na czwartej pozycji).

6.5. Oblicz wektory potomków z przykładu dla pełnego krzyżowania arytmetycznego. Użyj rodziców wskazanych w p. 6.6.2 z $\alpha = 0{,}5$. Skomentuj uzyskane wyniki.

Ćwiczenia praktyczne

6.6. (*Dodatkowy punkt*) Napisz program komputerowy dla prostego algorytmu genetycznego. Zaimplementuj przykład omówiony w tekście z $N(16, 4)$ jako funkcją przystosowania. Niech prawdopodobieństwo krzyżowania będzie równe 0,6, a prawdopodobieństwo mutacji 0,01. Zacznij z populacją wszystkich liczb całkowitych od 0 do 31. Utwórz 25 pokoleń i zmierz, w którym pokoleniu napotykana jest decyzja optymalna $x = 16$. Jeżeli masz czas, zmień prawdopodobieństwa krzyżowania i mutacji oraz porównaj wyniki.

6.7. Powtórz analizę z podrozdz. 6.8, używając zbioru danych *breast-cancer.arff* w programie WEKA i wybierając podzbiór atrybutów za pomocą metody *Genetic Search.* Tym razem użyj metody naiwnego Bayesa z opcją estymatora jądrowego (*use kernel estimator = true*) zarówno dla wyboru atrybutów, jak i 10-krotnego sprawdzianu krzyżowego. Teraz porównaj wyniki klasyfikacji dla pełnego zbioru atrybutów i podzbioru atrybutów wybranego przez metodę *Genetic Search.* Czy jakość klasyfikacji została poprawiona?

7

Studium przypadku — modelowanie odpowiedzi na kampanię marketingową

7.1. *Cross-Industry Standard Process for Data Mining*

W studium przypadku w tym rozdziale jest wykorzystywana metodologia *Cross-Industry Standard Process for Data Mining* (CRISP–DM). Zgodnie z metodologią CRISP–DM dany projekt eksploracji danych ma cykl życia składający się z sześciu etapów, jak pokazano na rys. 7.1. Zauważmy, że kolejność faz można dopasować. Oznacza to, że następny etap w kolejności często zależy od wyników z poprzedniego etapu. Najbardziej znaczące zależności między etapami wskazują strzałki. Załóżmy na przykład, że jesteśmy na etapie modelowania. W zależności od zachowania i cech modelu, możemy zostać zmuszeni do powrotu do etapu przygotowania danych w celu dalszego udoskonalenia, zanim przejdziemy dalej do etapu ewaluacji modelu. Oto sześć etapów metodologii CRISP–DM:

1. **Zrozumienie uwarunkowań biznesowych.**
   Ta pierwsza faza CRISP–DM może być również określana jako zrozumienie uwarunkowań badawczych.
   a) Jasne sformułowanie celów i wymagań projektu w terminologii komórki biznesowej lub badawczej.
   b) Wykorzystanie sformułowanych celów i ograniczeń do opracowania definicji problemu eksploracji danych.
   c) Stworzenie wstępnego planu działań, zmierzających do osiągnięcia tych celów.
2. **Zrozumienie danych**
   a) Zebranie danych.
   b) Wykorzystanie eksploracyjnej analizy danych w celu poznania danych i odkrycie pierwszych zależności.
   c) Ocena jakości danych.
   d) Jeżeli trzeba, wybranie interesujących podzbiorów, które mogą zawierać wzorce.
3. **Przygotowanie danych**
   a) Ten bardzo pracochłonny etap obejmuje wszystkie aspekty przygotowania z oryginalnych, surowych danych ostatecznego zbioru danych, który będzie wykorzystywany we wszystkich następnych fazach.
   b) Wybór przypadków i zmiennych, które będą analizowane i które są odpowiednie do analizy.

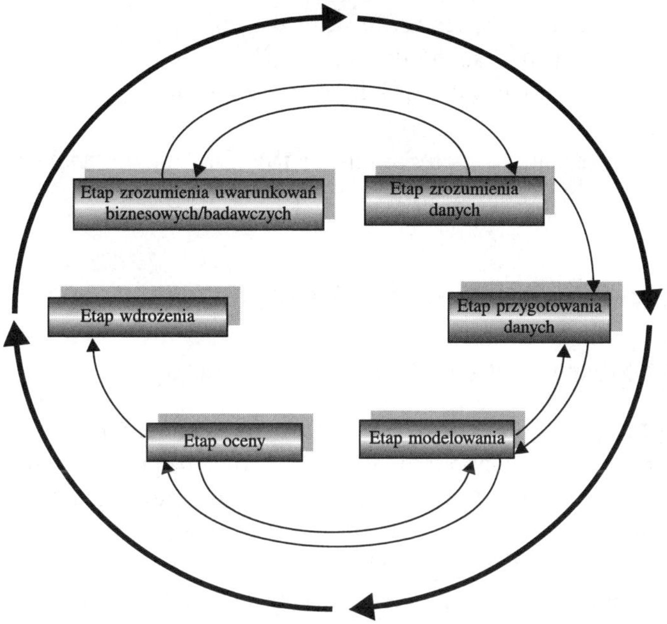

Rys. 7.1. CRISP–DM jest iteracyjnym procesem, który można przystosować

   c) Wykonanie przekształceń na pewnych zmiennych, jeżeli jest to konieczne.
   d) Wyczyszczenie surowych danych tak, aby były gotowe do wykorzystania przez narzędzia modelujące.

4. **Modelowanie**
   a) Wybór i zastosowanie odpowiednich technik modelujących.
   b) Skalowanie parametrów modelu w celu optymalizacji wyników.
   c) Często kilka różnych technik może zostać użytych do tego samego problemu eksploracji danych.
   d) Jeżeli to konieczne, powrót do etapu przygotowania danych, by przybrały one postać odpowiadającą specyficznym wymaganiom danej techniki eksploracji.
5. **Ewaluacja**
   a) W wyniku etapu modelowania powstało jeden lub więcej modeli. Te modele muszą zostać ocenione pod względem jakości oraz efektywności przed ich wdrożeniem.
   b) Ustalenie czy model rzeczywiście spełnia wszystkie założenia ustalone w pierwszym etapie.
   c) Ocena czy są jakieś ważne cele biznesowe lub badawcze, które nie zostały w należyty sposób uwzględnione.
   d) W końcu podjęcie decyzji co do wykorzystania wyników eksploracji danych.
6. **Wdrożenie**
   a) Stworzenie modelu nie stanowi zakończenia projektu. Istnieje bowiem konieczność wykorzystania utworzonych modeli zgodnie z celami biznesowymi.
   b) Przykład prostego wdrożenia — sporządzenie raportu.

c) Przykład bardziej złożonego wdrożenia — implementacja równoległego procesu eksploracji danych w innym dziale.
d) W środowiskch biznesowych klienci często realizują wdrożenie na podstawie modelu.

Dużo więcej informacji o metodologii CRISP–DM można znaleźć w pracy Chapmana i in. [1], Larose'a [2] lub na `www.crisp-dm.org`.

7.2. Zrozumienie uwarunkowań biznesowych

7.2.1. Problem odpowiedzi na kampanię marketingową

W tym szczegółowym studium przypadku, naszym zadaniem jest przewidywanie, którzy klienci z większym prawdopodobieństwem odpowiedzą na kampanię marketingową, polegającą na wysyłaniu materiałów reklamowych do potencjalnych klientów. Znajdujący się na stronie internetowej `www.dataminingconsultant.com` zbiór danych *clothing-store* [3] przedstawia rzeczywiste dane zebrane przez sieć sklepów odzieżowych w Nowej Anglii. Dane obejmują 51 atrybutów dla 28 799 klientów. Więcej informacji o zbiorze danych przedstawimy na etapie zrozumienia danych (podrozdz. 7.3).

Naszym zadaniem eksploracji danych jest klasyfikacja. Na podstawie zebranej informacji o klientach chcemy sklasyfikować, który klient odpowie na kampanię marketingową. Jak ten problem ma się do biznesu jako całości? Oczywiście dla sklepu odzieżowego nadrzędnym celem jest zwiększenie zysków. Zatem celem naszego modelu klasyfikacji powinno być również zwiększenie zysków. Tak więc wykorzystamy miary oceniające model, które oszacują efekt klasyfikacji na końcowy wynik (zysk). W następnych podrozdziałach omówimy to studium przypadku, używając oprogramowania do eksploracji danych Clementine 8.5 stworzonego przez firmę SPSS, Inc.

7.2.2. Budowanie tabeli koszt/zysk

Modele klasyfikacji są często oceniane za pomocą współczynników dokładności, współczynników błędu, wskaźników FN (fałszywa klasyfikacja negatywna) i wskaźników FP (fałszywa klasyfikacja pozytywna). Miary te można zastosować do dowolnego problemu klasyfikacyjnego. Jednak nie zawsze przyczynią się one do wyboru optymalnego modelu. Przyczyną jest fakt, iż każdy problem klasyfikacyjny ma unikalny zestaw kosztów i zysków, który pochodzi z konkretnego zestawu warunków, niepowtarzalnego dla danego problemu biznesowego lub badawczego.

Koszt błędu FP (błędna odpowiedź pozytywna) może być niski w pewnych środowiskach i wyższy w innych. Na przykład w kampanii marketingowej błąd FP może kosztować nie więcej niż pocztówka, podczas gdy dla testów na obecność wirusa HIV koszt błędu FP dla testu ELISA będzie większy, skutkując powtórnym testem HIV. (Z drugiej strony, oczywiście, błędy FN w testach na obecność wirusa HIV są w rzeczywistości bardzo poważne, dlatego test ELISA pozwala na wyższy wskaźnik FP, aby utrzymać wskaźnik FN na poziomie tak niskim, jak to tylko możliwe.)

W problemach biznesowych, takich jak nasz problem kampanii marketingowej, menedżerowie firmy mogą wymagać, aby modele były porównywane w ramach analizy koszt/zysk. Przypomnijmy z książki *Odkrywanie wiedzy z danych* [2], że podczas klasyfikacji przydaje się konstrukcja tabeli koszt/zysk. Tabela koszt/zysk zapewnia porównanie modeli pod względem oczekiwanych zysków lub strat poprzez powiązanie z kosztami lub zyskami dla każdej z czterech możliwych kombinacji poprawnych i błędnych klasyfikacji.

Rozważmy każdy z czterech możliwych końcowych wyników (TN, TP, FN i FP) i przypiszmy rozsądny koszt dla każdego końcowego wyniku.

1. **Prawdziwe klasyfikacje negatywne (TN).** Na podstawie modelu przewidujemy, że ten klient nie odpowiedziałby na kampanię marketingową, zatem do tego klienta nie wysyłamy materiałów reklamowych. W rzeczywistości ten klient nie odpowiedziałby na ofertę, a zatem podjęto prawidłową decyzję. Żadne koszty nie zostały poniesione, ponieważ nie wysłano materiałów reklamowych; nie dokonano również żadnej sprzedaży i żadne potencjalne transakcje nie zostały stracone.
2. **Prawdziwe klasyfikacje pozytywne (TP).** Na podstawie modelu przewidujemy, że ten klient odpowie na kampanię marketingową, zatem wysyłamy do niego materiały reklamowe. W rzeczywistości ten klient naprawdę odpowie na ofertę, zatem znowu podjęto prawidłową decyzję. Koszt reklamy, obejmujący materiały, opłatę pocztową i doręczenie jest równy 2 $ za jedną przesyłkę. Jednak ten klient po otrzymaniu materiałów przyjdzie do sklepu i dokona zakupu. Zatem powstaje pytanie: Jaką sumę wyda klient i jaka część tej kwoty może być przyjęta za zysk? W tabeli 7.1 pokazano statystykę związaną ze średnią sumą wydaną podczas jednej wizyty dla wszystkich 28 799 klientów. Średnia wynosi 113,59 $ i tej wartości będziemy używać jako oszacowanie sumy, którą wyda klient podczas wizyty w sklepie po otrzymaniu materiałów reklamowych. (Mediana jest innym rozsądnym oszacowaniem, jednak nie użyliśmy jej w tym przykładzie. À propos, dlaczego średnia jest większa od mediany? *Wskazówka.* Sprawdź wartość maksymalną — wyobraź sobie wydawanie średnio 1919,88 $ na ubrania podczas tylko jednej wizyty w sklepie.) Przyjmijmy, że 25% z tych 113,59 $, czyli 28,40 $ reprezentuje zysk sklepu. Zatem zysk związany z takim klientem jest równy zyskowi ze sprzedaży (28,40 $) minus koszt związany z przesyłką (2,00 $), czyli 26,40 $.

Tabela 7.1. Statystyka związana ze średnią sumą wydaną podczas jednej wizyty dla wszystkich klientów

Liczność	18 799
Średnia	113,588
Minimum	0,490
Maksimum	1919,880
Odchylenie standardowe	86,981
Mediana	92,000

Tabela 7.2. Podsumowanie decyzji koszt/zysk dla problemu kampanii promocyjnej sklepu z odzieżą

Wynik	Klasyfikacja	Rzeczywista odpowiedź	Koszt	Uzasadnianie
TN	brak odpowiedzi	brak odpowiedzi	0 $	brak kontaktu, brak straconych zysków
TP	odpowiedź	odpowiedź	−26,4 $	oszacowany zysk minus koszt przesyłki
FN	brak odpowiedzi	odpowiedź	28,4 $	stracony zysk
FP	odpowiedź	brak odpowiedzi	2,00 $	materiały, przesyłka i koszt doręczenia

3. **Fałszywa klasyfikacja negatywna (FN).** Jaki błąd decyzyjny jest bardziej kłopotliwy w większości problemów marketingowych — fałszywa klasyfikacja negatywna czy fałszywa klasyfikacja pozytywna? Fałszywa klasyfikacja pozytywna oznacza, że materiały reklamowe zostały wysłane do klienta, który nie odpowie, co nie jest bardzo kosztowne. Ale fałszywa klasyfikacja negatywna oznacza, że materiały reklamowe nie zostały wysłane do klienta, który odpowiedziałby pozytywnie na reklamę. Taki błąd jest dużo bardziej kosztowny, a osoby zajmujące się klasyfikacją do celów marketingowych powinny dążyć do minimalizacji prawdopodobieństwa popełnienia błędów tego typu. Jaki jest koszt związany z fałszywą klasyfikacją negatywną w tym przypadku? Nie ma kosztu związanego z przesyłką, ponieważ nie skontaktowaliśmy się z klientem, ale gdybyśmy się z nim skontaktowali, to odpowiedziałby na reklamę i wydał pieniądze w sklepie. Oszacowana kwota jednorazowego wydatku jest taka sama, jak powyżej — 113,59 $, z czego 28,40 $ stanowi zysk sklepu. Zatem stracony zysk związany z tym klientem to 28,40 $.
4. **Fałszywa klasyfikacja pozytywna (FP).** Fałszywe klasyfikacje pozytywne są dużo mniej poważnym błędem w modelach marketingowych. Tutaj koszt związany ze skontaktowaniem się z klientem, który nie odpowiada, to 2 $ za przesyłkę i doręczenie. Możemy zatem zobaczyć, że w tym kontekście tego problemu fałszywa klasyfikacja negatywna jest $28{,}40/2{,}00 = 14{,}2$ razy bardziej kosztowna niż fałszywa klasyfikacja pozytywna.

Możemy zatem kontynuować i zbudować tabele koszt/zysk dla przykładu kampanii marketingowej sklepu z odzieżą (tab. 7.2). Zauważmy, że zysk pokazano jako ujemny koszt. Na podstawie tabeli koszt/zysk (tab. 7.2) ostatecznie zdecydujemy, który model wybierzemy jako optymalny dla tego problemu, pomimo wartości wskaźników błędu.

7.3. Zrozumienie danych i przygotowanie danych

W tym studium przypadku połączyliśmy razem etap zrozumienia danych i przygotowania danych, ponieważ to, czego dowiadujemy się na każdym etapie natychmiast wpływa na nasze działania na innych etapach. Zbiór danych *clothing store* zawiera informację o 28 799 klientach w następujących 51 polach:

- numer klienta (*customer id*) — unikatowa, zakodowana identyfikacja klienta,
- kod pocztowy (*zip code*),

- liczba wizyt zakończonych zakupem (*purchase visits*),
- wartość netto wszystkich zakupów (*total net sales*),
- średnia kwota wydawana na zakupy (*ave spending per visit*),
- kwota wydana w każdym z czterech sklepów franczyzowanych (cztery zmienne: *spending AM*, *spending PS*, *spending CC* i *spending AX*),
- kwota wydana przez ostatni miesiąc (*spending last one month*), ostatni kwartał (*spending last 3 months*) i ostatnie pół roku (*spending last 6 months*),
- kwota wydana w tym samym okresie w zeszłym roku (*spending SPLY*),
- procent marży handlowej (*gross margin %*),
- liczba promocji marketingowych (*# promotions*),
- liczba dni od chwili rejestracji klienta (*days on file*),
- liczba dni pomiędzy zakupami (*days between purchases*),
- zniżka na zakupy klienta (*markdown*),
- liczba różnych rodzajów kupionych produktów (*# different product classes*),
- liczba kuponów użytych przez klienta (*# coupons used*),
- całkowita liczba sztuk zakupionych przez klienta (*# invidual items purchased*),
- liczba sklepów, w których klient kupował (*stores*),
- liczba materiałów reklamowych wysłanych w zeszłym roku (*promotions mailed*),
- liczba materiałów reklamowych, na które klient odpowiedział w zeszłym roku (*responded*),
- współczynnik odpowiedzi na materiały reklamowe w zeszłym roku (*response rate*),
- współczynnik jednorodności produktów (mała wartość = zróżnicowane zakupione produkty) (*product uniformity*),
- czas pomiędzy wizytami (*lifetime ave time between visits*),
- przynależność do jednej z grup zdefiniowanych przez firmę Microvision (*lifestyle cluster*),
- procent zwrotów (*returns*),
- zmienna flagowa — klient używa karty kredytowej (*credit card flag*),
- zmienna flagowa — aktualny numer telefonu w bazie (*phone # flag*),
- zmienna flagowa — klient kupuje przez Internet (*web buyer*),
- 15 zmiennych dostarczających informacji o procentowym rozkładzie kwot wydanych przez klienta na poszczególne rodzaje ubrania, takie jak: swetry (*sweaters*), topy z dzianiny (*knit tops*), sukienki z dzianiny (*knit dresses*), bluzki (*blouses*), kurtki (*jackets*), spodnie eleganckie (*career pants*), spodnie (*casual pants*), koszule (*shirts*), sukienki (*dresses*), garnitury (*suits*), odzież wierzchnia (*outerwear*), biżuteria (*jewelry*), nowe trendy (*fashion*), rajstopy (*legwear*) i kolekcje (*colectibles line*); również zmienna pokazująca wybraną markę (zakodowane) (*brand*),
- zmienna celu — odpowiedź na kampanię marketingową (*response*).

Powyższe dane zebrano podczas kampanii marketingowej przeprowadzonej w zeszłym roku. Uzyskane informacje zostaną użyte w celu rozbudowy modeli klasyfikacjnych zastosowanych podczas tegorocznej kampanii marketingowej. Na etapie zrozumienia danych poznajemy zbiór danych za pomocą eksploracyjnej analizy danych (EDA) oraz graficznych i opisowych statystycznych metod służących do poznania danych. Po

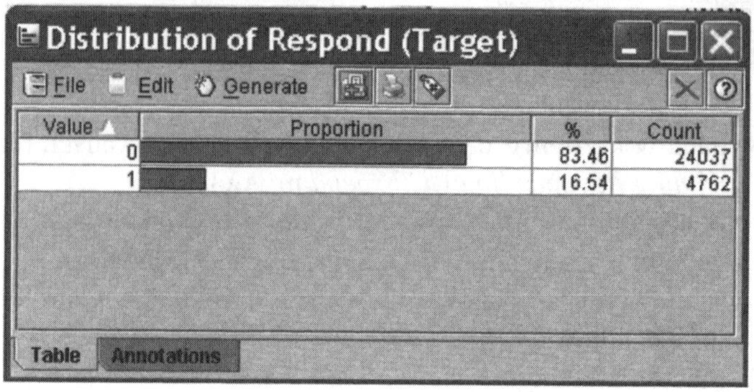

Rys. 7.2. Większość klientów nie odpowiada na kampanię marketingową

pierwsze, jaka jest wartość wskaźnika odpowiedzi na kampanię marketingową? Na rysunku 7.2 pokazano, że tylko 4762 spośród 28 799 klientów, lub 16,54%, odpowiedziało na kampanię marketingową w zeszłym roku (1 dla zmiennej *response* wskazuje na odpowiedź, 0 wskazuje na brak odpowiedzi). Ponieważ odpowiedziało stosunkowo mało klientów, więc możemy zdecydować się na zastosowanie równoważenia danych przed modelowaniem.

Jedna ze zmiennych — zmienna *lifestyle cluster*, czyli przynależność do grupy określonej przez firmę Microvision, zawiera kategorię segmentacji rynkowej dla każdego klienta zdefiniowanego przez Claritas Demographics [4]. Jest 50 kategorii segmentacji rynkowej, oznakowanych od 1 do 50. Rozkład najczęstszych 20 grup w bazie klientów pokazano na rys. 7.3.

Sześć najbardziej rozpowszechnionych typów grup w naszej bazie danych to:

1. Grupa 10: *Home, Sweet Home* (bezpieczny dom) — rodziny o średnim lub wysokim dochodzie i wykształceniu, menedżerowie/fachowcy, technicy/sprzedawcy.
2. Grupa 1: *Upper Crust* (śmietanka społeczna) — rodziny mieszkające w mieście, bardzo wysoki dochód i wykształcenie, właściciele domów, menedżerowie/fachowcy.
3. Grupa 4: *Midlife Success* (sukces wieku średniego) — rodziny, bardzo wysokie wykształcenie, wysoki dochód, menedżerowie/fachowcy, technicy/sprzedawcy.
4. Grupa 16: *Country Home Families* (rodziny mieszkające na wsi) — duże rodziny, wiejskie tereny, średnie wykształcenie, średnie dochody, rzemiosło.
5. Grupa 8: *Movers and Shakers* (osoby aktywne lub wpływowe (w pewnej dziedzinie)) — osoby samotne, pary, studenci i absolwenci, wysokie wykształcenie i dochód, menedżerowie/fachowcy, technicy/sprzedawcy.
6. Grupa 15: *Great Beginnings* (wspaniałe początki) — młode osoby samotne i pary, średnie lub wysokie wykształcenie, średnie zarobki, niektórzy najemcy, menedżerowie/fachowcy, technicy/sprzedawcy.

Ogólnie wydaje się, że sklep z odzieżą przyciąga zamożnych klientów ze stosunkowo wysokimi dochodami i wykształceniem. Grupa 1, *Upper Crust*, reprezentuje najbogatszą ze wszystkich 50 grup i jest drugą najczęściej występującą grupą wśród klientów sklepu.

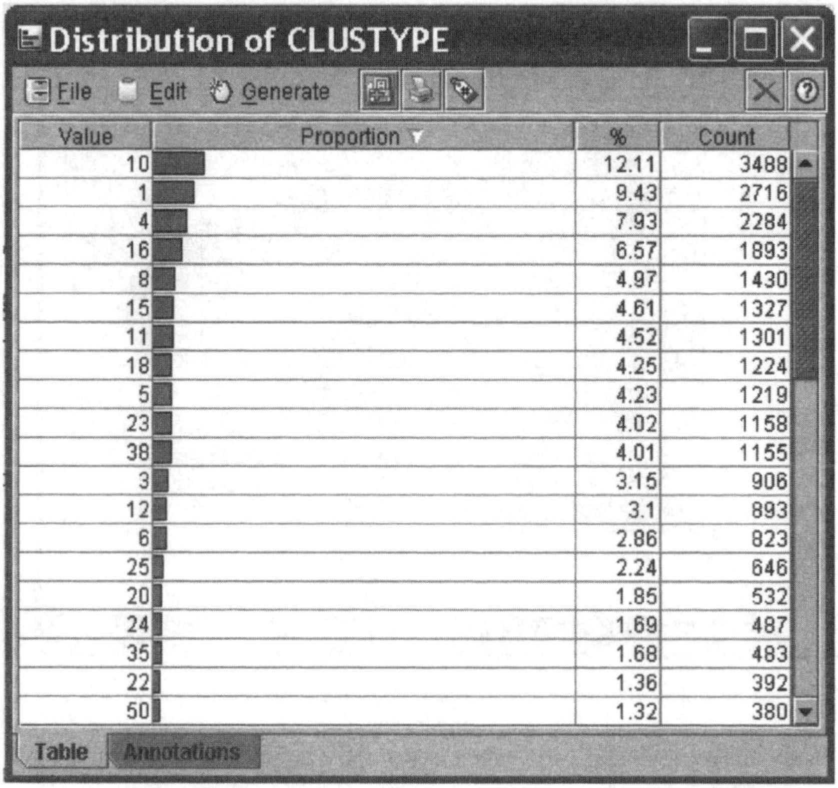

Value	Proportion	%	Count
10		12.11	3488
1		9.43	2716
4		7.93	2284
16		6.57	1893
8		4.97	1430
15		4.61	1327
11		4.52	1301
18		4.25	1224
5		4.23	1219
23		4.02	1158
38		4.01	1155
3		3.15	906
12		3.1	893
6		2.86	823
25		2.24	646
20		1.85	532
24		1.69	487
35		1.68	483
22		1.36	392
50		1.32	380

Rys. 7.3. 20 najczęściej występujących grup dla zmiennej (grupy zdefiniowane przez firmę Microvision)

Przejdźmy do analizy innych zmiennych i zajmijmy się numerem klienta (*customer id*). Ponieważ to pole jest unikalne dla każdego klienta i jest zakodowane, więc nie zawiera informacji przydatnej do naszego zadania przewidywania, który klient odpowie na kampanię marketingową. Pole to jest zatem pomijane w dalszych analizach.

Kod pocztowy (*zip code*) może potencjalnie zawierać informację użyteczną w tym zadaniu. Chociaż kod jest zmienną numeryczną, w rzeczywistości reprezentuje klasyfikację bazy danych klientów według położenia geograficznego. Jednak w naszym zadaniu odkładamy to pole na bok i koncentrujemy się na pozostałych zmiennych.

7.3.1. Przekształcenia w celu uzyskania normalności albo symetrii

Większość pól numerycznych ma rozkład prawoskośny. Na przykład na rysunku 7.4 pokazano rozkład zmiennej *product uniformity* (wskaźnik jednorodności produktów); zmienna ta przyjmuje duże wartości dla klientów, którzy kupują tylko kilka różnych rodzajów ubrania (np. bluzki, rajstopy, spodnie) i małe wartości dla klientów, którzy kupują wiele rodzajów ubrania. Później zobaczymy, że wysoka wartość wskaźnika jednorodności produktów jest powiązana z małym prawdopodobieństwem odpowiedzi na kampanię marketingową. Rozkład na rysunku 7.4 jest prawoskośny, z większością klientów

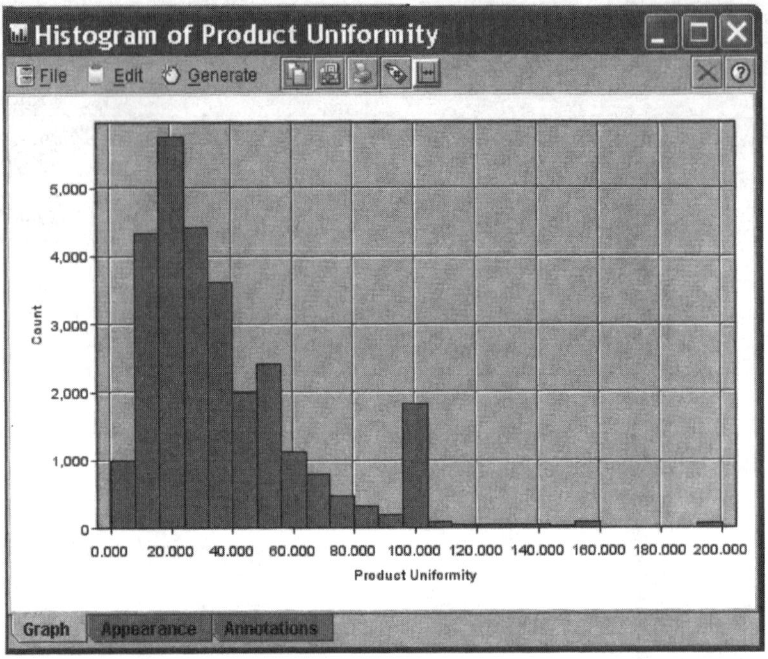

Rys. 7.4. Większość zmiennych numerycznych ma rozkład prawoskośny, tak jak wskaźnik jednorodności produktów

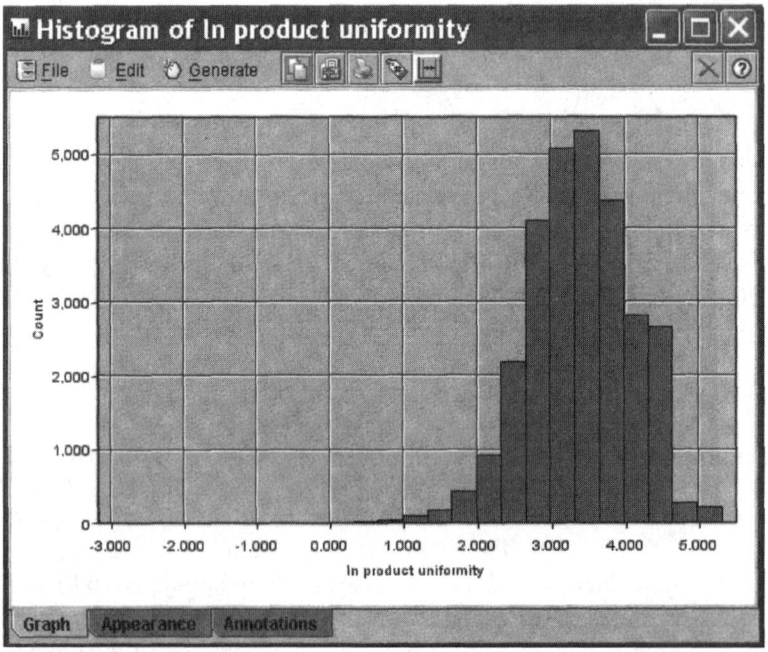

Rys. 7.5. Rozkład zmiennej wskaźnik jednorodności produktów po transformacji logarytmicznej cechuje się mniejszą skośnością

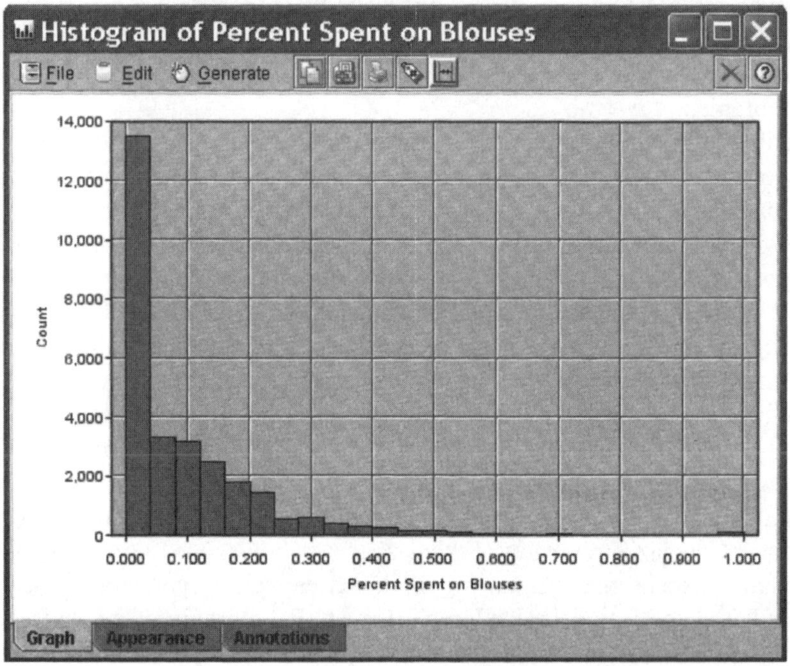

Rys. 7.6. Rozkład zmiennej procent kwoty wydany na bluzki

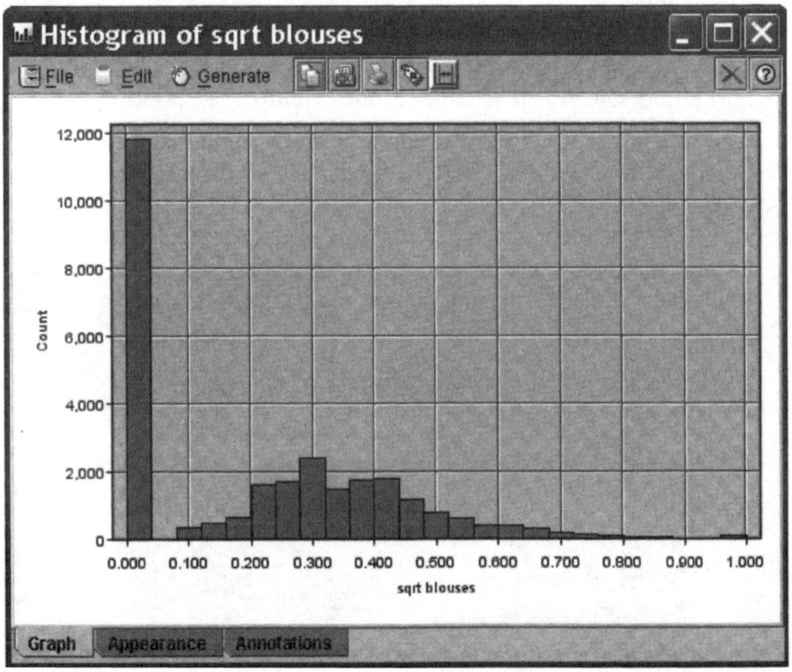

Rys. 7.7. Rozkład zmiennej procent kwoty wydany na bluzki po transformacji pierwiastka kwadratowego

posiadających stosunkowo małą wartość wskaźnika jednorodności produktów i mniejszą liczbą klientów z dużą wartością tego wskaźnika. Klienci z dużą wartością wskaźnika jednorodności produktów mają tendencję do kupowania tylko jednego lub dwóch rodzajów ubrania.

Wiele metod i modeli eksploracji danych (takich jak analiza składowych głównych i regresja logistyczna) działa najlepiej, gdy zmienne mają rozkład normalny, a jeżeli nie uda się tego osiagnąć, to wymagają, aby rozkład był przynajmniej symetryczny. Dlatego stosujemy przekształcenia do wszystkich danych numerycznych, które tego wymagają, aby otrzymać rozkład przybliżony do rozkładu normalnego albo symetrycznego. Analityk może wybierać z przekształceń przedstawionych w rozdziale 2, takich jak transformacja logarytmiczna, transformacja pierwiastka kwadratowego, transformacja Boxa–Coxa lub transformacja potęgowa. Dla naszych zmiennych, które zawierały tylko dodatnie wartości, zastosowaliśmy transformację logarytmiczną. Jednak dla zmiennych, które zawierały wartość 0, jak również wartości dodatnie, użyliśmy transforamcji pierwiastka kwadratowego, ponieważ wartość $\ln x$ jest nieokreślona dla $x = 0$.

Na rysunku 7.5 pokazano rozkład zmiennej *product uniformity* po transformacji logarytmicznej. Chociaż otrzymany rozkład znacznie odbiega od normalnego, niemniej jest dużo mniej skośny niż rozkład oryginalnych danych, a tym samym łatwiej tu zastosować kilka metod i modeli eksploracji danych. Przypomnijmy, że zbiór danych zawiera 15 zmiennych dostarczających informacji o procentowym rozkładzie kwot wydanych przez klienta na poszczególne rodzaje ubrania (swetry, topy z dzianiny, sukienki z dzianiny, bluzki itd.). Mała część (zwykle $< 1\%$) rekordów zawiera procentowe wartości, które są ujemne. Nie jest jasne, w jaki sposób rekordy mogą przyjmować wartości ujemne lub jakie jest znaczenie tych ujemnych wartości w kontekście tego problemu. Konsultacje z analitykiem danych lub innym ekspertem dziedzinowym są tutaj jak najbardziej na miejscu. Jeżeli jednak są one niemożliwe, poprawiamy te anormalne wartości na 0 dolarów. Inna możliwość jest taka, aby przyjąć bezwzględne wartości tych wartości ujemnych, zakładając, że te liczby reprezentują zwroty wcześniejszych zakupów.

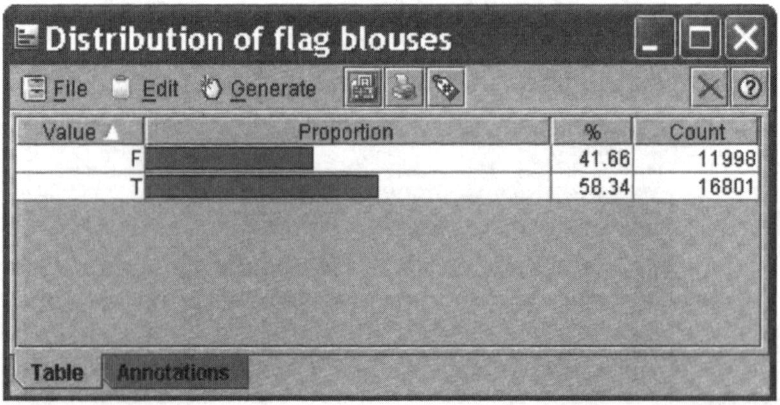

Rys. 7.8. Rozkład zmiennej flagowej informującej, czy została kupiona przynajmniej jedna bluzka

Na rysunku 7.6 pokazano rozkład (po poprawieniu) procentowego rozkładu sum wydanych na bluzki (zmienna *blouses*). Widzimy duży skok wartości w punkcie 0, wraz ze zwykłą prawoskośnością rozkładu, co wymaga zastosowania transformacji. Użyjemy transformacji pierwiastka kwadratowego — wynik pokazano na rys. 7.7. Zauważmy, że pozostaje duży skok wartości w punkcie 0, podczas gdy reszta danych wygląda symetrycznie. Podwójny charakter wykresu na rys. 7.7 motywuje nas do utworzenia zmiennej flagowej sprawdzającej, czy została kupiona przynajmniej jedna bluzka (zmienna *flag blouses*). Na rysunku 7.8 pokazano rozkład tej nowej zmiennej z około 58% klientów, którzy kupili kiedyś bluzkę. Zmienne flagowe zostały również utworzone dla pozostałych 14 zmiennych, określając procentowy rozkład sum wydanych na dany rodzaj ubrania.

7.3.2. Standaryzacja i zmienne flagowe

Kiedy są duże różnice zmienności między zmiennymi numerycznymi, analityk danych musi zastosować standaryzację. Zastosowanie transformacji częściowo pomaga zmniejszyć różnice zmienności pomiędzy zmiennymi, ale istotne różnice nadal istnieją. Na przykład odchylenie standardowe dla zmiennej *sqrt spending last 6 months* (kwota wydana przez ostatnie pół roku po transformacji pierwiastka kwadratowego) jest równe 10,02, podczas gdy odchylenie standardowe zmiennej *sqrt # coupons used* (liczba kuponów użytych przez klienta po transformacji pierwiastka kwadratowego) to 0,735. W celu uniknięcia dominacji zmiennej o większej zmienności *sqrt spending last 6 months* nad zmienną *sqrt # coupons used*, obie te zmienne numeryczne należy poddać normalizacji lub standaryzacji. Tutaj wybraliśmy standaryzację pól numerycznych, zatem po standaryzacji wszystkie zmienne mają średnią równą 0 i odchylenie standardowe równe 1. Aby otrzymać wartość standaryzowaną każdej zmiennej, należy od wartości zmiennej odjąć wartość średnią i podzielić przez odchylenie standardowe. W naszej analizie nazwa wynikowej (standaryzowanej) zmiennej jest poprzedzona literą „z" (np. *z sqrt # coupons used*). Zamiast standaryzacji można użyć wybranej techniki normalizacji, np. normalizacji min–max, o ile jest taka potrzeba.

Na rysunku 7.9 pokazano histogram dla zmiennej *z sqrt spending last one month* (kwota wydana przez ostatni miesiąc). Zwróćmy uwagę na duży skok wartości, reprezentujący większość klientów, którzy nic nie kupili w sklepie w ubiegłym miesiącu. Z tego powodu wprowadzono zmienne flagowe (znaczniki) zarówno dla zmiennej *spending last one month* (zmienna *flag spending last one month*), jak i dla następujących zmiennych:

- *spending AM* — wydatki w sklepie AM (jeden z czterech sklepów franczyzowanych), aby wskazać, który klient dokonał zakupu w tym konkretnym sklepie (nowa zmienna *flag spending AM*),
- *spending PS* — wydatki w sklepie PS (nowa zmienna *flag spending PS*),
- *spending CC* — wydatki w sklepie CC (nowa zmienna *flag spending CC*),
- *spending AX* — wydatki w sklepie AX (nowa zmienna *flag spending AX*),
- *spending last 3 months* — wydatki w ciągu ostatniego kwartału (nowa zmienna *flag spending last 3 months*),

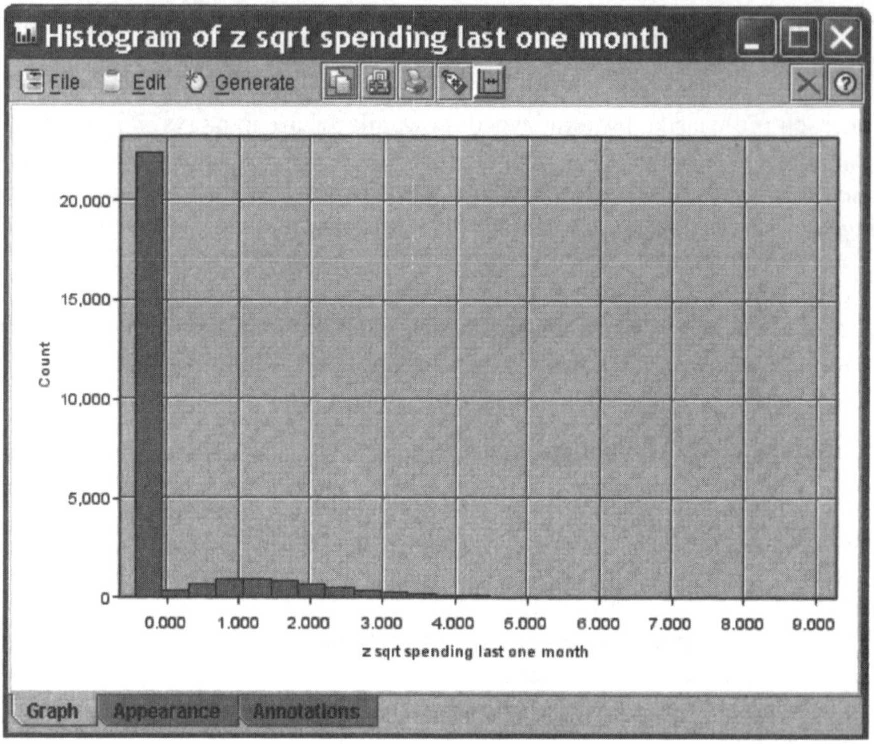

Rys. 7.9. Histogram zmiennej *z sqrt spending last one month* zachęca nas do stworzenia zmiennej flagowej, aby wskazać klientów, którzy dokonali zakupów w ciągu ostatniego miesiąca

- *spending last 6 months* — wydatki w ciągu ostatniego półrocza (nowa zmienna *flag spending last 6 months*),
- *spending SPLY* — wydatki w tym samym okresie w zeszłym roku (nowa zmienna *flag spending SPLY*),
- *returns* — zwroty, aby wskazać, którzy klienci kiedykolwiek zwrócili towary (nowa zmienna *flag returns*),
- *response rate* — wskaźnik odpowiedzi, aby wskazać, którzy klienci kiedykolwiek wcześniej odpowiedzieli na kampanię marketingową (nowa zmienna *flag response rate*),
- *markdown* — zniżka, aby wskazać klientów kupujących towar, którego cena została obniżona (nowa zmienna *flag markdown*).

7.3.3. Otrzymywanie nowych zmiennych

Etap przygotowania danych daje analitykowi zajmującemu się eksploracją danych możliwość wyjaśnienia związku pomiędzy zmiennymi oraz otrzymania nowych zmiennych, które mogą okazać się użyteczne. Dla przykładu rozważmy następujące trzy zmienne: (1) *spending last one month* — kwotę wydaną (przez klienta) w ciągu ostatniego miesiąca, (2) *spending last 3 months* — kwotę wydaną w ciągu ostatniego kwartału, (3) *spending*

Tabela 7.3. Nowe otrzymane zmienne dotyczące wydatków

Otrzymana zmienna	Formuła
Kwota wydana w miesiącach 2 i 3 (*spending months 2 3*)	kwota wydana w ostatnim kwartale – kwota wydana w ostatnim miesiącu
Kwota wydana w miesiącach 4, 5 i 6 (*spending months 4 5 6*)	kwota wydana w ostatnim półroczu – kwota wydana w ostatnim kwartale

last 6 months — kwotę wydaną w ciągu ostatniego półrocza. Oczywiście kwota wydana przez klienta w ciągu ostatniego miesiąca jest również zawarta w dwóch pozostałych zmiennych (kwoty wydanej przez ostatnie trzy i sześć miesięcy). Zatem kwota wydana przez ostatni miesiąc jest liczona trzy razy. Ale analityk może nie życzyć sobie, aby te najświeższe wartości miały tak dużą wagę, choć na przykład w modelach szeregów czasowych ostatnie pomiary są najistotniejsze. W tym przypadku jednak nie chcemy trzykrotnie liczyć danych z ostatniego miesiąca i dlatego musimy stworzyć dwie nowe zmienne, jak pokazano w tab. 7.3.

Przez kwotę wydaną w miesiącach 2 i 3 (*spending months 2 3*) rozumiemy kwotę wydaną w okresie od ostatnich 90 do 30 dni. Zatem użyjemy następujących trzech zmiennych: (1) kwota wydana w ostatnim miesiącu (*spending last one month*), (2) kwota wydana w miesiącach 2 i 3 (*spending months 2 3*) i (3) kwota wydana w miesiącach 4, 5 i 6 (*spending months 4 5 6*). Pomijamy więc zmienne: kwota wydana w ostatnim kwartale (*spending last 3 months*) i kwota wydana w ostatnim półroczu (*spending last 6 months*).

Zauważmy, że nawet z tymi nowymi zmiennymi wydatki z ostatniego miesiąca mogą nadal mieć większą wagę niż wydatki z pozostałych miesięcy. Dzieje się tak dlatego, że wydatki z ostatniego miesiąca mają własną zmienną, podczas gdy wydatki z drugiego i trzeciego miesiąca są reprezentowane przez jedną zmienną, podobnie jak wydatki z miesiąca czwartego, piątego i szóstego.

Oryginalny zbiór danych może zawierać własne, już zdefiniowane wtórne zmienne. Rozważmy następujące zmienne: (1) liczba wizyt zakończonych zakupem (*purchase visits*), (2) wartość netto dokonanych zakupów (*total net sales*) i (3) średnia kwota wydana na zakupy (*ave spending per visit*). Średnia kwota wydana na zakupy jest ilorazem:

$$\text{średnia kwota wydana na zakupy} = \frac{\text{wartość netto dokonanych zakupów}}{\text{liczba wizyt zakończonych zakupem}}.$$

Ponieważ związek pomiędzy tymi zmiennymi można zdefiniować w postaci funkcji, może się okazać, że wtórna zmienna jest mocno skorelowana z innymi zmiennymi. Analityk powinien to sprawdzić. Na rysunku 7.10 pokazno, że istnieje jedynie słaba zależność pomiędzy zmienną wtórną *ave spending per visit* i pozostałymi zmiennymi. Z drugiej strony, istnieje silna zależność pomiędzy wartością netto dokonanych zakupów a liczbą wizyt zakończonych zakupem. Ta silna zależność wymaga obserwacji, dlatego zajmiemy się tym w dalszej części. Nawiasem mówiąc, współczynniki korelacji pomiędzy orygi-

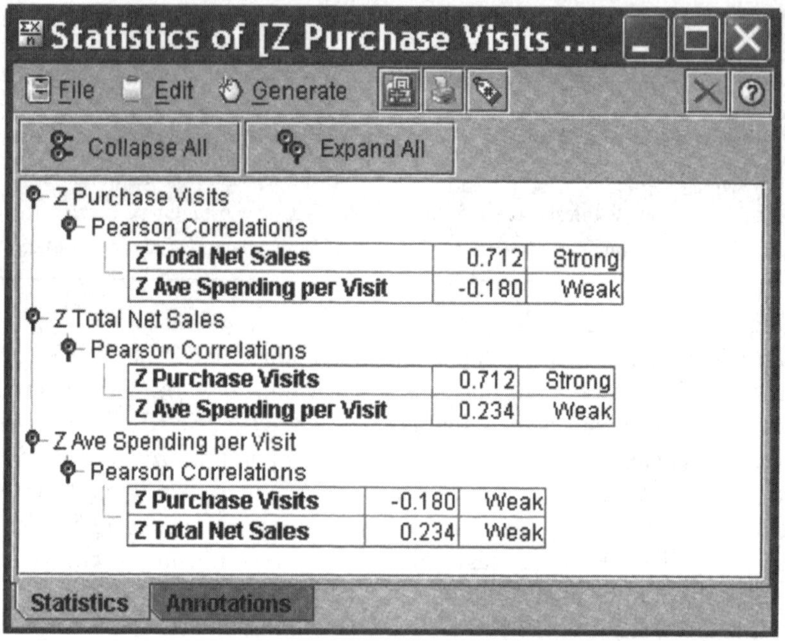

Rys. 7.10. Upewnij się, że otrzymane zmienne nie są skorelowane z oryginalnymi zmiennymi

nalnymi danymi powinny być takie same, jak współczynniki korelacji dla znormalizowanych zmiennych.

7.3.4. Badanie relacji pomiędzy zmiennymi objaśniającymi a zmienną celu

Zbadajmy, zmienna po zmiennej, związek pomiędzy zmiennymi objaśniającymi a zmienną celu, czyli odpowiedzią na kampanię marketingową (*response*). Najlepiej by było, gdyby analityk zbadał wykresy i statystyki dla każdej zmiennej objaśniającej, biorąc pod uwagę związek ze zmienną odpowiedzi. Jednak olbrzymie zbiory danych, przeważające w większości zastosowań eksploracji danych, sprawiają, że jest to zniechęcające zadanie. Dlatego chcielibyśmy znać jakiś sposób, aby sprawdzić najbardziej przydatne zmienne objaśniające w ramach wyjaśnienia.

Oczywiście wybranie najbardziej przydatnych zmiennych jest zadaniem modelowania, które stanowi kolejną fazę po etapie zrozumienia danych (wykorzystującym techniki eksploracyjnej analizy danych, EDA). Jednak na tym wczesnym etapie (zrozumienie danych) bardzo prymitywne narzędzie do wybrania kilku użytecznych zmiennych do sprawdzenia stanowi korelacja. Oznacza to zbadanie współczynników korelacji między każdą zmienną objaśniającą a zmienną celu i wybranie do dalszych badań tych zmiennych, które mają największą bezwzględną wartość współczynnika korelacji, powiedzmy $|r| \geq 0{,}30$.

Analityk danych powinien oczywiście być świadomy, że jest to bardzo prymitywne narzędzie eksploracyjnej analizy danych, a liniowa zależność z binarną zmienną odpo-

Tabela 7.4. Zmienne z największą wartością bezwzględną korelacji ze zmienną celu *response*

Zmienna	Współczynnik korelacji	Korelacja
z ln lifetime ave time between visits	–0,431	ujemna
z ln purchase visits	0,399	dodatnia
z ln # individual items purchased	0,368	dodatnia
z ln total net sales	0,336	dodatnia
z ln responded	0,333	dodatnia
z ln # different product classes	0,329	dodatnia
z ln # coupons used	0,322	dodatnia
z ln days between purchases	–0,321	ujemna

wiedzi 0–1 nie jest właściwa dla wnioskowania lub modelowania na tym etapie. Niemniej jednak ta metoda może być użyteczna do redukcji liczby zmiennych, a tym samym pomóc w analizie na tym etapie. W tabeli 7.4 przedstawiono listę zmiennych z największą bezwzględną wartością korelacji ze zmienną celu, czyli zmienną *response*.

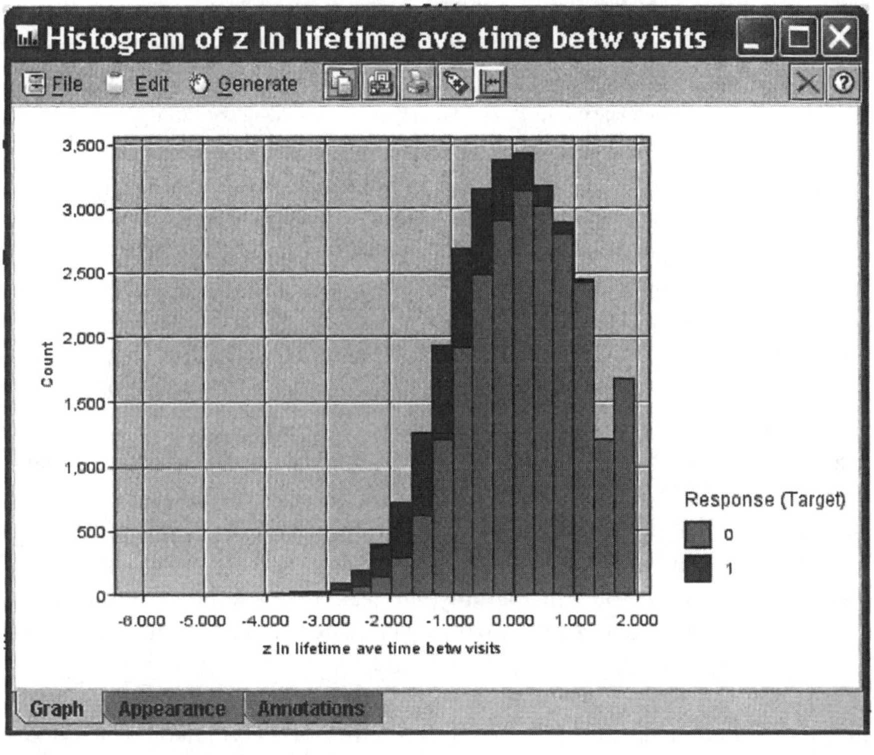

Rys. 7.11. Histogram zmiennej *z ln lifetime ave time between visits* z nałożoną informacją o zmiennej celu *response* (może być trudny w interpretacji)

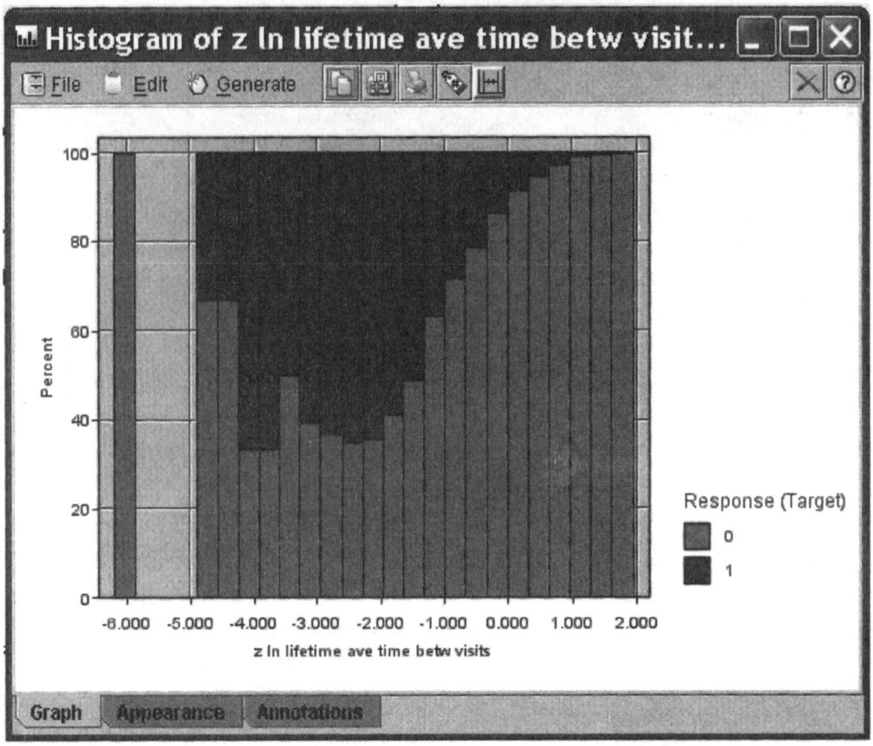

Rys. 7.12. Znormalizowany histogram zmiennej *z ln lifetime ave time between visits* z nałożoną informacją o zmiennej celu *response* (łatwiej dostrzec prawidłowość)

Zbadamy związek pomiędzy tymi wybranymi zmiennymi objaśniającymi a zmienną odpowiedzi. Na rysunku 7.11 przedstawiono histogram zmiennej *z ln lifetime ave time between visits* (standaryzowany średni czas pomiędzy wizytami po zastosowaniu transformacji logarytmicznej) z nałożeniem informacji o zmiennej celu (zmienna *response* = 0 oznacza brak odpowiedzi na promocję). Okazuje się, że rekordy z prawego końca rozkładu mają mniejszy procent udzielonych odpowiedzi. Aby ułatwić interpretację nałożonych wyników, przejdźmy do znormalizowanego histogramu, w którym każdy słupek ma taką samą wysokość, co przedstawiono na rys. 7.12.

Rysunek 7.12 jasno pokazuje, że procent udzielonych odpowiedzi na kampanię marketingową maleje, podczas gdy średni czas pomiędzy kolejnymi wizytami rośnie. Ma to sens, ponieważ klienci, którzy rzadziej przychodzą do sklepu, prawdopodobnie mniej chętnie odpowiedzą na kampanię marketingową. Dla pozostałych zmiennych z tab. 7.4 zbadamy tylko znormalizowane histogramy, aby zaoszczędzić miejsce. Jednak analityk nie powinien tylko polegać na znormalizowanych histogramach, ponieważ nie pokazują one informacji o zmiennych gęstościach rozkładu.

Na rysunku 7.13 przedstawiono znormalizowany histogram dla następujących zmiennych: *z ln purchase visits* (standaryzowana liczba wizyt zakończonych zakupem po zastosowaniu transformacji logarytmicznej) *z ln # individual items purchased* (standaryzowana całkowita liczba zakupionych sztuk po zastosowaniu transformacji logaryt-

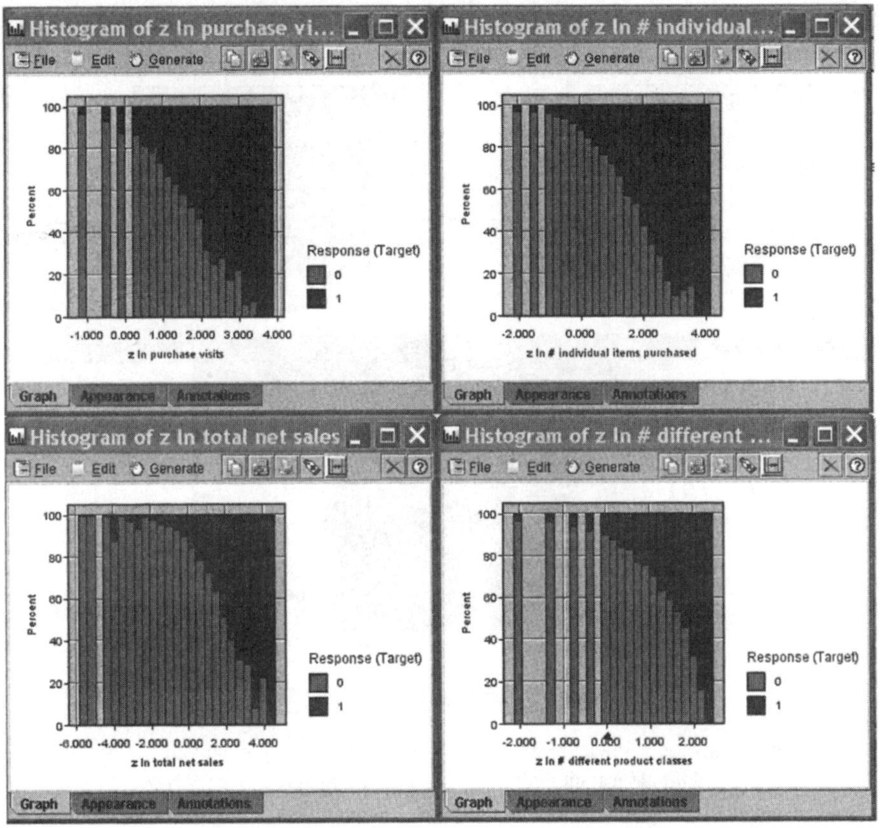

Rys. 7.13. Współczynnik odpowiedzi rośnie wraz ze wzrostem wartości zmiennych *z ln purchase visits*, *z ln # individual items purchased*, *z ln total net sales* oraz *z ln # different product classes*

micznej), *z ln total net sales* (standaryzowana wartość netto wszystkich zakupów po zastosowaniu transformacji logarytmicznej) i *z ln # different product classes* (standaryzowana liczba różnych rodzajów kupionych ubrań po zastosowaniu transformacji logarytmicznej). Wszystkie wykresy wskazują na to, że jeżeli wartość zmiennej rośnie, to rośnie również liczba udzielonych odpowiedzi. Nie jest to zaskakujące, ponieważ mogliśmy oczekiwać, że klienci, którzy częściej kupują w tym sklepie, kupują więcej różnych rzeczy, wydają dużo pieniędzy oraz kupują ubranie różnych rodzajów, mogą być zainteresowani odpowiedzią na kampanię marketingową.

Na rysunku 7.14 pokazano związki pomiędzy zmienną odpowiedzi a pozostałymi trzema zmiennymi z tab. 7.4: *z sqrt responded* (standaryzowana liczba promocji, na które klient odpowiedział w zeszłym roku po zastosowaniu transformacji pierwiastka kwadratowego), *z sqrt # coupons used* (standaryzowana liczba użytych kuponów przez klienta po zastosowaniu transformacji pierwiastka kwadratowego) i *z ln days between purchases* (standaryzowana liczba dni pomiędzy zakupami po zastosowaniu transformacji pierwiastka kwadratowego). Widzimy, że współczynnik odpowiedzi rośnie, jeżeli rośnie wartość zmiennej objaśniającej liczbę promocji, na które klient odpowiedział, jak

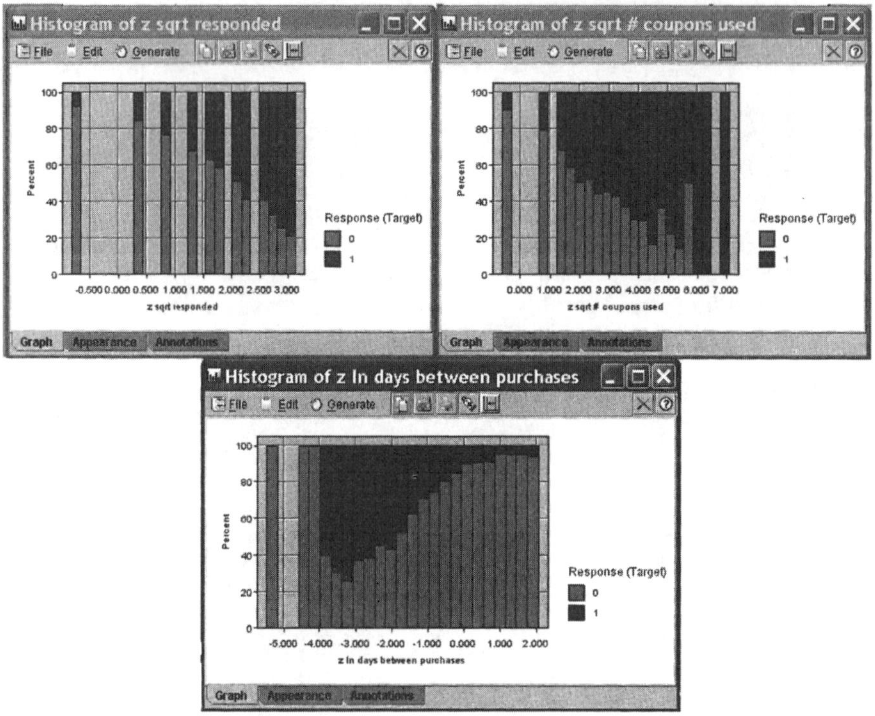

Rys. 7.14. Współczynnik odpowiedzi jest dodatnio skorelowany ze zmiennymi *z sqrt responded* oraz *z sqrt # coupons used*, ale jest ujemnie skorelowany ze zmienną *z ln days between purchases*

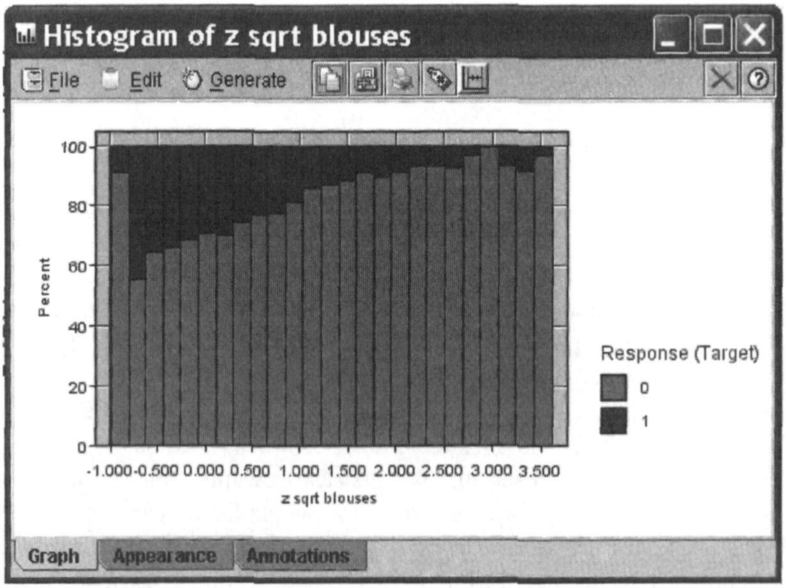

Rys. 7.15. Znormalizowany histogram zmiennej *z sqrt blouses*, z nałożeniem informacji o zmiennej celu *response*

również gdy rośnie liczba zużytych kuponów. Jednak współczynnik odpowiedzi maleje, jeżeli rośnie liczba dni pomiędzy zakupami. Możemy oczekiwać, że w ten lub inny sposób okaże się, że osiem zmiennych z tab. 7.4 należy do najważniejszych zmiennych objaśniających zmienną odpowiedzi (*response*) na kampanię marketingową. Jest to udowodnione później, na etapie modelowania.

Rozważmy teraz rysunek 7.15, który stanowi znormalizowaną wersję rys. 7.7, czyli histogramu *sqrt blouses* (procentowa kwota wydana na bluzki po zastosowaniu transformacji pierwiastka kwadratowego), tym razem z nałożoną informacją o zmiennej *response*. Zauważmy (rys. 7.15), że poza tymi, którzy nic nie wydali na bluzki (pierwszy słupek od lewej), jeżeli wzrasta procent sumy wydany na bluzki, to maleje współczynnik odpowiedzi. To zachowanie nie ogranicza się jedynie do bluzek i jest szeroko rozpowszechnione wśród wszystkich zmiennych pokazujących procentowy udział danego rodzaju odzieży (nie zostało to pokazane). To zdaje się wskazywać na fakt, że klienci, którzy koncentrują się na pewnym typie ubrania (kupujący tylko jeden lub dwa rodzaje ubrania, np. bluzki) mają prawdopodobnie niższy współczynnik odpowiedzi.

Oryginalny plik danych zawiera zmienną, która mierzy jednorodność produktu (*product uniformity*). Opierając się na zachowaniu pokazanym na rys. 7.15, będziemy oczekiwać, że korelacja pomiędzy tą zmienną a zmienną celu jest ujemna. Tak jest w rzeczywistości, co zostało pokazane na znormalizowanym histogramie na rys. 7.16. Najwyższe wskaźniki odpowiedzi mają klienci z małym współczynnikiem jednorodności, czyli z najbardziej zróżnicowanymi zwyczajami kupowania — innymi słowy, klienci, którzy kupują najwięcej różnych rodzajów ubrania.

Teraz przejdziemy do zbadania związku między zmienną odpowiedzi *response* a wieloma zmiennymi flagowymi w zbiorze danych. Na rysunku 7.17 pokazano skierowany wykres sieci związków pomiędzy zmienną odpowiedzi (górny prawy róg) a następującymi zmiennymi wskaźnikowymi (idąc w kierunku przeciwnym do ruchu wskazówek zegara): właściciel karty kredytowej (*credit card flag*), zakupy w miesiącach 4, 5 i 6 (*flag spending months 4 5 6*), zakupy w miesiącach 2 i 3 (*flag spending months 2 3*), zakupy w ostatnim miesiącu (*flag spending last one month*), zakupy w tym samym okresie w zeszłym roku (*flag spending SPLY*), zwroty (*flag returns*), wskaźnik odpowiedzi (*flag response rate*), obniżki (*flag markdown*), kupujący przez Internet (*web buyer*) oraz aktualny numer telefonu w bazie (*phone # flag*). Wykresy sieci są wstępnymi narzędziami określającymi, które zmienne jakościowe mogą być interesujące w dalszej analizie.

Na tym wykresie zaznaczone są tylko wartości „prawda" dla zmiennych flagowych. Odcień szarości i grubość linii łączącej flagę ze zmienną odpowiedzi jest miarą ilustrującą związek pomiędzy tą zmienną a zmienną odpowiedzi. W szczególności te połączenia reprezentują procent wartości „prawda" zmiennych objaśniających związanych z wartością „prawda" zmiennej odpowiedzi. Bardziej wyraźne połączenia reprezentują większy związek z odpowiedzią na kampanię marketingową. Wśród najbardziej wyraźnych połączeń na rys. 7.17 są następujące: (1) kupujący przez Internet (*web buyer*), (2) właściciel karty kredytowej (*credit card flag*), (3) kupujący w ostatnim miesiącu (*flag spending last one month*) i (4) kupujący w tym samym okresie w zeszłym roku (*flag spending SPLY*). Sprawdzimy znormalizowane rozkłady każdej z tych zmiennych wskaźnikowych, z nałożeniem informacji o zmiennej *response*, co pokazano na rys. 7.18.

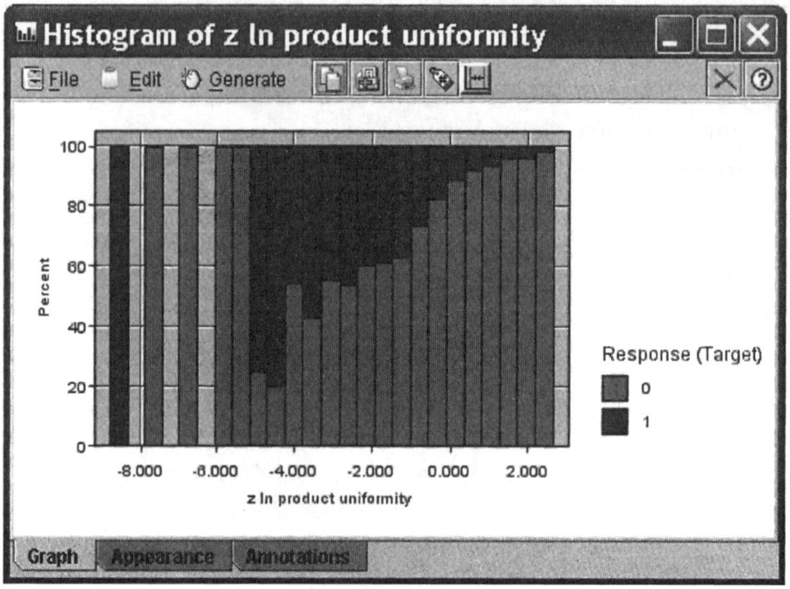

Rys. 7.16. W miarę jak klienci koncentrują się tylko na jednym rodzaju ubrań, współczynnik odpowiedzi na kampanię marketingową maleje

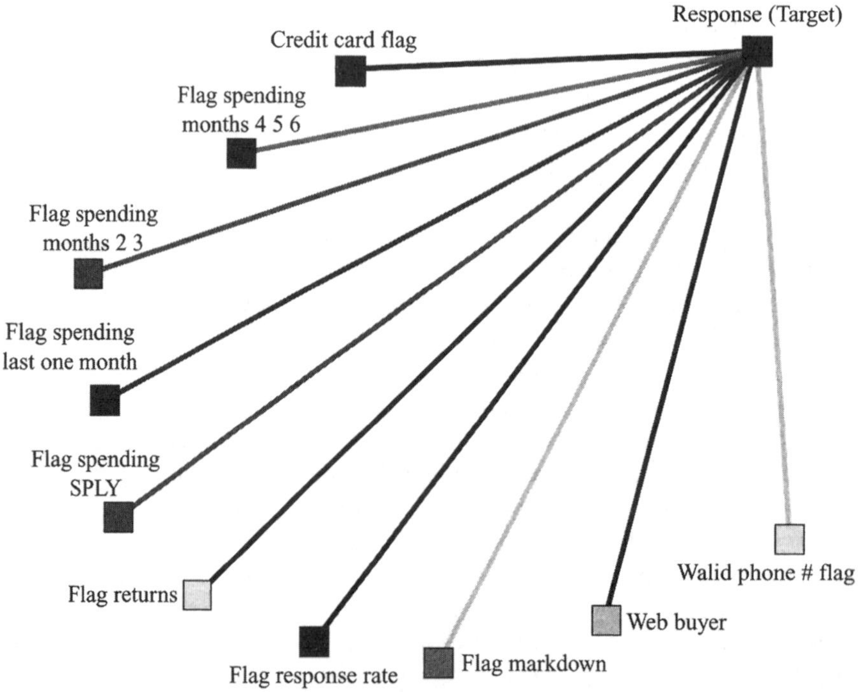

Rys. 7.17. Wykres sieci zależności pomiędzy zmienną celu *response* a kilkoma zmiennymi flagowymi

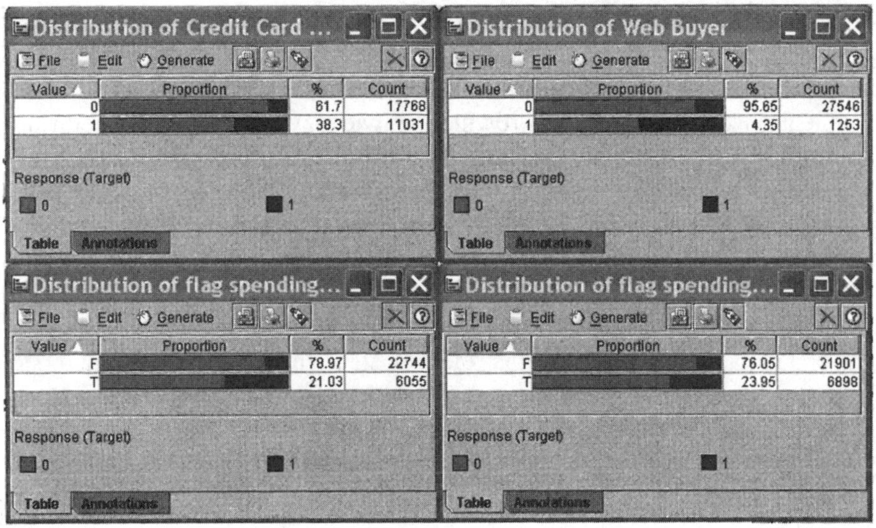

Rys. 7.18. Wyższe współczynniki odpowiedzi są związane z klientami kupującymi przez Internet, posiadaczami kart kredytowych, klientami, którzy dokonali zakupu w ciągu ostatniego miesiąca (lewy dolny) i klientami, którzy dokonali zakupu w tym samym okresie w zeszłym roku (prawy dolny)

Liczności (i procenty) pokazane na rys. 7.18 wskazują na częstości (oraz częstości względne) wartości zmiennej flagowej i nie reprezentują części pokazanych graficznie. Aby zbadać te proporcje, przejdziemy do zbioru tabeli wynikowych (tabeli krzyżowych) na rys. 7.19.

Rozważmy zaznaczone komórki na rys. 7.19, wskazujące na procent klientów, którzy odpowiedzieli na kampanię marketingową, w zależności od wartości zmiennej flagowej. Jest około trzy razy bardziej prawdopodobne, że klienci posiadajacy kartę

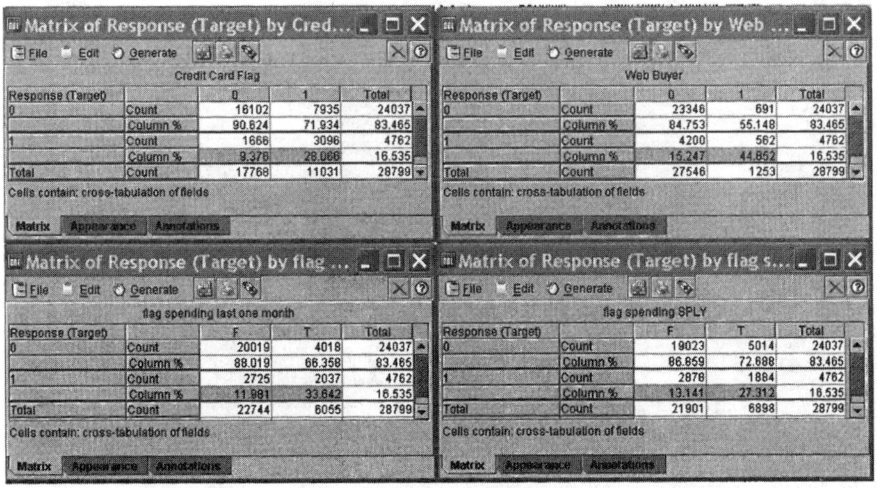

Rys. 7.19. Statystyki z tych macierzy opisują wykresy z rys. 7.18

kredytową (wartość zmiennej *credit card flag* = 1) odpowiedzą na promocję marketingową niż to, że odpowiedzą klienci, którzy karty nie posiadają (28,066% przeciw 9,376%). Kupujący przez Internet (czyli ci, którzy dokonali zakupów przez witrynę internetową firmy, zmienna *web buyer* = 1) są również prawie trzy razy bardziej chętni do odpowiedzi niż ci, którzy nie kupowali przez Internet (44,852% przeciw 15,247%). Klienci, którzy dokonali zakupów w zeszłym miesiącu (*flag spending last one month* = *T*) są prawie trzy razy bardziej chętni odpowiedzieć na kampanię marketingową (33,642% przeciw 11,981%). W końcu jest dwa razy bardziej prawdopodobne, że klienci, którzy dokonali zakupu w tym samym czasie w zeszłym roku (*flag spending SPLY* = *T*) odpowiedzą na kampanię (27,312% przeciw 13,141%). Możemy się zatem spodziewać, że te zmienne będą miały jakąś nietrywialną rolę w następnym etapie budowania modelu.

Przypomnijmy rysunek 7.3, który pokazywał 20 najbardziej popularnych grup określonych przez firmę Microvision dla zmiennej *lifestyle cluster*. Jaki jest związek pomiędzy tymi grupami a prawdopodobieństwem odpowiedzi na kampanię marketingową? Na rysunku 7.20 pokazano znormalizowany rozkład grup z nałożoną informacją o odpowie-

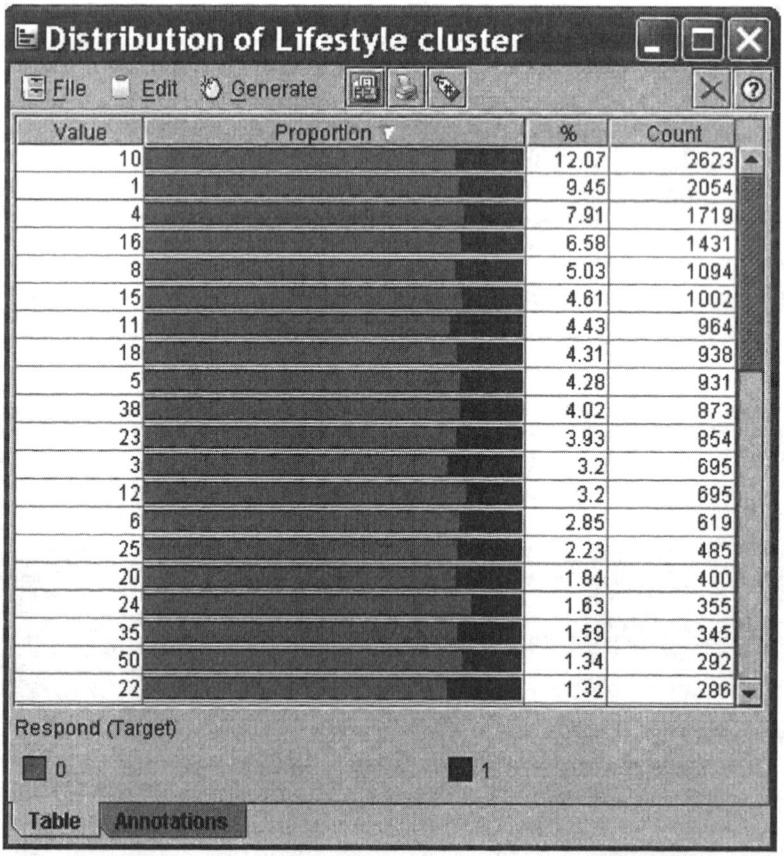

Rys. 7.20. Nie ma istotnych różnic w odpowiedzi na kampanię marketingową wśród klientów należących do 20 najczęściej występujących grup określonych przez firmę Microvision

dzi. Co zadziwiające, nie pojawiły się żadne istotne różnice w odpowiedzi pomiędzy grupami. Powrócimy do tego wyniku później, na etapie modelowania.

7.3.5. Badanie struktury korelacji pomiędzy zmiennymi objaśniającymi

Przypomnijmy, że patrząc na cel naszych analiz, powinniśmy być świadomi niebezpieczeństwa istnienia współliniowości pomiędzy zmiennymi objaśniającymi. Dlatego zbadamy parami korelację za pomocą współczynników korelacji pomiędzy zmiennymi objaśniającymi i zwrócimy uwagę na największe zależności. W tabeli 7.5 zawarto listę par zmiennych z największą bezwzględną wartością współczynnika korelacji pomiędzy zmiennymi objaśniającymi.

Na rysunku 7.21 pokazano wykres rozrzutu zmiennej *z ln total net sales* względem zmiennej *z ln # individual items purchased* z nałożeniem informacji o zmiennej *response*. Widać silną dodatnią korelację, bo jeżeli rośnie liczba kupowanych rzeczy, to całkowita wartość sprzedaży netto również ma tendencję do wzrostu. Oczywiście taki związek ma sens, gdyż kupowanie większej liczby rzeczy prawdopodobnie będzie skutkowało wydawaniem większej sumy pieniędzy. W prawej górnej części dla obu zmiennych liczba odpowiadających ma tendencję do przewyższenia liczby nieodpowiadających, podczas gdy na drugim końcu (lewy dolny róg) sytuacja jest odwrotna.

Aby zilustorwać ujemną zależność, możemy przejść do rys. 7.22, który przedstawia wykres rozrzutu *z gross margin %* względem *z markdown*, z nałożeniem informacji o zmiennej *response*. Korelacja pomiędzy tymi zmiennymi jest równa $-0,772$, tak więc ta zależność nie znalazła się na liście w tab. 7.5. Na wykresie rozrzutu jest widoczne, że jeżeli wartość zmiennej *markdown* rośnie, to wartość zmiennej *gross margin %* ma tendencję malejącą. Zauważmy, że zmienna *markdown* prawdopodobnie ma związaną dolną granicę z klientami, którzy nigdy nic nie kupują na wyprzedażach. Związek z odpowiedzią jest mniej jasny na tym wykresie rozrzutu niż na rys. 7.21.

Wygodną metodą sprawdzania związków pomiędzy zmiennymi jakościowymi i zmienną odpowiedzi jest tabela krzyżowa, używająca wartości zmiennej celu, zamiast zwykłego zliczania komórek. Załóżmy na przykład, że jesteśmy zainteresowani

Tabela 7.5. Największe bezwzględne wartości korelacji pomiędzy zmiennymi objaśniającymi

Zmienna objaśniająca	Zmienna objaśniająca	Korelacja
z ln purchase visits	*z ln # different product classes*	0,804
z ln purchase visits	*z ln # individual items purchased*	0,860
z ln # promotions (on file)	*z ln # promotions mailed (in last year)*	0,890
z ln total net sales	*z ln # different product classes*	0,859
z ln total net sales	*z ln # individual items purchased*	0,907
z ln days between purchase	*z ln lifetime ave time between visits*	0,847
z ln # different product classes	*z ln # individual items purchased*	0,930

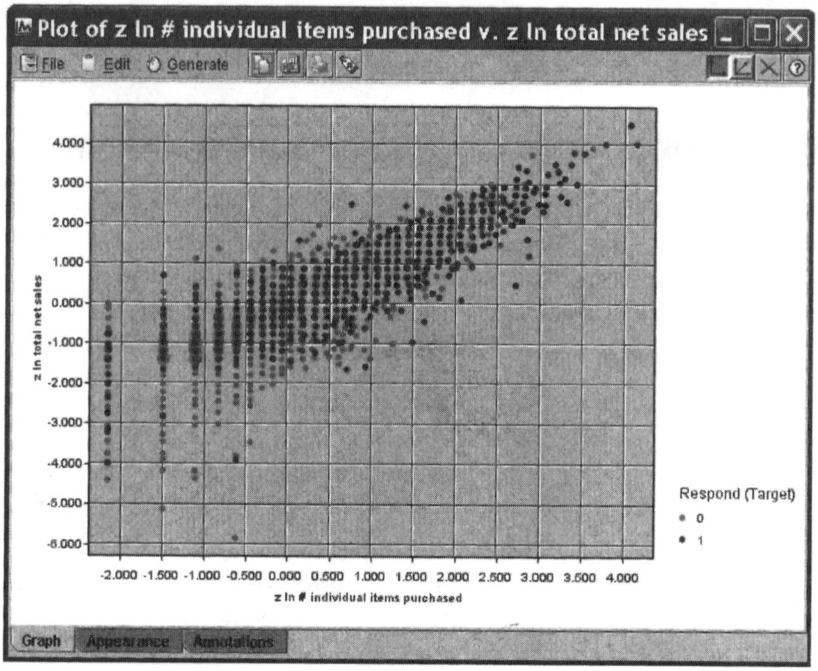

Rys. 7.21. Wykres rozrzutu zmiennej *z ln total net sales* względem zmiennej *z ln number of items purchased*, z nałożeniem informacji o zmiennej celu *response*

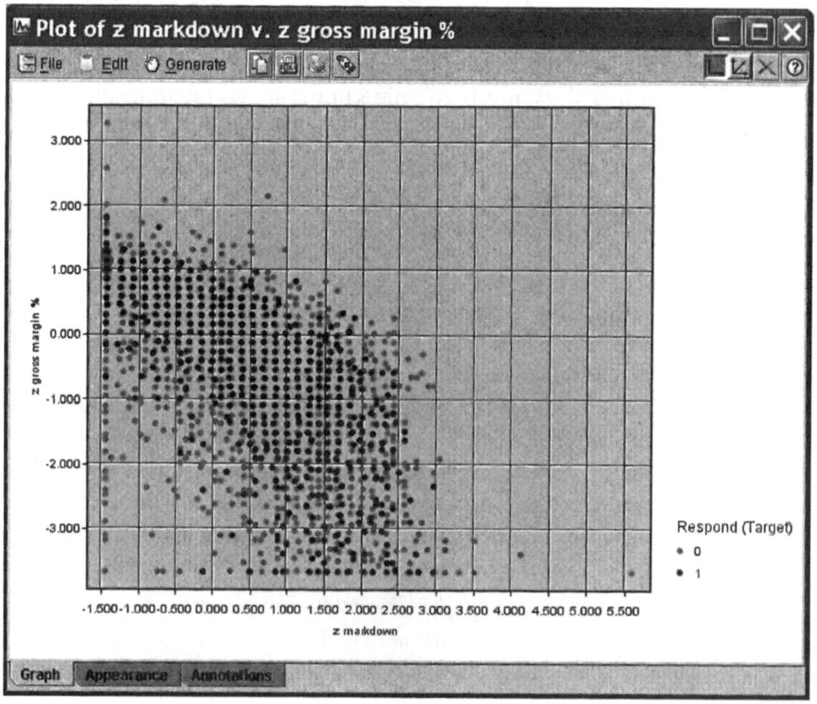

Rys. 7.22. Ujemna korelacja między zmiennymi *z gross margin %* i *z markdown*

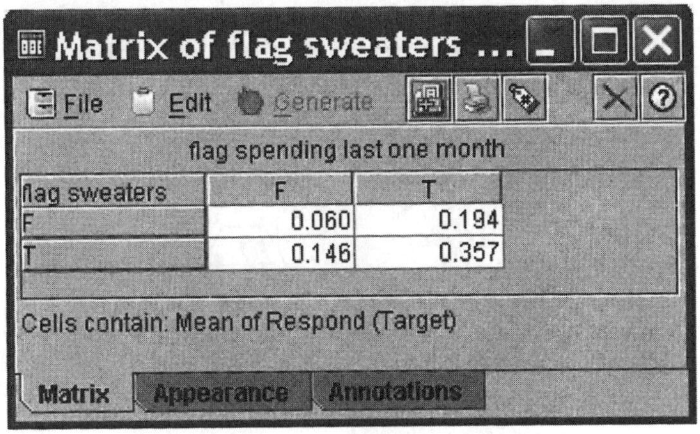

Rys. 7.23. Tabela krzyżowa dla zmiennej flagowej określającej, czy dokonano zakupów w ostatnim miesiącu względem zmiennej flagowej określającej, czy kupiono sweter; wartości w komórkach reprezentują procent odpowiedzi na kampanię marketingową

związkiem pomiędzy odpowiedziami na kampanię marketingową a dwoma typami klientów: tymi, którzy kupili swetry i tymi, którzy zrobili zakupy w ostatnim miesiącu. Na rysunku 7.23 pokazano taką tabelę krzyżową, z komórkami reprezentującymi średnią wartość zmiennej celu *response*. Ponieważ zmienna celu jest zmienną o dwu wartościach, więc średnia reprezentuje całą populację.

Zatem w tabeli krzyżowej widzimy, że prawdopodobieństwo odpowiedzi na kampanię marketingową tych klientów, którzy nigdy nie kupili swetra ani nie zrobili zakupów w ostatnim miesiącu jest równe tylko 0,06. Z drugiej strony, klienci, którzy kupili sweter i dokonali zakupu w ciągu ostatniego miesiąca mają prawdopodobieństwo pozytywnej odpowiedzi na promocję równe 0,357. Jeżeli klient ma dla zmiennej flagowej wartość „prawda" dla dokładnie jednej z dwóch zmiennych objaśniających, to zakupy w ostatnim miesiącu nieco bardziej wskazują na odpowiedź klienta niż zmienna swetry (prawdopodobieństwa odpowiednio 0,194 przeciw 0,146).

7.4. Etap modelowania i ewaluacji

Oczywiście eksploracyjna analiza danych to „zabawa" i może dostarczyć wiele przydatnych spostrzeżeń. Jednak teraz jest czas, aby przejść dalej — do etapu formalnego modelowania, na którym możemy zastosować szereg algorytmów klasyfikacyjnych do naszego problemu odpowiedzi na kampanię marketingową. Zarys strategii modelowania jest następujący:

- Podziel zbiór danych na zbiór uczący i zbiór testujący.
- Udostępnij zbiór zmiennych wejściowych wszystkim modelom.
- Zastosuj analizę składowych głównych, aby rozwiązać problem współliniowości.
- Zastosuj analizę skupień i krótko określ profile wynikowych grup.

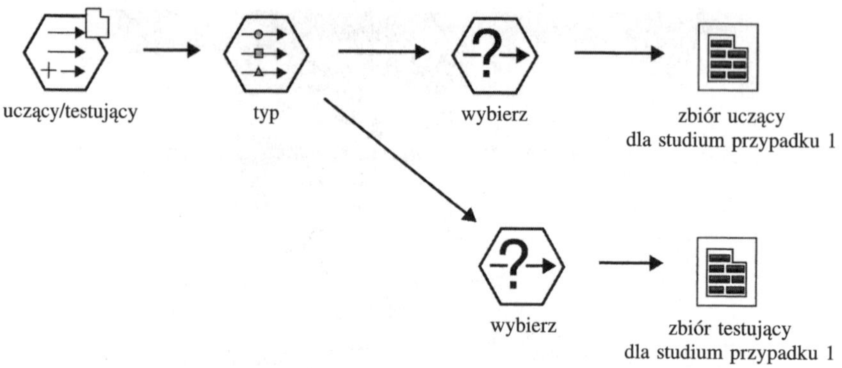

Rys. 7.24. Podział zbioru danych na zbiór uczący i zbiór testujący

- Zrównoważ zbiór uczący, aby zapewnić podobną liczbę rekordów dla klientów, którzy odpowiedzieli i tych, którzy nie odpowiedzieli na promocję.
- Wprowadź punkt odniesienia dla działania modelu pod względem spodziewanych zysków dla jednego klienta, z którym został nawiązany kontakt, w celu skalibrowania działania potencjalnych modeli.
- Zastosuj następujące algorytmy klasyfikacji do zbioru uczącego:
  - drzewa klasyfikacyjne i regresyjne (CART),
  - algorytm drzew decyzyjnych C5.0,
  - sieci neuronowe,
  - regresję logistyczną.
- Oceń każdy z modeli, używając zbioru testującego.
- Zastosuj koszt błędnej klasyfikacji równolegle z tabelą koszt/zysk określoną na etapie zrozumienia uwarunkowań biznesowych.
- Zastosuj przeważanie jako substytut kosztu błędnej klasyfikacji i znajdź najbardziej korzystną wartość współczynnika przeważania.
- Połącz przewidywania z czterech modeli klasyfikacyjnych, używając głosowania.
- Porównaj wyniki modeli, które wykorzystują rezultaty analizy składowych głównych z tymi, które nie używają tej informacji i omów rolę każdego typu modelu.

Ponieważ nasza strategia wymaga zastosowania wielu modeli, które należy ocenić i porównać, zatem będziemy przemieszczać się płynnie między etapami modelowania i oceny. Najpierw dzielimy zbiór danych na zbiór uczący i zbiór testujący. Rysunek 7.24 pokazuje jedną z metod wykonania tego za pomocą programu Clementine 8.5. Definiowana jest nowa zmienna *uczący/testujący* (*training test*), która przyjmuje wartości 0 i 1 z takim samym prawdopodobieństwem. Prostokąt przy węźle wskazuje, że został ustalony zbiór w pamięci podręcznej — jest to konieczne, aby te same rekordy zostały przypisane do każdego podziału za każdym razem, kiedy ten proces ma miejsce.

Analityk danych decyduje o proporcjonalnym rozmiarze zbiorów uczącego i testującego, z typowymi rozmiarami sięgającymi od 50% uczący/50% testujący do 90% uczący/10% testujący. W tym przypadku wybierzemy w przybliżeniu podział na 75% uczący i 25% testujący. W programie Clementine można to zrobić poprzez wybranie tych rekordów, dla których wartość zmiennej *uczący/testujący* jest równa co najwyżej 0,75

Rys. 7.25. Zmienne wejściowe do modeli klasyfikacyjnych

i zapisanie tych rekordów w pliku — w tym przypadku nazwanym *Case Study 1 Traning Set Data*. Podobnie pozostałe rekordy są zapisane w pliku *Case Study 1 Test Set Data*.

Analityk powinien zawsze przedstawić klientowi lub końcowemu użytkownikowi obszerną listę zmiennych wejściowych do modeli. Te listy zmiennych wejściowych powinny obejmować otrzymane nowe zmienne, przekształcone zmienne lub oryginalne zmienne, jak również składowe główne i przynależność do grupy, jeżeli przeprowadzono takie operacje. Na rysunku 7.25 pokazano listę wszystkich zmiennych wejściowych dla modeli klasyfikacji analizowanych w tym studium przypadku.

Zauważmy, że wszystkie zmienne numeryczne („range”) zostały zarówno przekształcone, jak i zestandaryzowane. Utworzyliśmy również wiele zmiennych flagowych i pozostały tylko dwie zmienne jakościowe, które nie są zmiennymi flagowymi: *brand* (zakodowana zmienna zawierająca informacje o marce ubrania) i *lifestyle cluster* (przynależność do grupy reprezentującej dany styl życia). W rzeczywistości tylko garstka zmiennych pozostała niezmieniona na etapie przygotowania danych, w tym zmienne flagowe *web buyer* i *credit card holder*. Później, gdy zostaną utworzone składowe główne i grupy, wskażemy, dla których modeli które zmienne zostaną użyte jako dane wejściowe.

7.4.1. Analiza składowych głównych

Przypomnijmy sobie tab. 7.5, która przedstawia najsilniejsze zależności pomiędzy parami zmiennych znalezione dla zmiennych objaśniających. Warto też pamiętać, że mocno skorelowane zmienne objaśniające prowadzą do współliniowości — zjawisko to omówiliśmy wcześniej. W zależności od głównych celów problemu badawczego lub biznesowego, badacz może zadecydować o zastąpieniu składowymi głównymi zbioru skorelowanych zmiennych objaśniających.

- Jeżeli główny cel problemu biznesowego lub badawczego dotyczy jedynie oszacowania, przewidywania lub klasyfikacji zmiennej celu, bez jakiegokolwiek zainteresowania charakterystyką zmiennych objaśniających (np. tworzenie profili klientów), nie jest wymagane zastąpienie głównymi składowymi danego zbioru skorelowanych zmiennych objaśniających. Jak zaznaczono w rozdziale 3, współliniowość nie wpływa w istotny sposób na szacowania punktu lub przedziału zmiennej celu.
- Jeżeli głównym (lub drugim) celem analizy jest ocena lub interpretacja wpływu poszczególnych zmiennych objaśniających na zmienną odpowiedzi lub stworzenie profilu klientów udzielających odpowiedzi na podstawie zmiennych objaśniających, to zastąpienie składowymi głównymi danego zbioru skorelowanych zmiennych objaśniających jest usilnie zalecane. Chociaż współliniowość nie obniża dokładności przewidywań, niemniej wprowadza zaburzenia do wartości współczynników indywidualnych zmiennych objaśniających, takich które są używane w regresji liniowej lub logistycznej.

Zatem częścią naszej strategii będzie przedstawienie dwóch typów najlepszych modeli — jednego (niezawierającego składowych głównych) do użycia jedynie do przewidywania wartości zmiennej celu i drugiego (zawierającego składowe główne) do pozostałych celów, łącznie z utworzeniem profilu klienta. Przejdźmy więc dalej, aby otrzymać składowe główne dla zbioru skorelowanych zmiennych przedstawionych w tab. 7.5 dla zbioru uczącego. Minimalny zasób zmienności wspólnej to 0,739, co wskazuje, że wszystkie siedem zmiennych dzieli dużą część zmienności wspólnej. Zastosowaliśmy rotację varimax i wyodrębniliśmy dwie składowe za pomocą kryterium wartości własnej. Wartości własne dla tych składników to 3,9 i 2,2. Te dwie składowe wyjaśniają nieco ponad 87% zmienności pomiędzy siedmioma zmiennymi z tab. 7.5. Wagi składowych głównych przedstawiono w tab. 7.6. Oto krótkie profile tych składowych:

- *Składowa główna 1 — zwyczaje kupowania.* Ta składowa składa się z najważniejszych ogólnych zwyczajów kupowania klienta. Zawiera ona całkowitą liczbę kupionych rzeczy, liczbę różnych zakupionych typów ubrań, liczbę wizyt w sklepie, kiedy klient przyszedł coś kupić oraz całkowitą sumę wydaną przez klienta. Wszystkie te zmienne są ze sobą dodatnio skorelowane. Zmienna średni czas pomiędzy wizytami jest również

Tabela 7.6. Wagi składowych głównych uzyskane na podstawie zbioru uczącego

	Składowa	
	1	2
z ln # individual items purchased	0,915	
z ln # different product classes	0,887	
z ln purchase visits	0,858	
z ln lifetime ave time between visits	−0,858	
z ln total net sales	0,833	
z promotion mailed		0,944
z # promotions		0,932

Metoda wydobycia: analiza składowych głównych. Metoda rotacji: varimax z normalizacją Kaisera. Rotacja osiągnięta w trzech iteracjach.

zawarta w tej składowej, ale jest ujemnie skorelowana z innymi. Dłuższy czas pomiędzy wizytami prawdopodobnie jest ujemnie skorelowany z innymi zwyczajami kupowania. Będziemy oczekiwać, że ta składowa będzie bardzo ważna przy klasyfikacji odpowiedzi na kampanię marketnigową.

- *Składowa główna 2 — kontakty reklamowe.* Ta składowa składa się jedynie z dwóch zmiennych – liczby materiałów reklamowych wysłanych w zeszłym roku i całkowitej liczby materiałów reklamowych w zeszłym roku. Zauważmy, że w tej składowej nie zawarto informacji o odpowiedzi klientów na te materiały. Zatem nie jest jasne, czy ta składowa będzie ważna przy klasyfikacji odpowiedzi na kampanię marketingową.

Tabela 7.7. Wagi składowych głównych uzyskane na podstawie zbioru testującego

	Składowa	
	1	2
z ln # individual items purchased	0,908	
z ln # different product classes	0,878	
z ln lifetime ave time between visits	−0,867	
z ln purchase visits	0,858	
z ln total net sales	0,828	
z promotion mailed		0,942
z # promotions		0,928

Metoda wydobycia: analiza składowych głównych. Metoda rotacji: varimax z normalizacją Kaisera. Rotacja osiągnięta w trzech iteracjach.

Jak wspomniano w rozdziale 1, składowe główne wyodrębnione ze zbioru uczącego powinny zostać sprawdzone przez porównanie ze składowymi głównymi wyodrębnionymi ze zbioru testującego. W tabeli 7.7 zawarto współczynniki składowych głównych wydobytych z siedmiu skorelowanych zmiennych z tabl. 7.5, tym razem używając zbioru testującego. Wyodrębniono dwie składowe, stosując kryterium wartości własnych i rotację varimax. Wartości własne dla tych składowych to znowu 3,9 i 2,2. Tym razem zostało wyjaśnione 87,2% zmienności w porównaniu z wcześniejszymi 87%. Porównanie tabel 7.6 i 7.7 pokazuje, że współrzędne składowych, chociaż nie identyczne, są jednak na tyle podobne, aby potwierdzić, że wyodrębnione składowe są istotne.

7.4.2. Analiza skupień — algorytm grupowania BIRCH

Przejdziemy teraz do analizy skupień. W książce *Odkrywanie wiedzy z danych* [2] pokazaliśmy metodę grupowania hierarchicznego, metodę k-średnich i grupowanie za pomocą sieci Kohonena. W tym studium przypadku zastosujemy algorytm grupowania BIRCH [5]. Algorytm BIRCH wymaga tylko jednego przejścia przez zbiór danych i dlatego jest dobrym, skalowalnym rozwiązaniem dla bardzo dużych zbiorów danych. Algorytm składa się z dwóch głównych kroków i dlatego jest nazywany grupowaniem dwustopniowym (ang. *two-step clustering*) w programie Clementine. W pierwszym kroku algorytm dokonuje wstępnego pogrupowania rekordów w dużą liczbę małych podgrup poprzez konstrukcję drzewa cech grup. W drugim kroku algorytm łączy te podgrupy w grupy wyższego rzędu, które reprezentują rozwiązanie algorytmu grupowania.

Jedną z zalet zaimplementowanego w programie Clementine algorytmu jest to, że w odróżnieniu od algorytmu k-średnich i grupowania za pomocą sieci Kohonena analityk nie musi określać pożądanej liczby grup. Zatem grupowanie dwustopniowe jest dobrym narzędziem badawczym. W niniejszym studium przypadku zastosowano grupowanie dwustopniowe bez określenia oczekiwanej liczby grup. Algorytm zwrócił $k = 3$ grupy. Dwie główne zalety grupowania to (1) profile grup i (2) wykorzystanie odkrytych grup jako dane wejściowe w kolejnych modelach klasyfikacyjnych.

Na rysunku 7.26 pokazano fragment podglądu grup z programu Clementine. Na górze zaznaczono grupy uporządkowane pod względem liczby rekordów w grupie — grupa 2 (8183 rekordów) jest pierwsza, następnie grupa 3 (7891 rekordów) i grupa 1 (5666 rekordów). W kolumnie po lewej stronie umieszczono nazwy zmiennych (w tym przypadku wszystkie zmienne są zmiennymi flagowymi). W każdym rzędzie znajdują się wykresy słupkowe dla danej wartości dla każdej grupy. Ponieważ wszystkie zmienne na rys. 7.26 są zmiennymi flagowymi, więc pierwszy słupek na każdym wykresie słupkowym oznacza 0 (fałsz), a drugi słupek oznacza 1 (prawda).

Zauważmy, że słupki reprezentujące 1 (czyli wartość prawda dla zmiennej) dla grupy 3 są konsekwentnie wyższe niż te dla grup 1 i 2. Innymi słowy, dla każdej zmiennej wymienionej na rys. 7.26 proporcja wartości prawda dla zmiennej flagowej dla grupy 3 jest większa niż dla pozostałych dwóch grup. Na przykład część klientów w grupie 3, którzy wydali pieniądze w sklepie AX jest wyższa niż proporcja dla innych grup i podobnie w przypadku innych zmiennych na rys. 7.26.

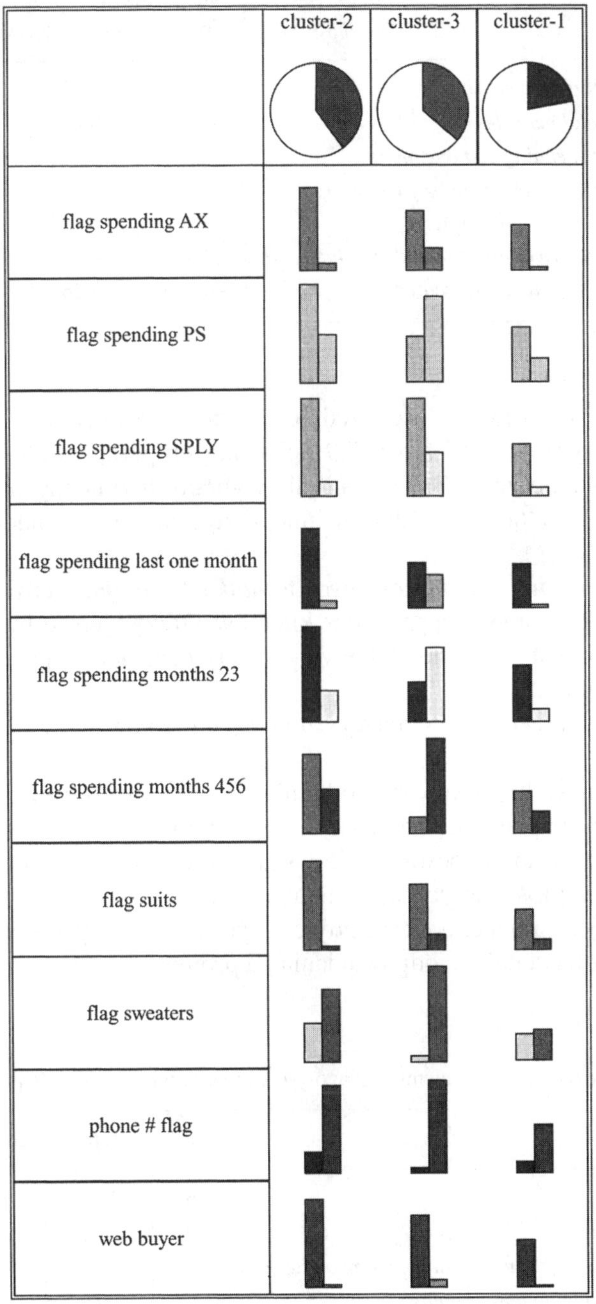

Rys. 7.26. Wykresy słupkowe dlą grup dla zbioru zmiennych flagowych — grupa 3 wydaje się najbardziej obiecującą grupą

Tabela 7.8. Średnie wartości dla grup dla wybranych zmiennych numerycznych

	Grupa 1	Grupa 2	Grupa 3
z ln purchase visits	−0,575	−0,570	1,011
z ln total net sales	−0,177	−0,804	0,971
z sqrt spending last one month	−0,279	−0,314	0,523
z ln lifetime ave time between visits	0,455	0,484	−0,835
z ln product uniformity	0,493	0,447	−0,834
z sqrt # promotion responded in last year	−0,480	−0,573	0,950
z sqrt spending on sweaters	−0,486	0,261	0,116

W tabeli 7.8 zawarto wartości średnie dla poszczególnych grup dla wybranych zmiennych numerycznych. W tabeli 7.9 pokazano proporcję wartości prawda zmiennych flagowych dla poszczególnych grup dla wybranych zmiennych flagowych. Mając informacje z rys. 7.26, tab. 7.8 i 7.9 oraz inne, przechodzimy do zbudowania profilu dla każdej grupy.

- *Grupa 1 — klienci o umiarkowanych wydatkach kupujący ubrania eleganckie*

– Ta grupa ma najwyższą proporcję klientów, którzy kiedykolwiek kupili garnitur.

– Proporcja osób, które kiedykolwiek kupiły eleganckie spodnie jest sześć razy wyższa niż dla grupy 2.

– Całkowita sprzedaż netto dla tej grupy jest umiarkowana, a jej wartość jest bliska całkowitej średniej.

– Jednorodność kupowanych produktów jest wysoka, co oznacza, że ci klienci mają tendencję do skupiania się na pewnych typach ubrań.

– Ogólne zwyczaje kupowania nie wskazują jednak, że ci klienci są najbardziej lojalni, ponieważ wartości dotyczące zmiennych wizyty zakończone zakupem i wydatki w zeszłym miesiącu są małe, podczas gdy czas pomiędzy wizytami jest długi. Grupa ta nie miała również tendencji do odpowiadania na promocje w zeszłym roku.

Tabela 7.9. Procent zmiennych flagowych, które przyjmują wartość prawda

	Grupa 1	Grupa 2	Grupa 3
credit card	27,6	16,7	68,6
Web buyer	1,9	1,2	8,9
ever bought marked-down merchandise	77,6	81,7	99,8
ever bought career pants	63,7	9,9	70,7
ever responded to a promotion	26,2	19,4	88,2
ever bought a suit	18,7	0,1	18,1
ever bought casual pants	15,9	34,5	70,5

- *Grupa 2: mało wydający klienci kupujący ubrania nieformalne*

– Ta grupa ma najmniejszą średnią wartość całkowitej sprzedaży netto, ze średnią o prawie jedno odchylenie standardowe mniejszą od średniej dla całego zbioru.

– W porównaniu do grupy 1 (klienci kupujący ubrania eleganckie), ta grupa ma tendencję do kupowania bardziej nieformalnego ubrania, mając więcej niż dwukrotnie wyższą proporcję kupionych nieformalnych spodni i najwyższą całkowitą wartość wydaną na swetry.

– Ta grupa nie jest zainteresowana garniturami — tylko 0,1% klientów kupiło kiedykolwiek garnitur.

– Grupa ta jest podobna do grupy 1 pod pewnymi względami, takimi jak mała liczba wizyt zakończonych zakupem, małe wydatki w zeszłym miesiącu, duża jednorodność kupowanych produktów, długi czas pomiędzy wizytami i mały współczynnik odpowiedzi na wcześniejsze promocje.

- *Grupa 3: dużo wydający klienci często kupujący, którzy odpowiadają na promocje*

– Średnia liczba wizyt zakończonych zakupem i średnia wartość całkowitej sprzedaży netto są o około jedno standardowe odchylenie ponad średnią dla całego zbioru, co oznacza, że ta grupa reprezentuje stałych klientów, którzy mają tendencję do wydawania dużych sum.

– Grupę tę cechuje mała jednorodność produktów, co oznacza, że nie są skupieni na żadnym typie ubrania. Na przykład kupują zarówno spodnie eleganckie, jak i nieformalne, w mniej więcej tych samych proporcjach.

– Klienci z tej grupy mają tendencję do odpowiedzi na kampanie promocyjne, ponieważ 90% z nich odpowiedziało na promocję marketingową w zeszłym roku.

– Większość tych klientów posiada kartę kredytową, w przeciwieństwie do pozostałych dwóch grup.

– Ta grupa kupuje przez Internet cztery razy częściej niż dwie pozostałe grupy.

Opierając się na powyższych profilach grup, która grupa klientów będzie najczęściej odpowiadać na kampanię marketingową? Oczywiście oczekujemy, że klienci należący do grupy 3 będą mieli wyższy współczynnik odpowiedzi na promocje. Na rysunku 7.27

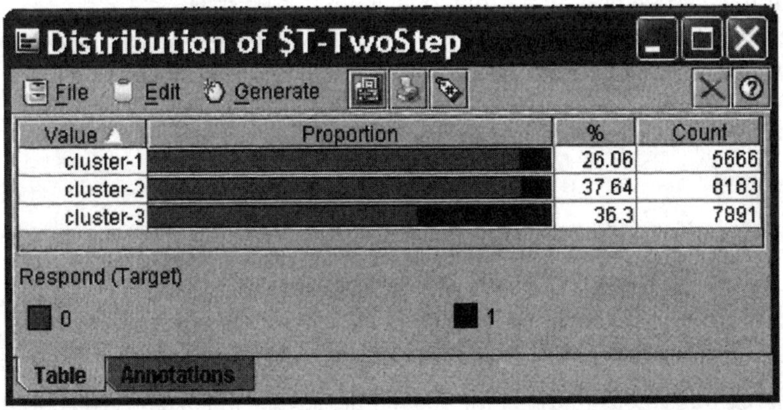

Rys. 7.27. Grupa 3 wykazuje wyższy wskaźnik odpowiedzi na kampanię promocyjną

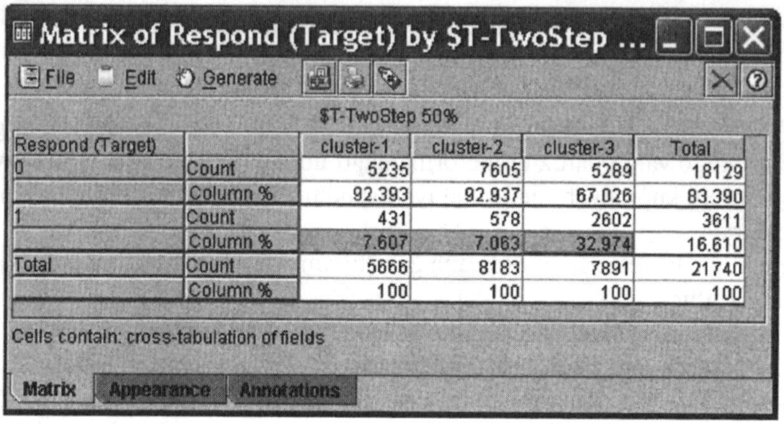

Matrix of Respond (Target) by $T-TwoStep ...

File Edit Generate

Respond (Target)		$T-TwoStep 50% cluster-1	cluster-2	cluster-3	Total
0	Count	5235	7605	5289	18129
	Column %	92.393	92.937	67.026	83.390
1	Count	431	578	2602	3611
	Column %	7.607	7.063	32.974	16.610
Total	Count	5666	8183	7891	21740
	Column %	100	100	100	100

Cells contain: cross-tabulation of fields

Matrix | Appearance | Annotations

Rys. 7.28. Tabela krzyżowa dla grup (utworzonych za pomocą algorytmu dwustopniowego) i zmiennej celu

pokazano rozkład grup z nałożeniem informacji o zmiennej odpowiedzi — istotnie klienci z grupy 3 najczęściej odpowiadają. Rysunek 7.28 zawiera tablicę krzyżową dla grupy i zmiennej celu.

Zauważmy, że proporcja pozytywnych odpowiedzi na kampanię marketingową jest więcej niż cztery razy większa dla grupy 3 (32,974%) niż dla pozostałych grup (7,607% i 7,063%). Opierając się na tym wyniku, włączymy przynależność do grupy jako dane wejściowe dla dalszych modeli klasyfikacyjnych — oczekujemy, że przynależność do grupy będzie odgrywała jakąś rolę podczas poprawnej identyfikacji potencjalnych klientów, którzy odpowiedzą.

Modele klasyfikacji omówione poniżej będą zawierały następujące dane wejściowe:

• *Zbiór modeli A* (wykorzystujący wyniki analizy składowych głównych — modele odpowiednie do profilowania klientów, analizy zmiennych lub przewidywania)

– 71 zmiennych pokazanych na rys. 7.25 minus siedem zmiennych z tab. 7.6 użytych do zbudowania składowych głównych.

– Dwie składowe główne zbudowane ze zmiennych wymienionych w tab. 7.6.

– Grupy odkryte przez dwustopniowy algorytm BIRCH.

• *Zbiór modeli B* (bez analizy składowych głównych — modele używane tylko do przewidywania zmiennej celu)

– 71 zmiennych pokazanych na rys. 7.25.

– Grupy odkryte przez dwustopniowy algorytm BIRCH.

7.4.3. Równoważenie zbioru uczącego

W modelach klasyfikacyjnych, w których jedna z wartości zmiennej celu występuje w zbiorze danych znacznie rzadziej niż inne wartości klas, zaleca się przeprowadzenie równoważenia. Załóżmy na przykład, że mamy dany model do klasyfikacji oszustw (nieuczciwych transakcji) i nasz zbiór danych uczących składa się z 100 000 transakcji, z czego tylko 1000 jest oszustwem. Model klasyfikacji mógłby po prostu zaklasyfikować wszystkie transakcje jako uczciwe i osiągnąć dokładność klasyfikacji na poziomie 99%. Oczywiście taki model jest bezużyteczny.

Zamiast tego analityk powinien zrównoważyć zbiór uczący tak, aby częstość względna nieuczciwych transakcji była większa. Nie zaleca się klonowania występujących rekordów, które zawierają dane o nieuczciwej transakcji, gdyż jest to równoważne z wymyślaniem danych. Należy raczej „odłożyć na bok" odpowiednią liczbę uczciwych transakcji i przez to zwiększyć procent transakcji nieuczciwych. Załóżmy na przykład, że chcemy, aby nasze 1000 rekordów z nieuczciwymi transakcjami reprezentowało 25% zrównważonego zbioru uczącego, a nie 1% jak w oryginlnym zbiorze uczącym. To by oznaczało, że możemy zatrzymać tylko 3000 rekordów reprezentujących uczciwe transakcje. Musimy zatem usunąć z analizy 96 000 z 99 000 rekordów z klasy uczciwe za pomocą losowej selekcji. Oczywiście zawsze wzdrygamy się przed usunięciem danych, ale w świecie eksploracji danych dane są liczne. Również w większości praktycznych zastosowań brak równowagi nie jest duży jak ten z przykładu o oszustwach (99 do 1), a zatem stosunkowo mniej rekordów należy usuwać.

Kolejną zaletę równoważenia danych stanowi to, że zapewnia ono algorytmom klasyfikującym bogaty zbiór rekordów dla każdej kategorii zmiennej celu, zatem algorytmy mają możliwość uczenia się na podstawie wszystkich typów rekordów, a nie tylko tych, które występują najczęściej. W naszym studium przypadku zbiór danych zawiera 18 129 (83,4%) klientów, którzy nie odpowiedzieli na kampanię marketingową i 3611 (16,6%) klientów, którzy odpowiedzieli. Chociaż jest możliwe, aby algorytmy klasyfikacyjne działały bezpośrednio na danych z takim stopniem przeważenia, niemniej jednak zaleca się zastosowanie równoważenia, tak aby mniej liczna kategoria była reprezentowana przez przynajmniej 25% rekordów i być może maksymalnie przez 50%, w zależności od problemu.

W naszym studium przypadku zastosujemy równoważenie, aby otrzymać w przybliżeniu rozkład 50%–50% dla klas odpowiedź/brak odpowiedzi. W tym celu ustalamy, że program Clementine zatrzyma około 20% rekordów klientów, którzy nie odpowiedzieli na kampanię marketingową. Wyniki równoważenia są następujące: 3686 (50,5%) rekordów bez odpowiedzi, i wszystkie 3611 rekordów z odpowiedzią (49,5%).

Zbiór testujący nigdy nie powinien być równoważony. Zbiór testujący reprezentuje nowe dane, których model jeszcze nie widział. Oczywiście w rzeczywistości, nie będziemy równoważyć jutrzejszych danych w naszym modelu klasyfikacyjnym, zatem zbiór testujący nie powinien być równoważony. Zauważmy, że ewaluacja modelu będzie wykorzystywała zbiór testujący, zatem miary oceny zostaną zastosowane do oryginalnych danych (przypominających dane rzeczywiste). Innymi słowy, tabele pokazujące porównawcze miary potencjalnych modeli otrzymuje się za pomocą danych ze zbioru testującego.

7.4.4. Określenie punktu odniesienia dla działania modelu

Skąd mamy wiedzieć czy model działa dobrze? Czy dokładność klasyfikacji na poziomie 80% jest wystarczająco duża? 90%? 95%? Aby można było ocenić działanie kandydujących modeli, musimy ustalić punkty odniesienia, czyli modele, z którymi „kandydaci"

Tabela 7.10. Miary działania dwóch modeli odniesienia

Model	TN Koszt 0 $	TP Koszt −26,4 $	FN Koszt 28,4 $	FP Koszt 2 $	Całkowity współczynnik błędu	Całkowity koszt
Nie wysyłaj do nikogo	5908	0	1151	0	16,5%	32 688,50 $ (4,63 $ na klienta)
Wyślij do wszystkich	0	1151	0	5908	83,7%	−18 570,40 $ (−2,63 $ na klienta)

będą mogli zostać porównani. Te punkty odniesienia często przyjmują formę wyniku działania prostego modelu. Dwa proste modele w naszym przypadku to (1) „nie wysyłaj materiałów reklamowych do nikogo" i (2) „wyślij materiały reklamowe do wszystkich".

Oczywiście firma nie potrzebuje zatrudniać analityków zajmujących się eksploracją danych, aby wdrożyć jeden z wymienionych modeli. Dlatego jeżeli po żmudnej analizie, działanie modeli przedstawionych przez analityka danych jest gorsze od działania jednego z powyższych modeli odniesienia, analityk powinien spróbować jeszcze raz. Innymi słowy, modele przedstawione przez analityka powinny bez cienia wątpliwości działać lepiej niż wskazane modele odniesienia — miejmy nadzieję, że dużo lepiej, aby właściwie ocenić projekt.

Przypomnijmy sobie tab. 7.2, czyli tabelę decyzyjną koszt/zysk dla tego studium przypadku. Po wprowadzeniu tych kosztów i zysków do naszych dwóch modeli odniesienia, otrzymamy dla zbioru testującego (5908 odpowiedzi negatywnych i 1151 odpowiedzi pozytywnych) miary działania pokazane w tab. 7.10. Który z tych dwóch modeli odniesienia działa lepiej? Z porównania całkowitego współczynnika błędu wynika, że lepszy jest model „nie wysyłaj do nikogo". Jednak, jak wspomnieliśmy wcześniej, w modelach eksploracji danych należy uwzględnić rzeczywiste czynniki, takie jak koszt i zysk, zatem tradycyjne miary działania modeli mają mniejsze znaczenie. Zamiast tego będziemy porównywać bezpośrednio końcowy wynik: Jaki wpływ na rentowność firmy miałoby wdrożenie tego modelu?

Tutaj, model „nie wysyłaj do nikogo" kosztuje firmę około 4,63 $ straconych zysków na jednego klienta. W tym zbiorze danych 16,3% klientów odpowiedziałoby pozytywnie na kampanię marketingową, jeżeli tylko mieliby szansę. Dlatego ten model nie powinien być dłużej omawiany. Z drugiej strony, model „wyślij do wszystkich" zarabia dla firmy 2,63 $ na jednego klienta. To wyrażenie „na klienta" statystycznie obejmuje wszystkich klientów, do których wysłano materiały w zbiorze testującym, również tych, którzy nie odpowiedzieli. Współczynnik błędu na poziomie 83,7% jest początkowo zaskakujący, dopóki nie uwzględnimy małego kosztu tego typu błędu. Zatem model „wyślij do wszystkich" określimy jako nasz punkt odniesienia, a zysk 2,63 $ na klienta potraktujemy jako punkt odniesienia, który powinien zostać zwiększony przez każdy potencjalny model.

7.4.5. Zbiór modeli A — wykorzystanie analizy składowych głównych

Modelowanie zaczynamy od zastosowania naszych czterech głównych algorytmów klasyfikacji do zbioru danych przekształconego za pomocą analizy składowych głównych i zrównoważonego 50%–50% względem zmiennej celu *response*. Wyniki są zebrane w tab. 7.11. Zauważmy, że wartości procentowe pokazane w kolumnach FN i FP reprezentują współczynniki, odpowiednio, fałszywych klasyfikacji negatywnych i fałszywych klasyfikacji pozytywnych, czyli współczynnik $\%FP = FP/(FP + TP)$ i współczynnik $\%FN = FN/(FN + TN)$. Model regresji logistycznej osiągnął wyniki lepsze niż trzy pozostałe, ze średnią oszacowanego zysku 1,68 \$ na klienta. Oczywiście jest to wątpliwy wynik, ponieważ żaden z tych modeli nie zbliżył się do minimalnego zysku równego 2,63 \$ na klienta, przyjętego dla modelu „wyślij do wszystkich".

Dlaczego te modele działają tak słabo? Odpowiedź jest taka, że nie uwzględniliśmy kosztów błędnej klasyfikacji. Aby zbudować modele, które ocenimy, używając ściśle zdefiniowanej macierzy koszt/zysk, powinniśmy dążyć do wbudowania tych kosztów do samych modeli. W programie Clementine 8.5 dwa algorytmy są wyposażone w jawny mechanizm do definicji asymetrycznego kosztu błędnej klasyfikacji: C5.0 i CART. Dlatego naszym kolejnym krokiem jest stworzenie modeli drzew decyzyjnych C5.0 i CART z uwzględnieniem kosztów błędnej klasyfikacji. Określmy koszt podjęcia fałszywej negatywnej decyzji jako 28,4 i koszt podjęcia fałszywej decyzji pozytywnej jako 2,0 – nie ma żadnego mechanizmu określenia zysku prawdziwej decyzji pozytywnej jako 26,4 i jest ona zostawiona jako 1,0. Należy zwrócić uwagę, że użycie tych wartości do określenia kosztu błędnej klasyfikacji jest równoznaczne z ustaleniem kosztu fałszywej klasyfikacji negatywnej na 14,2 i kosztu fałszywej klasyfikacji pozytywnej na 1,0.

Niestety po zastosowaniu tych kosztów okazało się, że zarówno w modelu CART, jak i C5.0 wszyscy klienci zostali zaklasyfikowani jako odpowiadający (nie zostało to pokazane) (tj. powstał model analogiczny do modelu „wyślij do wszystkich"). Najwyraźniej kombinacja równoważenia na poziomie 50% z tymi dużymi kosztami błędu FN

Tabela 7.11. Wyniki działania modeli klasyfikacji z równoważeniem 50%–50% i uwzględnieniem składowych głównych

Model	TN Koszt 0 \$	TP Koszt −26,4 \$	FN Koszt 28,4 \$	FP Koszt 2 \$	Całkowity współczynnik błędu	Całkowity koszt na klienta
Sieć neuronowa	4694	672	479 9,3%	1214 64,5%	24,0%	−0,24 \$
CART	4348	829	322 6,9%	1560 65,3%	26,7%	−1,36 \$
C5.0	4465	782	369 7,6%	1443 64,9%	25,7%	−1,03 \$
Regresja logistyczna	4293	872	279 6,1%	1615 64,9%	16,8%	−1,68 \$

Tabela 7.12. Wyniki działania modeli klasyfikacyjnych CART i C5.0 z kosztem błędnej klasyfikacji 10–1

Model	TN Koszt 0 $	TP Koszt −26,4 $	FN Koszt 28,4 $	FP Koszt 2 $	Całkowity współczynnik błędu	Całkowity koszt na klienta
CART	754	1147	4	5154	73,1%	−2,81 $
			0,5%	81,8%		
C5.0	858	1143	8	5050	71,7%	−2,81 $
			0,9%	81,5%		

spowodowała, że klasyfikacja negatywna stała się zbyt kosztowna dla każdego z tych modeli. Zatem koszty błędnej klasyfikacji zostały zmniejszone z wartości 14,2–1,0 do współczynnika 10,0–1,0, z kosztem fałszywej klasyfikacji negatywnej równym 10 i kosztem fałszywej klasyfikacji pozytywnej równym 1. Znowu, jest to równoważne kosztowi fałszywej klasyfikacji negatywnej równemu 20 i kosztowi fałszywej klasyfikacji pozytywnej równemu 2. Wyniki działania przedstawiono w tab. 7.12. Po zastosowaniu takich kosztów błędnej klasyfikacji na etapie budowania modelu, całkowity zysk na klienta wzrósł o ponad 1 $. Zarówno model CART, jak i C5.0 uzyskały lepszy wynik niż punkt odniesienia — model „wyślij do wszystkich".

Przyjrzyjmy się bliżej tym modelom. Na rysunku 7.29 pokazano model C5.0, którego wyniki zebrano w tab. 7.12. Zwróćmy uwagę na zaznaczony węzeł. Dla 447 rekordów w tym węźle tylko 20,8% klientów odpowiedziałoby na kampanię marketingową, gdyby wysłano im materiały reklamowe. Mimo to model przewiduje, że klienci z tego węzła odpowiedzieliby na promocję, co oznaczono za pomocą „**1**" po prawej stronie strzałki. Dlaczego tak się dzieje? Ponieważ wysoki koszt fałszywej negatywnej klasyfikacji powoduje, że model „nie chce" klasyfikować negatywnie. To zjawisko ilustruje dlacze-

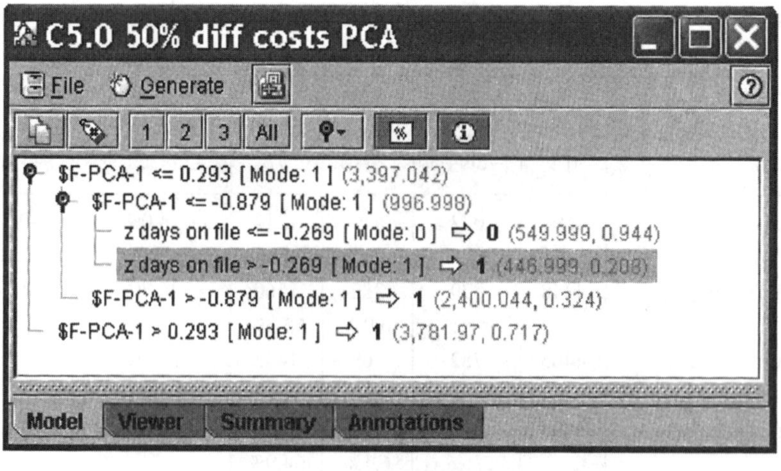

Rys. 7.29. Drzewo decyzyjne C5.0 z kosztem błędnej klasyfikacji 10–1

go model C5.0 z kosztem błędnej klasyfikacji 14,2–1 nie miał ani jednej klasyfikacji negatywnej.

Z rysunku 7.29 można odczytać, że dominującą rolę odgrywa pierwsza składowa główna, czyli *nawyki kupowania* (tab. 7.6), oznaczona jako $F-PCA-1 w drzewie decyzyjnym. Pierwszy i drugi podział następuje względem tej zmiennej, co wskazuje z pewnością na to, że ta zmienna jest najważniejszą zmienną wykorzystywaną do klasyfikacji.

Mogliśmy uwzględnić koszty błędnej klasyfikacji w modelach CART i C5.0. Ale co możemy zrobić z algorytmami, które nie mają wbudowanego mechanizmu uwzględniania kosztu błędnej klasyfikacji?

7.4.6. Przeważanie jako substytut kosztów błędnej klasyfikacji

Tabela 7.12 nie zawiera ani modelu sieci neuronowej, ani modelu regresji logistycznej, gdyż w programie Clementine nie można uwzględnić kosztu błędnej klasyfikacji dla tych modeli. Istnieje jednak metoda alternatywna do osiągnięcia efektów decyzyjnych podobnych do kosztów błędnej klasyfikacji. Ta metoda to **przeważanie** (ang. *overbalancing*).

W tabeli 7.13 zawarto wyniki działania wielu modeli sieci neuronowej (bez składowych głównych) dla danych z różnym poziomem zrównoważenia. Pierwszy model uczy się na oryginalnych danych; dla drugiego modelu zmienna celu jest zrównoważona na poziomie 50%; dla trzeciego modelu zmienna celu jest przeważona — jest około 65% klientów, którzy odpowiedzieli na kampanię marketingową i 35% klientów, którzy nie odpowiedzieli; dla czwartego modelu zmienna celu również jest przeważona — tym razem jest około 80% klientów, którzy odpowiedzieli, i 20% klientów, którzy nie odpowiedzieli; dla piątego modelu zmienna celu jest także przeważona — jest około 90% klientów, którzy odpowiedzieli, i 10% klientów, którzy nie odpowiedzieli. Zauważmy,

Tabela 7.13. Wyniki działania modelu sieci neuronowej dla różnych poziomów równoważenia i przeważania

Model	TN Koszt 0 $	TP Koszt −26,4 $	FN Koszt 28,4 $	FP Koszt 2 $	Całkowity współczynnik błędu	Całkowity koszt na klienta
Brak zrównoważenia 16,3%–83,7%	5865	124	1027 14,9%	43 25,7%	15,2%	+3,68 $
Równoważenie 50%–50%	4694	672	479 9,3%	1214 64,4%	24,0%	−0,24 $
Przeważenie 65%–35%	1918	1092	59 3,0%	3990 78,5%	57,4%	−2,72 $
80%–20%	1032	1129	22 2,1%	4876 81,2%	69,4%	−2,75 $
90%–10%	592	1141	10 1,7%	5316 82,3%	75,4%	−2,72 $

że trzy modele, dla których dane były przeważone osiągają lepsze wyniki niż model odniesienia „wyślij do wszystkich”, chociaż żaden z tych modeli nie uwzględnia bezpośrednio kosztów błędnej klasyfikacji. Zatem właściwie zastosowane przeważanie może zostać użyte jako substytut kosztów błędnej klasyfikacji.

Najlepsze wyniki sieci neuronowej uzyskano dla danych z przeważeniem 80%–20%. Porównajmy te wyniki z wynikami trzech pozostałych algorytmów, używając tego samego wskaźnika przeważenia. W tabeli 7.14 pokazano wyniki działania dla wszystkich czterech algorytmów ze wskaźnikiem przeważenia 80%–20%.

Regresja logistyczna jest najlepiej działającym modelem w tej grupie, chociaż wszystkie cztery modele osiągają wyniki lepsze niż model odniesienia „wyślij do wszystkich”. Analiza wyników modelu regresji logistycznej (nie została tu pokazana) pokazuje, że regresja logistyczna korzysta wyłącznie z jednej zmiennej — *lifestyle cluster* (zmiennej objaśniającej określającej przynależność do grupy reprezentującej dany styl życia), używając 49 różnych zmiennych flagowych (reprezentujących 50 różnych wartości tej samej zmiennej). Można to uznać za zbyt dużą parametryzację modelu. Jeżeli atrybut ma silny wpływ na zmienną celu, to możemy rozważyć zatrzymanie pola w modelu (prawdopodobnie w ograniczonym zakresie). Jednak ponieważ różne style życia nie wydają się silnie powiązane z odpowiedzią lub jej brakiem, powinniśmy rozważyć opuszczenie tej zmiennej w analizie. Zatrzymanie zmiennej w tym momencie prowadzi do nadmiernej parametryzacji modelu sieci neuronowej, czyli model ma zbyt wiele węzłów w porównaniu do ilości informacji, którą zawiera dana zmienna. Dlatego omijamy zmienną i wracamy do analizy z tab. 7.13, z wynikami zebranymi w tab. 7.15.

Zauważmy, że decyzja o usunięciu zmiennej została podjęta na etapie modelowania, a nie na etapie eksploracyjnej analizy danych. Nie powinniśmy usuwać zmiennych na etapie eksploracyjnej analizy danych (EDA) (zrozumienie danych) z powodu pozornego braku prostej wzajemnej zależności między tymi zmiennymi a zmienną celu. Nigdy nie wiadomo jaka zależność pomiędzy zmiennymi istnieje w wyższych wymiarach i powinniśmy pozwolić modelowi na samodzielną decyzję, które zmienne powinny zostać zatrzymane, a które nie, tak jak zrobiliśmy to tutaj.

Tabela 7.14. Wyniki działania czterech algorytmów z wskaźnikiem przeważenia 80%–20%

Model	TN Koszt 0 $	TP Koszt −26,4 $	FN Koszt 28,4 $	FP Koszt 2 $	Całkowity współczynnik błędu	Całkowity koszt na klienta
Sieć neuronowa	1032	1129	22 2,1%	4876 81,2%	69,4%	−2,75 $
CART	1724	1111	40 2,3%	4184 79,0%	59,8%	−2,81 $
C5.0	1195	1127	24 2,0%	4713 80,7%	67,1%	−2,78 $
Regresja logistyczna	2399	1098	53 2,2%	3509 76,2%	50,5%	−2,90 $

Tabela 7.15. Wyniki działania czterech algorytmów ze wskaźnikiem przeważenia 80%–20% po opuszczeniu zmiennej *lifestyle cluster*

Model	TN Koszt 0 $	TP Koszt −26,4 $	FN Koszt 28,4 $	FP Koszt 2 $	Całkowity współczynnik błędu	Całkowity koszt na klienta
Sieć neuronowa	885	1132	19 2,1%	5023 81,6%	71,4%	−2,73 $
CART	1724	1111	40 2,3%	4184 79,0%	59,8%	−2,81 $
C5.0	1467	1116	35 2,3%	4441 79,9%	63,4%	−2,77 $
Regresja logistyczna	2389	1106	45 1,8%	3519 76,1%	50,5%	−2,96 $

Wykluczenie zmiennej *lifestyle cluster* poprawiło działanie modelu regresji logistycznej z oszacowanego zysku na klienta 2,90 $ do 2,96 $. Te 0,06 $ reprezentuje poprawę o 18% względem modelu z zatrzymaną zmienną. Dlatego też w tym przypadku „mniej znaczy więcej". Z drugiej strony, model CART zupełnie nie „odczuwa" wyłączenia zmiennej *lifestyle cluster*, ponieważ zmienna nie wchodziła w skład początkowego modelu. Działanie modelu C5.0 i sieci neuronowej pogorszyło się nieco po usunięciu tej zmiennej.

Jednak naszym najlepszym modelem pozostaje model regresji logistycznej z przeważeniem 80%–20%, bez składowych głównych oraz bez zmiennej *lifestyle cluster*. Zauważmy, że bez zastosowania przeważenia jako substytutu kosztu błędnej klasyfikacji nie moglibyśmy skorzystać z tego użytecznego modelu regresji logistycznej. Model ten zapewnia oszacowany zysk na klienta w wysokości 2,96 $, co stanowi znaczną poprawę — o 45% w stosunku do modeli, które uwzględniły koszty błędnej klasyfikacji względem modelu odniesienia 2,63 $ [tj. $(2{,}96\,\$ - 2{,}81\,\$)/(2{,}96\,\$ - 2{,}63\,\$) = 45\%$].

7.4.7. Łączenie modeli — głosowanie

W łyżwiarstwie figurowym podczas olimpiady, pojedynczy sędzia nie decyduje o wyborze mistrza, ale komisja sędziowska. Preferencje poszczególnych sędziów są agregowane za pomocą pewnej funkcji łączącej, która decyduje o wygranej. Analityk danych może również być zainteresowany połączeniem modeli klasyfikacyjnych, tak by mocne i słabe strony każdego modelu zostały wygładzone przez kombinację innych modeli.

Jedna z metod łączenia modeli wykorzystuje proste głosowanie. Dla każdego rekordu, każdy model dostarcza prognozę: odpowiedź (1) lub jej brak (0). Możemy zatem liczyć głosy, które otrzymuje każdy rekord. Na przykład obecnie używamy czterech algorytmów klasyfikacyjnych do problemu odpowiedzi na kampanię marketingową. Tutaj rekordy mogą otrzymać od 0 do 4 głosów przewidujących odpowiedź. Zatem w tym przypadku, na ogólnym poziomie, możemy przewidywać pozytywną odpowiedź na kampanię reklamową, opierając się na jednym z następujących czterech kryteriów:

A. Wyślij ulotkę promocyjną, jeżeli wszystkie cztery modele przewidują odpowiedź.
B. Wyślij ulotkę promocyjną, jeżeli trzy lub cztery modele przewidują odpowiedź.
C. Wyślij ulotkę promocyjną, jeżeli przynajmniej dwa modele przewidują odpowiedź.
D. Wyślij ulotkę promocyjną, jeżeli przynajmniej jeden model przewiduje odpowiedź.

Oczywiście kryterium A ma tendencję do zabezpieczania przed fałszywymi klasyfikacjami pozytywnymi, ponieważ wszystkie cztery algorytmy muszą się zgodzić na pozytywną prognozę w tym kryterium. Podobnie kryterium D będzie miało tendencję do zabezpieczania przed fałszywymi klasyfikacjami negatywnymi, ponieważ tylko pojedynczy algorytm będzie decydował o pozytywnej odpowiedzi. Każde z tych czterech kryteriów w efekcie definiuje połączony model, którego działanie może być ocenione, tak jak działanie wszystkich innych modeli. Tabela 7.16 zawiera wyniki działania dla każdego z tych czterech połączonych modeli. Najlepszy połączony model to model zdefiniowany przez kryterium B: Wyślij ulotkę promocyjną, jeżeli trzy lub cztery modele przewidują odpowiedź. To kryterium ma inną bardziej intuicyjną interpretację: Wyślij ulotkę promocyjną, jeżeli większość modeli przewiduje odpowiedź.

Jedną z wad używania połączonych modeli jest brak łatwej interpretacji. Nie możemy łatwo wskazać reguły decyzyjnej lub p-wartości, aby wytłumaczyć dlaczego do danego klienta zostały wysłane materiały promocyjne i dlaczego nie zostały one wysłane do innego klienta. Przypomnijmy, że najłatwiejszymi do interpretacji modelami klasyfikacyjnymi są drzewa decyzyjne, takie jak te utworzone przez algorytmy CART lub C5.0. Jednak w naszym przypadku najlepszy model został utworzony za pomocą regresji logistycznej, która, jeżeli chodzi o możliwość interpretacji, leży w połowie drogi pomiędzy drzewami decyzyjnymi a sieciami neuronowymi. Przyjrzyjmy się bliżej modelowi regresji logistycznej. W tableli 7.17 zawarto listę najważniejszych zmiennych i składników zgłoszonych przez regresję logistyczną wraz z ich p-wartościami.

Tabela 7.16. Wyniki działania czterech metod liczenia głosów ze wskaźnikiem przeważenia 80%–20% po opuszczeniu zmiennej *lifestyle cluster*

Połączony model	TN Koszt 0 $	TP Koszt −26,4 $	FN Koszt 28,4 $	FP Koszt 2 $	Całkowity współczynnik błędu	Całkowity koszt na klienta
Kryterium A	2772	1067	84 2,9%	3136 74,6%	45,6%	−2,76 $
Kryterium B	1936	1115	36 1,8%	3972 78,1%	56,8%	−2,90 $
Kryterium C	1207	1135	16 1,3%	4701 80,6%	66,8%	−2,85 $
Kryterium D	550	1148	3 0,5%	5358 82,4%	75,9%	−2,76 $

Tabela 7.17. Najważniejsze zmienne/składowe oraz ich *p*-wartości

Zmienna lub składowa	*p*-wartość
Sładowa główna 1: nawyki kupowania	0,000
Sładowa główna 2: kontakty z promocją	0,000
z days on file	0,000
z ln average spending per visit	0,000
z ln days between purchases	0,000
z ln product uniformity	0,000
z sqrt spending CC	0,000
Web buyer flag	0,000
z sqrt knit dresses	0,001
z sqrt sweaters	0,001
z in stores	0,003
z sqrt career pants	0,004
z sqrt spending PS	0,005

Można tutaj przeprowadzić dużo bogatszą analizę — w końcu modele zwykle traktuje się jako prace w toku i zaledwie nieliczne modele bywają uznane za skończone. Teraz przejdziemy do drugiej klasy modeli — modeli, które nie uwzględnianiają wyników analizy składowych głównych.

7.4.8. Zbiór modeli B — modele bez składowych głównych

W końcu zbadamy modele, które nie mają jako danych wejściowych składowych głównych. Zamiast tego modele te zatrzymały zbiór skorelowanych zmiennych pokazanych w tab. 7.5 i dlatego nie powinno się ich wykorzystywać do innych celów poza przewidywaniem zmiennej celu — tutaj odpowiedzi na promocję. Z drugiej strony, ponieważ ten zbiór skorelowanych zmiennych jest bardzo silnie powiązany z odpowiedzią, możemy oczekiwać, że modele, które nie uwzględniają wyników analizy składowych głównych, osiągną lepsze wyniki dla przewidywania odpowiedzi niż modele, które uwzględniły wyniki analizy składowych głównych.

Nasza strategia w tej części będzie identyczna do strategii pracy nad modelami, które uwzględniły wyniki analizy składowych głównych z jednym szczególnym dodatkiem:

1. Zastosuj modele CART i C5.0, uwzględniając koszty błędnej klasyfikacji i równoważenia danych 50%–50%.
2. Zastosuj wszystkie cztery algorytmy klasyfikacyjne z przeważeniem danych na poziomie 80%.
3. Połącz cztery algorytmy klasyfikacyjne za pomocą metody głosowania.
4. Połącz cztery algorytmy klasyfikacyjne za pomocą **średnich prawdopodobieństw odpowiedzi** (ang. *mean response probabilities*).

Tabela 7.18. Wyniki działania modeli klasyfikacyjnych CART i C5.0 z kosztem błędnej klasyfikacji 14,2–1

Model	TN Koszt 0 $	TP Koszt −26,4 $	FN Koszt 28,4 $	FP Koszt 2 $	Całkowity współczynnik błędu	Całkowity koszt na klienta
CART	1645	1140	11 0,7%	4263 78,9%	60,5%	−3,01 $
C5.0	1562	1147	4 0,3%	4346 79,1%	61,6%	−3,04 $

Zaczynamy od zastosowania algorytmów drzew decyzyjnych (CART i C5.0) przy kosztach błędnej klasyfikacji 14,2–1 i zrównoważeniu danych 50%–50% — wyniki pokazano w tab. 7.18. Zauważmy, że oba modele osiągają wyniki lepsze niż najlepszy model uwzględniający wyniki analizy składowych głównych, z oszacowanym zyskiem na klienta równym 3,04 $ i 3,01 $ w porównaniu z 2,96 $ dla modelu regresji logistycznej ze składowymi głównymi. Załóżmy jednak, że chcielibyśmy wzbogacić nasze wyniki o te, które pochodzą od algorytmów niemających wbudowanego mechanizmu uwzględniania kosztu błędnej klasyfikacji. Zatem możemy zastosować przeważanie jako substytut kosztów błędnej klasyfikacji, tak jak to robiliśmy dla modeli ze składowymi głównymi. W tabeli 7.19 przedstawiono wyniki działania wszystkich czterech algorytmów z przeważeniem danych na poziomie 80%.

Zwróćmy uwagę na duże rozbieżności w działaniu modeli. Tutaj C5.0 jest pewnym zwycięzcą, z oszacowanym zyskiem na klienta równym 3,15 $, osiągając najlepszy wynik dla pojedynczego modelu w tym studium przypadku. Model regresji logistycznej nie jest dużo gorszy, z wartością 3,12 $. Model sieci neuronowej działa jednak stosunkowo źle, uzyskując tylko 2,78 $. (Należy tutaj zaznaczyć, że wszystkie modele sieci neuro-

Tabela 7.19. Wyniki działania czterech algorytmów ze wskaźnikiem przeważenia danych 80%–20%

Model	TN Koszt 0 $	TP Koszt −26,4 $	FN Koszt 28,4 $	FP Koszt 2 $	Całkowity współczynnik błędu	Całkowity koszt na klienta
Sieć neuronowa	1301	1123	28 2,1%	4607 80,4%	65,7%	−2,78 $
CART	2780	1100	51 1,8%	3128 74,0%	45,0%	−3,02 $
C5.0	2640	1121	30 1,1%	3268 74,5%	46,7%	−3,15 $
Regresja logistyczna	2853	1110	41 1,4%	3055 73,3%	43,9%	−3,12 $

Tabela 7.20. Wyniki działania czterech metod liczenia głosów ze wskaźnikiem przeważenia danych 80%–20% dla modeli bez składowych głównych

Połączony model	TN Koszt 0 $	TP Koszt −26,4 $	FN Koszt 28,4 $	FP Koszt 2 $	Całkowity współczynnik błędu	Całkowity koszt na klienta
Kryterium A	3307	1065	86 2,5%	2601 70,9%	38,1%	−2,90 $
Kryterium B	2835	1111	40 1,4%	3073 73,4%	44,1%	−3,12 $
Kryterium C	2357	1133	18 0,7%	3551 75,8%	50,6%	−3,16 $
Kryterium D	1075	1145	6 0,6%	4833 80,8%	68,6%	−2,89 $

nowych są uczone w tym studium przypadku z domyślnymi wartościami parametrów i wykorzystaniem opcji *quick* (szybko). Być może działanie sieci neuronowej mogłoby zostać poprawione poprzez zmiany wartości dostępnych parametrów i opcji.)

Teraz łączymy cztery modele — najpierw za pomocą głosowania. Tabela 7.20 pokazuje wyniki działania dla czterech sposobów liczenia głosów, gdzie znowu używamy przeważenia danych na poziomie 80%. Wyniki połączonych modeli mogą być trochę zaskakujące, gdyż jedna metoda łączenia: wyślij ulotkę promocyjną, jeżeli przynajmniej dwa modele przewidują odpowiedź, uzyskała wyniki lepsze niż wszystkie pojedyncze metody klasyfikacji, ze średnim całkowitym zyskiem na klienta równym około 3,16 $. Jest to przejawem synergii podejścia w połączonym modelu, gdzie kombinacja modeli jest w pewnym sensie lepsza od wszystkich jego części. Tutaj największy zysk uzyskujemy, kiedy przynajmniej dwa modele zasugerują wysłanie materiałów promocyjnych do potencjalnego klienta. Metoda głosowania zastosowana do łączenia modeli zapewniła nam wyniki lepsze niż moglibyśmy otrzymać od każdego z pojedynczych modeli.

7.4.9. Łączenie modeli za pomocą średniego prawdopodobieństwa odpowiedzi

Proste głosowanie nie jest jedyną metodą łączenia wyników modeli. Model głosowania reprezentuje odpowiedź każdego modelu jako jednoznaczną decyzję tak lub nie, bez uwzględniania miar ufności dla tej decyzji. Byłoby dobrze, gdybyśmy mogli w jakiś sposób dołączyć miarę ufności, którą każdy model pokazuje przy swojej decyzji, ponieważ taka metoda pozwoliłaby na lepsze dopasowanie w przestrzeni decyzyjnej.

Na szczęście takie miary ufności są dostępne w programie Clementine z niewielką modyfikacją. Dla każdej decyzji modelu program Clementine pokazuje nie tylko decyzję, ale i rzeczywistą wartość, która jest związana z ufnością algorytmu dla tej decyzji. Kiedy uwzględnimy tę wartość, otrzymamy nową zmienną, która mierzy dla każdego rekordu prawdopodobieństwo pozytywnej odpowiedzi na kampanię marketingową. Modyfikacja jest następująca:

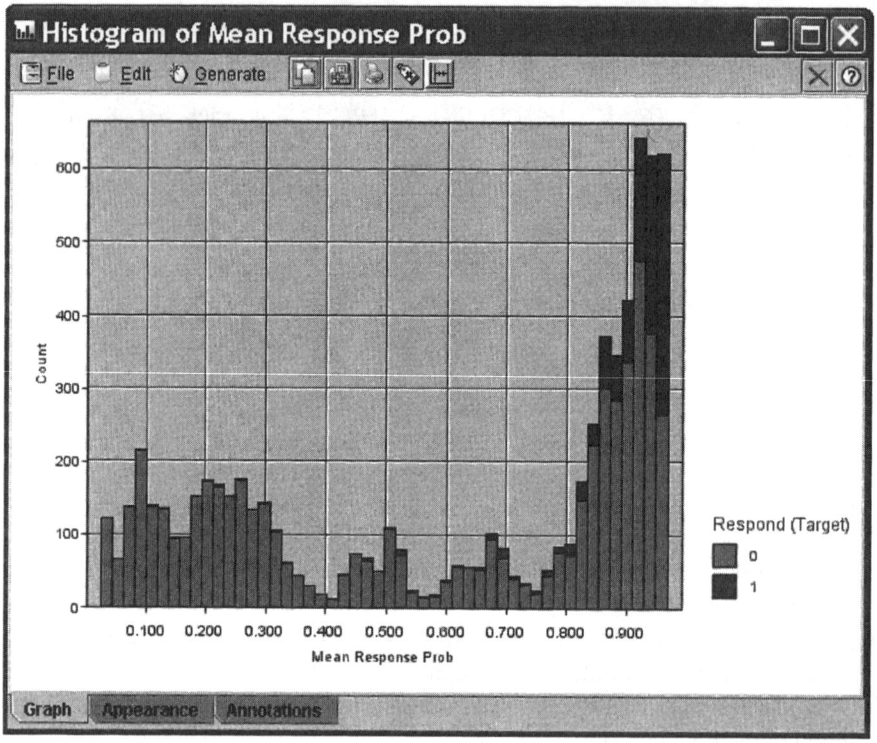

Rys. 7.30. Rozkład prawdopodobieństwa średniej odpowiedzi z nałożeniem informacji o zmiennej celu *response*

Jeżeli prognoza = pozytywna, to prawdopodobieństwo odpowiedzi = 0,5 + (zgłoszona ufność)/2.

Jeżeli prognoza = negatywna, to prawdopodobieństwo odpowiedzi = 0,5 – (zgłoszona ufność)/2.

Dla każdego modelu **prawdopodobieństwa odpowiedzi modelu** (ang. *model response probabilities*, MRP) są obliczane zgodnie z powyższymi wzorami. Następnie średnia wartość MPR jest obliczana jako iloraz sumy MPR przez 4. Na rysunku 7.30 pokazano histogram MRP z nałożeniem informacji o zmiennej odpowiedzi na kampanię marketingową.

Wielomodalność rozkładu MRP jest spowodowana nieciągłością przekształcenia użytego w powyższych wzorach. W celu zwiększenia kontrastu pomiędzy klientami, którzy odpowiedzieli, i tymi, którzy nie odpowiedzieli, pomocne okazuje się utworzenie znormalizowanego histogramu o większej czytelności, aby umożliwić lepsze dopasowanie przez zwiększenie liczby słupków. Ten znormalizowany histogram pokazano na rys. 7.31.

Na podstawie tego histogramu analityk może określić wartości, które dzielą zbiór danych według pewnych wartości MRP. Pamiętając, że fałszywa klasyfikacja negatywna jest 14,2 razy gorsza od fałszywej klasyfikacji pozytywnej, powinniśmy dążyć do określenia tego podziału blisko dolnej granicy, tak by było podejmowanych jak najmniej

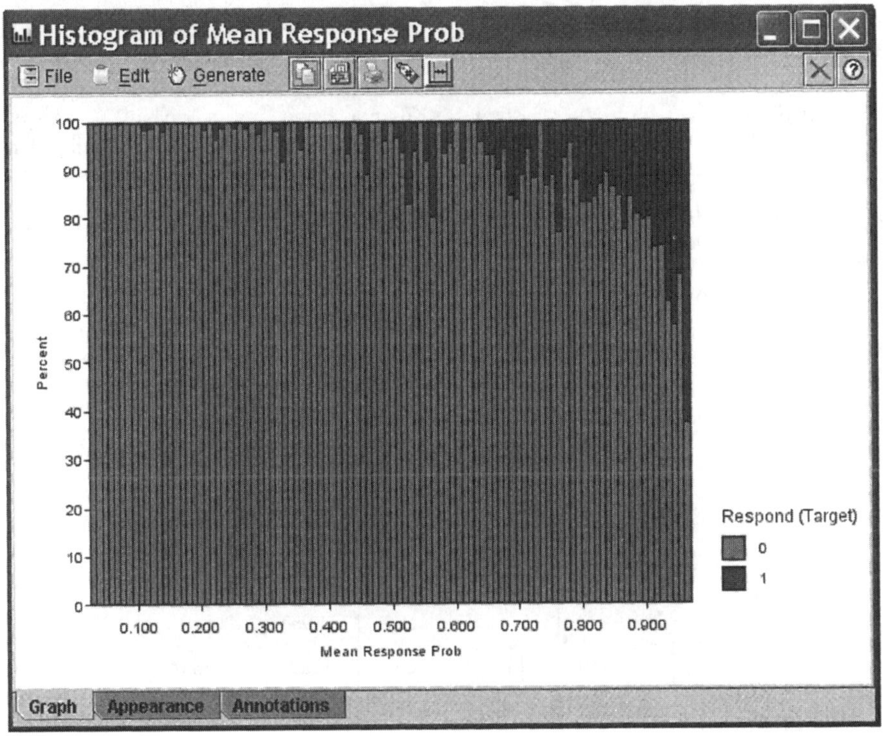

Rys. 7.31. Znormalizowany histogram dla prawdopodobieństwa średniej odpowiedzi z nałożeniem informacji o zmiennej celu *response*

fałszywych decyzji negatywnych. Na przykład na podstawie rys. 7.31 możemy mieć ochotę podzielić rekordy zgodnie z kryterium: MPR $< 0{,}85$ przeciw MPR $\geq 0{,}85$, ponieważ w pobliżu tej wartości proporcja klientów, którzy odpowiadają, zaczyna szybko rosnąć. Jednak, jak pokazano w tab. 7.21, model zbudowany na takim podziale jest nieoptymalny, gdyż pozwala na podjęcie zbyt wielu fałszywych decyzji pozytywnych. Jak się okazuje, optymalny podział jest dla prawdopodobieństwa 50% lub blisko tej wartości. Załóżmy, że wysyłamy informację o promocji do ewentualnego klienta, gdy jest spełnione następujące założenie:

- Ciągły połączony model. Wyślij informację o promocji, jeżeli średnie prawdopodobieństwo odpowiedzi zgłoszone przez cztery algorytmy jest równe przynajmniej 51%.

Innymi słowy, kierując się wynikami tego ciągłego połączonego modelu wyślemy ulotkę promocyjną tylko wtedy, gdy średnie prawdopodobieństwo odpowiedzi zgłoszone przez cztery modele klasyfikacyjne jest większe od 50%. Okazuje się, że jest to optymalny model wśród wszystkich odkrytych modeli w tym studium przypadku, z oszacowanym zyskiem na klienta równym 3,1744 $ (dodatkowe liczby po przecinku pomagają wskazać na małe różnice pomiędzy najlepszymi potencjalnymi modelami). Tabela 7.21 zawiera wyniki działania otrzymane dla modeli zdefiniowanych przy możliwych podziałach dla różnych wartości MRP. Zauważmy znikome różnice w całkowitym koszcie po-

Tabela 7.21. Wyniki działania modeli określonych przez podziały względem różnych wartości MRP

Połączony model	TN Koszt 0 $	TP Koszt −26,4 $	FN Koszt 28,4 $	FP Koszt 2 $	Całkowity współczynnik błędu	Całkowity koszt na klienta
Podział: MRP < 0,95 MRP ≥ 0,95	5648	353	798	260	15,0%	+1,96 $
			12,4%	42,4%		
Podział: MRP < 0,85 MRP ≥ 0,85	3810	994	157	2098	31,9%	−2,49 $
			4,0%	67,8%		
Podział: MRP < 0,65 MRP ≥ 0,65	2995	1104	47	2913	41,9%	−3,11 $
			1,5%	72,5%		
Podział: MRP < 0,54 MRP ≥ 0,54	2796	1113	38	3112	44,6%	−3,13 $
			1,3%	73,7%		
Podział: MRP < 0,52 MRP ≥ 0,52	2738	1121	30	3170	45,3%	−3,1736 $
			1,1%	73,9%		
Podział: MRP < 0,51 MRP ≥ 0,51	2686	1123	28	3222	46,0%	−3,1744 $
			1,0%	74,2%		
Podział: MRP < 0,50 MRP ≥ 0,50	2625	1125	26	3283	46,9%	−3,1726 $
			1,0%	74,5%		
Podział: MRP < 0,46 MRP ≥ 0,46	2493	1129	22	3415	48,7%	−3,166 $
			0,9%	75,2%		
Podział: MRP < 0,42 MRP ≥ 0,42	2369	1133	18	3539	50,4%	−3,162 $
			0,8%	75,7%		

między kilkoma możliwymi podziałami. Aby uniknąć przeuczenia, analityk może nie zdecydować się na ustalenie pojedynczej wygrywającej wartości, ale zatrzymać dwie lub trzy najlepsze wartości.

Zatem ciągły połączony model określony dla podziału przy wartości MRP = 0,51 jest naszym najlepszym modelem do przewidywania odpowiedzi na kampanię marketingową. Ten model zapewnia oszacowany zysk w wysokości 3,1744 $ na klienta, do którego zostały wysłane materiały reklamowe. Otrzymany wynik można porównać z działaniem modelu odniesienia „wyślij do wszystkich”, który ma zysk 2,63 $. Zatem nasz model zwiększa zysk kampanii marketingowej o 20,7% lub 54,44 centa na klienta. Jeżeli więc wyślemy informację o promocji do 100 000 klientów, to oszacowany zysk wzrośnie o 54 440 $. Wzrost zysków jest spowodowany zmniejszeniem kosztów związanych z wysłaniem materiałów do klientów, którzy nie odpowiadają na kampanię.

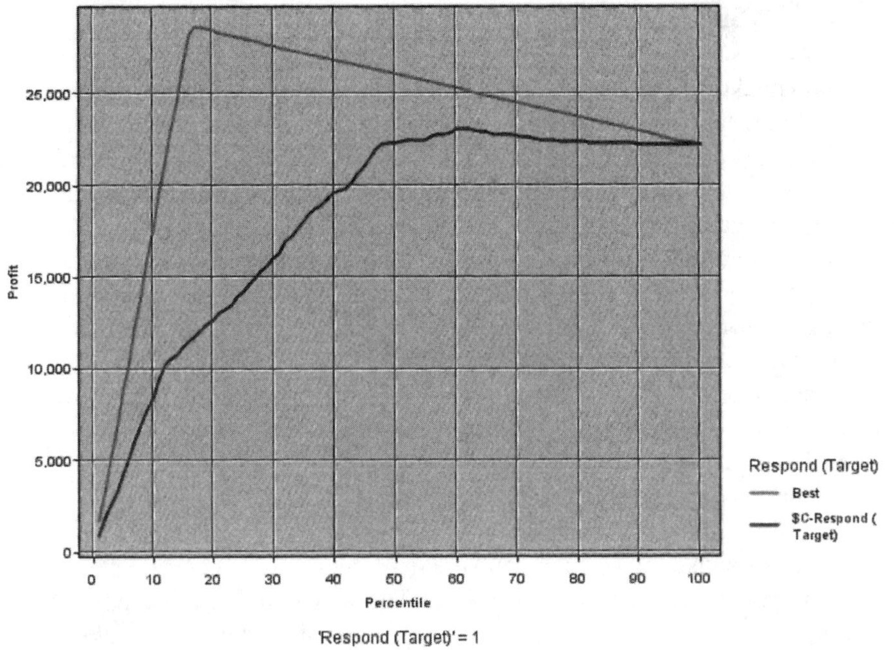

Rys. 7.32. Wykres zysku dla modelu C5.0

Aby to zilustrować, rozważmy rys. 7.32, który przedstawia wykres uzyskanych zysków, gdy był stosowany tylko model C5.0 (bez połączenia). Ciemniejsza linia wskazuje zyski z modelu C5.0, po posortowaniu rekordów w taki sposób, że klienci o większym prawdopodobieństwie odpowiedzi są pierwsi. Linia w kolorze jaśniejszym wskazuje na najlepszy możliwy model, który ma idealną wiedzę, kto odpowie, a kto tego nie zrobi. Zauważmy, że jaśniejsza linia charakteryzuje się liniowym wzrostem do swojej wartości maksymalnej około 16 centyla (ponieważ około 16% rekordów ze zbioru testującego to klienci, którzy odpowiedzieli), a później maleje liniowo, ale wolno, w miarę jak jest ponoszony koszt dla pozostałych 84% klientów, którzy nie odpowiedzieli.

Krzywa zysku dla modelu C5.0 stabilizuje się około 50 centyla. Na ogół krzywa zysku nie jest wyżej dla 99 centyla niż w okolicy 50 centyla. To zjawisko pokazuje bezsens modelu „wyślij do wszystkich", ponieważ taki sam poziom zysku można osiągnąć, kontaktując się zaledwie z połową potencjalnych klientów, jak w przypadku skontaktowania się ze wszystkimi.

Ponieważ wykres zysku jest utworzony na podstawie rekordów posortowanych względem prawdopodobieństwa odpowiedzi, więc odnosi się w pewnym stopniu do powyższego ciągłego połączonego modelu, który również porządkował rekordy względem prawdopodobieństwa odpowiedzi według czterech modeli. Zauważmy, że punkt zwrotny występuje około 50 centyla zarówno dla wykresu zysku, jak i ciągłego połączonego modelu.

7.5. Podsumowanie

Studium przypadku w tym rozdziale (modelowanie odpowiedzi na kampanię marketingową) zostało przeprowadzone zgodnie z metodologią *Cross-Industry Standard Process for Data Mining* (CRISP–DM). Proces składa się z sześciu etapów: (1) zrozumienie uwarunkowań biznesowych, (2) zrozumienie danych, (3) przygotowanie danych, (4) modelowanie, (5) ewaluacja i (6) wdrożenie.

W rozważanym studium przypadku zadanie polegało na przewidywaniu, do których klientów warto wysłać materiały promocyjne, gdyż są duże szanse, że odpowiedzą na taką kampanię marketingową. Zbiór danych *clothing store* [3], zamieszczony na stronie internetowej `www.dataminingconsultant.com`, to rzeczywiste dane zebrane przez sieć sklepów z odzieżą w Nowej Anglii. Dane obejmują 51 atrybutów i opisują 28 799 klientów. Celem modelu klasyfikacyjnego jest zwiększenie zysków. Skonstruowano tabelę decyzyjnę koszt/zysk z dużo większą „karą" za podjęcie fałszywej decyzji negatywnej niż fałszywej decyzji pozytywnej.

Większość pól numerycznych ma rozkład prawoskośny i dlatego wymagało przekształcenia, aby rozkład był normalny lub przynajmniej symetryczny. Po przekształceniu te pola numeryczne zostały ustandaryzowane. Dla wielu zmiennych utworzono zmienne flagowe, informujące czy dany rodzaj ubrania został kiedykolwiek zakupiony. Aby uzupełnić zbiór danych, wyprowadzono nowe zmienne na podstawie innych zmiennych znajdujących się już w zbiorze danych.

Eksploracyjna analiza danych (EDA) pokazała, że odpowiedź na kampanię marketingową (*response*) jest dodatnio skorelowana między innymi z następującymi zmiennymi: *z ln purchase visits*, *z ln # individual items purchase*, *z ln total net sales*, i *z ln promotions responded*. Zmienna *response* jest ujemnie skorelowana z *z ln lifetime ave time between visits*. Na etapie EDA odkryto interesujące zjawisko: w miarę tego, jak kupujący koncentruje się tylko na jednym typie ubrań, liczba udzielonych odpowiedzi maleje.

Mocne wzajemne zależności znaleziono pomiędzy kilkoma zmiennymi objaśniającymi, z najsilniejszą korelacją pomiędzy *z ln number of different product classes* i *z ln # individual items purchased*.

Etapy modelowania i oceny zostały połączone oraz wprowadzone w życie za pomocą następującej strategii:

- Podział zbioru danych na zbiór uczący i testujący.
- Udostępnienie listy wszystkich zmiennych wejściowych do modelu.
- Zastosowanie analizy składowych głównych w celu rozwiązania problemu współliniowości.
- Zastosowanie analizy skupień i krótkie przedstawienie profili wynikowych grup.
- Zrównoważenie zbioru uczącego w celu zapewnienia podobnej liczby rekordów zawierających klientów, którzy odpowiadają i nie odpowiadają.
- Określenie wyników modelu odniesienia według kryterium oczekiwanych zysków na klienta, do którego zostały wysłane materiały, w celu skalibrowania działania potencjalnych modeli.
- Zastosowanie następujących algorytmów klasyfikacyjnych do zbioru uczącego:

– drzewa klasyfikacyjne i regresyjne (CART),
– algorytm drzew decyzyjnych C5.0,
– sieci neuronowe,
– regresja logistyczna.

• Ocena każdego z tych modeli za pomocą zbioru testującego.

• Zastosowanie kosztu błędnej klasyfikacji z tabeli koszt/zysk określonej na etapie zrozumienia uwarunkowań biznesowych.

• Zastosowanie przeważenia jako substytutu kosztów błędnej klasyfikacji i znalezienie najbardziej efektywnego współczynnika przeważenia.

• Połączenie prognoz z czterech modeli klasyfikacyjnych za pomocą głosowania.

• Porównanie działania modeli, które stosują składowe główne z modelami, które ich nie stosują i omówienie roli każdego typu modeli.

Częścią naszej strategii było przedstawienie dwóch typów najlepszych modeli — jednego (bez składowych głównych) tylko do przewidywania i drugiego (ze składowymi głównymi) do wszystkich innych celów, w tym do utworzenia profili klientów. Podzbiór zmiennych silnie skorelowanych ze sobą został poddany analizie składowych głównych, w wyniku której wyodrębniono dwie składowe spośród siedmiu skorelowanych zmiennych. *Składowa główna 1* reprezentuje nawyki kupowania i oczekuje się, że z dużym prawdopodobieństwem będzie wskazywać na odpowiedź na promocje.

Następnie zastosowano algorytm grupowania BIRCH. Odkryto trzy grupy: (1) klienci o umiarkowanych wydatkach, kupujący ubranie eleganckie, (2) mało wydający klienci, kupujący ubranie nieformalne i (3) dużo wydający klienci często kupujący, którzy odpowiadają na promocje. Grupa 3, zgodnie z oczekiwaniami, miała najwyższy współczynnik odpowiedzi na promocję.

Tak więc modele klasyfikacyjne miały następujące zmienne wejściowe:

• Zbiór modeli A (uwzględniający wyniki analizy składowych głównych — modele właściwe do tworzenia profili klientów, analizy zmiennych lub przewidywania)

– 71 zmiennych wymienionych na rys. 7.25 minus siedem zmiennych z tab. 7.6 użytych do zbudowania składowych głównych.

– Dwie składowe główne zbudowane ze zmiennych wymienionych w tab. 7.6.

– Grupy odkryte za pomocą dwustopniowego algorytmu BIRCH.

• Zbiór modeli B (bez wyników analizy składowych głównych — modele używane tylko do przewidywania zmiennej celu)

– 71 zmiennych wymienionych na rys. 7.25.

– Grupy odkryte za pomocą dwustopniowego algorytmu BIRCH.

Zamiast stosowania całkowitego współczynnika błędu jako miary działania modelu, modele były oceniane za pomocą miary całkowitego kosztu otrzymanego dzięki uwzględnieniu tabeli decyzyjnej koszt/zysk. Całkowity koszt dla modelu odniesienia „wyślij materiały promocyjne do wszystkich" to −2,63 $ na klienta (czyli ujemny koszt = zysk).

Zaczynamy od modeli uwzględniających składowe główne. Stosując równoważenie na poziomie 50%, ale nie uwzględniając kosztów błędnej klasyfikacji, żaden z modeli nie był w stanie uzyskać lepszych wyników niż model odniesienia. Jednak po zastosowaniu kosztów błędnej klasyfikacji 10–1 (w programie Clementine opcja ta jest dostępna tylko dla algorytmów CART i C5.0) algorytmy CART i C5.0 uzyskały wyniki lepsze niż model odniesienia, ze średnim kosztem −2,81 $ na klienta. Najważniejszą zmienną objaśniającą dla tych modeli okazała się *składowa główna 1*, czyli zwyczaje kupowania.

Dla tych algorytmów, które nie mają wbudowanej opcji kosztu błędnej klasyfikacji użyto przeważania jako substytutu kosztów błędnej klasyfikacji. Pokazano, że w miarę tego, jak zbiór uczący staje się coraz bardziej przeważony (zatrzymanych jest coraz mniej negatywnych rekordów), działanie modelu poprawia się do pewnego punktu, a później zaczyna się pogarszać.

Dla naszego zbioru danych optymalne okazało się przeważenie 80%–20%. Najlepszy model klasyfikacyjny, używający metody przeważania to model regresji logistycznej, ze średnim kosztem −2,90 $ na klienta. Koszt zmalał do −2,96 $ (zysk wzrósł) na klienta, gdy wyeliminowano zmienną *lifestyl cluster* opisaną przez zbyt dużą liczbę parametrów.

Zbadano również model głosowania. Najlepszy połączony model wysyłał materiały promocyjne, jeżeli przynajmniej trzy lub cztery algorytmy klasyfikacyjne przewidziały odpowiedź. Jednak średni koszt na klienta dla tego rozwiązania to tylko −2,90 $. Zatem wśród modeli uwzględniających składowe główne najlepszy okazał się model regresji logistycznej z przeważeniem 80%–20% i średnim kosztem na klienta −2,96 $.

Najważniejszymi zmiennymi objaśniającymi były dwie składowe główne — zwyczaje kupowania i kontakty w sprawie promocji, wraz z następującymi zmiennymi: *z days on file, z ln ave spending per visit, z ln days between purchases, z ln product uniformity, z sqrt spending CC, Web buyer, z ln knit dresses* i *z sqrt sweaters*.

Następnie zajęliśmy się modelami bez składowych głównych, które powinny być używane tylko do przewidywania zmiennej celu, a nie do tworzenia profili. Ponieważ użyto modelu oryginalnych (skorelowanych) danych, więc oczekiwaliśmy, że modele bez składowych głównych osiągną lepsze wyniki niż te ze składowymi głównymi względem całkowitego kosztu na klienta. Zostało to natychmiast potwierdzone przez wyniki dla modeli CART i C5.0 z równoważeniem na poziomie 50% i kosztem błędnej klasyfikacji 14,2–1, co dało średni koszt na klienta odpowiednio −3,01 $ i −3,04 $. Dla współczynnika przeważenia 80%–20% za pomocą algorytmu C5.0 zbudowano najlepszy model z całkowitym średnim kosztem −3,15 $ na klienta, a za pomocą regresji logistycznej zbudowano drugi najlepszy model z wynikiem −3,12 $ na klienta.

Znowu zastosowano technikę łączenia modeli za pomocą głosowania. Najlepszy model głosowania wysyłał materiały reklamowe, jeżeli przynajmniej dwa modele dały pozytywną odpowiedź, z całkowitym średnim kosztem −3,16 $ na klienta. Druga, ciągła metoda łączenia modeli działała z prawdopodobieństwami odpowiedzi obliczonymi przez oprogramowanie. Zostały obliczone średnie prawdopodobieństwa odpowiedzi i wyznaczono podział, który optymalizował działanie modelu. Ustalono, że ten sam poziom zysku jest osiągany zarówno gdy tylko połowa ewentualnych klientów, zidentyfikowanych poprzez połączony model, jest informowana o promocji, jak i wtedy gdy wszyscy klienci są informowani o promocji.

Jak się okazało, optymalny podział jest dla prawdopodobieństwa 50% lub blisko tej wartości. Innymi słowy, wysyłamy informację o promocji do ewentualnych klientów z następującym założeniem: Wyślij materiały promocyjne, jeżeli średnie prawdopodobieństwo odpowiedzi zgłoszone przez cztery algorytmy jest równe co najmniej 51%. Zatem, kierując się wynikami tego ciągłego połączonego modelu, wyślemy materiały promocyjne wtedy, gdy średnie prawdopodobieństwo odpowiedzi zgłoszone przez cztery modele klasyfikacyjne jest większe od 50%. Okazuje się, że jest to optymalny model wśród wszystkich odkrytych modeli w tym studium przypadku, z oszacowanym zyskiem 3,1744 $ na klienta.

Porównując nasz optymalny model z działaniem modelu odniesienia „wyślij do wszystkich" (z zyskiem 2,63 $), widzimy, że zwiększył on zysk tej bezpośredniej kampanii marketingowej o 20,7% lub 54,44 centa na klienta. Jeżeli więc wyślemy informację o promocji do 100 000 klientów, to oszacowany zysk wzrośnie o 54 440 $. Wzrost zysków jest spowodowany zmniejszeniem kosztów związanych z wysłaniem materiałów do klientów, którzy nie odpowiadają na kampanię.

7.6. Literatura

[1] Peter Chapman, Julian Clinton, Randy Kerber, Thomas Khabaza, Thomas Reinart, Colin Shearer, Rudiger Wirth, *CRISP–DM Step-by-step Data Mining Guide*, `http://www.crisp-dm.org/`, 2000.

[2] Daniel Larose, *Discovering Knowledge in Data: An Introduction to Data Mining*, Wiley, Hoboken, NJ 2005; tłum. pol. *Odkrywanie wiedzy z danych. Wprowadzenie do eksploracji danych*, WN PWN, Warszawa 2006.

[3] Zbiór danych *clothing store* utworzony przez Daniela Larose'a, 2005. Dostępny na stronie internetowej `www.dataminingconsultant.com`.

[4] Claritas Demographics ®, `http://www.tetrad.com/pcensus/usa/claritas.html`.

[5] Tian Zhang, Raghu Ramakrishnan, Miron Livny, BIRCH: an effiecient clustering method for very large databases, przedstawiony na Sigmoid'96, Montreal, Kanada, 1996.

Literatura uzupełniająca

[1] A. Aczel, *Statystyka w zarządzaniu*, WN PWN, Warszawa 2006.

[2] J. Arabas, *Wykłady z algorytmów ewolucyjnych*, WNT, Warszawa 2001.

[3] P. Cichosz, *Systemy uczące się*, WNT, Warszawa 2000.

[4] T. D. Gwiazda, *Algorytmy genetyczne. Kompendium*, t. 1 i 2, WN PWN, Warszawa 2007.

[5] J. Koronacki, J. Ćwik, *Statystyczne systemy uczące się*, WNT, Warszawa 2005.

[6] Z. Michalewicz, *Algorytmy genetyczne + struktury danych + programy ewolucyjne*, WNT, Warszawa 2003.

[7] J. Mielniczuk, J. Koronacki, *Statystyka dla studentów kierunków technicznych i przyrodniczych*, WNT, Warszawa 2001.

[8] D. Rutkowska, M. Piliński, L. Rutkowski, *Sieci neuronowe, algorytmy genetyczne i systemy rozmyte*, WN PWN, Warszawa 1999.

[9] L. Rutkowski, *Metody i techniki sztucznej inteligencji*, WN PWN, Warszawa 2007.

Indeks

Wydawnictwo Naukowe PWN SA
Wydanie pierwsze
Arkuszy drukarskich 22,25
Skład i łamanie: ArtGraph, Warszawa
Druk ukończono w sierpniu 2008 r.
Druk i oprawa: Rzeszowskie Zakłady Graficzne SA
36-062 Zaczernie, Miłocin 181
Wydrukowano na papierze dostarczonym przez Marcator Papier